Effenberger
Frühchristliche Kunst und Kultur

ARNE EFFENBERGER

Frühchristliche Kunst und Kultur

Von den Anfängen bis zum 7. Jahrhundert

VERLAG C. H. BECK MÜNCHEN

ISBN 3 406 31215 2

Ausgabe für die Bundesrepublik Deutschland, Berlin (West), Österreich, Schweiz
Verlag C. H. Beck, München. 1986

Printed in the German Democratic Republic
Zeichnungen Hans-Ulrich Herold · Gesamtgestaltung Joachim Kölbel

Inhalt

Anhang
332

Vorwort

Das vorliegende Buch behandelt die Entstehung und Entwicklung der spätantik-frühchristlichen Kunst. Die für den Zeitraum von etwa 200 n. Chr. bis zum Beginn des byzantinischen Bilderstreits im Jahre 726 üblichen Begriffe wie «spätantik-frühchristlich» oder «frühbyzantinisch» sind recht problematisch, was ihre inhaltliche und zeitlich-räumliche Geltung betrifft. Als historische Begriffe kennzeichnen sie eine typische Übergangsepoche mit allen Erscheinungen des Krisenhaften, Diskontinuierlichen, der komplizierten Dialektik von Ende, Tradition und Neubeginn. Auf die künstlerische Entwicklung dieses Zeitraumes angewendet, werden darunter folgende Erscheinungen zusammengefaßt, deren Aufzählung uns einstweilen die genauere Definition ersetzen soll: Zunächst bildete sich innerhalb der spätrömischen Kunst, die ihrem Charakter nach natürlich heidnisch war, ein christlicher Zweig heraus (etwa 200–300 n. Chr.). Dieser unterschied sich nur in thematischer, nicht jedoch in technisch-künstlerischer Hinsicht von dem dominierenden heidnisch-römischen Kunstschaffen. Mit der Anerkennung des Christentums unter Kaiser Konstantin dem Großen (313–337) erlangte der christliche Kunstzweig allmählich das Übergewicht. War die christliche Kunst bis dahin frei von theologischer Einflußnahme und allein Ausdruck laienchristlicher Volksfrömmigkeit, so trat jetzt die von kaiserlicher oder bischöflicher Auftragstätigkeit gelenkte, kirchliche Repräsentationskunst mehr und mehr in den Vordergrund. Seit der alleinigen Zulassung der christlichen Religion (391) trägt die offizielle Kunst vorwiegend christliche Prägung. Dennoch blieben viele heidnische Bildthemen weiterhin im Gebrauch oder wurden nach und nach im Verlaufe einer fortwährenden Rezeption der klassischen Antike wieder aufgenommen. Im Zusammenhang damit konnte sich stets auch die Vorstellung von der Vorbildlichkeit des klassischen Stils lebendig erhalten. Als Vermittler des hellenistisch-römischen Erbes wurde die spätantik-frühchristliche Kunst so zur Quelle der Kunst von Byzanz und der frühmittelalterlichen Feudalstaaten Europas.

Seit dem 4. Jahrhundert und besonders seit der theodosianischen Teilung des Imperiums in eine weströmische und eine oströmische Reichshälfte (395) ist der östliche, vorwiegend griechisch geprägte Zweig der spätantiken Kunst inhaltlich und zeitlich-räumlich identisch mit der frühbyzantinischen Epoche. Hingegen deckt sich die künstlerische Entwicklung des lateinischen Westens seit dem Ansturm der Germanenstämme und der Hunnen, erst recht aber seit dem politischen Ende Westroms (463), nur bedingt mit dem Begriff der «Völkerwanderungszeit». In den entstehenden germanischen Teilherrschaften kam es zur Verschmelzung spätantiker und provinzialer Eigenarten, woraus das differenzierte Erscheinungsbild der frühmittelalterlichen Kunst des Westens resultierte. Von erheblichem Einfluß war schließlich die spätantike und frühbyzantinische Kunst auf die islamische Kunst in denjenigen Regionen des römischen Imperiums, die seit dem 7. Jahrhundert nach und nach unter arabische Herrschaft gerieten.

Ziel und Absicht des folgenden Überblicks über die Kunst der Spätantike in West- und Ostrom bestimmten die Methode in der Darbietung des umfangreichen Stoffes und der vielschichtigen Probleme. Natürlich war es im vorgegebenen Rahmen dieses Buches nicht möglich, den überlieferten Denkmälerbestand annähernd vollständig oder wenigstens doch systematisch zu dokumentieren. Dabei muß man sich stets vergegenwärtigen, daß nur ein Bruchteil des ursprünglich Vorhandenen überhaupt erhalten geblieben ist. Neben die strenge Denkmälerauswahl hatte gleichrangig die notwendige Darlegung der gesellschaftlichen, geistigen und künstlerischen Voraussetzungen der frühchristlichen

Kunst zu treten. Dies geschah vor allem aus der Erkenntnis, daß dem heutigen Leser, zumal dem Laien, für den dieses Buch ja in erster Linie geschrieben ist, in besonderem Maße entgegenzukommen sei, was die Erklärung vieler historischer und kulturgeschichtlicher Details betrifft. Die notwendigen Grundlagen, die in den beiden ersten Kapiteln auszubreiten waren, mögen daher den Leser nicht schrecken; sie sollen ihm hilfreich dort sein, wo es gilt, in das Verständnis der frühchristlichen Denkmäler tiefer einzudringen.

Alle im laufenden Text zitierten Schriftquellen folgen im allgemeinen den Übersetzungen, die im Literaturverzeichnis nachgewiesen sind.

Die Beschränkung auf die wichtigste und neueste Literatur im Literaturanhang und in den Abbildungsverzeichnissen führte notwendigerweise zum Verzicht auf Nennung vieler älterer und gewiß auch grundlegender Werke, die jedoch über die genannten Titel leicht auffindbar sind.

Eigennamen sind, sofern die eingedeutschte Form nicht vorgezogen wurde, in der Regel lateinisch wiedergegeben. Wohingegen der Gebrauch der griechischen Namensformen unbedingt geboten war, wurden sie beibehalten. Bei den Kirchen Italiens konnte auf die italienischen Namen nicht verzichtet werden.

Zum Schluß bleibt mir die angenehme Pflicht, zahlreichen Fachkollegen und Freunden, die mir durch fördernde Kritik, durch Hinweise und vor allem durch ihre Selbstlosigkeit bei der Beschaffung der oft entlegenen Literatur, ganz besonders aber durch die aufgewandte Mühe bei der Besorgung zahlreicher Abbildungsvorlagen, unschätzbare Hilfe gewährt haben, an dieser Stelle meinen herzlichen Dank zu sagen. Besonderen Dank schulde ich Alice Bank [†] (Leningrad), Laskarina Bouras (Athen), Hugo Buchthal (London), David Buckton (London), Heide und Helmut Buschhausen (Wien), Hans-Ullrich Cain (Rom), Nenad Cambi (Split), Georg Daltrop (Città del Vaticano/Eichstädt), Josef Engemann (Bonn), Hubert Faensen (Berlin), Otto Feld (Freiburg), Wanda Gaddoni Frattini (Ravenna), Hildegardt Giess (Rom/Bern), Rigobert Günther (Leipzig), Johannes Irmscher (Berlin), Lieselotte Kötzsche-Breitenbruch (Berlin-West), P. Gerhard Kroll (Leipzig), Emil Künzl (Mainz), Zsuzsa Lovag (Budapest), Otto Mazal (Wien), Wolfgang Müller-Wiener (Istanbul), Urs Peschlow (Mainz), Walter Persegati (Città del Vaticano), Wolfgang Schindler (Berlin), Edit B. Thomas (Budapest), Hans Georg Thümmel (Greifswald), Elisa Maria Tittoni Monti (Rom), Assen Tschilingirov (Berlin), Thilo Ulbert (München) und Kurt Weitzmann (Princeton). Dank gebührt schließlich auch den Mitarbeitern der Fotowerkstatt der Staatlichen Museen zu Berlin, Christa Begall, Rosa Mai und Gerhard Kilian.

Den Mitarbeitern des Verlages Koehler & Amelang weiß ich mich für die sorgfältige Betreuung des vorliegenden Buches, zugleich für die Großzügigkeit, mit der es im Rahmen des Möglichen mit Abbildungen so reichhaltig ausgestattet werden konnte, zu besonderem Dank verpflichtet.

Berlin, im September 1985 Arne Effenberger

Die Anfänge der christlichen Kunst

Der Beginn der christlichen Kunst und die christliche Archäologie

Nach unserem heutigen Wissen, das auf archäologischen Zeugnissen und antiken Schriftquellen beruht, gab es vor dem 3. Jahrhundert keine christliche Kunst. Weder bestanden monumentale Kirchengebäude, noch wurden gemalte oder plastische Bildwerke christlichen Inhalts von Christen hergestellt und verwendet. Immer wieder herangezogene «Beweise» für das frühe Auftreten christlicher Symbole wie das angebliche Kreuz von Herculaneum (vor 79 n. Ch.) hielten wissenschaftlicher Kritik nicht stand. Die frühsten authentischen Zeugen christlichen Schaffens sind Papyrusfragmente mit Schriften des Neuen Testaments, deren ältestes, der Papyrus 52 in der John Ryland Library zu Manchester, um 120 datiert wird.

Die Auffassung von der relativ späten Entstehung der christlichen Kunst innerhalb der heidnischen Kultur der römischen Kaiserzeit hat sich erst seit den zwanziger Jahren unseres Jahrhunderts allgemein durchgesetzt. Die archäologischen Forschungen in den römischen Katakomben hatten den Nachweis erbracht, daß die ältesten erhaltenen christlichen Denkmäler kaum vor 200 entstanden sein können. Vor allem katholische Forscher haben lange an der Auffassung festgehalten, daß sich die christliche Kunst bereits in apostolischer Zeit, jedenfalls noch im 1. Jahrhundert, entwickelt habe.

Die Wurzeln dieser Ansicht reichen in das Zeitalter der Reformation und Gegenreformation zurück, als die neuere Kirchengeschichtsschreibung einsetzte und die christliche Altertumswissenschaft sich zu entwickeln begann. Seit 1559 erschienen, von dem Theologenkreis um Matthias Flacius Illyricus (1520–1575) herausgegeben, die «Magdeburger Zenturien», eine erste umfassende, nach Jahrhunderten gegliederte Darstellung der Kirchengeschichte aus der Sicht des frühen Luthertums, mit der wichtige Grundpositionen der römischen Papstkirche erschüttert werden sollten. Die katholische Gegendarstellung, die Onofrio Panvinio (1530 bis 1568) plante, verwirklichte erst Kardinal Caesar Baronius (1538–1607) mit seinem zwölfbändigen Werk «Annales ecclesiastici» (seit 1588 in Rom erschienen). Baronius meinte, sich in den Märtyrergräbern der unterirdischen Friedhöfe Roms auf monumentale Beweise stützen zu können, die eine ununterbrochene, bis in die Zeit der Apostel zurückreichende Tradition der römischen Kirche zu bezeugen schienen.

Die Katakomben, die unterirdischen Begräbnisstätten von Rom, die seit dem Mittelalter (mit Ausnahme von San Sebastiano und einigen weiteren) Seite 25 in Vergessenheit geraten waren, wurden seit dem 15./16. Jahrhundert nach und nach wiederentdeckt. Schon 1475 besuchten die Mitglieder der Humanistenakademie des Pomponius Laetus (1429 bis 1498) Katakomben an der Via Appia und hinterließen dort ihre noch heute sichtbaren Rußinschriften. Seite 56 1527 stellte der Antiquar Andrea Fulvio eine erste Liste der römischen Katakomben zusammen, freilich noch vorwiegend aus Schriftquellen. Auch die Anhänger des Oratoriums von Santa Maria in Vallicella, eines bedeutenden geistlichen Ordens aus der Zeit der Gegenreformation, und ihr Haupt, der «heilige Narr» Filippo Neri (1515–1595), haben häufig in der Katakombe unter S. Sebastiano geweilt. Panvinio verfaßte 1568 eine Abhandlung über das altchristliche Begräbniswesen und zählte darin 43 Katakomben auf. Neris Schüler Baronius war einer der ersten, der die wohl am 31. Mai oder 28. Juni 1578 entdeckte Katakombe der Jordani, nahe der Via Salaria, besuchte. Seite 25 Weil man glaubte, in den Katakomben «eine verborgene, mit Gräbern angefüllte Stadt aus der Zeit der Christenverfolgungen» (Baronius) entdeckt zu haben, prägte man für diese die Bezeichnung *Roma sotterranea,* «unterirdisches Rom».

So wird es verständlich, daß die Katakomben, in denen man die frühsten Zeugnisse der römischen Christenheit zu besitzen wähnte, eine wichtige Rolle in der apologetischen Kirchengeschichtsschreibung und gegenreformatorischen Propaganda spielten. Dies hatte zur Folge, daß in Rom die Frage nach dem Beginn der christlichen Kunst unlösbar mit den Katakomben verbunden blieb. Mit dem unvollendeten Werk eines anderen Oratorianers, der 1632 postum erschienenen «Roma sotterranea» des Antonio Bosio (1575–1629), entstand bereits im 17. Jahrhundert die erste denkmälerkundliche Grundlage der römischen christlichen Archäologie, zu der A. Ciacconio und F. de Winghe die Zeichnungsvorlagen gefertigt hatten. Wichtige Arbeiten, zum Teil nur in Manuskripten und Zeichnungen, hinterließen P. Ugonio und G. Severano. Sie stellen bis heute unentbehrliche Quellen für die Kenntnis verlorengegangener Denkmäler dar. Ende des 17. Jahrhunderts erschien das Werk des Giovanni Ciampinus, «Vetera Monimenta», das etliche römische und ravennatische Mosaiken, die inzwischen ebenfalls zerstört sind, in Stichen überliefert.

Ungeachtet dieser ersten Ansätze antiquarisch-archäologischer Forschungen blieben die römischen Katakomben auch im 17. und 18. Jahrhundert im wesentlichen Gegenstand apologetischer, katholischer Kirchengeschichtsschreibung. Andererseits haben zu allen Zeiten Kunstsammler und Antiquitätenjäger ohne jegliche wissenschaftlichen Interessen die Katakomben nach Kunstwerken durchwühlt und dabei vieles zerstört. In aller Unschuld beschreibt J. Chr. v. Manlich, wie er und seine Gefährten 1767 die Domitillakatakombe ausgeplündert und dabei wahllos Gräber und Gemälde vernichtet haben.

Für den Begründer der klassischen Archäologie und neuzeitlichen Kunstgeschichte, J. J. Winckelmann (1717–1768), und für die deutschen Kunstarchäologen des 18./19. Jahrhunderts (Chr. G. Heyne, C. O. Müller) war die römische Kunst ein Nachspiel der griechischen, und vollends die spätantiken und altchristlichen Denkmäler galten nur als Zeugnisse des allgemeinen künstlerischen Niedergangs. Solche Urteile stehen freilich im Widerspruch zu der am Beginn des 19. Jahrhunderts schon beträchtlich angewachsenen Publikationstätigkeit über christliche Denkmäler in Rom, Konstantinopel, Mailand, Ravenna, Alexandria und Antiochia. Dennoch klammerte die sich seither entwickelnde klassische Archäologie die christlichen Denkmäler fast gänzlich aus und überließ sie der kirchengeschichtlich orientierten christlichen Altertumskunde. Ausnahmen bildeten vereinzelte Behandlungen christlicher Denkmäler wie die Beiträge von E. Platner und W. Röstell in der «Beschreibung der Stadt Rom» oder das von Bunsen, Gutensohn und Knapp herausgegebene monumentale Tafelwerk über «Die Basiliken des christlichen Roms». Ansätze einer kunstgeschichtlichen Einbeziehung frühchristlicher Denkmäler finden wir in dieser Zeit auch bei J. Chr. W. Augusti, F. Münter und G. Kinkel.

Auch für die protestantischen christlichen Archäologen waren die frühchristlichen Denkmäler zunächst nur eine die Kirchengeschichte illustrierende Überlieferung. Gegenüber der katholischen Auffassung haben sie jedoch stärker die Äußerungen der altchristlichen Schriftsteller über die Ablehnung des heidnischen Bilderkultes und die Undarstellbarkeit Gottes im Bilde beachtet. Dadurch wurde die Annahme eines bereits seit apostolischer Zeit existierenden christlichen Kunstzweigs in Frage gestellt. Diese Anschauung vertrat schon der protestantische Theologe F. Piper, der eine umfassende christliche Symbollehre entwarf (1847) und seit 1849 eine Studiensammlung christlicher Kunstwerke in der Berliner Universität anlegte. Die Untersuchung des patristischen Schrifttums zur Bilderfrage und zur Entstehung der christlichen Kunst kam gegen überholte Auffassungen erst in unserem Jahrhundert durch Untersuchungen von H. Koch, W. Elliger und anderen Forschern beider Konfessionen zum Abschluß.

Die nach wissenschaftlichen Grundsätzen betriebene archäologische Erforschung der christlichen Monumente setzte erst um die Mitte des 19. Jahrhunderts in Rom ein und ist zunächst vor allem mit Gelehrten wie G. Marchi (1795–1860), G. B. de

Rossi (1822–1894) und J. Wilpert (1857–1944) verbunden. Marchi wirkte maßgeblich bei der Einrichtung des ersten öffentlichen Museums christlicher Altertümer in Rom mit, das 1895 unter Papst Pius IX. im Lateranpalast geschaffen wurde. Seine Bestände befinden sich heute in dem neuen Bau des Museo Pio Cristiano im Vatikan.

De Rossi war der erste wirklich wissenschaftlich arbeitende christliche Archäologe. Seine Erkenntnisse über die römischen Katakomben, auf die er im wesentlichen seine Forschungen richtete, beruhten auf der virtuos beherrschten Kombination der schriftlich überlieferten Nachrichten und der epigraphischen Quellen mit den übrigen, bei archäologischen Ausgrabungen gewonnenen Indizien. Er schuf die für alle künftigen Forschungen auf dem Felde der christlichen Archäologie bestimmenden methodischen Grundlagen, die sich freilich prinzipiell nicht von denen der klassischen Archäologie unterscheiden. Sein monumentales dreibändiges Werk «La Roma sotterranea cristiana» (1864–1877) und das von ihm begonnene Corpus der christlichen Inschriften Roms blieben bis heute unentbehrliche Hauptwerke zur römischen Katakombenarchäologie.

Unentbehrliche Standardwerke verdanken wir auch J. Wilpert, so über die römischen Katakomben, die Mosaiken und Malereien der Kirchen Roms und schließlich über die christlichen Sarkophage. Wilpert gehörte aber zu jenen christlichen Archäologen, die am nachhaltigsten das Studium der Denkmäler und die Frage nach dem Ursprung der christlichen Kunst auf Rom eingeengt haben. Trotz immenser Gelehrsamkeit, trotz strenger methodischer Arbeitsweise bei der Dokumentation der Werke ging er bei der Herleitung der christlichen Kunst und besonders bei der Interpretation der Denkmäler von einem theologisch-dogmatisch verengten, im Kern apologetischen Standpunkt aus und beeinflußte bis weit in das 20. Jahrhundert den Gang der Forschung.

In Deutschland standen den katholischen christlichen Archäologen (F. X. Kraus, C. M. Kaufmann) in protestantischen wie A. Hasenclever, V. Schultze, L. v. Sybel auch in Prinzipienfragen gänzlich anders urteilende Forscher gegenüber. L. v. Sybel war der erste, der seinem Werk den programmatischen Titel «Christliche Antike» gab und damit auf die unlösbare Verwurzelung der christlichen Kunst in ihrer heidnisch-antiken Umwelt hinwies.

Erst seit dem ausgehenden 19. Jahrhundert haben sich zunehmend klassische Archäologen und Kunsthistoriker mit dem Studium der frühchristlichen Denkmäler befaßt. Ein wesentlicher Impuls hierfür ging von dem Wiener Kunsthistoriker A. Riegl aus, der den Eigenwert der spätrömischen Kunst nachdrücklich verteidigt und den Stilbegriff «Spätantike» geprägt hat (1893). In dem Maße, wie seither die römische Kunst nicht mehr als Nachspiel der griechischen behandelt, sondern als gleichbedeutendes geschichtliches Phänomen erforscht wurde, sind auch die spätantik-frühchristlichen Denkmäler in die wissenschaftliche Betrachtung einbezogen worden.

Einem anderen Wiener Kunsthistoriker, J. Strzygowski, gebührt bei aller Kritik, die gewissen Tendenzen seines späteren Werkes zu gelten hat, unbestreitbar das Verdienst, Wilperts einseitige, auf Rom als den alleinigen Ursprung der christlichen Kunst fixierte Einengung der christlichen Archäologie aufgebrochen zu haben. Die fast ein Vierteljahrhundert unter dem Schlagwort «Orient oder Rom» ausgetragene Kontroverse hat, ergänzt durch zahlreiche Entdeckungen in der gesamten Mittelmeerwelt, schließlich zu der Erkenntnis geführt, daß die christliche Kunst im 3. Jahrhundert unter wesentlicher Beteiligung mehrerer Kunstzentren (Rom, Italien, Syrien, Kleinasien, Nordafrika) entstanden ist. Dies alles bewirkte, daß sich die christliche Archäologie allmählich aus der Umklammerung durch die kontroverstheologische Kirchengeschichtsschreibung herauslöste und zur Archäologie der spätantik-frühchristlichen Kunst, somit zu einer altertumswissenschaftlichen Disziplin wurde.

In den Berliner Museen entstand durch maßgeblichen Anteil von W. v. Bode, J. Strzygowski und Th. Wiegand zwischen 1890 und 1904 eine systematisch aufgebaute Sammlung frühchristlicher und byzantinischer Kunst, die bis heute im europäischen Museumswesen ihren hervorragenden Platz bewahrt hat und sich wegen ihrer vorzüglich ausgewählten

Bestände an byzantinischen und koptischen Werken nur mit den Museen in Istanbul und Kairo vergleichen läßt. O. Wulff, ihr erster Kustos (1899–1925), schuf eine Reihe mustergültiger Katalogwerke. Zur Pioniergeneration der Forscher, die das gereifte Rüstzeug archäologischer Methodik bei der Sammlung, Beschreibung und Interpretation der Denkmäler auch auf die Kunst der Spätantike angewendet und grundlegende Standardwerke geschaffen haben, gehörten Archäologen wie D. V. Ajnalov, R. Delbrück, H. v. Schoenebeck, H. P. L'Orange, G. Rodenwaldt, F. Gerke, J. Kollwitz, F. W. Deichmann. Ihre Namen mögen hier für zahllose Gelehrte stehen, die seit dem Beginn unseres Jahrhunderts aus der theologischen Hilfswissenschaft eine selbständige altertumswissenschaftliche Fachrichtung geschaffen haben, in der Feldarchäologie und kunstgeschichtliche Aufarbeitung der Denkmäler gleichrangig nebeneinanderstehen.

Wie kaum ein anderes altertumswissenschaftliches Gebiet erfordert die christliche Archäologie bei der Erforschung ihres Gegenstandes ein besonders hohes Maß fachüberschreitender Kenntnisse. Neben römischer und byzantinischer Geschichte gehören theologische Disziplinen wie Patrologie, Kirchen-, Dogmen- und Liturgiegeschichte sowie Hagiographie hierzu ebenso wie die traditionellen archäologischen und kunstgeschichtlichen Methoden der Bestimmung und Interpretation von Kunstwerken (Stilkunde, Ikonographie, Epigraphik u. a.). Dies ist auch der Grund für die lange Zeit umstrittene Stellung des Faches Christliche Archäologie zwischen Theologie (Kirchengeschichte), Archäologie und Kunstgeschichte.

Man sollte jedoch die wissenschaftliche Beschäftigung mit den spätantik-frühchristlichen Kunstdenkmälern unter jene Formel stellen, die der Theologe, Religionshistoriker und Byzantinist Franz Joseph Dölger für einen Teil seiner bahnbrechenden religionswissenschaftlichen und ikonographischen Forschungen gewählt hat: «Antike und Christentum». Denn die christliche Religion und die gesamte christliche Kultur der ausgehenden Antike wurzelten in ihrer heidnischen Umwelt, mit der sie unlösbar verbunden blieben – teils aufnehmend, umbildend und weitervermittelnd, teils ablehnend und ausscheidend, immer jedoch in vitaler Auseinandersetzung mit einem unerschöpflichen und unübersehbar erscheinenden Erbe.

Das Verhältnis der frühen Christen zur heidnisch-römischen Umwelt

Das Fehlen christlicher Kunstwerke vor 200 hat seine Ursache in den schon seit apostolischer Zeit einsetzenden theologischen Überlegungen über das Wesen der heidnischen Kultpraxis. Daraus entsprang ebenso die rigorose Ablehnung des menschengestaltigen Gottesbildes wie aus dem monotheistischen, aus jüdischen Wurzeln gespeisten Gottesverständnis selbst. Auch entbehrten die lokalen christlichen Gemeinschaften, im Gegensatz zu den Juden, die religiöse Privilegien genossen, jeglicher rechtlicher Anerkennung innerhalb der römischen Gesellschaft, die allein es ihnen gestattet hätte, mit Einrichtungen des Kults öffentlich in Erscheinung zu treten.

Das frühe Christentum des 1. Jahrhunderts entwickelte sich zunächst in Jerusalem (judenchristliche Urgemeinde) und sodann in einigen Provinzen des römischen Imperiums – zuerst in Städten Kleinasiens, in Syrien, in Griechenland und auf einigen griechischen Inseln, in Unteritalien und schließlich in Rom. Die aus jüdischen Wurzeln und aus der heidenchristlichen Missionstätigkeit der Apostel (Paulus) unter Griechen und Römern erwachsenen christlichen Gemeinschaften grenzten sich von Anfang an von ihrer heidnischen Umwelt, aber auch von den Juden der Synagoge ab. Die strikte Ablehnung des Bild- und Opferkultes und der römischen Staatsreligion (Kaiserkult) stieß in der heidnischen Umgebung des Urchristentums allgemein auf Unverständnis und erschien dieser geradezu als Ausdruck der Gottlosigkeit.

Die christliche Haltung wurzelte gänzlich in der jüdischen Tradition des zweiten göttlichen Gebots (2. Mose 20, 4–5): «Du sollst dir kein Gottesbild anfertigen, noch irgendein Abbild, weder von dem, was oben im Himmel ist, noch von dem, was unter der Erde, noch von dem, was im Wasser unterhalb der Erde ist. Du sollst dich nicht vor ihnen niederwerfen und sie nicht anbeten.» Bereits in der «Apostelgeschichte» (entstanden um 80) tritt uns dieselbe Gottesauffassung entgegen. Zu den ältesten Schriften des neutestamentlichen Kanons, der schon um 200 im sogenannten Muratorischen Fragment im wesentlichen abgeschlossen vorliegt, gehören alle dreizehn dem Apostel Paulus zugeschriebenen Briefe (verfaßt etwa 50–64). In ihnen spielt die Auseinandersetzung mit der heidnischen Kultpraxis eine wichtige Rolle, galt es doch, die noch jungen und ungefestigten Gemeinden vor dem Rückfall in den Tempelkult und Götzendienst zu bewahren. Mit der Polemik dagegen gehen bei Paulus klare Aussagen über das christliche Gottesverständnis einher. So wird immer wieder die Unvereinbarkeit des heidnischen Bilder- und Tempelkultes mit dem Glauben an den einen Gott eindringlich dargelegt: «Wißt ihr nicht, daß ihr der Tempel Gottes seid und daß der Geist Gottes in euch wohnt?» (1. Korintherbrief 3, 16, verfaßt um 53–55). – «Wie verträgt sich der Tempel Gottes mit den Götzen? Wir sind ja doch der Tempel des lebendigen Gottes» (2. Korintherbrief 6, 16, verfaßt um 53–55). Solche Ermahnungen schließen die Existenz christlicher Kultgebäude und Gottesbilder nach dem Vorbild heidnischer Tempel aus. Denn zum Wesen des antiken Tempels gehört untrennbar der Glaube, daß darin die im Kultbild leibhaftig vergegenwärtigte Gottheit wohne.

Aus der Ablehnung des Gotteshauses nach dem Muster des heidnischen Tempels folgte notwendig der Verzicht auf jegliche bildliche Darstellung Gottes. Denn die Allmacht des einen Schöpfergottes erlaubte es nicht, daß Menschen ihm von Hand gemachte Bilder und Häuser errichteten und ihn mit Opferfleisch geschlachteter Tiere ernährten (Apostelgeschichte 17, 22–31). Die frühste Form christlichen Gemeindelebens bestand daher in gemeinschaftlich abgehaltenen Mahlzeiten zum Gedächtnis an das letzte Passahmahl, an Tod und Auferstehung Jesu Christi. In der Urgemeinde hielt man zunächst noch gemäß jüdischem Brauch am täglichen Besuch des Jerusalemer Tempels fest und brach das Brot in den einzelnen Häusern der Mitglieder (Apostelgeschichte 2, 46). Die älteste Gestalt des christlichen Gottesdienstes hatte also den Charakter eines Mahles.

Aufschlußreich, nicht nur für die Situation in den kleinasiatischen Missionsgemeinden, ist die Schilderung über den Aufenthalt des Apostels Paulus in Troas (Apostelgeschichte 20, 7–11): «Als wir uns am ersten Tag nach dem Sabbat versammelt hatten, um das Brot zu brechen, besprach sich Paulus mit ihnen ... und dehnte die Unterredung bis Mitternacht aus. Zahlreiche Lampen brannten in dem Obergemach, in dem wir versammelt waren. Da wurde ein Jüngling namens Eutychus, der am Fenster saß, von tiefem Schlaf überwältigt, weil Paulus so lange fortredete; er stürzte dann im Schlaf vom dritten Stockwerk herab (es folgt die Erzählung von der wunderbaren Auferweckung des tödlich Verunglückten durch Paulus) ... Als er (Paulus) dann wieder hinaufgegangen war und das Brot gebrochen hatte, nahm er einen Imbiß und unterredete sich noch lange mit ihnen ...»

Die Feier fand demnach am Sonntagabend im Speisezimmer *(triclinium)* eines mehrstöckigen Wohnhauses statt, wobei der Andrang sehr groß gewesen sein muß und viel Licht – Zeichen des Wohlstands – brannte. Die Feier bestand aus einem langen Bericht oder einer Unterweisung des Paulus, und erst um Mitternacht folgte als Abschluß das gemeinschaftliche Gedächtnismahl. Daß für solche Zusammenkünfte die Räumlichkeiten ansehnlicher Privathäuser genügten, mag ein entscheidender Grund gewesen sein, weshalb die christlichen Ortsgemeinschaften zunächst nicht nach der Errichtung eigener Versammlungshäuser, etwa nach dem Vorbild der Synagogen, strebten. Wenn daher Eusebius (Kirchengeschichte II 3, verfaßt 303–324) schreibt: «In allen Städten und Dörfern erstanden mit einem Male von Tausenden besuchte, vollbesetzte Kirchen gleich gefüllten Scheunen», so ist das für die apostolische und nachapostolische Zeit nur Legende. Die Situation muß sich aber seit dem späten 2. Jahrhundert entscheidend verändert haben, indem jetzt nicht nur die Größe und Organisation der örtlichen Gemeinden, sondern eine gewisse Duldung ihrer Zusammenkünfte durch die römischen Behörden die Benutzung größerer, zweckentsprechend eingerichteter und gewiß schon gemeindeeigener Versammlungshäuser ermöglichten.

Bis zum Ende des 1. Jahrhunderts wurden die Christen, von einzelnen lokal begrenzten Exzessen wie etwa der neronischen Verfolgung abgesehen, meist stillschweigend geduldet. Sie existierten, wie es Tertullian von Karthago ausdrückte (Apologeticum 21), «im Schatten einer erlaubten Religion», nämlich der jüdischen, die vom römischen Staat toleriert wurde. Die spärlichen und meist abschätzigen Erwähnungen der Christen bei jüdischen (Josephus Flavius, Jüdische Altertümer 18, 3, 3 und 29, 9, 1, verfaßt um 93/94) und römischen Schriftstellern (Tacitus, Annalen 15, 44, verfaßt um 115 bis 117) – so umstritten in fast allen Fällen die Treue der Textüberlieferung auch sein mag – lassen erkennen, daß die Christen aus der Sicht der Juden und Römer als Anhänger eines verderblichen und schändlichen Aberglaubens galten und daher harter Bestrafungen gewärtig sein mußten.

Im 2. Jahrhundert spitzten sich die Gegensätze zwischen der römischen Staatsmacht und den Christen immer häufiger zu, obwohl meist nur zeitlich und örtlich begrenzt. Denn mit Entschiedenheit lehnten die Christen, wenn sie dazu aufgefordert wurden, den römischen Götter- und Kaiserkult ab und waren oft bereit, hierfür selbst die Todesstrafe auf sich zu nehmen. Die öffentliche Ablehnung der geheiligten Institutionen der römischen Staatsreligion durch die Christen war ein Verbrechen und mußte daher notgedrungen zur Konfrontation mit der Obrigkeit führen. Aufschlußreich für diese Situation ist der Briefwechsel zwischen Kaiser Trajan (98–117) und seinem Statthalter in Bithynien, Plinius dem Jüngeren. Im 34. Brief (Buch IX) erfahren wir Einzelheiten über die strenge Handhabung des römischen Vereinsrechts, woraus zugleich deutlich wird, weshalb die römische Obrigkeit der übelbeleumundeten Christensekte die Anerkennung als einer selbständigen religiösen Gemeinschaft versagte. Trajan schreibt an Plinius, dem es infolge einer verheerenden Feuersbrunst nur darum gegangen war, eine Löschtruppe aus 150 Handwerkern aufzustellen: «Denke aber daran, daß diese Provinz und ganz besonders die Stadt von solchen Gesellschaften viel zu leiden hat ... in kürzester Frist würden sie zu üblen Geheimbünden und bösen Gesellschaften ausarten.» Plinius hat daraufhin auch die Christengemeinden in Bithynien aufgelöst, da der Erlaß des Kaisers «das Bestehen geheimer Genossenschaften verbot» (97. Brief).

In der Tat unterstellte man den Christen Geheimbündelei und sagte ihnen alle möglichen Laster nach, wie zügellose Ausschweifungen bei ihren Zusammenkünften und das Essen von Menschenfleisch. Justin der Märtyrer (gestorben um 165 in Rom) bekämpfte solche Nachreden in seinen Verteidigungsschriften (Apologie I 10 und 26, II 12). Das von der Obrigkeit gegenüber den Christen geübte Verfahren wird im Briefwechsel zwischen Trajan und Plinius deutlich, wobei die Festlegungen des Kaisers auch für das folgende Jahrhundert richtungweisend blieben. Hier wird bereits der Widerspruch zwischen der religiösen Praxis des Staates und der tatsächlichen Aufgeklärtheit des Kaisers deutlich. Während im römischen Reich alle nur denkbaren Schattierungen des religiösen Synkretismus existieren konnten und in der Folgezeit immer stärkeren Zulauf erlebten, blieb für die Staatsmacht das entscheidende Kriterium für Gottlosigkeit und Religionsfrevel allein die Ablehnung des Götter- und Kaiseropfers.

Trajan dekretierte auf die weitschweifige Anfrage des Plinius (96. Brief), der seine Kenntnisse über die Christen vornehmlich vom Hörensagen hatte, kurz und bündig (97. Brief): «Eine allgemeingültige Entscheidung läßt sich nicht treffen, die eine feste Form haben könnte. Man soll sie nicht aufsuchen. Werden sie angezeigt und angeklagt, dann sind sie zu bestrafen. Doch ist zu beachten, daß derjenige, der Christ zu sein bestreitet und das durch sein Tun – d. h. durch das Opfer an unsere Götter – beweist, auf Grund seiner Reue straffrei ausgehen soll. Das gilt auch dann, wenn seiner Vergangenheit wegen gegen ihn ein Verdacht besteht. Anonyme Anklagen dürfen in keinem Prozeß Beachtung finden. Das wäre ein übles Beispiel und wäre unserer Zeit unwürdig.»

Für die Christen, die im Zwielicht von Verborgenheit und öffentlicher Ablehnung lebten, bestanden also weder Grund noch Gelegenheit für eine sichtbare Repräsentation ihrer religiösen Gemeinschaft. Damit war aber auch der Entfaltung einer eigenständigen künstlerischen Aktivität zunächst jegliche Grundlage entzogen. Dennoch haben die einzelnen Ortsgemeinden, besonders in großstädtischen Zentren wie Rom, Karthago, Alexandria oder Antiochia, am Ende des 2. Jahrhunderts einen organisatorischen Status erreicht, der es ihnen ermöglichte, eigene Versammlungshäuser zu erwerben und eigene Begräbnisstätten zu unterhalten.

Heidnische Polemik und die Verteidiger des Christentums im 2. Jahrhundert

Seit dem 2. Jahrhundert hatten die Christen sich zunehmend der Angriffe aus dem Lager der heidnischen Philosophie zu erwehren. Die Verteidiger des Christentums, die Apologeten, waren selbst oft Philosophen oder hatten philosophische Bildung genossen. In ihren Gegenschriften, die zumeist an regierende Kaiser gerichtet waren, warben sie um gerechte Behandlung der Christen durch die Obrigkeit und um vorurteilsfreie Betrachtung ihrer religiösen Lehren. Diese legten sie dem jeweiligen Adressaten in den wesentlichen Zügen dar und bedienten sich dabei einer Sprache, die ihre philosophische und rhetorische Schulung erkennen läßt. Durch die Verbindung von antiker Gelehrsamkeit und christlichem Glauben haben die Apologeten erste Ansätze zur Ausbildung der frühchristlichen Theologie geschaffen.

Vor 138 richtete Aristides von Athen eine Verteidigungsschrift an Kaiser Hadrian. Er betonte darin ausdrücklich: «Götzen in Menschengestalt beten sie nicht an ..., und vom Götzenfleisch essen sie nicht.» An Antoninus Pius gerichtet waren die beiden Apologien Justins des Märtyrers. Justin, der als junger Mann verschiedene philosophische Richtungen studiert hatte (Dialog mit dem Juden Tryphon 2–8), wurde 135 in Ephesus mit dem Christentum bekannt und «fand darin die allein verläßliche und nutzbringende Philosophie» (8). Die heidnischen Tempelbilder galten ihm als unbeseelte und tote Götzen; Künstler seien nur schamlose Menschen, denn sie bildeten aus jeglichem Material alles, wozu die Dämonen sie anstifteten: «Wir dagegen meinen, daß dies nicht nur widersinnig ist, sondern auch eine Schmähung Gottes, wenn er, dessen Herrlichkeit und Gestalt unaussprechlich sind, seinen Namen für vergängliche und der beständigen Sorge erforderliche Dinge hergibt» (Apologie I 9). Diese Geringschätzung des Künstlers findet man noch lange bei christlichen Schriftstellern. Wichtig ist dabei die Aussage Justins, daß die Unfaßbarkeit Gottes im Bilde nicht darstellbar sei, womit das Bild an sich sinnlos wird. Dies ist die Fortentwicklung jener «negativen» Bildauffassung, die sich schon bei Paulus vorgezeichnet fand.

Im Wesen der christlichen Lehre war jedoch die Möglichkeit der Darstellbarkeit Gottes enthalten. Mit der Ausbildung der christlichen Theologie im 2. und 3. Jahrhundert trat dieses Problem allmählich deutlicher zutage. Nach der Theologie des Johannesevangeliums (verfaßt um 100) war es der präexistente Logos – d. h. das Wort Gottes, das immer bei Gott war (Johannes 1,1 ff.) –, der Menschengestalt angenommen hatte: Durch die Inkarnation, die Fleischwerdung mittels der ungezeugten Geburt durch die Jungfrau Maria, trat der göttliche Logos in der irdischen leiblichen Gestalt des Menschensohnes Jesus Christus sichtbar in Erscheinung. Christus war also, wie es spätere Theologen formulieren sollten, «wahrer Mensch» und «wahrer Gott». Bilderfreundliche Theologen späterer Jahrhunderte haben daher in der Menschwerdung das entscheidende Argument für die Darstellbarkeit Christi im Bilde gefunden. Aber im 2. Jahrhundert und besonders bei den Apologeten ist die Ablehnung des menschengestaltigen Gottesbildes noch ein wichtiger Grundsatz christlichen Selbstverständnisses und vor allem der aktiven Unterscheidung von der religiösen Kultpraxis der Heiden.

In der Verteidigungsschrift Justins nimmt die werbende und erklärende Darlegung der christlichen Lehre und der christlichen Gottesverehrung den breitesten Raum ein. Die Taufe, als Bad der

Wiedergeburt, als eigentliche Geburt des zum Glauben gelangten Christen gedeutet, fand dort statt, Seite 88 [28] wo es Wasser gab (Apologie I 61). An einen besonderen Taufraum, wie man ihn ein Jahrhundert später in Dura-Europos findet, ist also nicht zu denken. Abendmahl und Gottesdienst am Sonntag werden ausführlich beschrieben, wobei bereits eine klare liturgische Ordnung erkennbar ist (Apologie I 66 bis 67): Nach Vorlesungen aus den «Denkwürdigkeiten der Apostel» – die Existenz der Evangelien wird hierdurch ausdrücklich bezeugt – oder aus den Schriften der Propheten folgt eine Predigt des Gemeindevorstehers, des Bischofs. Danach findet das eigentliche Abendmahl statt, wobei die Gaben – Brot, Wein und Wasser – nach dem Danksagungsgebet (Eucharistie) mit den Einsetzungsworten Jesu (Matthäus 26, 26 ff.) geweiht werden. Die Eucharistie ist bei Justin nicht nur Danksagung und Umwandlung der Gaben in «Fleisch und Blut des menschgewordenen Christus» (Apologie I 66); an anderer Stelle (Dialog mit dem Juden Tryphon 117) wird bereits ausdrücklich der *geistige* Opfercharakter des Abendmahls hervorgehoben, wobei aus apologetischer Sicht deutlich die Trennung von den *materiellen* Opfern der Heiden vollzogen wird. Nach der Segnung der Gaben werden diese unter die Anwesenden verteilt und wird den Abwesenden durch die Diakone (Diener) davon geschickt.

Die gottesdienstliche Feier in dieser Form unter Beteiligung der Neugetauften und der älteren Gemeindemitglieder setzt neben einem organisierten Klerus (Bischof, Diakone) bereits größere, zweckdienlich eingerichtete Räumlichkeiten voraus. Für die Eucharistie war ein Tisch im Angesicht der versammelten Gläubigen notwendig, woraus sich eine gewisse Anordnung des gottesdienstlichen Raumes ergab. So wird in den Schilderungen Justins nicht nur die weiterentwickelte christliche Theologie, sondern auch die kurz vor 165 erreichte Gemeindeordnung und gottesdienstliche Praxis deutlich, wodurch wiederum Rückschlüsse auf die damals in Rom benutzten Versammlungsstätten möglich sind. Daß diese noch ohne sakralen Charakter und ohne jeglichen christlichen Bildschmuck waren, dürfte außer Frage stehen.

Die Krise des 3. Jahrhunderts und die Anfänge der christlichen Kunst in Rom und im römischen Imperium

Die entscheidenden gesellschaftlichen und ökonomischen, rechtlichen, technischen und künstlerischen Voraussetzungen für die Entstehung eines christlichen Zweiges innerhalb der römischen Kultur und Kunst reiften im späten 2. und 3. Jahrhundert vornehmlich im Westen des römischen Reiches heran. Die Zeitspanne zwischen dem Tode des Commodus (gestorben 192) und der Errichtung des diokletianischen Zwangsstaates (seit 284) stellt sich dem Althistoriker als Beginn einer allgemeinen Krise der antiken Sklavereigesellschaft dar. Die vorzugsweise auf Landbesitz, aber auch auf verschiedene andere Wirtschaftszweige gegründete römische Produktionsweise erlebte in der späteren Kaiserzeit einen grundlegenden Wandel. Die Krise des 3. Jahrhunderts beruhte vornehmlich auf dem jetzt offen ausbrechenden Interessenkonflikt zwischen den gesellschaftlichen Repräsentanten unterschiedlicher Eigentums- und Wirtschaftsformen. Das bis dahin relativ stabile Gleichgewicht zwischen Großgrundbesitz und städtischem Landbesitzertum, zwischen Senatsaristokratie und munizipalen Sklavenhaltern, war ins Wanken geraten, weil die Formen der Ausbeutung sich entscheidend verändert hatten. Die Sklavenausbeutung, seit Jahrhunderten die Grundlage der antiken Gesellschaftsformation, war auf den riesigen, über weite Regionen des Imperiums verstreuten Ländereien der Großgrundbesitzer unrentabel geworden. An die Stelle der Sklavenausbeutung trat auf den kaiserlichen Domänen und den Gütern der Großgrundbesitzer, neben effektiveren wirtschaftlichen Methoden, die Ausbeutung von abgaben- und steuerpflichtigen Kolonen. Die Kolonen, die sich teils aus freien Bauern und Siedlern, teils aus zwangsweise angesiedelten Angehörigen unterworfener Grenzvölker rekrutierten, waren zunächst selbständig wirtschaftende Pächter. Wegen der jedoch allmählich erfolgenden und schließlich 332 durch Gesetz verfügten Schollenbindung sanken sie im Verlaufe des 3. und 4. Jahrhunderts in faktische

Hörigkeit gegenüber ihren Grundherren und in juristische Unfreiheit ab. Dasselbe Geschick betraf bald auch einen Großteil der städtischen Gewerbetreibenden, die an ihren Arbeitsplatz und die erbliche Berufsnachfolge gebunden wurden. Die Kehrseite dieser Entwicklung waren überall Land- und Steuerflucht, was wiederum zur Minderung der landwirtschaftlichen Erträge, zur Verödung fruchtbarer Landstriche und zu Steuerausfällen für den Staat führte.

Die weiterhin auf Sklavenarbeit beruhende suburbane Landwirtschaft auf den mittleren und kleineren Gütern *(villae rusticae)* der städtischen Besitzer verfiel in dem Maße, wie es dieser Eigentums- und Wirtschaftsform immer weniger möglich wurde, mit dem auf Kolonenausbeutung beruhenden Großgrundbesitz zu konkurrieren. Das 3. Jahrhundert war bis weit über die Mitte hinaus erfüllt von erbitterten Kämpfen beider um die wirtschaftliche und politische Macht streitenden Interessengruppen, deren Exponenten sich in den einander rasch ablösenden Senats- und Soldatenkaisern feindlich gegenüberstanden. Das römische Heer spielte in diesen Auseinandersetzungen eine wesentliche Rolle, weil sich aus dem Soldaten- und Veteranenstand diejenige Schicht immer wieder erneuerte, die am privaten Kleinlandbesitz traditionell am stärksten interessiert war. Verschärft wurde die aus den allgemeinen Gegensätzen gespeiste Krisensituation ferner durch die beständig von allen Seiten gegen die Grenzen des innerpolitisch geschwächten Imperiums andringenden Barbarenvölker.

Die frühchristliche Kirche, repräsentiert durch die einzelnen Ortsgemeinden, hat im 3. Jahrhundert von den sich vollziehenden gesellschaftlichen Veränderungen zeitweilig profitiert, gelegentlich aber dafür schwerste personelle und materielle Opfer bringen müssen. So haben sich senatsfreundliche Kaiser in der Regel die Pflege römischer Tugenden, insbesondere der altrömischen Religion, angelegen sein lassen. Diese restaurative Haltung war stets mit Repressalien für die Christen verbunden. Hingegen zeigten sich die meisten Soldatenkaiser, die oft Nichtrömer und den verschiedenen, gewöhnlich orientalischen Religionen gegenüber aufgeschlossen waren, den Christen als toleranter. Daher hat im folgenden den mittelbaren Auswirkungen dieser allgemeinen gesellschaftlichen Entwicklung auf die Kirche und die jetzt entstehende christliche Kunst stets unsere Aufmerksamkeit zu gelten.

Tertullian von Karthago

Um 200 erhalten wir in den Schriften des Tertullian von Karthago (gestorben nach 220) nicht nur genaue Schilderungen des Gemeindelebens in einer Großstadt (Apologeticum 39, verfaßt Ende 197), sondern ebenso einen klaren Kirchenbegriff (Von der Prozeßeinrede gegen die Häretiker 20, verfaßt um 200): «So gibt es viele Kirchen, und doch sind sie alle nur eine, jene apostolische, ursprüngliche, aus der sie alle stammen.» Wie mancher Theologe seiner Epoche sah Tertullian die sittliche Gefährdung der Christen, die durch Beruf, Lebensumstände und kulturelle Gewohnheiten fest in ihrer heidnischen Umwelt verwurzelt waren. In seinen Schriften polemisierte er gegen die Putzsucht der Frauen und gegen landläufige Ehevorstellungen, gegen Theateraufführungen, Zirkusspiele und Wagenrennen, deren oft grausige Praktiken einem Christen unerträglich sein müßten. Der moralische Rigorismus, mit dem er seine christlichen Zeitgenossen geißelte, führte schließlich dazu, daß er um 207 die Gemeinschaft mit der katholischen Kirche, den «Psychikern», abbrach und zur Sekte der Montanisten übertrat. Als Montanist hat er mit gesteigertem Eifer, doch auch mit zunehmender Verbitterung seinen geistlichen Kampf gegen die Großkirche weitergeführt.

In den montanistischen Kampfschriften Tertullians finden sich Äußerungen über Künstler und Kunstwerke bei Heiden und Christen. Mit diesen Bemerkungen werden wir in die konkrete historische Situation eingeführt, in der die Entstehungsbedingungen für einen christlichen Kunstzweig herangereift waren. Es ist die Krisensituation innerhalb der Kirche zu Beginn des 3. Jahrhunderts, und diese wiederum darf als Teil jener allgemeinen gesellschaftlichen Krise verstanden werden, die seit dieser Zeit das gesamte römische Imperium erfaßte.

Um den historischen Quellenwert der Äußerungen Tertullians zu ermitteln, muß man stets seine polemisch überzogene Darstellungsweise der Fakten kritisch im Auge behalten. Tertullian war von Hause Jurist und wußte die Kunst der gerichtlichen Rede zu seinen Zwecken zu gebrauchen. Während er sich in seiner früheren Verteidigungsschrift noch um ein gutes Verhältnis der Kirche zur römischen Obrigkeit bemühte, stand es für ihn später fest, daß ein Christ überhaupt keinen Beruf ausüben könne, der ihn in irgendeiner Weise mit Staat und Kultur der Heiden in Berührung brächte. Ein Christ könne weder Soldat (Vom Kranz des Soldaten, verfaßt 211) noch Beamter, Lehrer oder Künstler sein (Vom Götzendienst, verfaßt 211). In der zuletzt erwähnten Schrift gibt Tertullian die Haltung der Kirche gegenüber dem heidnischen Bilderkult durchaus zutreffend wieder: Bildhauer, Maler und alle Verfertiger von Bildnissen habe der Teufel in die Welt gesetzt. Daher führe jeder Kunstzweig, der Bilder hervorbringt, notwendig zur Götzenanbetung (3). Tatsächlich scheint es in Karthago zahlreiche christliche Künstler gegeben zu haben, die «ihre Hände, die Mütter von Götzenbildern sind, zu Gott dem Vater» erhoben (7). Diese machten als Argument für ihren Beruf geltend, daß sie schließlich ihren Lebensunterhalt verdienen müßten (5 und 8). Tertullian schreibt ihnen vor, die Tätigkeit zu wechseln: Stukkateure sollen Dächer und anderes reparieren, Bildhauer und Ziseleure mögen Rechenbretter anmalen und Schränke bauen (8). Ausdrücklich bezieht er sich bei diesen Forderungen auf die uneingeschränkte Gültigkeit des mosaischen Bilderverbots (4).

Die entscheidenden Äußerungen Tertullians über den Gebrauch bildlich verzierter Gegenstände bei den Christen seiner Zeit und Umgebung finden wir in der Schrift «Von der Schamhaftigkeit» (Kapitel 7 und 10, verfaßt vor 220), worin er als Montanist mit den «Psychikern» abrechnet. Diese Stellen spielen in allen Diskussionen über den Beginn der christlichen Kunst eine Schlüsselrolle. In der an Bischof Agrippinus von Karthago oder Callistus von Rom gerichteten Streitschrift polemisiert Tertullian gegen ein von jenem «Pontifex Maximus» (das ist eigentlich der höchste heidnische Priestertitel, nämlich der des Kaisers!) und «Bischof der Bischöfe» erlassenes «unwiderrufliches Edikt», in dem es hieß: «Ich vergebe auch die Sünden des Ehebruchs und der Hurerei denen, die Buße getan haben.» Diesen Erlaß hätte man besser gleich in den Bordellen anstatt in der Kirche verkünden sollen (1). Gott habe den Ehebruch in seinen Geboten zwischen Götzenanbetung und Mord eingereiht, und niemand habe das Recht, diese Todsünden zu vergeben, außer Gott allein. Die Mehrheitskirche von Karthago begründete die milde Bußpraxis – wie es Tertullian selbst noch in seiner Schrift «Von der Buße» getan hatte – mit den neutestamentlichen Parabeln vom verirrten Schaf, von der verloren geglaubten Drachme und vom verlorenen Sohn (Lukas 15, 4 bis 32). Tertullian unterzieht nun diese Parabeln einer Prüfung auf seine Weise, um nichts darin zu finden, was es den Psychikern erlaubt hätte, darauf die Verzeihung von Ehebruch und Unzucht zu gründen: «Mit den Parabeln darfst du beginnen, worin die Rede ist vom verlorenen Schaf, welches der Herr suchte und auf seinen Schultern zurückbringt. Kommt her selbst mit den Bildern an euren Bechern, wenn sogar in diesen sichtbar dargestellt sein soll, wie jenes Tier zu deuten ist, ob es auf einen christlichen oder auf einen heidnischen Sünder gehe in bezug auf die Wiederversöhnung» (7). Nach Tertullians spitzfindiger Interpretation hätte das Gleichnis nur Gültigkeit für die heidnische Zuhörerschaft Jesu besessen, nicht mehr aber für seine eigenen, christlichen Zeitgenossen.

Die Psychiker benutzten also Trinkbecher – wofür und wobei bleibt ungesagt – mit der Darstellung eines Hirten, der wie in der neutestamentlichen Parabel (Lukas 15, 4–8) ein Schaf auf den Schultern [4,9,
trägt. 20] Tertullian zitiert sogar wortwörtlich die Deutung, die man der Parabel und damit auch dem Hirtenbild gegeben hat: «Aber Schäflein im eigentlichen Sinn ist der Christ, und die Herde des Herrn ist das Volk in der Kirche, und der gute Hirte ist Christus, und daher ist unter dem Schafe der Christ zu verstehen, der sich von der Herde der Kirche

verirrt hat» (7). Die Psychiker haben die damals schon längst geläufige Verknüpfung der Lukasparabel vom verlorenen Schaf mit der Gleichnisrede Jesu vom Guten Hirten (Johannes 10, 11 und 14) zugunsten ihrer Bußauffassung ausgelegt. Sie haben darüber hinaus Becher mit der Darstellung eines das Schaf tragenden Hirten verwendet, um damit die Sündenvergebung für das verirrte und wieder in die Gemeinschaft der Herde Christi, der Kirche, heimgeholte Gemeindemitglied zu verdeutlichen. Dem Bischof wirft Tertullian vor, die Herstellung solcher Becher selbst veranlaßt zu haben (10): Allenfalls einer ketzerischen Schrift wie dem «Hirt des Hermas», welche die Ehebrecher ebenfalls milde beurteilte, würde jener Hirte recht geben, «den du in dem Becher abgebildet hast, der selbst ein Schänder des christlichen Sakraments ist, wahrlich ein Götzenbild der Trunksucht und eine Zuflucht für den Ehebruch, der auf den Becher zu folgen pflegt, aus dem du nichts lieber trinkst als das Schaf der zweiten Buße. Ich aber schöpfe aus den Schriften des Hirten (Christus) selbst, der nicht zerbrochen werden kann».

Aus der Art und Weise, wie der Montanist Tertullian hier die Bedeutung der Hirtenparabel verfälscht und den naheliegenden Sinnzusammenhang zwischen dem Schafträgerbild auf den Bechern und den Hirtengleichnissen verleugnet, lassen sich folgende Schlüsse ziehen: Die Kirche argumentierte mit den Gleichnissen vom verlorenen Schaf und dem Guten Hirten Christus im Sinne der von ihr geübten milden Bußpraxis. Die christlichen Zeitgenossen Tertullians waren mit dieser Argumentation wohlvertraut, teils aus dem Erlaß des Bischofs, teils aus der gottesdienstlichen Bibelauslegung, schließlich auch durch die geübte Praxis bei der Wiederaufnahme bußfertiger Christen in die kirchliche Gemeinschaft. Wenigstens die von Tertullian angegriffenen Christen haben im Bildmotiv des Schafträgers ein Sinnzeichen für das gerettete Schaf und für die durch Christus und seine Kirche verbürgte Sündenvergebung erblickt. Das verbreitete und beliebte heidnische Schafträgerbild wurde somit der christlichen Bußlehre dienstbar gemacht. Bei den Hirtenbechern von Karthago handelte es sich wohl um Glasgefäße mit Goldfoliendekor, die als Trink- und besonders als Geschenkgefäße im privaten Milieu verbreitet waren. Solche Becher wurden in der Regel mit Darstellungen und Inschriften geschmückt, die das glückselige Leben *(vita felix)* verherrlichten. In der Großkirche ist also ein geläufiges paganes Glückssymbol verwendet worden. Es bot sich freilich für den christlichen Zweck der Bußpropaganda geradezu an. Dabei brauchte der Bischof wohl kaum solche Becher eigens anfertigen zu lassen, denn sie waren käufliche Erzeugnisse des römischen Kunsthandwerks.

Seite 32 [3]

Das Schafträgerbild auf den Bechern war ein allegorischer Hinweis auf die Sündenvergebung durch Christus, jedoch noch kein Christus*bild*. Allerdings scheinen zu Beginn des 3. Jahrhunderts bei Häretikern schon vermeintliche Christusbilder in Gebrauch gewesen zu sein. Irenäus von Lyon (gestorben 202) verwirft die Sekte der Karpokratianer auch deshalb, weil diese ein angeblich von der Hand des Pontius Pilatus stammendes Christusbild zusammen mit den Bildnissen der Philosophen Pythagoras, Platon und Aristoteles verehrte (Widerlegung der Häresien I 25, 6, verfaßt um 180). Über Kaiser Severus Alexander (222–235) wird in der politisch tendenziösen Historia Augusta (9, 2, verfaßt um 400) rückblickend behauptet, daß unter seinen Hausgöttern neben den Bildnissen der vergöttlichten Kaiser und besonders tugendhafter Männer auch «Christus, Abraham und Orpheus sowie andere Gestalten der Art samt den Bildnissen seiner Ahnen Platz gefunden» hätten. Dies ist durchaus möglich, doch war das Christusbild natürlich kein authentisches Jesusporträt.

In das Gebiet der Legende, was den vermeintlichen Ursprung, jedoch in den Bereich der historischen Wahrscheinlichkeit, was den tatsächlichen Gebrauch betrifft, sind auch bei Eusebius (Brief an die Kaiserin Constantina, verfaßt um 313) erwähnte Bilder Christi und des Apostels Paulus sowie das in den apokryphen Johannesakten (3. Jahrhundert) beschriebene Johannesbild des Lykomedes zu verweisen.

Clemens von Alexandria

Eine ähnliche Aufgeschlossenheit gegenüber heidnischen Bildsymbolen wie in der Kirche des Westens findet man gleichzeitig im griechischen Osten des römischen Imperiums. Wohl in seinem kleinasiatischen Exil (nach 203) reflektierte der Theologe Clemens von Alexandria (gestorben vor 215) über die Frage, welche Bildmotive der heidnischen Kunst für Christen annehmbar seien und welchen christlichen Sinn man ihnen gegebenenfalls unterlegen könnte. In seiner Schrift «Der Erzieher» (entstanden nach 203) wendet sich Clemens, in Fortsetzung seiner «Mahnrede an die Heiden», an ein christlich gewordenes, gebildetes und sozial gehobenes Lesepublikum. Seine Ausgangsposition ist dieselbe wie die Tertullians. Auch er hat Christen vor Augen, die in dieser Welt zu leben hatten. Doch statt sektiererische Abkehr von allen irdischen Dingen und Verhältnissen zu lehren, stehen bei ihm praktische Hinweise für die sittliche Einrichtung des christlichen Lebens im Vordergrund. Zwischen Überschwang und Einfachheit will er das rechte Maß aufzeigen. Luxuriösen Schmuck lehnt er ab, gibt aber zu, daß auch ein Christ einen Siegelring brauche, um damit persönliches Eigentum zu kennzeichnen und vor Dieben zu schützen (3, 57, 1 und 58, 2).

Für die hierbei notwendigen Siegelringbilder macht Clemens den Christen konkrete Vorschläge (3, 59, 2): «Unsere Siegelbilder aber sollen sein eine Taube oder ein Fisch oder ein Schiff mit geschwellten Segeln oder eine Leier, das Musikinstrument, das Polykrates auf seinem Siegelring hatte, oder ein Schiffsanker, wie ihn Seleukos auf sein Siegel einschneiden ließ; und wenn es ein Fischer ist, kann man an den Apostel denken und an die aus dem Wasser (der Taufe) emporgezogenen Kinder. Denn Gestalten von Göttern dürfen die mit ihren Siegeln nicht abdrücken, denen es auch verboten ist, sie zu verehren, und ebensowenig ein Schwert oder einen Bogen die nach Frieden Strebenden oder Trinkpokale die Enthaltsamen.» Mit diesen Empfehlungen hat Clemens keinesfalls der Darstellung biblischer Themen das Wort geredet, denn nach wie vor galt für ihn das mosaische Bilderverbot. Eindringlich betont er in seiner «Mahnrede» (4, 62, 2): «Uns ist es ganz deutlich verboten, trügerische Kunstwerke anzufertigen.»

Die Siegelbildvorschläge des Clemens sind in den letzten Jahren ausgiebig untersucht worden, denn sie markieren in gewisser Weise den Beginn der christlichen Kunst. Man hat zunächst betont, daß es vor allem Meeressymbole (Fisch, Anker, Schiff, Fischer) sind, die Clemens empfiehlt. Im Falle des Fischers – der antike Text ist hier allerdings nicht [17] einwandfrei überliefert – demonstriert er seinen Lesern sogar, daß man sich bei diesem Bilde des Apostels, des Menschenfischers Petrus also, und der Taufe erinnern dürfe. Da man zu seiner Zeit für die übrigen Symbole, Taube und Leier, ebenfalls schon eine christliche Sinngebung kannte, wird es den Lesern nicht schwergefallen sein, auch diese nach dem Beispiel des Fischers christlich zu deuten. Wenn Clemens andererseits den Schafträger nicht empfiehlt, so ist das kein Argument dagegen, daß dieser den Christen geläufig war und christlich verstanden werden konnte. Bei der engen Korrespondenz der großen Stadtgemeinden und ihrer führenden Theologen in Glaubensfragen darf man voraussetzen, daß die wörtlichen und bildlichen Argumente des Bußstreits von Karthago auch in Rom, Alexandria, in Kleinasien oder Syrien bekannt waren. Aber Clemens schlägt keine Bußallegorien vor, sondern für den profanen Zweck des Siegelns geeignete Motive. Entscheidend für den hohen Zeugniswert seiner Ausführungen ist die Tatsache, daß Christen – Theologen wie Laien – bald nach 200 damit begannen, aus dem reichen Bilderschatz ihrer heidnischen Umwelt neutrale Motive auszuwählen und christlich umzudeuten. Selbstverständlich verboten sich hierfür Götterdarstellungen und unzüchtige oder den Christen irgendwie anstößige Bilder.

Die übermächtige und erdrückende Gegenwart des heidnisch-allegorischen Bildervorrats in allen Bereichen der Kunst und der künstlerisch gestalteten Alltagswelt hatte längst, wie auch die Bildsprache des Alten Testaments, die Anschaulichkeit der christlichen Literatursprache und Schriftauslegung beeinflußt. Die neutestamentlichen Bildreden vom Hirten, der das verirrte Schaf auf seinen Schultern trägt, und vom Guten Hirten, der zu seinen Schafen eingeht und nur von ihnen erkannt wird, waren nur deshalb so einprägsame Parabeln, weil den Hörern und Lesern zweierlei unmittelbar vor Augen stand: das wirkliche Hirtenleben ihrer ländlichen Umwelt mit all seinen Verrichtungen und das alte Bildmotiv des Schafträgers in der hellenistisch-römischen Kunst. Nun setzte um 200 die gegenläufige Entwicklung ein, indem antike Bildmotive neutralen Charakters und allegorische christliche Bildersprache zu christlichen *Sinnbildern* verschmolzen wurden.

Rom: Callistus und Hippolytus

Kurze Zeit bevor Tertullian seine Kampfschrift gegen die Psychiker verfaßte und Clemens seine Siegelbildvorschläge unterbreitete, wurde in Rom Callistus, wohl als Diakon des Bischofs Zephyrinus (198–217), mit der Verwaltung des ersten nachweisbar christlichen Gemeindefriedhofs betraut.
Seite 56, 57 [15 bis 18] Das Zeugnis für diesen Vorgang, das sich nun erstmals mit archäologischen Monumenten verbinden läßt, wird Hippolytus von Rom (gestorben 235) verdankt.

Die Situation in Rom zu Beginn des 3. Jahrhunderts war ähnlich wie in Karthago. Einer Mehrheitsgemeinde, die sich der realen Lebenssituation innerhalb der römischen Gesellschaft anzupassen suchte und demzufolge wieder eine milde Bußpraxis gegen sündig gewordene Mitglieder übte, stehen der rigorose Glaubenseifer und Moralismus einer Minderheit gegenüber. Hippolytus als hochgebildeter Theologe und Mann vornehmer Abkunft hat es niemals verwunden, daß Callistus, ein ehemaliger Sklave, statt seiner zum Bischof von Rom (217 bis 222) gewählt worden war. In die Rolle eines Gegenbischofs gedrängt, lieferte er in seiner Schrift «Widerlegung aller Häresien» (IX 11–12, verfaßt nach 222) eine höchst gehässige Lebensbeschreibung seines inzwischen den Märtyrertod gestorbenen Gegners. Diese Schrift, in der mit Callistus auch die Mehrheitsgemeinde als ketzerisch abgestempelt wird, enthält die wichtige Nachricht, daß Zephyrinus den Callistus als Mitarbeiter bei der Organisierung des Klerus hinzugezogen habe (IX 12, 14): «Er ließ ihn von Antium kommen und setzte ihn über den Friedhof.»

Die römische Gemeinde unterhielt also seit etwa 200 eine eigene Begräbnisstätte, die dem Bischof unterstand und von einem Kleriker verwaltet wurde. Über die Aufgaben eines Bischofs schreibt Hippolytus in seiner «Kirchenordnung» (Bestimmung 40): «Man soll niemanden mit den Kosten für die Beerdigung auf den Friedhöfen sehr belasten, denn das betrifft alle Armen. Aber man soll den Lohn für die Arbeit demjenigen bezahlen, der das Grab bereitet hat, und den Preis für die Ziegel. Die Leute, die dort tätig sind und dafür Sorge tragen, soll der Bischof mit demjenigen ernähren, was der Kirche gespendet wird, damit niemand von denen beschwert werde, die an diese Stätte kommen.» Die Vorschrift darf uneingeschränkt auch auf das Wirken von Zephyrinus und Callistus bezogen werden. Die Tatsache, daß die Kirche seit dem Ende des 2. Jahrhunderts immer größeren Zulauf erlebte, zwang, neben den üblichen caritativen Tätigkeiten für die zahlreichen Armen unter den Neubekehrten, zur verstärkten Fürsorge für deren Begräbnis – eine Aufgabe, die die Kirche somit den städtischen Behörden abnahm.

Es ist bis heute nicht endgültig geklärt, unter welchen rechtlichen Voraussetzungen der römische Klerus innerhalb heidnischer Nekropolen einen eigenen Friedhof betreiben konnte. Die Eigenarten des römischen Sakral- und Grabrechts dürften jedenfalls die entscheidenden Voraussetzungen dafür geboten haben, daß unter der persönlichen Verant- Seite 56, 57 wortung des Callistus ein von den Behörden tolerierter christlicher Gemeindefriedhof entstand. Als Kaiser Gallienus 260 die ersten reichsweit wirksamen Christenverfolgungen seiner beiden der restaurativen Senatspartei angehörenden Vorgänger Decius und Valerianus beendete, erließ er ein Reskript, wodurch den Christengemeinden allerorts wieder der ungehinderte Zutritt zu ihren Friedhöfen und Versammlungsgebäuden gewährt werden mußte (Eusebius, Kirchengeschichte VII 13).

Das setzt spätestens zu diesem Zeitpunkt die öffentlich-rechtliche Anerkennung kirchlichen Eigentums an Grund und Boden voraus. Seit dem Ende des 2. Jahrhunderts muß sich der entscheidende Wandel hierzu vollzogen haben.

Natürlich besaßen schon die Christen der ersten beiden Jahrhunderte rechtlich geschützte Gräber innerhalb heidnischer Grabbezirke oder sogar eigene Friedhöfe. Tertullian hielt 212 dem Proconsul von Afrika, Scapula, vor, daß die Gemeinde von Karthago unter seinem Vorgänger vergeblich daran gehindert worden sei, öffentlich ausgebotene Grundstücke für eigene Begräbnisstätten zu erwerben (An Scapula 3). Erkennbare Reste christlicher Friedhöfe aus der Zeit vor 200 konnten zwar nirgendwo mehr festgestellt werden, weil sie sich archäologisch nicht von denen der Heiden unterscheiden lassen, doch müssen sie überall existiert haben.

Heidnisches und christliches Bestattungswesen

Nach Aussage der archäologischen und schriftlichen Zeugnisse scheint die frühchristliche Kunst in Rom im Grabbereich entstanden zu sein; jedenfalls tritt sie dort am Beginn des 3. Jahrhunderts erstmals in Erscheinung. Die christlichen Begräbnisstätten, der christliche Totenkult und die frühchristliche Grabkunst haben gleichermaßen im römischen Bestattungswesen ihre Wurzeln. Es gibt in Rom zahlreiche christliche Zömeterien (das ursprünglich griechische Wort für Friedhof, *koimeterion*, bedeutete eigentlich «Schlafkammer»), denen private heidnische Grabanlagen vorausgingen. Die Entwicklung zu ausgedehnten christlichen Friedhofsanlagen ist eng verbunden mit der Entfaltung des christlichen Toten- und Märtyrerkultes. Die frühchristliche Grabkunst muß daher, will man ihr Wesen erkennen, in engstem Zusammenhang mit Totenkult und Märtyrerverehrung betrachtet werden. In Rom sind es vornehmlich drei Friedhöfe, wo sich der Übergang vom heidnischen zum christlichen Bestattungswesen, vom Totenkult zur Märtyrerverehrung und von der heidnischen zur christlichen Grabkunst in ebenso exemplarischer wie differenzierter Weise beobachten läßt: die Anlage von San Sebastiano in Catacumbas Seite 39, die vatikanische Nekropole unter der Peterskirche Seite 42–44 und die Callistuskatakombe Seite 56, 57.

Römische Friedhöfe

Nach dem römischen Zwölftafelgesetz war das Bestatten nur außerhalb der Stadt erlaubt. Tafel X bestimmte: *hominem mortuum in urbe ne sepelito neve urito* (Ein Toter ist in der Stadt weder zu be-

* Im Kalender von 354 erwähnte christliche Katakomben

Via Flaminia
1 S. Valentinus
Via Salaria Vetus
2 Pamphilus
3 Via Paisiello
4 Bassilla – S. Hermes *
5 Ad clivum Cucumeris – Ad caput S. Iohannis
Via Salaria Nova
6 Maximus – S. Felicitas *
7 Thrason
8 Jordani – S. Alexandrus *
9 Via Anapo
10 Priscilla *
Via Nomentana
11 Nicomedes
12 Villa Torlonia (jüdisch)
13 S. Agnes *
14 Coemeterium maius
15 Vigna Rosselli
Via Tiburtina
16 Cyriaca – S. Laurentius *
17 Novatianus
18 S. Hippolytus *
Via Praenestina
19 Gordiani
Via Labicana
20 Aurelii intra muros
21 S. Castulus
22 Vigna Apolloni (jüdisch)
23 Ad duas lauros – SS. Petrus et Marcellinus *
24 Centocelle
25 Del Grande
Via Latina
26 SS. Gordianus et Epimachus
27 Villa Del Vecchio
28 Trebius Iustus
29 Tertullinus – S. Eugenia
30 Via Dino Compagni («Via-Latina-Katakombe», christlich und heidnisch)
31 Apronianus
32 Cava della Rossa
33 S. Stephanus
Via Appia
34 Campana, ad Scipiones intra muros
35 Cacciatori
36 Vibia (christlich und heidnisch)
37 S. Croce
38 Casale dei Pupazzi («Casa Schneider»)
39 Praetextatus *
40 Vigna Randanini (jüdisch)
41 Zirkus des Maxentius
42 S. Soteris
43 Lucina
44 S. Callistus («Callistus-katakombe») *
45 Casale della Torretta
46 Vigna Chiaravogelio
47 S. Sebastianus in Catacumbas *
48 Polimanti
Via Ardeatina
49 Balbina – S. Marcus *
50 Anonym
51 Basileus – SS. Marcus et Marcellianus
52 Domitilla – SS. Nereus et Achilleus
53 Nunziatella
Via Ostiensis
54 Commodilla – SS. Felix et Adauctus
55 S. Paulus *
56 Timotheus
Via Laurentina
57 S. Thecla
Via Portuensis
58 Pontianus ad Ursum Pilatum – SS. Abdon et Sennen *
59 Monteverde (jüdisch)
60 Ad insal(s)atos – S. Felix
61 Basilica Iulii
62 Generosa
Via Aurelia
63 S. Pancratius
64 Doria Pamphilij
65 SS. Processus et Martinianus
66 Duo Felices
67 Calepodius *
Via Cornelia
68 Gianicolo (Salita di S. Onofrio)
69 S. Petrus
Via Triumphalis
70 Catacomba anonima al IV miglio della via Trionfale

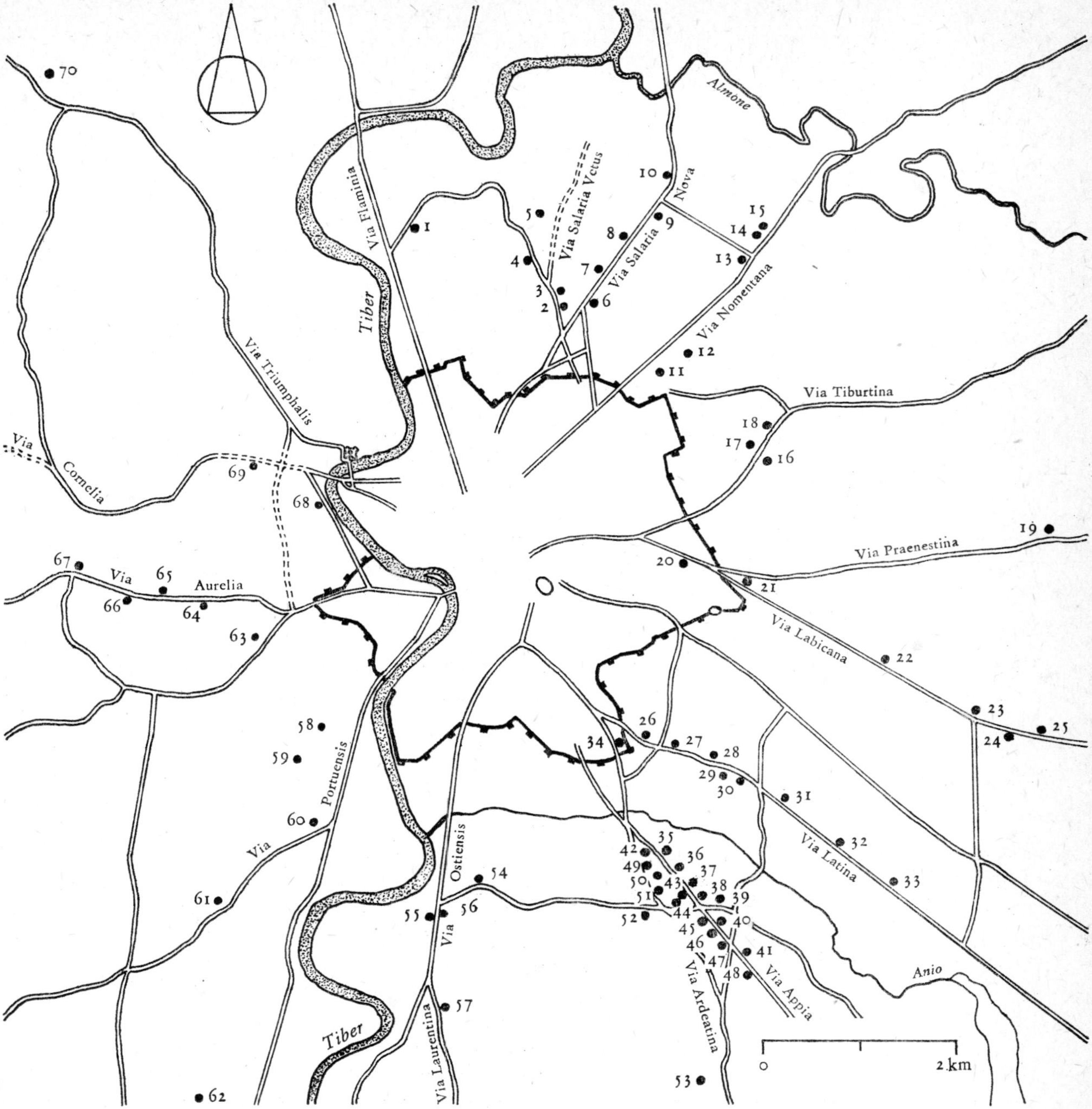

Rom. Lage der frühchristlichen, jüdischen und heidnischen Katakomben

graben noch einzuäschern). Daher befinden sich vor den Mauern Roms beiderseits der *Consularstraßen* Seite 25 ausgedehnte Gräberbezirke. Ihre Anlage reicht oft weit in republikanische Zeit zurück. Auch weisen sie unterschiedlichste Grabbauten und Bestattungsformen auf, doch herrschte zunächst die Brandbestattung fast allgemein vor. Eine einschneidende und überall deutlich erkennbare Zäsur war der Übergang von der Leichenverbrennung zur Körperbestattung seit der ersten Hälfte des 2. Jahrhunderts. Dieser Wechsel stellt ein kultur- und religionsgeschichtliches Phänomen dar, für das es bis heute keine Erklärung gibt. Für die Anlage der Grabbezirke und Einzelgräber und für die innere Ausgestaltung der Grabmonumente waren jetzt wesentlich höhere Aufwendungen nötig, weshalb ökonomische Gründe für den Wandel der Begräbnissitten ausscheiden.

Die übliche Form eines römischen Friedhofs war Seite 27 das Zömeterium *sub divo* (unter freiem Himmel). Ausmaße und Erwerbung, Besitz und Nutzung eines Grundstücks *(area)* unterlagen strengen privat- und sakralrechtlichen Bestimmungen. Anspruchsvolle Gräberbezirke (Grabgärten) wohlhabender Stadtbürger des 1.–3. Jahrhunderts sind in Aquileia ausgegraben und rekonstruiert worden. Die sozialen Unterschiede und der Wechsel der Bestattungsweise werden besonders in der Nekropole auf Isola sacra bei Ostia, der Hafenstadt von Rom, erkennbar. Neben reichen Urnen- und Körpergräbern in umfriedeten Grabgärten, *Mausoleen* und *Sarkophagen* findet man ärmliche Erdgräber, wo die Asche in Tonkrügen und später die Leichname unter dürftigen Ziegelabdeckungen beigesetzt waren.

Die Anlage unterirdischer Grabgrüfte und deren späterer Ausbau zu *Katakomben* war an besondere geologische Voraussetzungen gebunden, wie sie außer in Rom nur noch in wenigen Orten (Neapel, Sizilien, Malta, Alexandria, Pécs) gegeben waren. Die gesamte Campagna Romana erstreckt sich über einer bis zu 25 Meter mächtigen Schicht aus porö- Seite 27 sem Tuff, der einst aus den Ablagerungen submariner Vulkane entstanden war. Etliche Grüfte *(Hypogäen)* und später auch einige Katakomben entstanden aus technischen Anlagen, aus aufgelassenen Stollen für den Abbau der Pozzolanerde (sogenannte *Arenarien)* oder aus unterirdischen Wasserreservoiren mitsamt ihren Zufluß- und Sammelkanälen, wo man seit dem 2. Jahrhundert gelegentlich Gräber einzurichten begann.

Die Mausoleen waren gewöhnlich aus Ziegel er- [7, 11] richtet. Das Innere erhielt eine reiche Ausstattung mit Gewölben, Stuckdecken, architektonisch geglie- [8] derten Wänden und farbigen Fußböden. Zur Zeit der Brandbestattung stellte man die Urnen in Wandnischen auf, die oft von einer gemalten oder stuckierten Säulenarchitektur *(Ädikula)* umrahmt Seite 28 waren. Für Aschenurnen bestimmte Mausoleen heißen Columbarien (Taubenschläge). Nach dem Übergang zur Körperbestattung setzte man den Leichnam im Innern des Mausoleums in einem Bodengrab *(forma)* oder in einem gemauerten Behältnis *(mensa)* entlang der Seitenwand bei, die oft als Bogennische *(arcosolium)* ausgebildet war. In die *Arkosolien* konnten gelegentlich auch *Sarkophage* eingestellt werden, die sonst gewöhnlich unter einer Ädikula oder in einer Wandnische ihren Platz hatten. Durch den Übergang zur Körperbestattung erlebte die alte, aus dem hellenistischen Osten stammende Sitte der Sarkophagbestattung in Rom und Italien mächtigen Aufschwung.

Totenkult und Totenmahl

Auf dem Dach, im Vorraum oder in unmittelbarer Nähe eines Mausoleums befand sich oft ein Sitz- [9] platz mit Bank, Tisch und allerlei praktischen Vor- Seite 40 richtungen, wo man zur Feier der Totengedächtnismahle zusammenkam. Der Totenkult spielte in der heidnischen Antike eine wichtige Rolle. Der Verstorbene wurde gewaschen, mit wohlriechenden Ölen gesalbt, in Festgewänder eingehüllt oder nur Seite 30 mit Tüchern und Binden umwickelt. Er wurde im Hause aufgebahrt, in der rituellen Totenklage beweint und unter Fackelschein und Trauergesängen zu Grabe getragen. In den Abendstunden des dritten, neunten und dreißigsten Tages nach dem Hinscheiden, am Geburtstag des Toten und am allgemeinen römischen Totengedächtnistag, der *cara*

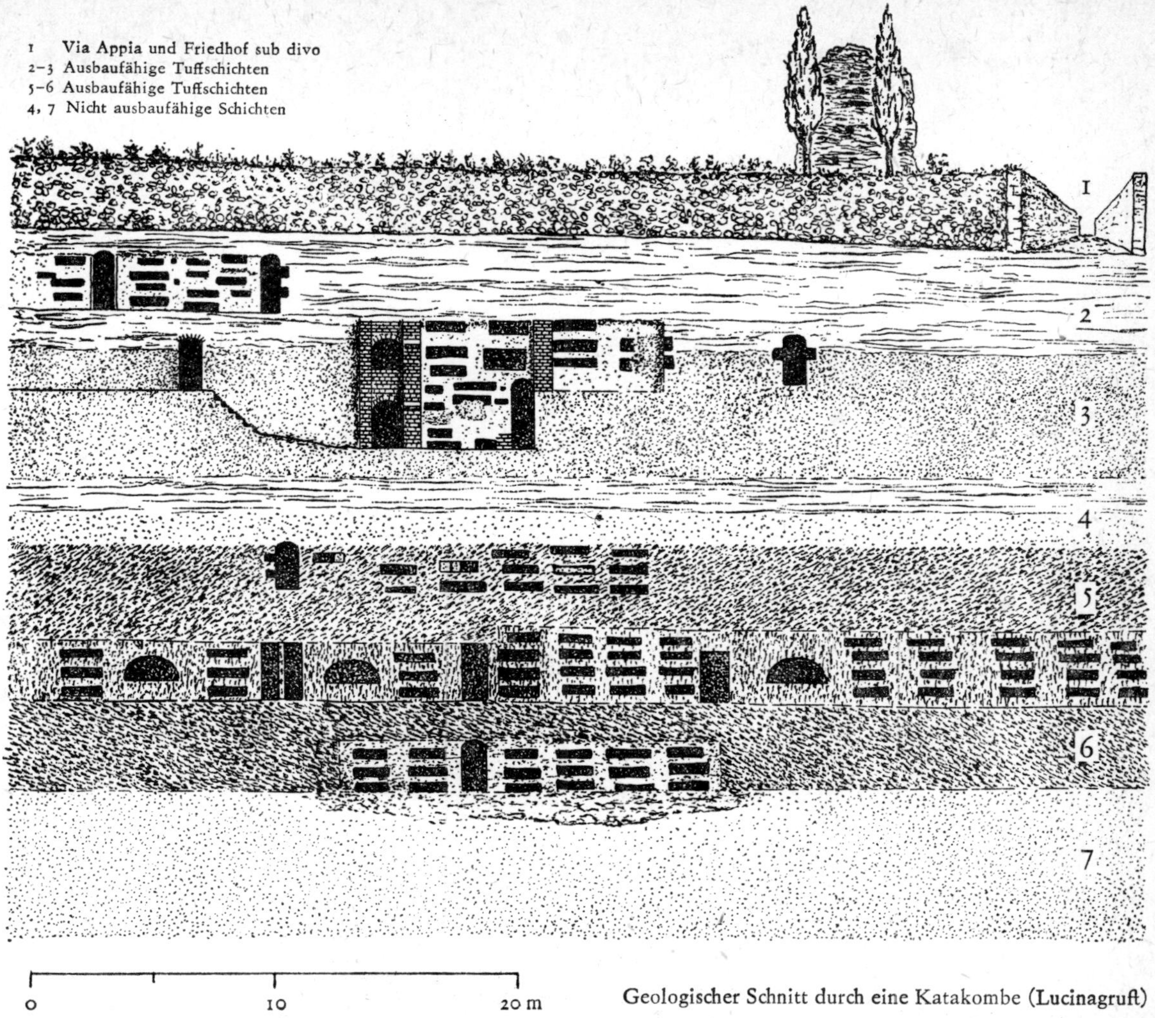

Geologischer Schnitt durch eine Katakombe (Lucinagruft)

cognatio (22. Februar), kamen die Verwandten und Freunde am Grabe zusammen, um das Totengedächtnis durch ein Mahl, ein *refrigerium* (Erquickung), zu feiern und dem Toten von den mitgebrachten Speisen zu spenden. Man lag bei diesen Totenmählern auf Polstern um einen halbkreisförmigen oder rechteckigen Grabtisch *(mensa)* und ließ von Dienern Speisen und Getränke auftragen. Oft stand dort, wo man das Totenmahl abhielt, ein Thronsitz *(cathedra)*, auf dem man sich den Verstorbenen beim Mahle anwesend dachte. Das Totengedächtnismahl wurzelte in der antiken Vorstellung, daß der Abgeschiedene ein trauriges Schattendasein führe und daher stets der Erquikkung und des liebevollen Gedenkens bedürfe. Daneben existierte, auf Reliefs und besonders in der Grabmalerei häufig dargestellt, die Auffassung vom [9, 16]
mythisch verklärten Dasein der schmausenden und zechenden Toten in ihrer jenseitigen Seligkeit («Totenbankett»).

Eine anschauliche Schilderung des Totengedächtnismahls erhalten wir in der lateinischen Inschrift auf einer rechteckigen Grabmensa aus Sitifis/Algerien vom Jahre 299:

Rom. Heidnische Nekropole unter S. Sebastiano in Catacumbas. Blick in das Columbarium 11. 1./2. Jh.

«Dem Andenken an Aelia Secundula
Viel schon spendeten wir für Mutter Secundulas Grabstatt.
Jetzt beschlossen wir auch, am Ort, wo sie ausruht, zu stiften
diesen steinernen Tisch, an dem wir von nun an zusammen
all dessen, was sie uns tat, noch öfter werden gedenken.
Wenn dann die Speisen gebracht, die Becher gefüllt und die Kissen
ringsum gelegt sind, dann wird, um die schmerzende Wunde zu lindern,
spät noch am Abend mit Lob und gerne ausführlich besprochen
unsre ehrbare Mutter – und schlafen wird sie, die Alte.
So liegt, die einmal uns nährte, für immer nüchtern darnieder.
Sie lebte 72 Jahre. Provinzjahr 260. Von Statulenia Julia gestiftet.»
(Übersetzung nach F. van der Meer.)

Die Christen haben neben den Bestattungssitten auch diese im Familienbereich verankerten Totenmähler für ihre Verstorbenen und darüber hinaus für ihre Märtyrer beibehalten, jedoch mit einigen wesentlichen Veränderungen. Anstelle des Geburtstags des Verstorbenen, des *dies natalis,* wird das Refrigerium jetzt am Sterbetag gefeiert, da der Tod als Übertritt zum ewigen Leben begriffen wurde. Entsprechend widerspiegeln die an christlichen Gräbern gehaltenen Refrigerien eine veränderte Vorstellung vom Sein des Toten: Die Abgeschiedenheit wird nicht mehr als endgültig, sondern als nur vorübergehend angesehen, als ein Stadium des Ausruhens zwischen Tod und Auferweckung zum ewigen Leben. In diesem Zwischenzustand blieb die Seele weiterhin bedroht, denn trotz der empfangenen Taufe war die Vergebung der im Leben begangenen Sünden noch ungewiß. Die Refrigerien galten daher diesem Zwischenzustand, in welchem der Seele durch Gebete und durch die Spende der herkömmlichen Totenspeisen Trost und Erquickung zuteil werden sollten. Demselben fürsorglichen Zweck dienten schließlich die Wunschformeln der Grabinschriften und die bildlichen Symbole, mit denen bald nach 200 die Christen nach dem Muster ihrer heidnischen Umwelt auch ihre Grabstätten auszuschmücken begannen. [5] Seite 33, 60, 61

Die Bestattungsweise in den christlichen Katakomben

Die Bezeichnung der unterirdischen Friedhöfe als «Katakomben» hat ihre eigene Geschichte. Eine der wenigen römischen Katakomben, die niemals in Vergessenheit geraten war, befindet sich unter der Kirche San Sebastiano in Catacumbas, der konstantinischen Basilica Apostolorum an der Via Appia, Seite 25, 39 die zwischen dem II. und III. Meilenstein liegt und zu den sieben Hauptkirchen Roms gehört. Der Beiname *in* oder *ad catacumbas* ist umstritten. Er bedeutet entweder «in» oder «bei den Talsenken» oder «bei den Schiffen» (das heißt bei dem Schiffsdenkmal). Bereits im 4. Jahrhundert ist der Flurname als Ortsangabe für das Mausoleum des Romulus beim Zirkus des Maxentius belegt, und zwar durch einen Kalender vom Jahre 354, der auch für zahlreiche christliche Märtyrer die Gedächtnistage und die Lage ihrer Gräber *in catacumbas* verzeichnet. Als man im 16. Jahrhundert die unterirdischen Zömeterien nach und nach wiederentdeckte, wurde aus dem ehemaligen Flurnamen die Gattungsbezeichnung für alle derartigen unterirdischen Begräbnisstätten, die Katakomben.

Römische Friedhöfe *sub divo,* besonders in der Nachbarschaft christlicher Katakomben, sind bislang, von wenigen Ausnahmen (Domitilla, Lucina, Callistus, Sebastiano) abgesehen, nur ungenügend Seite 25 erforscht. Daher ist wenig über die räumlichen, baulichen und kultischen Beziehungen zwischen oberirdischen und unterirdischen Anlagen bekannt, wo die Zugänge ursprünglich lagen und wie sie gestaltet waren. Die Absonderung der christlichen von den heidnischen Friedhöfen setzte sich vielerorts erst allmählich durch. Noch um die Mitte des 3. Jahrhunderts mußte Cyprian von Karthago einen spanischen Bischof tadeln, weil er und seine Söhne Mitglieder eines heidnischen Bestattungsvereins waren (67. Brief). Der Apologet Minucius Felix (Octavius 34, verfaßt nach 197) hält dem heidnischen Vorwurf, die Christen würden die Scheiterhaufen meiden, um die Unversehrtheit der Körper zu erhalten, entgegen (11): «Jeglicher Körper – sei es nun, daß er zu Staub zerfällt, oder sei es, daß er sich in Feuchtigkeit auflöst oder zu Asche wird oder als Dunst verfliegt – wird uns weggenommen, aber durch Gott werden die Elemente in ihrer Unversehrtheit erhalten.» Dennoch hätten die Christen lieber weiterhin die alte und bessere Sitte der Bestattung geübt.

Über die Beisetzung des Polykarp von Smyrna am 23. Februar 156 erfahren wir aus der ältesten erhaltenen Märtyrerakte (verfaßt um 156), daß die römischen Behörden den Bischof töten und verbrennen ließen: «Wir haben seine Gebeine erhalten, die uns kostbarer als die teuersten Edelsteine und wertvoller als Gold sind, und sie an einem geziemenden Ort bestattet. Dort werden wir uns mit der Gnade Gottes nach Möglichkeit in Jubel und Freude versammeln und den Jahrestag seines Martyriums feiern.» Die Art der Beisetzung und damit der Zustand der leiblichen Reste spielte also für die Auferstehungslehre oder für die Märtyrerverehrung zunächst noch keine Rolle.

Angehörige anderer religiöser Gemeinschaften haben den Brauch der Bestattung in Hypogäen und Katakomben ebenfalls geübt. Wir kennen in Rom Katakomben «heterodoxer», nicht streng christ-
Seite 25 licher Gemeinschaften (Hypogäum der Aurelier am Viale Manzoni), von Christen und Heiden gemeinsam benutzte Katakomben (Vibiagruft, Katakombe an der Via Latina) sowie von Juden errichtete Anlagen (Katakombe an der Vigna Randanini). Die von Callistus erstmals organisierte unterirdische Bestattungsweise war dennoch wohl eine ursprünglich christliche Schöpfung; sie wurde jedenfalls für zwei Jahrhunderte für die Christen von Rom die vorherrschende Bestattungsform.

Bestanden Hypogäen meist aus benachbarten,
Seite 52–53 später oft durch Gänge verbundenen Grabkammern *(cubicula)* mit Arkosolien und Mensa- oder
Seite 56 Bodengräbern, so überwiegen in den Katakomben weitverzweigte Stollensysteme mit Wandfachgräbern *(loculi)*. Bei denjenigen Katakomben, die [2] nicht aus Arenarien oder Zisternen hervorgegangen sind, weisen die Gänge der ältesten Regionen meist eine regelmäßige Anlage auf. Sie bestehen aus zwei parallel verlaufenden Stollen, die durch Quergänge verbunden wurden. Dieses Rostsystem ergab Seite 57
sich aus rechtlichen Gründen, da auch unter der Erde die Grundstücksgrenzen der oberirdischen Area *in fronte* und *in agro*, «in der Breite» und «in der Länge», eingehalten werden mußten. Seit dem 4. Jahrhundert, wo dieser Zwang vielfach nicht mehr bestand, kam es zu regelmäßigen oder unregelmäßigen, durch die geologischen und räumlichen Gegebenheiten bedingten Erweiterungen (Zweigsysteme), wobei auch benachbarte Katakomben Seite 56
zusammengelegt werden konnten.

Die eingehauenen Loculi in den Seitenwänden

Fossor mit Wickelleiche.
Graffito in der Commodillakatakombe, 3. Jh.

Fossorenwerkzeuge, verschiedene Hackenformen

[2] der Gänge dienten zur Aufnahme eines oder mehrerer Leichname. Da der Platz für neue Loculi im Laufe der Zeit immer knapper wurde, konnte man nur durch Tiefer- oder Höherlegung der Stollen oder durch die Anlage weiterer, mittels Treppen Seite 27,52, 53,56 verbundener Stockwerke Raum für neue Grabstellen gewinnen. Dadurch entwickelten sich die Katakomben – vom Anfang des 3. bis zum Beginn des 5. Jahrhunderts – zu komplizierten Labyrinthen. [1] Diese Arbeiten wurden von den Fossoren ausgeführt, in deren Händen die gesamte organisatorische, technische und künstlerische Seite des Bestattungswesens in den Katakomben lag, von Anlage und Verkauf der Grabstellen bis hin zur eigentlichen Totengräberarbeit. Die Fossoren müssen aus jenem Berufsstand hervorgegangen sein, der sich mit Anlage und Betrieb unterirdischer Arenarien und Zisternenanlagen befaßte und über bergbautechnische Erfahrungen verfügte.

Fossorendarstellungen sind in den Katakomben nicht selten. Ein Fresko in der Katakombe der Hei- [1] ligen Marcellinus und Petrus (Via Labicana) zeigt einen Fossor bei der Arbeit. Er trägt die kurze Tunika und eine lederne Kopfbedeckung. Mit der Seite 31 Hacke haut er den Tuff aus. Rechts hängt an einem Haken mit Kette eine Öllampe, die den Arbeitsplatz unter Tage spärlich beleuchtet. Auf einer Seite 30 Grabverschlußplatte der Commodillakatakombe (Via Ostiense) liegt vor dem Fossor ein in Tücher gewickelter Leichnam. Die Fossoren bildeten mit ihren verschiedenen Spezialistengruppen einschließlich der Maler und Steinmetzen einen eigenen und unentbehrlichen, vielleicht dem niederen Klerus angehörenden Berufsstand. Als Fossorenmaler waren sie in Rom die ersten «Künstler», die Bilder christlichen Inhalts schufen.

In der Katakombe des Pamphilus (Via Salaria [2] Vetus) sind die Loculi zum großen Teil unversehrt, da dieses Zömeterium glücklicherweise Besuchern bis 1920 verborgen geblieben war. Im Gegensatz zu dem trostlosen Anblick der meist gänzlich ausgeplünderten Gräber anderer Katakomben gewinnt [18] man hier und in unlängst entdeckten Teilen der Commodillakatakombe einen authentischen Eindruck von der sorgfältigen Herrichtung. Deutlich wird die gedrängte, aber regelmäßige und auf Ausnutzung des Raumes bedachte Schichtung der Loculi, die gewöhnlich mit drei Ziegel verschlossen und mit Mörtel abgedichtet waren. Gelegentlich erhielt der Grabverschluß einen Stuckverputz. Auf den Ziegel oder dem Verputz stand, mit roter oder schwarzer Farbe aufgemalt oder nur eingeritzt, der Name des Verstorbenen mit Angaben über Alter, Todestag, Beruf oder Kauf der Grabstelle. Zur Wiederauffindung der Gräber dienten außer Namensaufschriften auch einfache, in den Verputz eingedrückte Erkennungszeichen wie Figürchen aus Holz, Knochen oder Elfenbein, Mün- Seite 32 zen, Goldglasböden, Öllämpchen, Schmuck, Spielzeuge oder verschiedenste Gegenstände des Alltags. [3,4]

Goldglasboden.
Erkennungszeichen aus einer
römischen Katakombe, 4. Jh.

Wohlhabendere Leute ließen die Loculi mit Marmorplatten verschließen, auf denen die eingemeißelte Grabinschrift *(epitaphios)* stand, oft verbunden mit allegorischen Bildern. Seite 33 So ist auf der Grabplatte des Atimetus in der Nekropole unter S. Sebastiano die lateinische Inschrift von einem Anker und einem Fisch eingerahmt. Beide Symbole können, auch im Hinblick auf die Siegelbildvorschläge des Clemens, kaum schon christlich gedeutet werden, zumal die Platte keine der typisch christlichen Wunschformeln enthält. Von besonderem Interesse
[5] ist die marmorne Verschlußplatte des Bildhauers Eutropos. Zu seiten der griechischen Inschrift «Heiliger gottesfürchtiger Eutropos. In Frieden. Der Sohn hat es gestiftet. Er starb am 23. August» steht links der Verstorbene als Beter mit einem Becher, Symbol des Refrigeriums, in der Hand und er-

Elfenbeinfigürchen.
Erkennungszeichen von einem
Loculusgrab, 3. Jh.

Grabverschlußplatte des Atimetus in der Nekropole unter S. Sebastiano, 2. Jh.

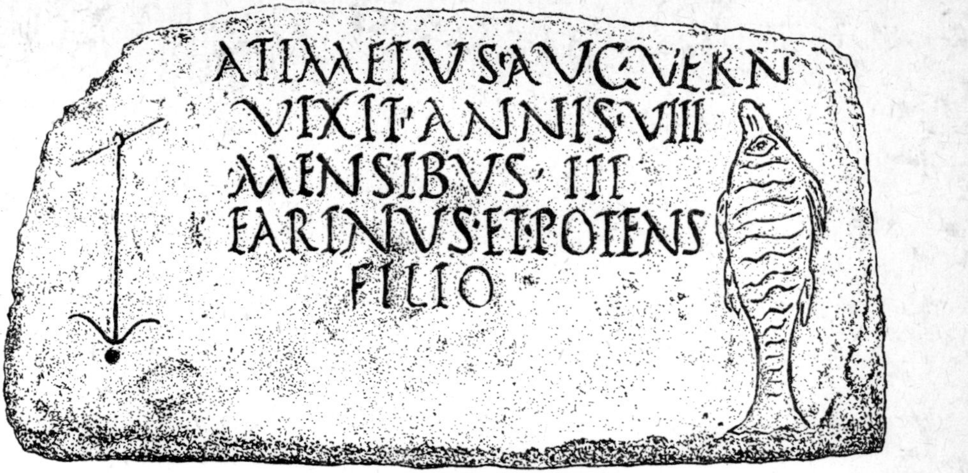

scheint zugleich in seinem Berufsstand als Sarkophagsteinmetz dargestellt.

Die Loculi waren, den Inschriften und Erkennungszeichen zufolge, in der überwiegenden Zahl typische Armengräber. Die Friedhofsvorschrift in der Kirchenordnung des Hippolytus schrieb den Bischöfen vor, für die Bereitstellung billiger Be-
[2] gräbnisse zu sorgen. Verglichen mit den endlosen Galerien dieser Loculusgräber, enthalten die weni-
[18] gen Cubicula nur eine begrenzte Zahl von Bestat-
Seite 60–61 tungsplätzen. Die innere Ausstattung der Cubicula kann sich nur bedingt mit den oft prächtigen ober-
[8] irdischen Mausoleen messen. Dennoch läßt die Entwicklung der Cubicula erkennen, daß sich die soziale Differenzierung der römischen Gemeinde auch in den unterirdischen Friedhöfen niederschlug. Der Gedanke der Gleichheit aller im Tode ist hierdurch zwar nicht aufgehoben, gewinnt aber durch den Rückgriff auf die heidnische Vorstellung vom wohleingerichteten und überdauernden Totenhaus *(domus aeterna)* eine repräsentative Note. Das «Orpheuscubiculum» in der Domitillakatakombe Seite 35
aus dem zweiten Viertel des 4. Jahrhunderts zeigt in einer für diese Entwicklungsstufe typischen Weise das Bestreben, die Ausstattung eines Mausoleums mit Arkosolien, vorgeblendeten Säulen auf

Grabverschlußplatte des Gerontius aus der Domitillakatakombe, 3./4. Jh.

Podesten, Bögen und Deckengewölben sowie einer entsprechenden Ausmalung nachzuahmen.

In vielerlei Hinsicht aufschlußreich ist die lateinische Inschrift auf dem Fragment eines Marmor-
[6] gitters im Cubiculum des Diakons Severus. Diese Kammer in der Eusebiusregion der Callistuskata-
Seite kombe gehört der Zeit zwischen 296 und 304 an.
56, C Der Text enthält eine Fülle soziologisch und frömmigkeitsgeschichtlich bedeutsamer Einzelheiten: «Doppelcubiculum mit Arkosolien und Lichtschacht. Mit Erlaubnis seines Papstes Marcellinus hat der Diakon Severus eine stille Wohnstätte des Friedens für sich und der Seinen eingedenk angelegt, wo die teuren Glieder im Schlaf für lange Zeit dem Schöpfer und Richter erhalten bleiben. Severa, lieb den Eltern und Dienern, starb als Jungfrau am 25. Januar. Ihr gewährte der Herr von Geburt an wundervolle Weisheit und Schönheit. Ihr Körper, er möge in Frieden ausruhen, ist hier bestattet, bis er auferstehen wird. Ihm raubte er durch seinen Heiligen Geist die keusche, schamhafte und unverletzliche Seele, und mit diesem wird sie wiederum der Herr vereinigen, mit geistlichem Glanz. Sie lebte 9 Jahre, 11 Monate und 15 Tage. So ist sie aus diesem Leben gegangen.»

Es war also notwendig, für die Errichtung eines Cubiculums mit Arkosolien und Lucernar (Lichtschacht) – all diese Bezeichnungen werden durch die Inschrift erstmals überliefert – die Genehmigung des Bischofs von Rom einzuholen. Für diesen wird in der Inschrift erstmals der Titel *papa* (Papst) gebraucht. Severus muß, zumal er als Diakon ein wichtiges geistliches Amt bekleidete, einer recht vermögenden Familie angehört haben, die sich das aufwendige Doppelcubiculum leisten konnte. Dies läßt auf eine deutliche soziale Differenzierung zwischen dem Klerus und der überwiegenden Zahl der Gemeindemitglieder schließen. Wichtig sind ferner all jene Aussagen, die auf die entwickelte christliche Todesauffassung und Auferstehungserwartung hinweisen. Der menschliche Körper, von dem durch Gottes Wille nur zeitweilig die Seele genommen ist, ruht im Grab aus, bis durch die Auferstehung die Seele mit dem unversehrt gebliebenen Leib wieder vereinigt wird. Das Grab selbst gilt als der Ort der Auferstehung. Seine Ausgestaltung hat daher diesem Ereignis würdig zu sein. Das ist der eigentliche Antrieb für die Fürsorge, die man den christlichen Gräbern angedeihen ließ.

Mit dem frühen Tod des Mädchens und der Trauer darüber verbindet sich die feste Gewißheit eines zukünftigen Lebens. Sowohl auf den ärmlichen Loculusgräbern als auch in den Inschriften der marmornen Verschlußplatten sind die Namen der Toten daher mit typisch christlichen Wunschformeln wie
in pace (in Frieden), *in refrigerio* (in Erquickung), [5]
in deo (in Gott), *vivas in deo* (du mögest in Gott Seite
leben) verbunden, die denselben Gedanken des To- 33
desschlafes und des erhofften seligen Zwischenzustandes ausdrücken.

Schriftquellen zu den römischen Katakomben

Die Erwähnung des Kalenders von 354 lenkte bereits unsere Aufmerksamkeit auf die Schriftquellen, aus denen wir historische, topographische und liturgische Angaben über die römischen Katakomben erhalten. In Rom gedachte man der Märtyrer spätestens seit dem 3. Jahrhundert an ihrem Sterbe- und Beisetzungstag. Diese Gedächtnistage wurden in Festkalendern und Heiligenverzeichnissen mit genauer Ortsangabe des verehrten Grabes erfaßt. Das älteste erhaltene Dokument hierfür ist der römische Chronograph von 354. Dieser Kalender, den der spätere Kalligraph des Papstes Damasus (366 bis 384), Furius Dionysius Filocalus, für einen gewissen Valentinus verfertigt hatte, enthält unterschiedliche Verzeichnisse, darunter einen römischen Staatskalender, Osterfesttabellen, eine Beschreibung der 14 Regionen Roms und eine Liste der römischen Bischöfe von Petrus bis Liberius (352 bis 366) mit teils fiktiven, teils richtigen Angaben über ihre Amtszeit.

Das Original dieses wichtigen illustrierten Handbuchs ist nicht erhalten, wohl aber eine Textab- Seite
schrift mit Nachzeichnungen des 17. Jahrhunderts 189
nach einer bereits in karolingischer Zeit angefertigten Kopie. Für die Katakombenforschung sind zwei Listen wichtig: eine kalendarische Folge von zehn

römischen Bischöfen von Lucius (gestorben 254) bis Silvester (gestorben 335), in der diese Bischöfe, die keine Märtyrer waren, mit ihrem Sterbetag, an dem in der Antike auch die Beisetzung *(depositio)* erfolgte, und mit der Angabe des Zömeteriums, wo sie ruhten, verzeichnet sind. Ergänzt wird diese *depositio episcoporum* (Bestattungsliste der Bischöfe) durch Hinzufügung der Päpste Marcus und Julius, während zwei Märtyrerbischöfe in der anderen Liste enthalten sind. Diese, die *depositio martyrum* (Bestattungsliste der Märtyrer), beginnt mit Weihnachten, dem Geburtstag Christi am 25. Dezember, und nennt Monat für Monat die Depositionstage der Heiligen und Märtyrerpäpste mit ihrem Grabort, ferner die unbeweglichen Feste des Kirchenjahres. Beide Listen überliefern für die

Rom. Domitillakatakombe. «Orpheuscubiculum». Erste Hälfte des 4. Jh.

Mitte des 4. Jahrhunderts die Namen von insgesamt 16 christlichen Zömeterien, doch müssen es Seite 24–25 damals schon weitaus mehr gewesen sein.

Die gottesdienstliche Praxis förderte die Aufnahme der Märtyrergedächtnistage in die Meßbücher (Sakramentare). Daneben entwickelten sich ebenfalls für den liturgischen Gebrauch umfangreiche Verzeichnisse der Heiligengedenktage, die Martyrologien. Für die römische Katakombentopographie wichtig ist das «Martyrologium Hieronymianum», das im Kern dem 5. Jahrhundert angehört. Die verschiedenen Papst- und Märtyrerlisten sind später mit den Ortsangaben ihrer Gräber in die römische Papstchronik, den «Liber Pontificalis», eingeflossen. Zahlreiche Grabgedichte, die Papst Damasus für Märtyrer verfaßt und die Filocalus in Steintafeln eingemeißelt hatte, wurden bei den Aus-
[15] grabungen in den Katakomben teilweise wiedergefunden. Sie beglaubigen die in den Schriftquellen enthaltenen Ortsangaben und besitzen somit höchsten archäologisch-epigraphischen Zeugniswert.

Von größter Bedeutung sind aber die eigentlichen Katakombenverzeichnisse, die allein in der Märtyrerverehrung ihre Wurzel haben. Die topographisch ergiebigsten Quellen sind die Itinerare, die Pilgerführer, die aus genauer Ortskenntnis erwachsene Angaben über die Lage der Märtyrergräber enthalten, zu deren Auffindung in den nicht mehr benutzten Vorstadtfriedhöfen sie schließlich dienen sollten. Dies gilt besonders für die beiden wichtigsten; das erste, das «Salzburger Itinerar» aus der Zeit des Papstes Honorius I. (625–638), trägt den Titel «Notitia ecclesiarum urbis Romae». Der empfohlene Rundgang in diesem «Verzeichnis der Kirchen von Rom» beginnt im Stadtinnern bei der Basilika Santi Giovanni e Paolo und dann im Norden an der Via Flaminia, von wo aus er im Uhrzei-
Seite 25 gersinn zu allen Consularstraßen und den dort liegenden Friedhöfen und Märtyrergräbern hinführt. Das zweite Pilgerhandbuch «De locis sanctis Martyrum quae sunt foris civitatis Romae» (Von den Orten der heiligen Märtyrer, die vor der Stadt Rom sind) ist in zwei Handschriften in Wien und Würzburg überliefert und stammt ebenfalls aus dem 7. Jahrhundert. Die Wegleitung beginnt hier bei Alt-Sankt Peter am Vatikan und geht in umgekehrter Richtung zur Via Flaminia; angehängt ist ein Kirchenverzeichnis.

Weitere Itinerare mit wertvollen topographischen Angaben sind der «Anonymus Einsidlensis», das Werk eines Rompilgers aus der Zeit Karls des Großen, der auch zahlreiche heidnische und christliche Inschriften kopiert hat und viele antike und christliche Monumente aufzählt, weiter die topographischen Notizen in der Vita des Papstes Hadrian I. (772–795) im Liber Pontificalis, die Schrift «De mirabilibus novae et veteris urbis Romae» (Von den alten und neuen Wundern Roms, 11. Jahrhundert) sowie die Rombeschreibung, die an die «Gesta regum Angelorum» des Wilhelm von Malmesbury (12. Jahrhundert) angehängt ist.

Die Verehrung der Apostelfürsten «in Catacumbas»

Allerdings sind die Angaben in den genannten Schriftquellen oft auch recht problematisch. Ein Beispiel soll dies verdeutlichen. So liest man im Salzburger Itinerar folgende Instruktion: «Hernach gelangst du zur Via Appia zum Märtyrer Sebastian, dessen Körper an einem Ort unten liegt, wo die Gräber der Apostel Petrus und Paulus sind, in welchen sie vierzig Jahre ruhten.» In der Vita Hadrians I. in der Papstchronik heißt es zu diesem Ort ausdrücklich: «Kirche der Apostel von Porta Appia am dritten Meilenstein, an einem Ort, der Catacumbas genannt wird, wo der Körper des seligen Märtyrers Sebastian mit anderen ruht.» San Sebastiano heißt die wohl unter Konstantin erbaute Kirche der Seite 39 Apostel erst seit dem 9. Jahrhundert. Die älteste Nachricht über den Apostelkult an diesem Ort steht in der *depositio martyrum* des Kalenders von 354 und lautet: «29. Juni (Gedächtnistag) des Petrus in Catacumbas und des Paulus (an der Straße nach) Ostia. Im Jahr der Consuln Tuscus und Bassus (258 n. Chr.).» Da alle Quellen die Verehrung beider Apostel in Catacumbas ausdrücklich bezeugen, hat man vermutet, daß die Notiz im Filocaluskalender bei Abschriften verstümmelt worden sei.

Die Stelle wird daher von vielen Forschern nach dem ebenfalls nicht ursprünglich überlieferten Wortlaut des Martyrologium Hieronymianum ergänzt: «29. Juni, Rom, Gedächtnistag (eigentlich Geburtstag) der heiligen Apostel Petrus und Paulus, im Vatikan des Petrus, des Paulus an der Straße nach Ostia und beider gemeinsam in Catacumbas ... Im Jahr der Consuln Tuscus und Bassus (258 n. Chr.).»

Der sich aus den Quellen ergebende Widerspruch, wonach die Apostelfürsten in Rom an drei verschiedenen Straßen Verehrungsstätten besaßen und hier an ein und demselben Tag verehrt wurden, gehört zu den schwierigsten Fragen der christlichen Archäologie. Denn der Kult eines Heiligen an einem bestimmten Ort setzt im allgemeinen voraus, daß sich dort auch sein Grab befand beziehungsweise als sicher angenommen wurde. Doppelte Verehrungsstätten der vornehmsten Heiligen Roms waren aber gerade wegen dieser als unabdingbar erscheinenden Voraussetzung an sich schon ein unlösbares hagiographisches und liturgisches Problem für die Forscher, nicht freilich für die Kirche selbst.

Dies alles wurde offenbar, als durch die Ausgrabungen unter San Sebastiano erwiesen werden konnte, daß Petrus und Paulus dort wirklich eine bedeutende gemeinsame und noch in die Mitte des 3. Jahrhunderts zurückreichende Verehrungsstätte besaßen.

Spätantike und frühchristliche Denkmäler des 3. Jahrhunderts

Die Ausgrabungen unter San Sebastiano in Catacumbas

Seite 39 Bei den Ausgrabungen unter San Sebastiano, die, ältere Untersuchungen des 19. Jahrhunderts fortsetzend, seit 1915 zunächst von A. de Waal, P. Styger, G. Mancini, A. v. Gerkan und O. Marucchi, in neuerer Zeit von A. Prandi und F. Tolotti durchgeführt wurden, stieß man auf alte heidnische Be- [7–10] gräbnis- und Totenkultanlagen. Als in konstantinischer Zeit die Basilika der Apostel errichtet wurde, ist das nach Südwesten hin abfallende Gelände durch Aufschüttungen derart erhöht worden, daß alle älteren Baureste unter die Auffüllungen gelangten und daher größtenteils unter der Basilika erhalten geblieben sind.

Schon im 1. Jahrhundert befanden sich in dieser Gegend ein großes unterirdisches Arenar zum Abbau von Pozzolanerde sowie Gräber und eine Villa Seite 39, E («Villa Grande»), die Wohn- oder Totenkultzwekken diente und bis zu Beginn des 4. Jahrhunderts benutzt wurde. Von der Via Appia zweigt rechtwinklig eine Gasse nach Westen ab, an der beiderseits Columbarien standen. Die Reste von 14 solcher Mausoleen sind unter der nördlichen Pfeilerstellung der Basilika freigelegt worden. Sie stammen aus julisch-claudischer und flavischer Zeit, wie die Mauertechnik und die Inschrift für einen Sklaven Vespasians (69–79) im Columbarium 5 anzei- Seite 28 gen. Im Innern sind die Mausoleen in der üblichen Weise ausgestattet.

Die Columbarien liegen etwa 5 Meter unter dem heutigen Fußboden der Kirche. Wenige Schritte hinter der südlichen Reihe fällt das Gelände steil zu einer Schlucht ab, die aus dem teilweise eingestürzten Arenar entstanden war und bis zu einer Tiefe von etwa 9 Metern herabreicht. Hier und in Seite 33 den angrenzenden Grotten des Arenars waren Freigelassene des Kaisers Trajan (98–117) bestattet.

Ebenfalls im 2. Jahrhundert wurden in dem offenliegenden Tuffhang drei Mausoleen (X, Y, Z) an- [7] gelegt. Das Mausoleum X wurde, der marmornen Inschrifttafel *(titulus)* über der Tür zufolge, von M. Clodius Hermes gestiftet. Es war ursprünglich ein Columbarium, ist aber im Verlaufe des 2. Jahrhunderts zum Bestattungsgrab umgewandelt und durch ein bis zur Tiefe von 13 Metern herabreichendes Untergeschoß erweitert worden. Gewölbe, Wände und Arkosolien des vorderen Obergemachs [8] sind teilweise mit heidnisch-allegorischen Darstellungen der Zeit um 160–170 ausgemalt. An den wenig jüngeren Wand- und Deckenpartien der hinteren Erweiterung des Oberstocks findet man Szenen des heidnischen Totenkults.

Über dem Giebel der Ziegelfassade wurde eine Attika errichtet, die eine kleine, für Totengedächtnismahle bestimmte Dachterrasse mit einer Sitzbank abschloß. Die Vorderseite der Attika ist mit [9] Fresken geschmückt, die der Zeit um 230 zugeordnet werden. Es handelt sich um Hirten und Mahlszenen, die einige Forscher bereits christlich interpretieren wollten, doch wird es sich dabei um Bilder des heidnischen Totenkultes handeln.

Im benachbarten Mausoleum (Y), dessen Trep- [7] Seite 39 penwölbung mit feinen Stukkaturen verziert ist, könnte christliche Mitbenutzung vorliegen. Auch dieser Bau erfuhr im 2. und beginnenden 3. Jahrhundert beträchtliche unterirdische Erweiterungen. In einem Teil fand man griechische Grabinschriften für Angehörige des heidnischen Bestattungsvereins der Innocentier, welche die Namen der drei regierenden Kaiser des Jahres 238 (Gordianus, Puppienus und Balbinus) trugen. Damit sind wichtige Hinweise für die Datierung und für die Inhaber des Mausoleums gewonnen. An einer tiefgelegenen

Rom. Nekropole unter S. Sebastiano in Catacumbas und Trikliakomplex, 1.–4. Jh. West-Ost-Schnitt

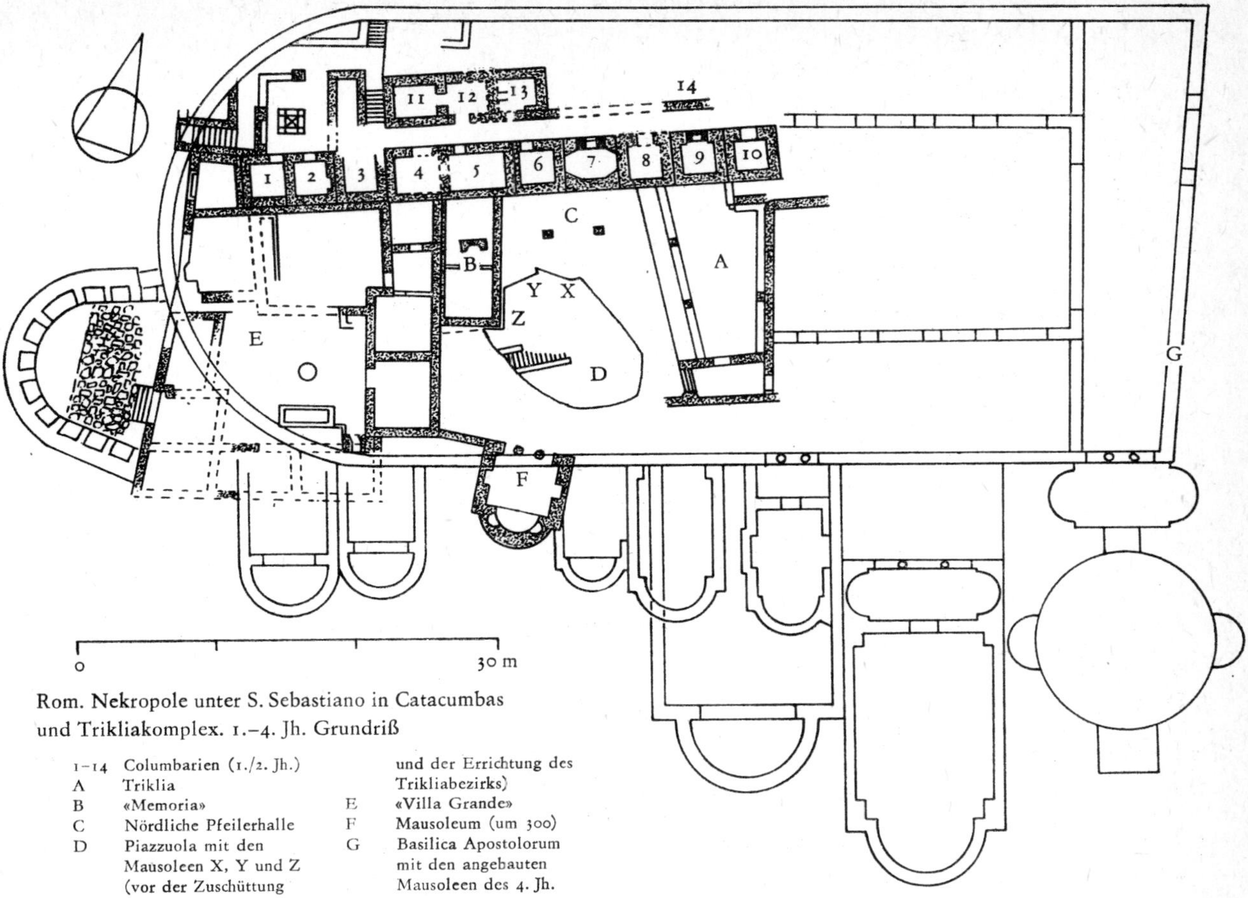

Rom. Nekropole unter S. Sebastiano in Catacumbas und Trikliakomplex. 1.–4. Jh. Grundriß

1–14 Columbarien (1./2. Jh.)
A Triklia
B «Memoria»
C Nördliche Pfeilerhalle
D Piazzuola mit den Mausoleen X, Y und Z (vor der Zuschüttung und der Errichtung des Trikliabezirks)
E «Villa Grande»
F Mausoleum (um 300)
G Basilica Apostolorum mit den angebauten Mausoleen des 4. Jh.

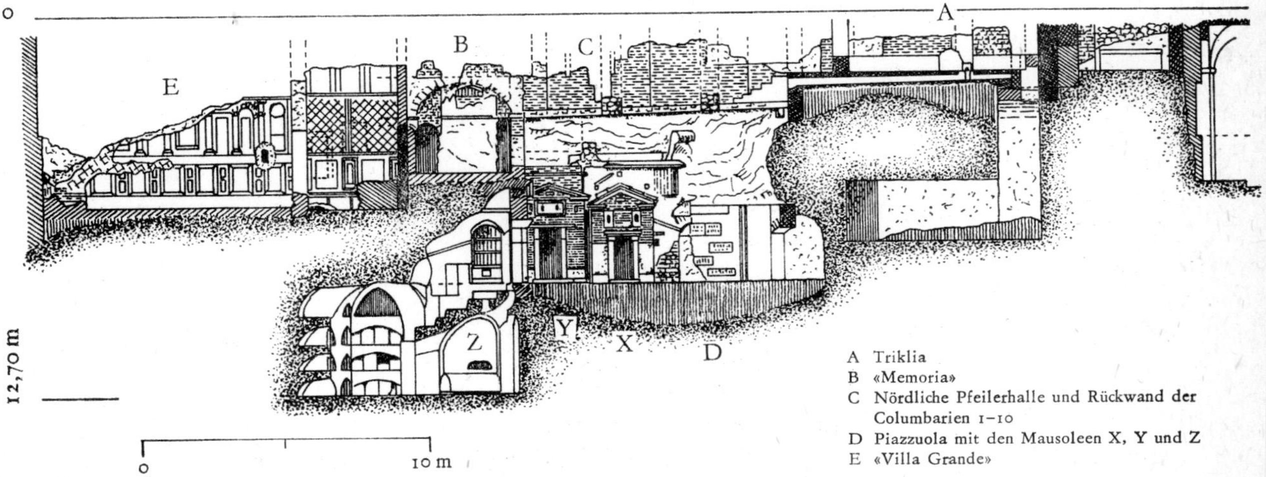

A Triklia
B «Memoria»
C Nördliche Pfeilerhalle und Rückwand der Columbarien 1–10
D Piazzuola mit den Mausoleen X, Y und Z
E «Villa Grande»

Rom. Totenkultanlage unter S. Sebastiano in Catacumbas.
Rekonstruktion der Triklia. Um 260–300.

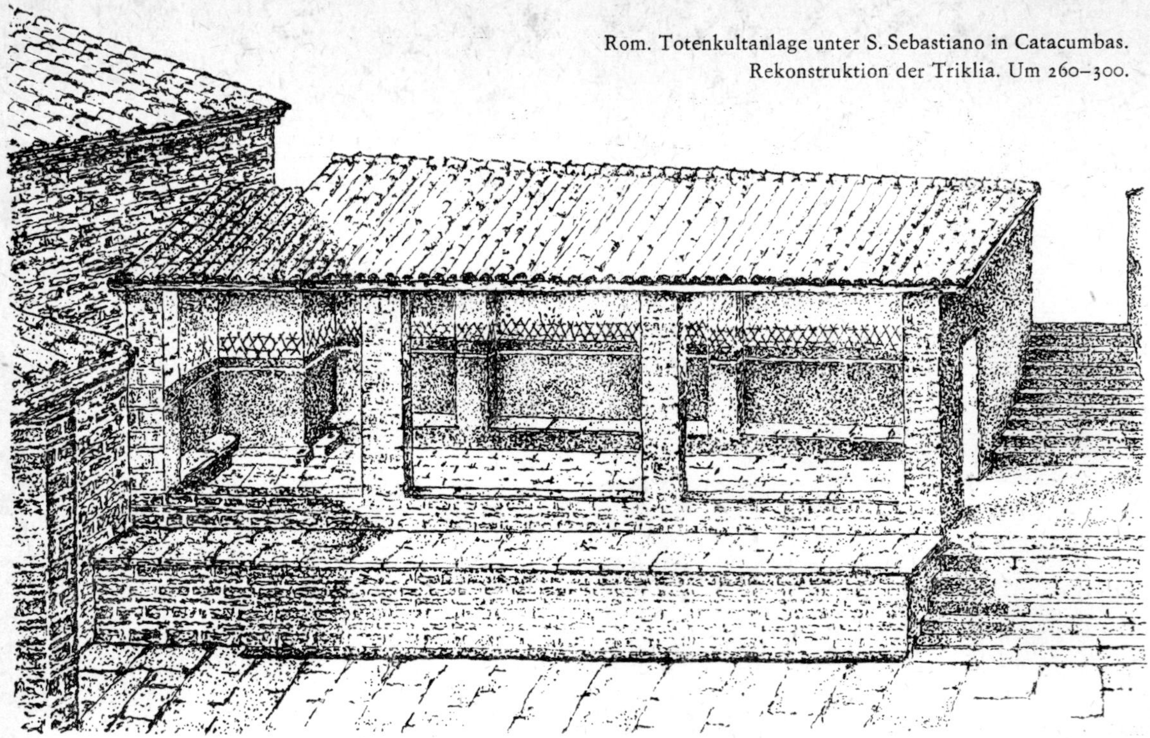

Grabnische hat man in den frischen Stuck das griechische Wort Ichthys ($IX\Theta Y\Sigma$, Fisch) mit einem dazwischengesetzten Kreuz geritzt. Dieses Wort birgt bekanntlich die Formel «Jesus Christus Gottes Sohn Erlöser». Das Ichthys-Griffito ist einstweilen der einzige sichere Hinweis, daß in diesem Mausoleum Christen am Werke oder sogar selbst bestattet
[7] waren. Das dritte Mausoleum (Z) ist im Aufbau recht einheitlich und birgt keinerlei Inschriften oder
Seite 39 Bilder. Der West-Ost-Schnitt verdeutlicht sehr gut die Ausbautiefe aller drei Mausoleen.

Um die Mitte des 3. Jahrhunderts wurde die Piazzuola gänzlich zugeschüttet, so daß die Mausoleen nicht mehr sichtbar waren. Das Gelände hatte jetzt vielleicht einen neuen Eigentümer, wohl einen heidnischen Bestattungsverein, der hier seine Zusammenkünfte und Totenmähler abhielt. Die nunmehr beginnende Entwicklung, in die auch die Einrichtung der Apostelfeier im Jahre 258 fallen dürfte, stellt sich nach den – freilich immer noch umstrittenen – archäologisch-baugeschichtlichen Forschungen etwa folgendermaßen dar: An der Seite 39, B
Rückseite der im Westen angrenzenden «Villa Grande», die wohl ebenfalls eine Anlage des heidnischen Totenkults war, entstand ein überwölbter Saal. Im Osten, zur Via Appia durch eine alte Basaltmauer abgegrenzt, wurde die Triklia errichtet, eine überdachte Pfeilerhalle, die für die Abhaltung von Totenmählern bestimmt war. Zwischen beiden Bauten erstreckte sich über der verschütteten Piazzuola und den Mausoleen jetzt ein Hof mit dem zunächst wohl noch erhalten gebliebenen Sitzplatz über dem Mausoleum X. Die nördliche Seite 39, C
Begrenzung des Hofes wurde durch die Rückwände der weiterhin bestehenden Columbarien gebildet, was beweist, daß das gesamte Gelände trotz der Zuschüttung der drei Mausoleen stets für Begräbnis- und Totenkultzwecke weiterbenutzt worden war.

Die ursprüngliche Gestalt der Triklia ist umstritten, doch haben die neueren Untersuchungen die Rekonstruktion Stygers, der einen zum Hof hin offenen Saal annahm, im wesentlichen bestätigt. Wohl im Zusammenhang mit der weiteren Ausgestaltung des Totenkultes wurde der Hof angehoben und gepflastert. Der westliche Saal wurde größtenteils wieder abgebrochen und aufgefüllt. Vor dem Seite 39, B an der nördlichen Zwischenmauer stehengebliebenen Gewölberest entstand eine merkwürdige Nische, in der man eine mit dem Apostelkult zusammenhängende, jedoch unvollendet gebliebene Memoria erkennen wollte. Zwischen dieser Nische und der Triklia wurde die nördliche Hofseite durch eine offene Pfeilerhalle begrenzt, die sich an die Columbarienrückwände anlehnt. Eine Treppe führte vom Hof aus westwärts zu einem tiefer gelegenen Wasserbecken. In diokletianischer Zeit (284 Seite 39, F bis 305) wurden das benachbarte heidnische Mausoleum errichtet und die Malereien einiger Räume Seite 39, E der angrenzenden «Villa» erneuert, was für die Kontinuität des Totenkultes in diesem Gebiet bis zur Errichtung der Basilika zeugt.

An der Wand der Triklia lief innen eine ge- Seite 40 mauerte Sitzbank entlang. Der Stuckverputz der Wand war über der Bank zunächst rot gestrichen und trug in der oberen Zone eine gemalte Gartenlandschaft mit Büschen und Vögeln, wie sie für die profane römische Innendekoration (Wohnhäuser) typisch war. Die rote Wandfläche ist mit lateini-
[10] schen und griechischen Kritzelinschriften übersät. In diesen werden immer wieder die Apostel Petrus und Paulus angerufen. Neben Formeln wie «Paulus und Petrus bittet für Victor», «Paulus und Petrus bittet für Nativus in Ewigkeit», «Paulus und Petrus in eurem Gedächtnis haltet Sozomenus und ihr die ihr dies lest» finden sich Graffiti, die zur Erinnerung an hier abgehaltene Refrigerien angebracht wurden: «Für Petrus und Paulus habe ich Tomius Coelius das Refrigerium gehalten», «Am vierzehnten vor den Kalenden des April (19. März) habe ich das Refrigerium gehalten. Parthenius in Gott und wir alle in Gott», «Dalmatius hat ihnen ein Gelöbnis versprochen, ein Refrigerium».

Die Trikliainschriften sind durch das Consulardatum (9. August 260) im Nativusgraffito in die zweite Hälfte des 3. Jahrhunderts datiert. Die Ver-
[7] schüttung der Piazzuola mit den heidnischen Mausoleen und der Umbau des Geländes zu einer neuen Totenkultanlage samt der Einrichtung der Apostelfeiern müssen also zwischen 238 (Innocentierinschriften) und 260 erfolgt sein. Somit gewinnt die Einführung des Apostelkultes in Catacumbas aus archäologischen und epigraphischen Indizien für das Jahr 258 hohe Wahrscheinlichkeit, ungeachtet der nicht zu klärenden Frage, ob hier wirklich und, wenn ja, an welcher Stelle Apostelreliquien zeitweilig verwahrt waren. Zwischen 258 und der Errichtung der konstantinischen Basilika über dem Seite 128 Trikliabezirk kamen hier Christen zusammen, um Refrigerien für die Apostel zu feiern.

Im Märtyrerkult hatten also die traditionellen Totenmahle bereits einen deutlich erkennbaren Sinnwandel erfahren. Die Refrigerien wurden nicht mehr nur zur Erquickung Verstorbener abgehalten, sondern zum Gedächtnis der Apostel, die man zugleich um Fürbitte für die Feiernden anrief. Wie die Daten zeigen, kam man dazu nicht etwa nur am 29. Juni, dem durch den Kalender von 354 bezeugten Gedächtnistag Petri und Pauli in Catacumbas, zusammen, sondern zu beliebigen Gelegenheiten. Die Triklia ist somit die älteste, archäologisch nachgewiesene Märtyrermemoria der römischen Kirche, in der die Apostelverehrung durch zeitgenössische Inschriften gesichert wird.

Angesichts dieser Tatsache erschien es den Forschern natürlich unbegreiflich, daß ausgerechnet eine stadtrömische Quelle wie der offiziöse Kalender von 354 eines der wichtigsten römischen Märtyrerfeste unrichtig überliefert haben sollte. Die Doppelverehrung der beiden Apostel an ein und demselben Tag und an jeweils zwei verschiedenen Orten bedurfte der Erklärung. Die von vielen Gelehrten vertretene Lösung dieses scheinbaren Widerspruchs ergibt sich aus dem Datum des 29. Juni 258. Dieses war offenbar so einschneidend, daß es spätestens seit dem 4. Jahrhundert auch den Gedenktag der Apostelfürsten in ihren Kirchen am Vatikan und an der Straße nach Ostia ein für allemal festlegte. Vor 258 scheint es hingegen noch kein reguläres gemeinsames Fest des Petrus und Paulus gegeben zu haben, obwohl schon für 200 Gedächtnisorte beider ausdrücklich bezeugt sind.

Die Einführung des Apostelkultes in Catacumbas 258 dürfte augenscheinlich mit den schweren Christenverfolgungen unter Decius und Valerianus zusammenhängen. Den Christen war es seit 257 bei Todesstrafe verboten, ihre Friedhöfe zu betreten (Eusebius, Kirchengeschichte VII 11) – eine nach dem römischen Grabrecht ganz unerhörte Maßnahme, die auf die Unterbindung des christlichen Totenkultes abzielte. Der Bischof Xystus (Sixtus) II., der dieses Gebot mißachtete, wurde deshalb mit vier seiner Diakone in der Callistuskatakombe verhaftet und getötet. Gegen Refrigerien, zu denen die Christen wohl deshalb jetzt inmitten der heidnischen Totenkultanlagen im Catacumbas zusammenkamen und von denen die Trikliainschrif-
[10] ten beredtes Zeugnis ablegen, hatte aber die Obrigkeit keine Handhabe. Nach dem gallienischen Reskript (260), als den Christen die verehrten Apostelgräber am Vatikan und an der Via Ostiense wieder zugänglich waren, blieb dennoch der Kult in Catacumbas weiter bestehen und erhielt schließlich durch die Erbauung der konstantinischen Kirche eine monumentale Krönung.

Für die Einrichtung des Apostelkultes in Catacumbas war eine *Übertragung* ihrer Gebeine keine unerläßliche Vorbedingung, wie manche Forscher
Seite 39 annahmen, und tatsächlich haben die Ausgrabungen unter der Basilika keine Stelle innerhalb des Trikliabezirks als den Ort identifizieren können, an dem Reliquien auch nur zeitweilig verwahrt worden wären.

Die Nekropole unter der Peterskirche und das Petrusgrab

Die Grabungen unter der Peterskirche haben ergeben, daß die konstantinische Basilika hier ebenfalls über einem heidnischen Friedhof errichtet worden war, der sich nahe der Via Cornelia am Vatikan erstreckte. Wie ein Querschnitt durch das Gelände zeigt, waren wie an der Via Appia aufwendige Einebnungs- und Aufschüttungsarbeiten notwendig, um die Basilika über derjenigen Stelle errichten zu können, die nach alter römischer Überlieferung als Verehrungsstätte des Apostels Petrus galt. Seite 42–44, Faltkarte, Rückseite Seite 39

Schon zwischen 1574 und 1616 entdeckte man beim Neubau des Petersdoms heidnische Mausoleen unter Confessio und Atrium. 1574 stieß der Kanonikus Tiberius Alpharanus auf das christliche Mausoleum der Julier und beschrieb dessen Inhalt. Bei den Ausgrabungen (1940–1949) wurde über eine Länge von etwa 70 Metern ein Teil der verschütteten Mausoleen freigelegt. Ursprünglich muß die Gräberstraße, wie weitere Funde von Gräbern und Grabbauten zeigten, mehr als 400 Meter lang gewesen sein. Die Aufhebung des Friedhofs war eine nach dem römischen Grabrecht unerhörte Maßnahme und läßt sich nur aus der besonderen Situation erklären, die zur Stiftung der konstantinischen Basilika an ebendiesem Ort geführt hatte. Seite 43 Seite 44, M [12] [11]

Wie unter der Basilica Apostolorum waren die frühsten Grabbauten (A, B, D, O) aus der Zeit Seite 39

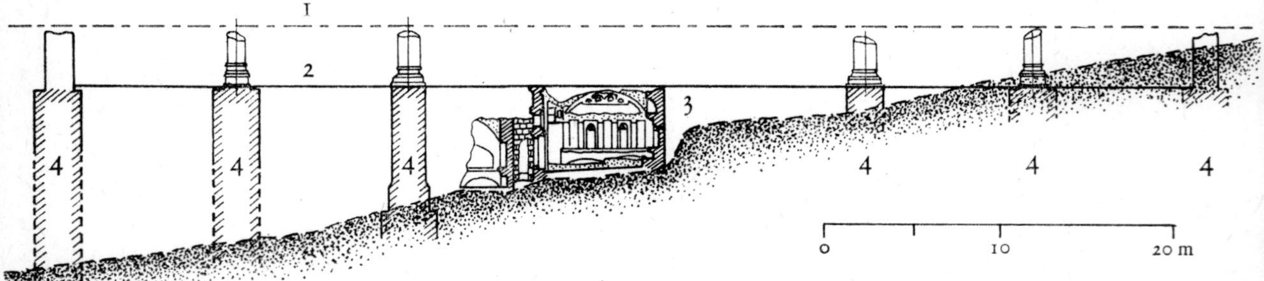

Querschnitt durch die vatikanische Nekropole
mit den Fundamenten der konstantinischen Petrusbasilika

1 Fußbodenniveau des Petersdoms
2 Fußbodenniveau der konstantinischen Petrusbasilika
3 Mausoleum der Caetennier (F)
4 Fundamente der konstantinischen Petrusbasilika

um 130–150 zunächst als Columbarien eingerichtet. Seite 44
Im Laufe des 2. und 3. Jahrhunderts ist das Innere der einzelnen Mausoleen mit Wandmalereien, architektonischen und figürlichen Stuckdekorationen sowie mit Boden-, Wand- oder Gewölbemosaiken prächtig ausgestattet worden. Die Benutzung der Nekropole endete gegen 324, als die Einebnung des Geländes für die Bauarbeiten an der Petrusbasilika Seite 42 begann. Den aufgefundenen Inschriften zufolge waren die Besitzer der Mausoleen Angehörige der wohlhabenden Mittelschicht, darunter etliche reich gewordene Familien von ehemaligen Freigelassenen flavischer Kaiser.

Wichtig ist die Inschrift auf der Marmortafel des Mausoleums A. Hierin bestimmte ein gewisser C. Popilius Heracla seine Erben, ihm ein Grabmal «am Vatikan beim Zirkus» zu errichten. Gemeint ist der Zirkus des Nero (54–68), wovon Reste südlich der Peterskirche freigelegt wurden. In diesem Zirkus, der zu einer ausgedehnten Palast- und Gartenanlage des Kaisers jenseits des Tiber gehörte, könnte zwischen 64 und 67 das große Christenmassaker stattgefunden haben, von dem Tacitus in seinen «Annalen» (15, 44 ff.) berichtet. Die römische Überlieferung verband damit das Martyrium des Petrus (1. Clemensbrief 5, 4–6, 2, verfaßt um 95 bis 100), obwohl über dessen Tod in Rom nichts Sicheres verbürgt ist.

Eusebius zitiert in seiner «Kirchengeschichte» (II 25) zwei wichtige Zeugen für das allmähliche Wachsen der römischen Petrus-Paulus-Tradition. So schreibt Dionysius von Korinth um 170 an die

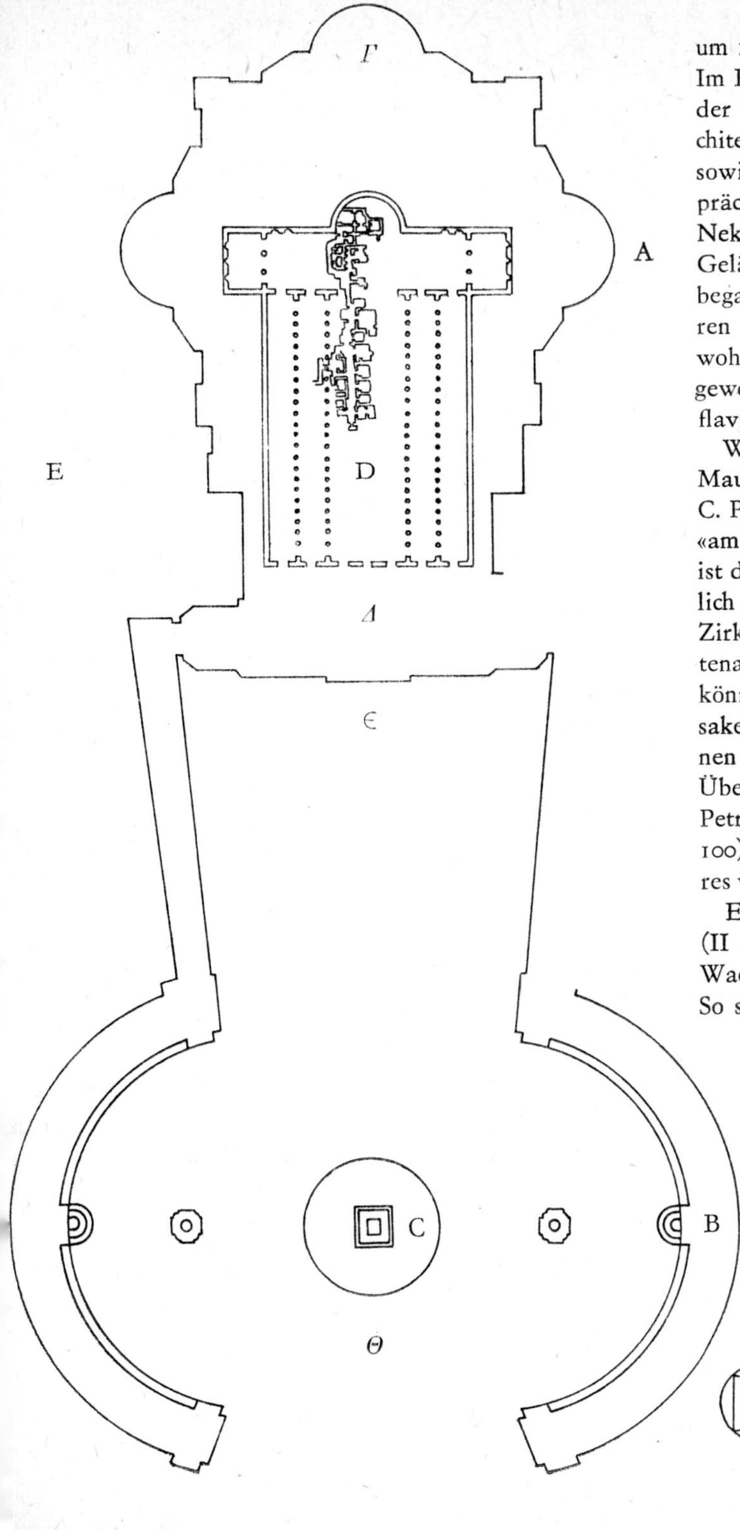

Rom. Petersdom. Konstantinische Petrusbasilika und Lageplan der vatikanischen Nekropole

A Umriß des Petersdoms (1505–1626)
B Kolonnaden Berninis (1656–1667)
C Obelisk aus dem Zirkus des Nero
D Konstantinische Petrusbasilika mit den Mausoleen
E Gebiet des Zirkus des Nero
Γ Δ ∈ Θ Seit längerem bekannte Gräber der vatikanischen Nekropole

römische Gemeinde: «Beide nämlich haben gleichermaßen in unserem Korinth pflanzend uns gelehrt und auch in Italien am gleichen Ort lehrend zur gleichen Zeit das Martyrium erlitten.» Das zweite Zeugnis ist eine in die Zeit des Bischofs Zephyrinus – also um 200 – zurückgehende Äußerung des römischen «Kirchenmannes» Gaius. Dieser beruft sich gegenüber den Montanisten, die inzwischen auch in Rom Fuß gefaßt hatten, auf die apostolische Tradition der römischen Bischöfe: «Über die Plätze, wo die heiligen Leiber der Apostel beigesetzt sind, sagt er (Gaius) folgendes: ‹Ich aber bin imstande, die Tropaia der Apostel zu zeigen. Denn wenn du zum Vatikan gehen willst oder auf die Straße nach Ostia, wirst du die Tropaia derer finden, die diese Kirche gegründet haben.›» Die vatikanische Nekropole ist also identisch mit jenem in den Quellen genannten Friedhof beim Zirkus des Nero, wo bereits um 200 ein Tropaion des Petrus existierte, eine Stätte also, die mindestens damals als sein Grab gegolten hat, zumal sie inmitten einer heidnischen Nekropole lag. Das Wort *tropaion,* das eigentlich «Siegesmal» bedeutet, bezeichnet bei Eusebius gewiß schon ein auch äußerlich hervorgehobenes Märtyrergrab, doch ist es fraglich, ob das vermeintliche, weil als solches verehrte Petrusgrab bereits vor 200 eine monumentale Ausgestaltung besessen haben könnte. Denn im Gegensatz zu Kleinasien (Kult des Polykarp von Smyrna) sind für Rom im 2. Jahrhundert noch keine regelmäßigen Gedächtnisfeiern für christliche Märtyrer belegt, die sich mit deren Gräbern verbinden ließen.

Bei den Ausgrabungen unter der Confessio der Seite 44, P Peterskirche konnte man an der Stelle, wo seit konstantinischer Zeit eine mit Marmorplatten verkleidete Seite 46 Memoria in der Apsis der Basilika stand und wo seit Papst Gregor I. die aufeinanderfolgenden und sich überlagernden Papstaltäre errichtet worden waren, die Reste einer Nischenanlage feststellen, Seite 45 und zwar im Innern jenes konstantinischen Monuments. Die Nischenanlage stand einst innerhalb der heidnischen Nekropole unter freiem Himmel und war Teil der «Roten Mauer», die den Hof P im Westen abschloß. Sie konnte erst nach 160 entstanden sein, nachdem die benachbarten Mausoleen

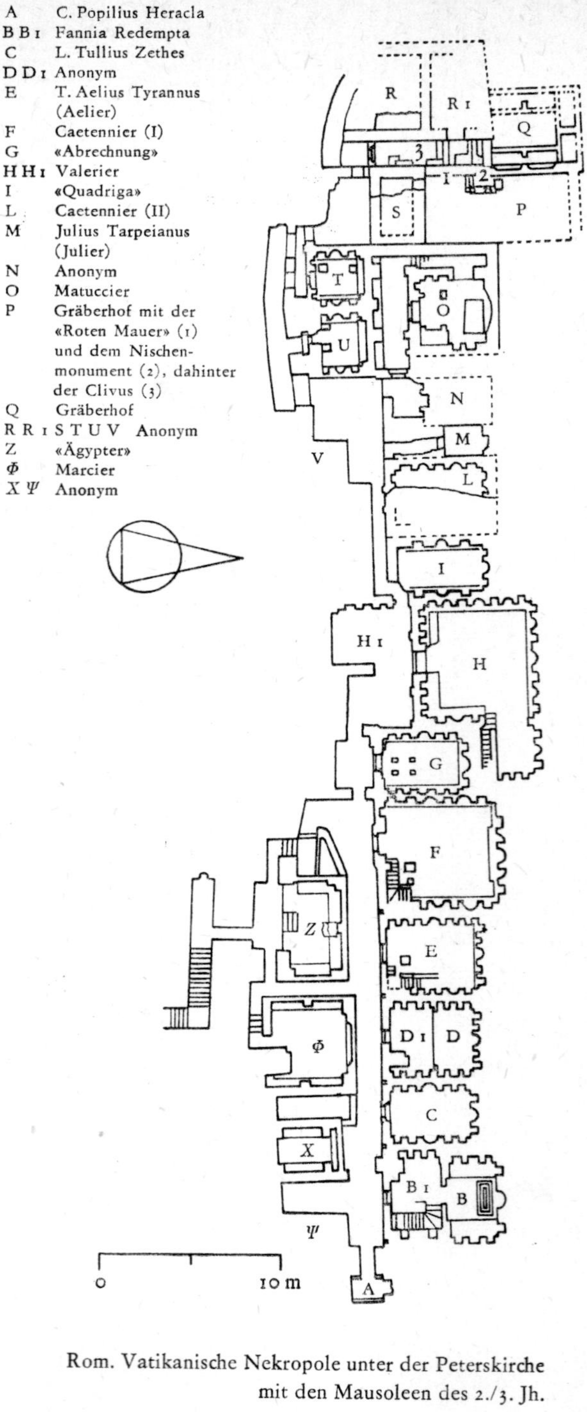

Rom. Vatikanische Nekropole unter der Peterskirche mit den Mausoleen des 2./3. Jh.

I	«Rote Mauer»
N 3	Obere Nische vom «Tropaion des Gaius»
N 2	Nische über der Bodenplatte des Zentralgrabes
N I	Nische unter der Bodenplatte des Zentralgrabes
2	Ursprüngliche Tiefe des Zentralgrabes
3	Ergrabene Tiefe des Zentralgrabes
η β γ	Bodengräber in der Umgebung des Zentralgrabes
4	Säule vom «Tropaion des Gaius»
5	Travertinplatte vom «Tropaion des Gaius»
6	Fußbodenniveau der konstantinischen Petrusbasilika
7	Altar Callistus' II. (1119–1124)
pa	Rest von der konstantinischen Verkleidung der «Roten Mauer»

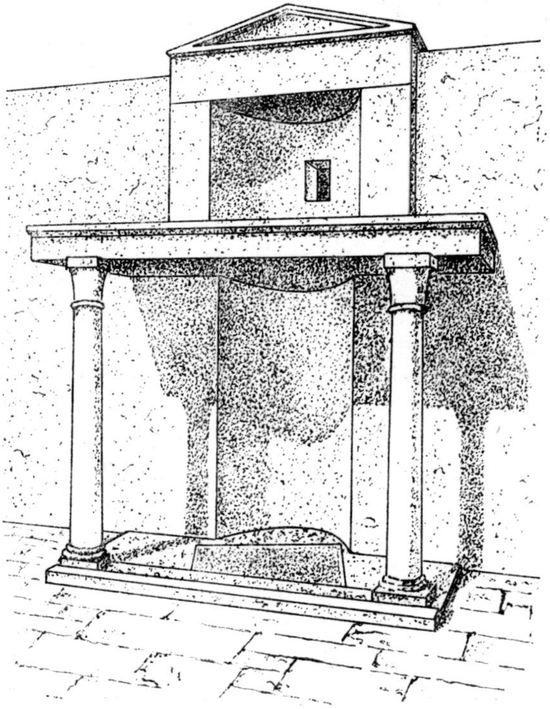

Rekonstruktion des Nischenmonuments («Tropaion des Gaius») über dem Petrusgrab, um 200

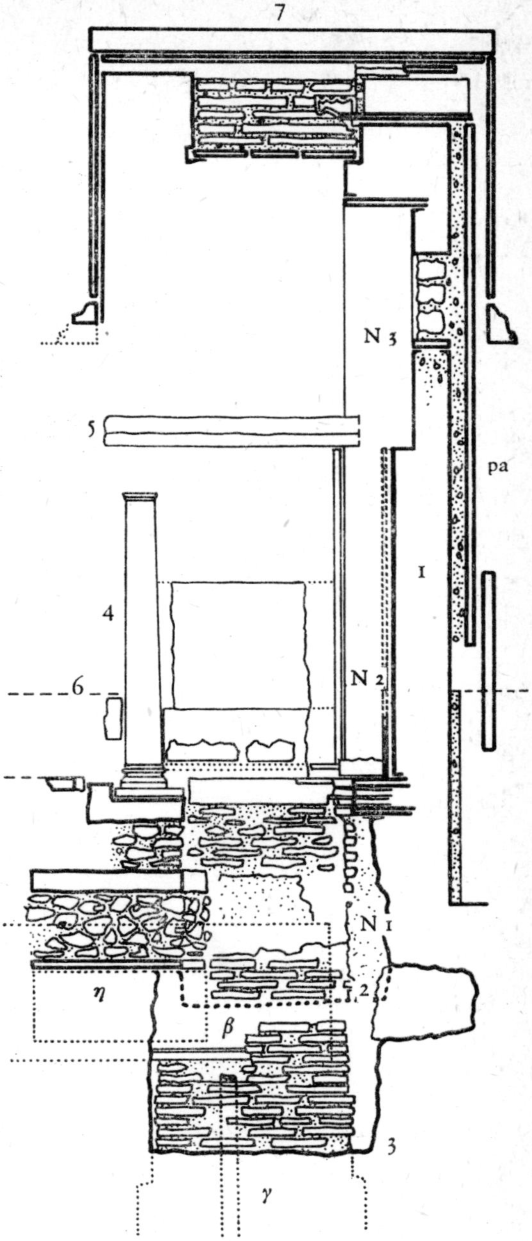

Rom. Vatikanische Nekropole. Ost-West-Schnitt durch die «Rote Mauer» mit dem Nischenmonument

Rom. Petrusbasilika (Alt-St. Peter). Rekonstruktion der konstantinischen Petrusmemoria in der Apsis

Seite 44 R-R1, S und O erbaut und in Verbindung damit oder wenig später die Treppengasse *(clivus)* und die Mauern der Grabhöfe Q und P, als die Rote Mauer, errichtet worden waren. Unmittelbar vor der Nischenanlage befanden sich drei ärmliche Erd-Seite 45 gräber (γ, ϑ, ι), von denen zwei durch Ziegelstempel (69–79 und 115–123) datiert schienen, doch sind hier offenbar ältere Ziegel wiederverwendet worden.

Im Gegensatz zum Verlauf der Roten Mauer orientierte sich eine schräg in den unteren Teil der Seite 45 Nischenanlage eingefügte Bodenverschlußplatte wohl nach der Lage der drei Körpergräber. Dies konnte den Eindruck erwecken, als habe sich hier ursprünglich eine weitere Grabstelle befunden, um die herum die drei anderen angelegt worden seien. Für die Ausgräber schien dies jedenfalls festzustehen. Sie gründeten darauf die Hypothese, daß es sich bei dem zentralen Grab nur um das Petrusgrab gehandelt haben könne. Das «Zentralgrab» konnte allerdings nicht mehr nachgewiesen werden, da in diesem Bereich der natürliche, gewachsene Boden teils durch die Ausgrabungen selbst, teils schon durch all jene baulichen Vorrichtungen, die das hier verehrte und mit der Nischenanlage kenntlich gemachte Grab hervorheben sollten, vollkommen gestört worden war.

Die Grabungsresultate sind besonders durch einen der Ausgräber, E. Kirschbaum, mehrfach dargelegt und eindringlich gegen zahllose Kritiker verteidigt worden. Der archäologische Befund legt aber bei sorgsamer Prüfung, sofern diese heute überhaupt noch möglich ist, die Annahme nahe, daß es sich bei dem «Zentralgrab» wohl nur um eine Fiktion des Petrusgrabes, frühstens aus der Mitte des 2. Jahrhunderts, handelte. Diese Fiktion könnte in dem Gedanken der apostolischen Nachfolge der römischen Bischöfe, der seit dieser Zeit seine wichtige kirchenpolitische Rolle zu spielen begann und den wir bei Gaius bereits ausgeprägt fanden, ihre unmittelbare historische Veranlassung haben. Unabhängig von unabweisbaren archäologischen Zweifeln an der Authentizität des Petrusgrabes Seite 45 zeugt doch die Erbauung der Nischenanlage, so hypothetisch ihre Rekonstruktion auch sein mag, von der Verehrung eines durch die Überlieferung geheiligten Ortes. Bis ins frühe 4. Jahrhundert hat man das Monument durch Reparaturen und durch aufwendige Ausstattungen zu erhalten gesucht. Auffällig ist allerdings, daß in den Graffiti dieser Zeit, [10] im Gegensatz zu den Trikliainschriften, der Petrusname fast gänzlich fehlt. Die Art und Weise aber, wie die kirchlichen Bauherren und der kaiserliche Seite 46 Faltkarte, Rückseite Stifter die bescheidene Memoria erhielten, mit farbigem Marmor kostbar umkleideten und zum Mittelpunkt der Apsis der Petrusbasilika bestimmten, trug der offiziellen römischen Tradition Rechnung, wonach diese Stelle innerhalb der vatikanischen Nekropole seit langer Zeit unbestritten als Begräbnisort des Apostels Petrus gegolten hatte. Mehr an sicheren archäologischen und kultgeschichtlichen Fakten haben die Grabungen nicht erbringen können, die zudem mit Unklarheiten, Mißgeschicken, Widersprüchen und Mystifikationen belastet sind, so daß viele ihrer Ergebnisse trotz endloser Diskussionen auch zukünftig umstritten bleiben werden.

Die Kunst in den römischen Friedhöfen

Heidnische und christliche Bilder in der Grabkunst

Die Petrusmemoria ist nicht das einzige christliche Zeugnis in der vatikanischen Nekropole. Im Mau- Seite 44 soleum der Caetennier (F) fand man eine Marmorplatte mit dem Bild der Verstorbenen, die wasserschöpfend an einem Brunnen steht. Zwei Tauben mit Ölzweig im Schnabel und die Beischrift «Seele der süßen Gorgonia» weisen auf Erquickung und Frieden hin und lassen wohl eine christliche Bestimmung des Epitaphs zu. Im Valeriermausoleum (H) fand man verschiedene christliche Graffiti aus dem frühen 4. Jahrhundert und einen christlich wiederbenutzten heidnischen Löwenjagdsarkophag des 3. Jahrhunderts. Ein christliches Grab wurde ferner im Ägyptermausoleum (Z) entdeckt.

Das eindrucksvollste christliche Denkmal ist, trotz der heidnischen Inschrift des Julius Tarpeianus, das schon erwähnte Mausoleum M, das baugeschichtlich in die Zeit um 160–180 gehört. Wohl gegen 300 erhielt es eine Mosaikausstattung mit eindeutig christlichen Bildthemen. An drei Seitenwänden sind davon die Abdrücke der ausgefallenen Mosaiksteinchen erhalten. An der Nordwand waren ein Angler, an der Ostwand Meerwurf und Seite 48 Verschlingung des Jonas und an der Westseite ein Schafträger dargestellt. Durch die alttestamentliche Jonasdarstellung und, im Hinblick auf die Siegelbildvorschläge des Clemens, wohl auch durch den Angler wird der christliche Charakter der Ausschmückung nahegelegt. Das ist wichtig für die Deutung des nur teilweise erhaltenen Gewölbemosaiks. Es zeigt inmitten einer Weinrankenkom- [12] position, aus der ein achteckiges Bildfeld ausgespart ist, den im Viergespann (zwei Pferde sind erhalten) zum Himmel auffahrenden Sonnengott.

In den beiden parallelen Strahlen seiner Krone wollte man ein T-(= Tau)förmiges Kreuz erkennen. Aber auch ohne dieses umstrittene Detail würde aus dem gesamten Dekorationsprogramm deutlich, daß der Sonnengott hier als Hinweis auf Christus, den Gott der Auferstehung, verstanden wurde. Schon frühzeitig findet man im christlichen Schrifttum die allegorische Gleichsetzung von Christus mit der Sonne, nach antiker Auffassung also mit dem Sonnengott Sol. Am «Sonntag» gedachte man der Auferstehung Christi. In konstantinischer Zeit wurde der Geburtstag Christi vom 6. Januar (Epiphanias) auf den 25. Dezember vorverlegt. Auf diesen Tag fiel aber seit alters ein heidnisches Fest, der *dies natalis Solis Invicti,* der «Geburtstag des unbesiegbaren Sonnengottes». Der Sonnengott der Juliergruft ist somit als Sinnbild für den Auferstandenen zu deuten. Das führt zugleich vor Augen, in welcher Weise der Verschmelzungsprozeß von «Antike und Christentum» sich vollzog.

Rom. Vatikanische Nekropole.
Wandmosaik im Mausoleum M der Julier.
Meerwurf und Verschlingung
des Jonas, um 300

Wenn das christliche Grab als Ort der Erquikkung, des Todesschlafs und der Auferstehung gilt, dann ergibt sich daraus die Bedeutung der Darstellungen, die den Grabbereich schmücken. Die von
[5,6] den Inschriften reflektierte Hoffnung auf Frieden
Seite und Auferstehung liefert also den Schlüssel für die
33 Deutung der Bilder. Die frühsten christlichen Darstellungen im Grabbereich knüpfen, wie die christlichen Bestattungsformen und Bräuche des Totenkultes, unmittelbar an die Gepflogenheiten der heidnischen Umwelt an. Dies war, so zögernd es zunächst geschah, nur deshalb möglich, weil die christlichen Vorstellungen von der Überwindung des Todes in verwandten heidnischen Anschauungen wurzelten. In dem Maße aber, wie in der christlichen Auferstehungslehre die eher unbestimmten antiken Unsterblichkeitshoffnungen fortgebildet waren, erhielten die der heidnischen Grabsymbolik entlehnten Bilder eine neue Bedeutungsqualität.

Allein ein Blick in die Privatmausoleen unter der Peterskirche genügt, um die heidnischen Vorstellungen vom Tode und vom Erhobenwerden über die irdische Sterblichkeit anschaulich werden zu lassen. Allerdings überliefern die antiken Autoren spärliche Hinweise auf den Sinngehalt der Bilder im Grabbereich, so daß sich die Deutung nur auf die Darstellungen und ihre Umgebung stützen kann. An erster Stelle unter den Bildern in der vatikanischen Nekropole stehen Götter und mythische Gestalten, deren Sagen schon die Überwindung der Todesbedrängnis zum Inhalt haben und damit den Gedanken der Wiedergeburt *(anabiosis),* der Entrückung *(apotheosis)* oder des Fortlebens kraft mythischer Verwandlung *(metamorphosis)* sinnfällig zum Ausdruck bringen. Für das Verständnis dieser Bilder ist die Erkenntnis wichtig, daß sie nicht Begebenheiten in schildernder Weise illustrieren; auch waren die Darstellungen nicht auf einen Betrachter abzielende und für die Anschauung berechnete Kunstwerke. Vielmehr haben die Bilder und Einzelmotive, die sich in der Form der jeweiligen Komposition zu geistigen Programmen ordnen, eine gleichnishafte, mit Beispielen aus dem Sagenschatz zugunsten der Verstorbenen argumentierende und nur auf diese allein berechnete Funktion. Aus der Vielfalt der Bilder läßt sich daher meist ein übergeordneter Gedanke erschließen, den sinnfällig zu machen, sie allein dienten.

Sinnfällige Mythen und mythische Gestalten, die irdischer Todeserfahrung die Hoffnung auf jenseitige Todesüberwindung entgegenstellen, sind die Auffahrt des Sonnengottes, von der im Mausoleum
[12] der Julier die christliche, im Mausoleum B die heidnische Variante vorkommt, weiterhin die Rückkehr der Proserpina aus der Unterwelt (Mosaik im Grabbau I), die Geburt der Venus (Apsisfresko im Caetenniermausoleum, F), das selig-trunkene Treiben des Bacchus (Sarkophag des Q. Marcius Hermes im Marciermausoleum, Φ), die Dioskuren als Seelengeleiter (Sarkophag ebenda), der dionysische Thiasos und die Auffindung der verlassenen Ariadne, die als Sterbliche in den Kreis des Gottes aufgenommen wird (Sarkophag im Ägyptermausoleum, Z), und als Gegenbild dazu die Tötung des Königs Pentheus durch rasende Bacchantinnen (Fassadenmosaik am Grabbau Φ) – Sinnbild des plötzlichen Dahingerafftwerdens; ferner Satyrn und Mänaden, die in «abgekürzter» Weise die dionysische Welt darstellen, schließlich auch die Personifikationen des aufgehenden Morgensterns und des versinkenden Abendsterns, die Allegorien des Werdens und Vergehens, Lucifer und Hesperus (Mausoleum U). Das Valeriergrab (H) ist innen mit Stuckfiguren geschmückt, die Gottheiten (Apoll Harpokrates) und heroisierte Tote darstellen und damit ausdrücken, daß die Verstorbenen nun in einer göttlichen Welt ihren Aufenthalt genommen haben.

Neben solchen mythischen Paradigmen für Tod und Todesüberwindung stehen Szenen, welche die *vita activa,* das «tätige Leben», zum Thema haben und darin zur Geltung bringen, kraft welcher Tugenden dem Verstorbenen ein gütiges Jenseitsschicksal beschieden sein möge. Hierzu gehören Jagdszenen, in denen die Tapferkeit *(virtus)* des Toten gepriesen wird (Fresko im Caetenniergrab und Löwenjagdsarkophag im Valeriermausoleum), ferner Zirkusszenen (Wagenlenker), denen zudem ein besonderer Glücksaspekt innewohnte, aber auch ein Genrebild wie die «Rechenschaftslegung» im Mausoleum G. Dieses weist zwar in die *vita privata,* doch wird damit nicht auf ein bestimmtes Ereignis im Privatleben des Verstorbenen angespielt, sondern: Im Verhältnis von Herr und Diener, der die Abrechnung vorlegt, wird auf die im Leben geübten Tugenden der *clementia* (Milde) und *fides* (Treue, Vertrauen) hingewiesen. Beide galten offenbar als Voraussetzungen für die erhoffte Milderung des Todesloses.

Eingebettet sind die mythisch-allegorischen Szenen in eine Fülle dekorativ verwobener Motive, die einzeln und insgesamt den paradiesischen, überirdischen Charakter des Grabes und damit den glückseligen Zustand der entrückten Toten versinnbildlichen. Die geläufigsten Motive, die wegen dieser neutralen Bedeutung auch in die frühchristliche Grabkunst übergehen konnten, sind: Weinranken und Früchte, an denen verschiedene Vögel picken [8]
und sich so erquicken, mit Früchten oder Broten gefüllte Körbe und Gefäße, Pfauen in meist symmetrischer Anordnung zu seiten eines Fruchtkorbs oder eines Trinkgefäßes (der Pfau war das wohl geläufigste Unsterblichkeitssymbol der Antike), flatternde Vögel, Jahreszeitengenien, Gefäße, darunter häufig die dionysischen des Trinkens und Weinmischens, Kantharos und Krater. Dies alles ist in geometrischen Rahmenkompositionen mit Ranken, Girlanden, Bändern, Blüten, Blütenkelchen und allerlei phantastischen Ornamentformen eingebettet, wobei nur ein konventioneller Kanon der Dekorationssysteme die Phantasie der Maler begrenzte.

Die Art der bildlichen Allegorese, das eigentümliche Schwanken zwischen Todesfurcht und Unsterblichkeitshoffnung, zwischen Bedrohung und Errettung, ist in den Dekorationsprogrammen der [13, 14]
christlichen Grabkunst prinzipiell die gleiche wie in [18 bis 23]
den heidnischen Grabmonumenten. Konsequent ausgeschieden wurden nur die meisten Gestalten der heidnischen Götter- und Heroenwelt, mit Ausnahme gewisser «neutraler» Figuren und Personifikationen. An die Stelle heidnischer Erlösungsmythen traten in der frühchristlichen Grabkunst Themen des Alten Testaments und der neutestamentlichen Schriften.

In der Deutung der frühchristlichen Bilder bewegt sich die Forschung keineswegs auf allgemein anerkannten Grundlagen, wie die bis in jüngste Zeit geführte Diskussion belegt. Ursache hierfür ist, wie in der heidnischen Grabkunst, das Fehlen einer christlichen «Bildsymbolik». Inhalt und Bedeutung der alt- und neutestamentlichen Bilder waren in der Spätantike niemals Gegenstand gelehrter Betrachtung oder theologischer Auslegung. Der heutige Forscher kann daher den Sinngehalt der frühchristlichen Bilder nur durch vergleichende Untersuchungen erschließen.

Es muß hier darauf verzichtet werden, die in den vergangenen 150 Jahren vertretenen theologischen Deutungsprinzipien kritisch zu beleuchten. In kontroverser Weise wurden die Bilder entweder als Reflexe der christlichen Dogmen, als Abbilder der Sakramente, als Zeugnisse der Todesnot und der Errettung oder lediglich als historisch-erinnernde Schilderungen der Bibel ohne jeglichen tieferen Sinn interpretiert, wobei die Häufigkeit bestimmter Themen zugleich deren Popularität erkennen lasse. Man hat bemerkt, daß bei den christlichen Schriftstellern des 3. Jahrhunderts Gestalten und Ereignisse der Bibel, die auch in der Kunst häufig dargestellt wurden, in festen Zusammenstellungen vorkommen. Daraus ergab sich die Annahme, daß das zeitgenössische theologische Schrifttum auf Auswahl, Verknüpfung und Sinngebung der Bildthemen in der frühchristlichen Kunst eingewirkt haben müsse. Dies wiederum führte zur Auslegung der Bilder mit Hilfe der christlichen Schriftsteller. Da die Theologen einem biblischen Ereignis aber mehrere und oft recht verschiedene Auslegungen geben konnten, hat dies zu den unterschiedlichsten Interpretationen frühchristlicher Kunstwerke geführt.

Umgekehrt hat die Verbindung alt- und neutestamentlicher Bilder mit den übernommenen heidnisch-sepulkralen Motiven keinerlei Niederschlag in der patristischen Literatur gefunden. Das ist verständlich, denn die Theologen waren keine Kunstschriftsteller, und die Bilder in den Katakomben blieben der Betrachtung zunächst weitgehend entzogen. Selbst wenn man annehmen dürfte, daß im 3. Jahrhundert christliche Privathäuser mit biblischen Motiven ausgemalt waren, bliebe doch festzustellen, daß diese Darstellungen keine literarische Bilderklärung angeregt haben. Es gibt nur ganz wenige Anzeichen dafür, daß Schriftsteller auf vorhandene Bilder reagierten. Die von Tertullian und Clemens erwähnten Beispiele wurden bereits behandelt. Hinzuzufügen wäre noch die von Origenes um 245 bekämpfte Bemerkung des Heiden Celsus (um 178), der den Christen entgegengehalten hatte: «Wieviel geeigneter (nämlich zur Verehrung) als dieser (gekreuzigte Jesus) wäre da für euch Jonas bei seinen Kürbissen gewesen oder Daniel, der von den wilden Tieren befreit wurde» (Gegen Celsus 7, 53). Diese Bemerkung könnte in der Tat auf das Bild des unter einer Kürbislaube ausruhenden Jonas anspielen [25, 26], doch sind um 180 Jonas- und Danieldarstellungen noch nicht nachweisbar.

Die bildlichen Motive und figürlichen Szenen der Bibel in den Katakomben sind doch wohl autonome [14, 16] Schöpfungen der Fossorenmaler. Die Art und [17, 19] Weise, wie sie die ihnen vertrauten Episoden in [21 bis 23] eindrucksvolle Bildformeln umgesetzt haben, ist ihre ureigenste künstlerische Leistung. In der Zusammenstellung der Programme dürften sie höchstens von den unmittelbaren Auftraggebern, also den wohlhabenden und gebildeten Besitzern der Cubicula, angeregt worden sein. In jedem Falle spiegeln diese Bilder, wie schon in der privaten heidnischen Grabkunst, die Vorstellungen der Volksfrömmigkeit wider.

Texte und Bilder sind also zwei ganz unterschiedliche und getrennt zu betrachtende Quellenarten. Texte können zwar bedingt Bildinhalte erhellen, indem sie die Gesamtheit religiöser Anschauungen, Fragen und Hoffnungen ihrer Zeit reflektieren; Bilder sollten aber niemals einseitig als Illustrationsmaterial für theologische Auslegungen herangezogen werden. Die Bilder sind in erster Linie aus ihrem funktionalen Zusammenhang und aus ihrer unmittelbaren künstlerischen Überlieferungsgeschichte zu deuten, und erst an zweiter Stelle kann der Versuch stehen, sie mit solchen theologischen Aussagen ihres zeitlichen Umfeldes zu konfrontieren, die eine ähnliche inhaltliche Beziehung aufweisen.

Eine andere Auslegungsmethode geht daher von dem Ort aus, an dem eine bildliche Darstellung auftritt. Im Falle der frühchristlichen Grabkunst heißt das, daß die spezifisch christlichen Todesvorstellungen, wie sie besonders in der Volksfrömmigkeit wirksam waren, die geistigen Grundlagen für die Deutung der Bilder abgeben. Gegen diese «sepulkralsymbolische» Erklärungsmethode hat man einwenden wollen, daß etliche biblische Szenen in genau derselben Weise auch auf Kunstwerken vorkommen, die nicht dem Grabbereich angehören, zum Beispiel auf den Fresken des Taufraumes von [28, 29] Dura-Europos, woraus zu folgern sei, daß ihnen ein viel allgemeinerer Sinn innegewohnt habe. Dies ist nur teilweise richtig, denn hierbei wird übersehen, daß bereits die heidnisch-römische Kunst bestimmte Symbole sowohl für die offizielle politische Propaganda als auch für die private Sphäre (Wohnhaus) oder für den Grabbereich verwenden konnte und aus jeder dieser Zweckbestimmungen sich eine erkennbare Bedeutungsverschiebung ergab.

Die Callistuskatakombe

Seite 25, 56 Unter dem ausgedehnten Gelände (etwa 62000 Quadratmeter), das von der Via Appia und der Via Ardeatina begrenzt wird, erstrecken sich die Callistuskatakombe und ihre verschiedenen, im Laufe des 3. und 4. Jahrhunderts zusammengewachsenen Nachbaranlagen. Im Unterschied zu den Friedhöfen unter San Sebastiano in Catacumbas Seite 39 und unter der Peterskirche Seite 42–44 läßt sich hier die für christliche Katakomben Roms typische Entwicklung in der allmählichen Ausgestaltung der Begräbnisanlagen, des Märtyrerkultes und der damit verbundenen Monumentalisierung einzelner Teile beobachten.

Die Lucinagruft

Zu den ältesten Kernen der Callistuskatakombe gehören die Lucinagruft und die eigentliche, unter Seite 56–57 Zephyrinus und Callistus begründete «Area I». Mit der Erforschung der Lucinagruft durch de Rossi im Seite 52, 53, 57 Jahre 1852 schlug die Geburtsstunde der wissenschaftlichen christlichen Archäologie. Die Gruft verdankt ihren Namen einer Legende, deren älteste Fassung im Liber Pontificalis enthalten ist und derzufolge eine gewisse Lucina den Leichnam des Bischofs Cornelius «in einer Gruft nahe beim Zömeterium des Callistus an der Via Appia auf ihrem Grundstück» beigesetzt habe. In der Kammer L der Lucinagruft fand de Rossi die Verschlußplatte des Corneliusgrabes mit der lateinischen Inschrift «Cornelius Bischof» und der späteren Hinzufügung «Märtyrer». Cornelius starb 253, galt aber als Märtyrer, weil dies in der Verbannung geschah. Die Identifikation der Lucinagruft war somit gesichert. Durch neuere Untersuchungen (L. Reekmans) konnte nachgewiesen werden, daß die Katakombe aus zwei ursprünglich sich selbständig entwickelnden, privaten Hypogäen (α, β) entstand. Diese wurden im Laufe des 3. Jahrhunderts verbunden und später weiter ausgebaut. Schon zu Beginn des 3. Jahrhunderts waren in einigen Kammern Christen beigesetzt, obwohl andere Cubicula, die angrenzenden Hypogäen und der Friedhof *sub divo* zunächst vorwiegend in heidnischem Besitz verblieben. Die Lucinagruft repräsentiert in geradezu klassischer Weise die Entwicklung eines heidnisch-christlichen Zömeteriums gemäß der tatsächlichen Bevölkerungsstruktur und des allmählichen Wandels des religiösen Bekenntnisses.

In den Kammern XY, C und E befinden sich Seite 52, 53 Fresken, die mit zu den ältesten erhaltenen christlichen Darstellungen in Rom gehören. Aus den archäologisch-epigraphischen Datierungskriterien für die Entwicklung der Anlage ergeben sich auch Anhaltspunkte für das hohe Alter der christlichen Fresken. Der Leichnam des Cornelius dürfte frühstens, das genaue Datum läßt sich nicht ermitteln, mit Beginn der gallienischen Friedenszeit (260) aus dem Verbannungsort Centumcellae nach Rom übergeführt worden sein. Man hat die Gruft L abgetieft, das Bischofsgrab innerhalb dieser Abtiefung angelegt und spätestens zu diesem Zeitpunkt die beiden Kernanlagen α und β durch den Gang U verbunden. In dem anschließend angelegten unteren Stock-

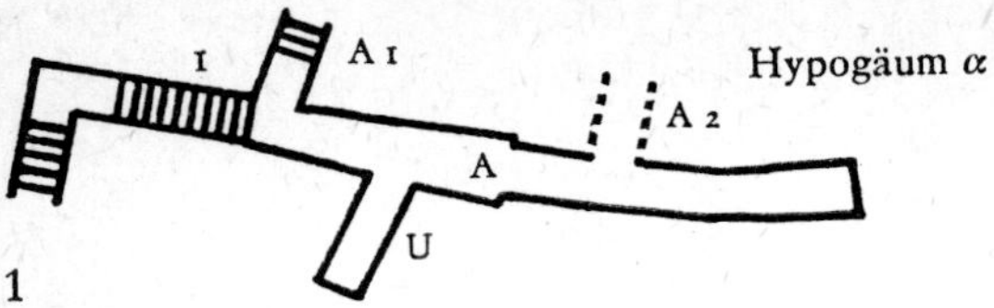

1

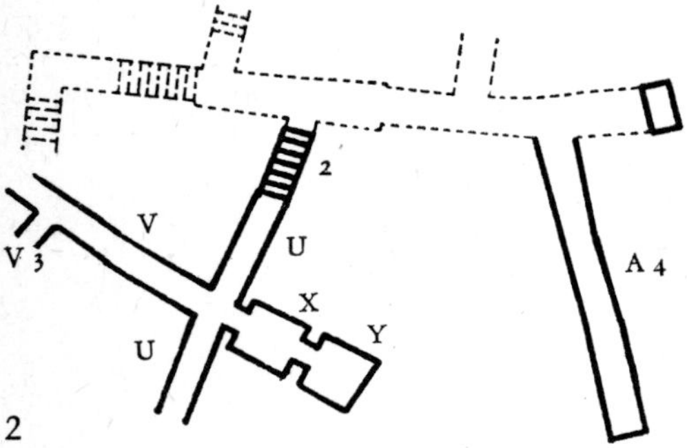

2

werk fand man eine Münze aus der Zeit des Kaisers Aurelian (270–275), womit dieser späteste Bauabschnitt ungefähr datiert ist.

Die Decke der Kammer Y und verwandte Dekorationen

Zu den ältesten Teilen der Anlage gehört die Doppelkammer XY, die bereits ausgemalt war, als das Hypogäum *α* noch für sich bestand. Die Fresken können auch im Hinblick auf die gleichzeitige stadtrömische Profanmalerei in das erste Viertel des 3. Jahrhunderts datiert werden. Die Decke der Kammer Y ist in ein feingliedriges, geometrisches, rot-grünes Linienschema aufgeteilt, das für die Innendekoration römischer Wohnhäuser ebenso typisch ist wie für heidnische Mausoleen. Die Medaillons, Lünetten und verschiedenen Felder sind nach dem herkömmlichen Kanon mit traditionellen, heidnisch-allegorischen, neutralen Motiven gefüllt, doch tauchen hier erstmals biblische Themen auf. Im Deckenmedaillon erscheint der alttestamentliche [14]

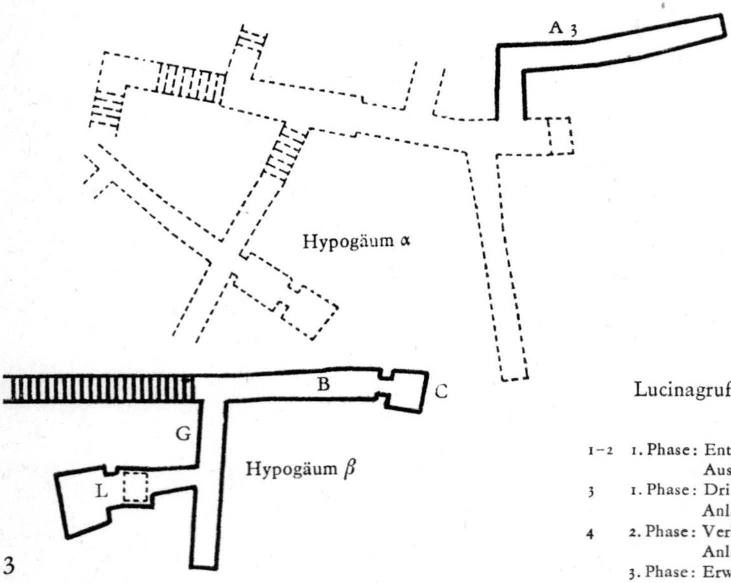

3

Rom.
Lucinagruft. Entwicklung der Corneliusregion im 3. Jh.

1–2 1. Phase: Entwicklung des Hypogäums *α*, erste und zweite Ausbaustufe
3 1. Phase: Dritte Ausbaustufe des Hypogäums *α* und getrennte Anlage des Hypogäums *β*
4 2. Phase: Verbindung und Tieferlegung der Hypogäen *α* und *β*, Anlage eines unteren Stockwerks (1 Corneliusgrab)
3. Phase: Erweiterung der Corneliusregion zur Via Appia hin

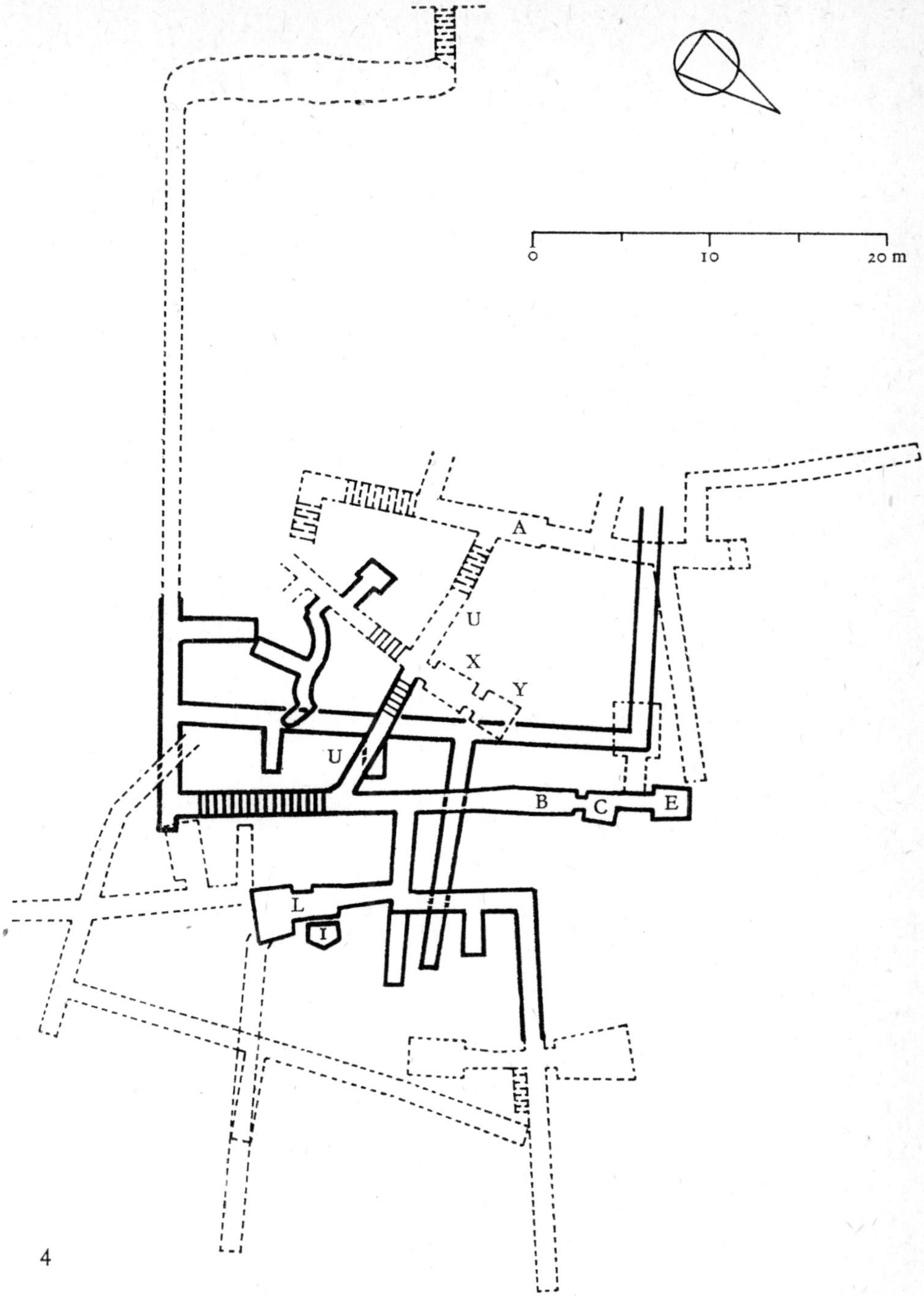

4

VIA APPIA

Prophet Daniel als Beterfigur (Orant) zwischen
zwei Löwen. Die Eckzwickel enthalten abwechselnd
einen Schafträger und eine betende weibliche Ge-
stalt (Orans). Weiter findet man in den einzelnen
Unterteilungen die Köpfe von Jahreszeitengenien
in Blätterkelchen, stehende und fliegende Genien,
Masken, Vögel, Blütenkelche, Zweige und Girlan-
den. Auf den oberen Teilen der Seitenwände schlie-
ßen die Ruhe des Jonas, zwei mit Broten gefüllte
und von Fischen flankierte Körbe und vielleicht
auch eine Mahlszene an.

Ebenfalls aus älteren, heidnisch-christlichen Pri-
vathypogäen (Aurelier- und Flavierhypogäum) her-
Seite vorgegangen ist die Domitillakatakombe. Der
25 Friedhof konnte entstehen, weil Flavia Domitilla,
Gattin des Consuls vom Jahre 95 und Nichte des
Kaisers Vespasian, auf ihrem Landgut ausdrücklich
ihren Freigelassenen die Bestattung erlaubt hatte.
[13] Im «Cubiculum des Guten Hirten» befindet sich
eine Wand- und Deckenausmalung von großer
künstlerischer Feinheit, die ebenfalls in die ersten
Jahrzehnte des 3. Jahrhunderts datiert wird. Das
Bild des Schafträgers steht hier für sich allein im
Deckenmedaillon inmitten neutraler Motive. In
jüngeren Dekorationen (Lucinagruft, Kammer E,
um 270–280; Priscillakatakombe, Cubiculum der
[20] «Velatio», um 280) kommt das Schafträgerbild im
Zentrum der Decken mit oder ohne christlichen Fi-
gurenzusammenhang vor. In jedem Falle wird deut-
lich, daß dem Schafträger mit dem zentralen Platz
auch eine hervorragende sinnbildliche Bedeutung
[14] zukam. Auf der Decke der Kammer Y erscheint der
Hirte aber noch als dekoratives Versatzelement,
nämlich zweimal und an untergeordneter Stelle.
Deshalb und wegen der Herkunft des Schafträger-
bildes aus der heidnisch-römischen Kunsttradition
ist es unwahrscheinlich, daß in diesem Typus bereits
ausschließlich eine allegorische Verkörperung des
«Guten Hirten Christus» gesehen werden konnte.

Schafträger, Orans, Daniel und Jonaszyklus

Der Schafträger hat, neben anderen Hirtentypen,
[26] die besonders in der Sarkophagplastik begegnen,
seinen Ursprung in der bukolischen Allegorese, in
der Verklärung des Daseins mittels dichterischer
und bildlicher Schilderungen des unbeschwerten
Hirtendaseins. Die Hirtengleichnisse konnten so-
wohl Ausdruck einer politisch motivierten Frie-
denssehnsucht als auch Sinnbilder privaten Glücks-
verlangens – im Leben wie im Tode – sein. In der
frühchristlichen Grabkunst hat der Schafträger,
hierin wieder heidnischen Vorbildern unmittelbar
folgend, vornehmlich den Gedanken des Grabes-
friedens, der erhofften Glückseligkeit und vielleicht
sogar der von Tertullian so heftig bekämpften Sün-
denvergebung durch erwiesene Bußfertigkeit aus-
gedrückt. Er ist die bildliche Entsprechung des in
den christlichen Grabinschriften so häufig ausge-
drückten Wunsches nach Frieden.

Das Motiv der weiblichen Orans war ebenfalls [14]
längst in der heidnisch-römischen Kunst vorgeprägt
und diente zur Darstellung der «Pietas», der Alle-
gorie der Frömmigkeit im politischen wie im pri-
vaten Leben. Orans und Schafträger wurden auf
Grund gerade dieser ihnen von Anfang an inne-
wohnenden neutralen Bedeutung zu bevorzugten
Gestalten im Repertoire der frühen christlichen
Grabkunst.

Auffällig ist die geschlossene, heraldisch wir-
kende Komposition des Schafträger- und ebenso
des Danielbildes, die zudem beide meist zwischen
antithetisch angeordneten Begleittieren stehen. Die [13, 20]
emblematische Eindringlichkeit des Danielbildes
ist sicher nicht ohne die Vorbilder des Oransmotivs
und des Schafträgers entstanden. In der Decke der
Kammer Y wird die Übernahme traditioneller und [14]
die zweckgebundene Neubildung christlicher Mo-
tive als unmittelbar wirksamer künstlerischer Pro-
zeß faßbar. Wenn dieses halbnackte Danielbild
wohl nur zufällig eines der ältesten erhaltenen ist,
so erübrigt es sich doch, hinter der hier gefundenen
bildlichen Formel noch wesentlich ältere Ausbil-
dungsstufen zu vermuten. Auch für die szenischen
Kompositionen, die, wie der Jonaszyklus (Meer-
wurf und Verschlingung, Ausspeiung und Ruhe un-
ter der Kürbislaube), einen mehr erzählenden Cha-
rakter haben, muß man die Bilderfindung nicht un-
bedingt außerhalb der Wandmalerei, etwa in der
Buchillustration, suchen wollen, zumal die er-
wähnte Celsusstelle zeigte, daß bestimmte Ele-

[25,26] mente, wie die Kürbislaube bei der Jonasruhe, Heiden und Christen gleichermaßen geläufig sein konnten.

Die Danieldarstellung nimmt Bezug auf die alt-
[14] testamentliche Episode (Daniel 6, 16 ff. und, nur in der Septuaginta enthalten, 14, 31 ff.). Der Bericht ist auf das Wesentliche reduziert: die Löwen, die den Propheten bedrohen, aber nicht anfallen, und die Gebetshaltung seiner Hände. Bei den Theologen des 3. Jahrhunderts ist Daniel ein Sinnbild für Standhaftigkeit, Glaubenstreue und die erlösende Wirkung des Gebets. In der Grabkunst ist Daniel ein Paradigma für Todesbedrängnis und die kraft des unerschütterlichen Glaubens erhoffte Rettung aus dem Tode. Zusammen mit anderen Gestalten aus alttestamentlichen Errettungsberichten wird Daniel später im Sterbegebet und dessen älteren Vorstufen als Beispiel für wunderbares göttliches Eingreifen genannt. Da heißt es etwa: «Errette, Herr, die Seele deines Dieners ..., wie du Daniel aus der Löwengrube errettet hast ...» Im Hinblick auf solche Gebetsformulierungen in der *commendatio animae* (Anempfehlung der Seele) hat man Darstellungen wie Daniel in der Löwengrube, Noah in der Arche, Abraham opfert Isaak, den Jonaszyklus, die Drei Jünglinge im Feuerofen als «Rettungsparadigmen» gedeutet. Die geritzte Glas-
Seite 186 schale von Podgoritza aus dem späten 4. Jahrhundert führt uns, neben wortwörtlichen Anklängen an die Gebetsformulierungen, den ganzen Themenbestand dieser Rettungs- und Notgebetsparadigmen vor. Wenn die Sterbegebete auch erst viel später und nur für einen Teil der Katakombenbilder diesen Sinnzusammenhang ausdrücklich bezeugen, so sind sich doch viele Forscher darin einig, daß der Friedens- und Rettungsgedanke primär die Funktion und damit die Bedeutung dieser alttestamentlichen Darstellungen im Grabbereich bestimmt habe.

Aus dem Jonaszyklus erscheint im Cubiculum Y nur die Ruhe des Propheten unter der Kürbislaube. Die Darstellungsweise des nackten, liegenden und
[26] meist schlummernden Jonas knüpft an heidnisch-mythologische Bildvorlagen wie Dionysos, Endymion oder Okeanos an. Bei den Jonasszenen steht jedes Einzelbild für den ganzen Zyklus und weist auf den Sinnzusammenhang von erlittener Todes- [21]
gefahr und Errettung daraus kraft göttlicher Fügung hin. Bei den Theologen des 3. Jahrhunderts galt Jonas als Paradigma der Sündenvergebung. Im Grabbereich schließt die Hoffnung auf Sündenbefreiung wie beim Hirtenbild den Gedanken des Friedens und der Erlösung ein.

Die «Area I» der Callistuskatakombe und die Papstgruft

Die Entstehungsgeschichte der eigentlichen Calli- Seite 56
stuskatakombe, deren Kern ein wohl privates Hypogäum inmitten der «Area I» (lies: Area prima) Seite 57
bildete, ist noch nicht völlig geklärt. Zwar hatte P. Styger durch die von ihm entwickelte «Katakombentheorie» die Abfolge der einzelnen Ausbaustufen archäologisch begründet, doch bedarf es auch hierzu neuer Untersuchungen in der Art, wie sie L. Reekmans für die Lucinagruft und F. Tolotti für die Priscillakatakombe geleistet haben. Die Papstgruft (L 1) ist 1854 von de Rossi wiederentdeckt [15]
und identifiziert worden. In ihrer monumentalen Herrichtung repräsentiert sie bereits die Wirksamkeit des Papstes Damasus (366–384), der sich um die Pflege der römischen Märtyrerstätten große Verdienste erworben hatte. Zu seiner Zeit wurden die Katakomben eifrig von Gläubigen und Pilgern besucht, wovon ein berühmter Bericht des heiligen Hieronymus zeugt (Ezechiel-Kommentar 40, 5 ff.). Der Besucherandrang mußte durch den zweckmäßigen Ausbau der Ein- und Ausgänge, durch die Anlage von Treppen, Licht- und Luftschächten geregelt werden.

In den wichtigsten Zügen ist die baugeschichtliche Entwicklung der ersten kirchlich verwalteten Kata- Seite 57
kombe von Rom klar erkennbar. Zephyrinus scheint an der Via Appia eine private Grabarea besessen und der römischen Gemeinde zur Verfügung gestellt zu haben. Zephyrinus selbst war «in seinem Friedhof, nahe beim Friedhof des Callistus» beigesetzt (Liber Pontificalis), und zwar noch «oben», wie der Salzburger Pilgerführer vermerkt. Mit der Berufung des Callistus setzte der planmäßige Ausbau der unterirdischen «Area I» ein. Die Katakombe

Rom. Lageplan der Callistuskatakombe an der Via Appia. Zustand am Ende des 4. Jh.

1 Lucinagruft
  A Grab des Cornelius
2 Callistuskatakombe («Area I»)
  B Papstgruft
3 Eusebiusregion
  C Doppelcubiculum des Diakons Severus
  D Cubiculum der «Cinque Santi»
4 Altes Arenar

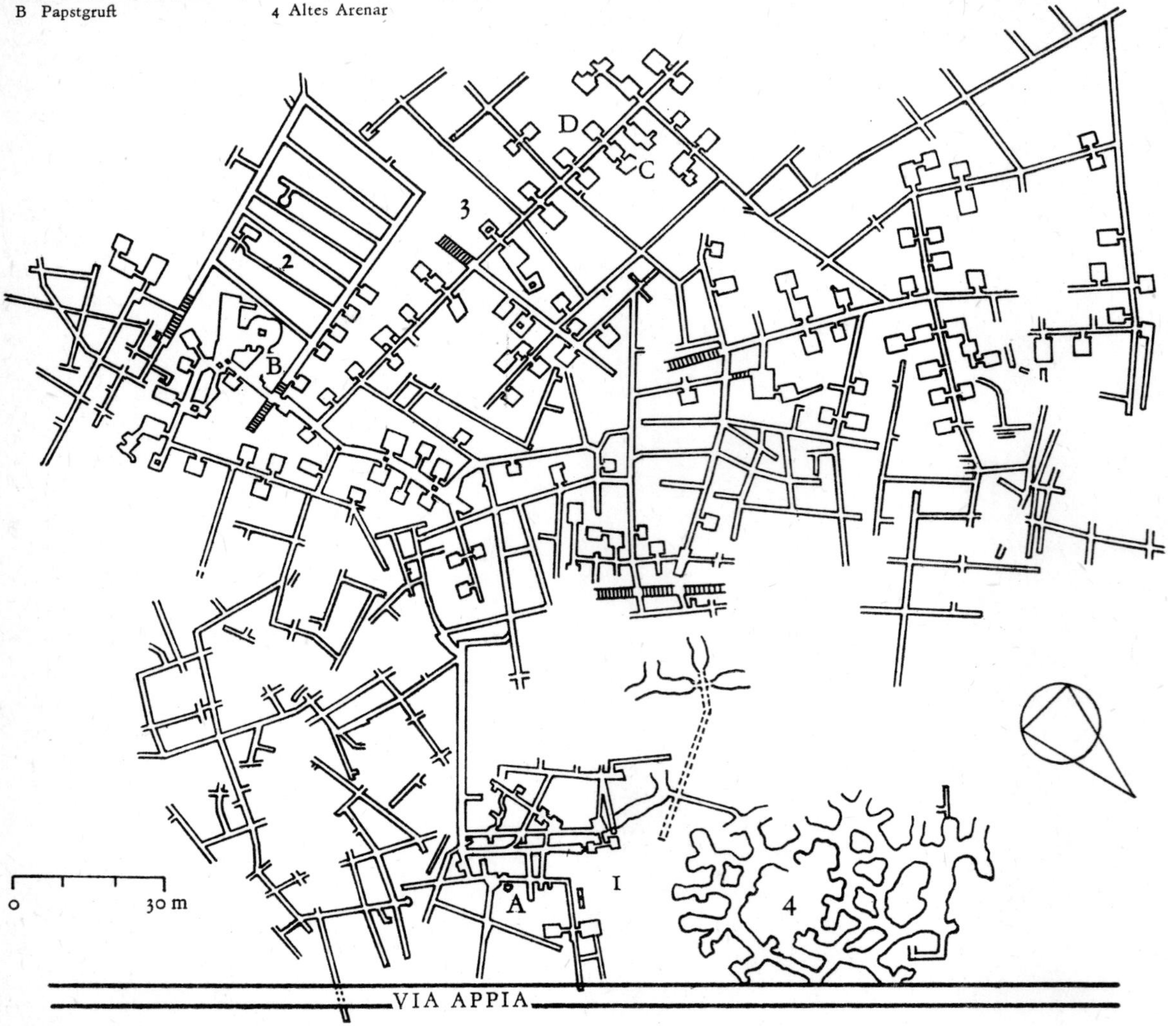

verkörpert in technisch perfekter Weise den für zwei Jahrhunderte verbindlichen Friedhofstypus.
[1] Die Fossoren, die Callistus mit der Anlage der «Area I» beauftragte, waren mit allen bergmännischen Belangen vertraut und dürften vormals jener
Seite 30 Berufsgruppe angehört haben, die unterirdische Arenarien betrieb und Zisternen erstellte. Daß man sich bei den geologischen, technischen und besitzrechtlichen Voraussetzungen in Rom von Anfang an für einen planmäßig angelegten unterirdischen Friedhof entschied, zeugt vom Weitblick und Organisationstalent des von seinem Gegner Hippolytus zu Unrecht so geschmähten Callistus.

Die Stollen der «Area I» wurden im Rostsystem

Rom. Callistuskatakombe.
«Area I» zur Zeit des Damasus (366–384)

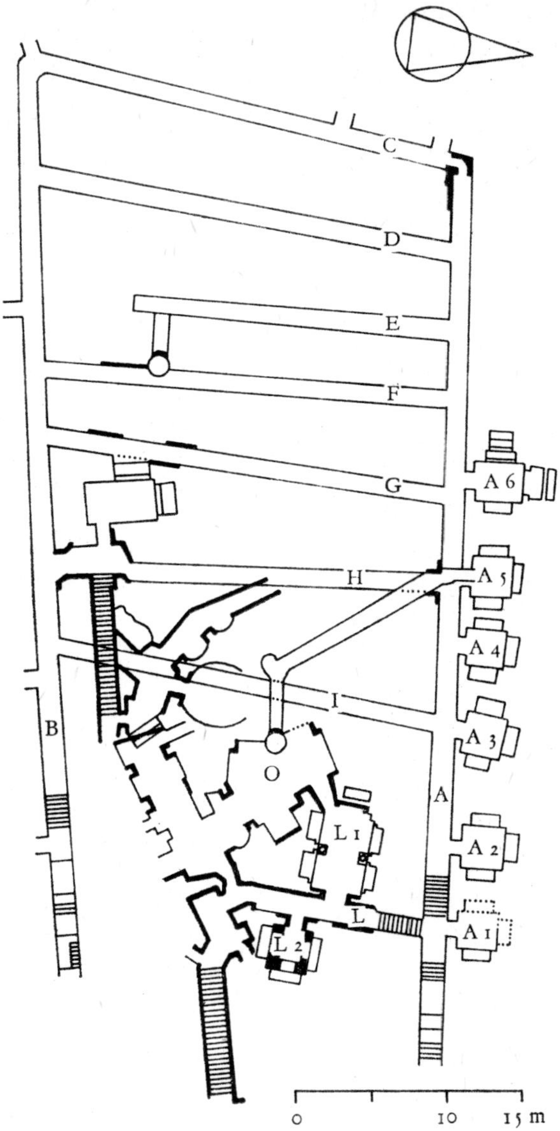

A, B	Hauptstollen
A 1–A 6	Cubicula («Sakramentskapellen»)
L 1	Papstgruft
L 2	«Orpheusgruft»
O	Cäciliagruft
C–I	Querstollen

angelegt und dort vornehmlich Loculi für die Mehrheit der Toten sowie einige Cubicula wohlhabender Gemeindemitglieder eingerichtet, darunter bald auch die «Sakramentskapellen» seitlich des Hauptganges A. Die Bischofsgruft scheint zur Zeit des Callistus noch nicht als solche bestanden zu haben. Im Kern der Anlage befanden sich wohl mehrere Cubicula, aus denen später durch Zusammenlegung die Papstgruft und die benachbarte Cäciliagruft (O) entstanden. Callistus war nach dem Kalender von 354, wo er wegen seines gewaltsamen Todes unter dem 14. Oktober in der Liste der Märtyrer steht, in der Calepodiuskatakombe (Via Aurelia) bestattet. Seite 25 Sein Nachfolger Urbanus (222–230) wurde noch in der Praetextatuskatakombe beigesetzt.

In der Papstgruft waren insgesamt 17 Gräber [15] vereinigt – vier Arkosolien, 12 Loculi und ein Bodengrab. Die Namen der hier Bestatteten kennen wir aus dem Kalender von 354 und aus dem Papstbuch. Auf den Bruchstücken der marmornen Verschlußplatten fanden de Rossi und bei einer Nachgrabung J. Wilpert die griechischen Epitaphien von fünf römischen Bischöfen; vier weitere sind nur aus den Schriftquellen bekannt. Außerdem wurden die Inschriften von vier afrikanischen Bischöfen gefunden. Für die restlichen fünf Gräber kennt man die Bestatteten nicht. Am Beispiel der Papstgruft konnten die schriftlichen Quellen mit archäologischen Mitteln überprüft und bestätigt werden. Die folgende Auswahl soll dies verdeutlichen:

1. Bischof: Pontianus (21. Juli 230–28. November 235)

Das Epitaph trägt den Namen PONTIANOS Seite 58 EPISKopos mit der späteren Hinzufügung MRT (martyros), «Pontianus Bischof Märtyrer». Im Kalender von 354 heißt es in der Liste der Märtyrer zum 13. August: «(Depositionstag) des Hippolytus an der Tiburtina und des Pontianus in Callist.» Hier stimmen Todes- und Gedenktag nicht überein, weil Pontianus in der sardinischen Verbannung starb und dann nach Rom übergeführt wurde. Auch Hippolytus wurde später in Rom als Märtyrer anerkannt und verehrt.

2. Bischof: Anterus (24. November 235–3. Januar 236)

Epitaph ANTEROS EPISkopos, «Anterus Bischof». Der Kalender von 354 erwähnt ihn nicht. Im Papstbuch heißt es: «begraben ist er im Zömeterium des Callistus, Via Appia».

3. Bischof: Fabianus (10. Januar 236–20. Januar 250)

Epitaph PHABIANOS EPISkopos mit der späteren Hinzufügung MRT (martyros), «Fabianus Bischof Märtyrer». Während die Märtyrerliste im Kalender von 354 nur den 20. Januar als Gedenktag in Callist mitteilt, enthält der Liber Pontificalis die wichtige Nachricht: «Die Stadtregionen teilte er unter sieben Diakone auf, denen er sieben Notare beigab, damit sie die Begebenheiten der Märtyrer getreulich aufzeichneten, und veranlaßte zahlreiche Arbeiten für die Friedhöfe. Begraben ist er im Callistuszömeterium, Via Appia.» Wahrscheinlich hat erst Fabianus die Grabkammer der Bischöfe angelegt und dort als erste seine beiden Vorgänger Pontianus und Anterus bestatten lassen. Dies würde erklären, weshalb Callistus und Urbanus noch andernorts begraben waren. Wichtig ist ferner, daß neben Callistus die Bischöfe Pontianus, Hippolytus und Fabianus die ersten historisch faßbaren römischen Märtyrerpäpste sind, für die durch den Kalender von 354 regelmäßige Gedächtnisfeiern bezeugt werden. Der folgende römische Märtyrerbischof, Cornelius, wurde in der Lucinagruft beigesetzt.

6. Bischof: Xystus (Sixtus) II. (20. August 257 bis 6. August 258)

Das Epitaph wurde nicht mehr gefunden. Über den Tod des Sixtus und seiner vier Diakone Januarius, Magnus, Vincentius und Stephanus berichten mehrere Schriftquellen. Das früheste Zeugnis ist der 80. Brief des Cyprian von Karthago, der selbst kurz darauf in der valerianischen Verfolgung das Martyrium erlitt (14. September 258). In einem Lobgedicht, dessen Bruchstücke de Rossi 1854 fand und mittels Abschriften des 7. Jahrhunderts wiederherstellen konnte, berichtete Damasus, daß Sixtus am 6. August 258 beim Gottesdienst in der Callistuskatakombe von Häschern des Kaisers verhaftet und enthauptet worden sei. Dies ist übrigens der einzige bezeugte Fall, daß die Katakomben Orte der Christenverfolgungen waren.

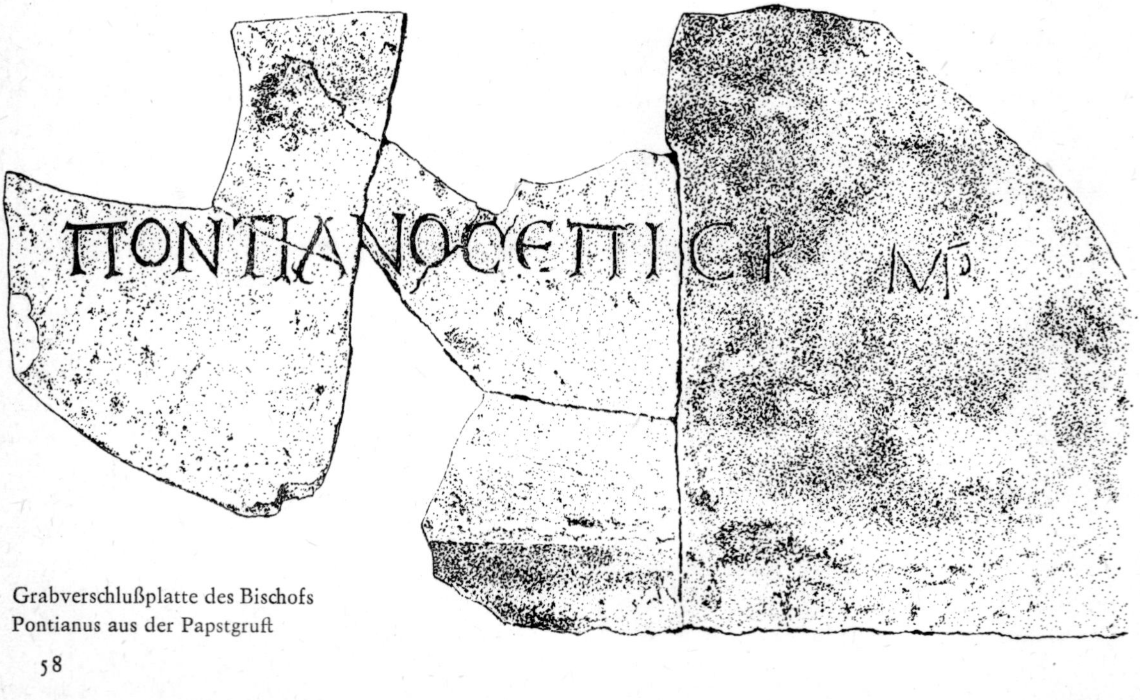

Grabverschlußplatte des Bischofs Pontianus aus der Papstgruft

Damasus ließ bei der Umgestaltung der Papst- [15] gruft an der Stirnseite eine weitere Inschrifttafel mit einem von ihm verfaßten Epigramm anbringen. Die Tafel schuf die Werkstatt jenes Kalligraphen Filocalus, der auch den Kalender von 354 hergestellt hatte und der von den meisten Grabgedichten des Papstes künstlerisch gestaltete Inschrifttafeln fertigte: «Hier liegt vereinigt die Schar der Frommen, die du suchst. Ehrwürdige Gräber umschließen die Leiber der Heiligen, ihre erhabenen Seelen wurden zur Königsburg des Himmels geführt. Hier ruhen die Begleiter des Xystus, die vom Feinde Siegeszeichen errangen, hier eine Menge hervorragender Männer, die Christi Altäre bewachten. Hier ist der Priester bestattet, der lange in Frieden lebte, hier die heiligen Bekenner, die Griechenland gesandt hat. Hier (ruhen) Jünglinge und Knaben, Greise und fromme Enkel, denen es so sehr gefiel, ihre jungfräuliche Scham zu bewahren. Ich, Damasus, gestehe es, hier wollte ich meinen Leib beisetzen lassen, wagte aber nicht, der Frommen heilige Reste zu entweihen.»

9. Bischof: Eutychianus (4. Januar 275–7. Dezember 283)

Epitaph EUTYCHIANOS EPISKopos, «Eutychianus Bischof». Er war offenbar der letzte römische Bischof, der dem Kalender und dem archäologischen Befund zufolge in der Papstgruft beigesetzt wurde. Aus der Reihenfolge der Bischöfe zwischen Pontianus und Eutychianus darf man schließen, daß auch jene Bischöfe dort bestattet waren, deren Epitaphien nicht gefunden wurden. Die stereotype Ortsangabe *in Callisti* oder *sepultus est in cymeterio Calisti* bezeichnet bei einigen der nun folgenden Päpste – Gaius (283–298), Eusebius (310) und Miltiades (310–314) – nicht mehr die Papstgruft, sondern andere Regionen der inzwischen über die
Seite «Area I» weit hinausgewachsenen Callistuskata-
56 kombe.

Die «Sakramentskapellen»

Seite Die sechs Cubicula A 1–A 6 seitlich des Haupt-
57 gangs A sind, im Gegensatz zu der späterhin so tiefgreifend veränderten Papstgruft, mit Wandmalereien geschmückt. Die Kammern wurden von J. Wilpert nur deshalb «Sakramentskapellen» genannt, weil er gemäß seiner theologisch-dogmatischen Deutungsmethode die Fresken als Darstellungen der christlichen Sakramente interpretierte. Anhaltspunkte für die Datierung der Kammern und ihrer Bilder ergeben sich aus dem archäologischen Befund, aus der Gesamtentwicklung der «Area I» und aus stilistischen Vergleichen mit Malereien in anderen, etwa gleichzeitigen christlichen Katakomben (Lucinagruft, Domitillakatakombe). Die gleichlaufende Abtiefung des Gangs A unterhalb der Treppe, die dadurch verlängert werden mußte, des Gangs L mit der Papstgruft (L 1) und der «Orpheuskammer» (L 2) erfolgte wohl im Zusammenhang mit den Bauarbeiten an der Papstgruft unter Bischof Fabianus anläßlich der Bestattung seiner beiden Vorgänger – also etwa um 236. Damit gewinnt man auch ein Datum für die Anlage und Ausschmückung der «Sakramentskapellen». Die Malereien in den Kammern A 2 und A 3 gehören demnach der Zeit um oder kurz nach 236 an. Stilistische Vergleiche haben zudem ergeben, daß die
Dekoration der Kammer A 3 zeitlich der Doppel- [16, 17]
kammer XY der Lucinagruft (220–230) entspricht, [14]
während Kammer A 2 unwesentlich jünger zu sein scheint. Die Malereien der Kammern A 4–A 6 lassen sich hingegen etwa um 270–280 datieren. Die Gewinnung möglichst recht genauer Datierungen ist nicht nur für die Beobachtung der stilistischen Entwicklung und künstlerischen Eigenarten der Malereien wichtig, sondern ebenso der allmählichen Entfaltung und Bereicherung des Bilderbestandes um neue christliche, alt- und neutestamentliche Themen.

Die Ausschmückung der Kammer A 3 weist eine [16, 17]
für die frühe christliche Katakombenmalerei Roms recht typische Zusammenstellung von christlich umgedeuteten, ihrer Herkunft nach heidnischen Motiven mit alt- und neutestamentlichen Szenen auf.
Eine Wandabrollung soll die Verteilung der ein- Seite
zelnen Bilder ober- und unterhalb der (nachträglich 60, 61
aufgebrochenen) Loculi verdeutlichen. Das Dekkenmedaillon enthält einen Schafträger. An den Wänden wirken die Bilder sparsam und zurückhaltend zwischen die gliedernden Liniensysteme eingestreut. Auch für sich betrachtet, ist, von der

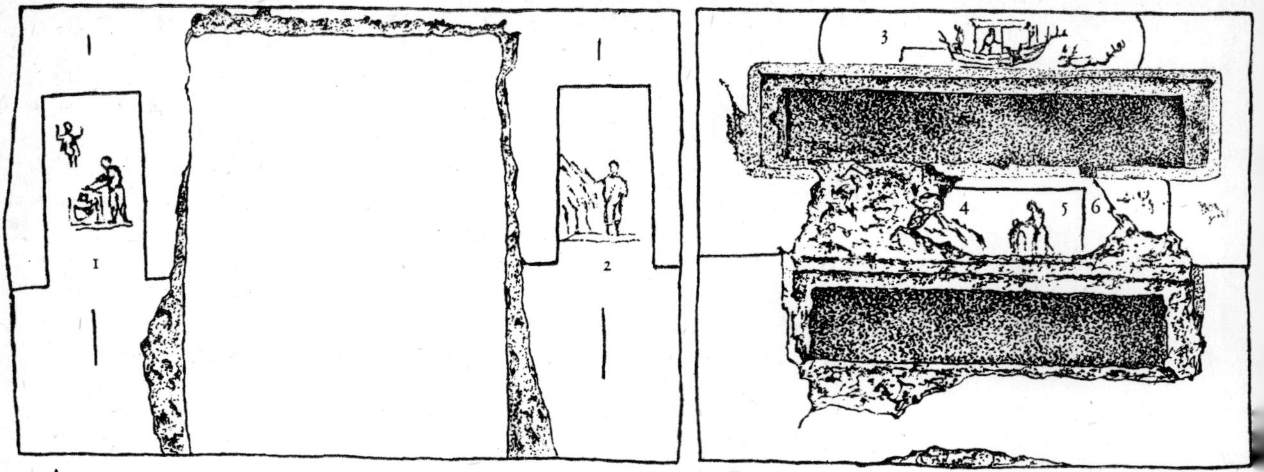

A B

A Eingangswand
1 Samariterin am Brunnen
2 Wasserwunder

B Linke Wand
3 Jonas, Meerwurf
4 Angler
5 Taufe
6 Gichtbrüchiger

[9] traditionellen Bildung der Mahlszene abgesehen, die Darstellungsweise der thematischen Figurengruppen (Angler, Taufe Christi, Gichtbrüchiger) auf das Notwendigste beschränkt. Die scheinbare Isolierung der Einzelszenen ist jedoch kein Argument gegen ihre Unterordnung unter eine umfassende Idee. Die Motive fügen sich vielmehr in die allegorische Bedeutung der gesamten Dekoration ein. Obwohl die Einzelbilder in ihrer Anordnung zueinander beliebig austauschbar waren, wurde der übergreifende Leitgedanke des bildlichen Konzepts hierdurch nicht aufgehoben oder beeinträchtigt.

Neben Bilder, die in herkömmlicher Weise den paradiesischen Charakter des Graborts, die wohlbereitete Grabstätte und den Grabesfrieden versinnbildlichten (Genien, Vasen, Vögel; Fossorenbilder; Schafträger), traten alttestamentliche, die vorwiegend als Rettungsparadigmen geläufig waren (Meerwurf und Ausspeiung des Jonas, Jonasruhe, Opfer Abrahams, Quellwunder des Moses), sowie einige neutestamentliche und neutrale, die auf die Taufe, auf Buße und Sündenvergebung und auf die damit verknüpfte Auferstehungshoffnung hinweisen sollten (Auferweckung des Lazarus, Heilung des Gichtbrüchigen, Samariterin am Brunnen, Taufe, Angelfischer).

Die Kammer der «Cinque Santi» in der Eusebiusregion

Der argumentative Charakter der Darstellungen, ihr Bezug auf das Grab, das nach christlicher Auffassung als Ort der Todesruhe und der Auferstehung galt, ist unübersehbar. Es erscheint daher folgerichtig, wenn die Abbilder der Verstorbenen bald selbst in die Bildprogramme der Cubicula eingefügt wurden. Eines der schönsten Beispiele hierfür ist die Kammer der «Cinque Santi» (Fünf Hei- [18]
lige). Sie befindet sich gegenüber der Doppelkam- Seite
mer des Diakons Severus in der Eusebiusregion der 57
Callistuskatakombe. Der Ausbau dieser Region ist in den Zeitraum zwischen 283 (Ende der Belegung der Papstgruft) und 310 (Tod des Eusebius) da-

Dekorationsschema der Wände in der «Sakramentskapelle» A 3

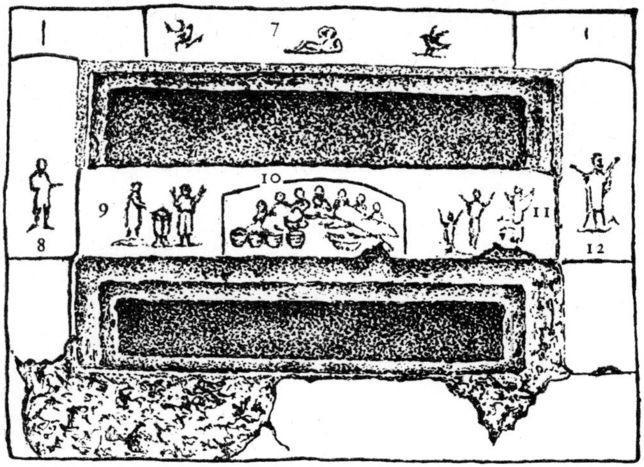

C

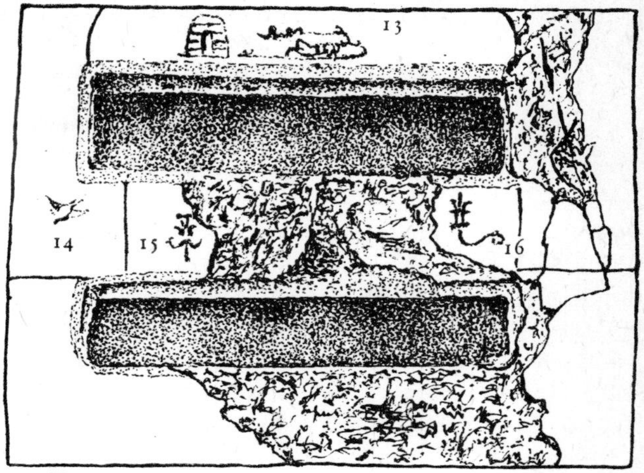

D

C Rückwärtige Wand
7 Jonas, Ruhe
8 Fossor
9 Dreifuß, Mann, Orans
10 Mahlszene
11 Opfer Abrahams, Oranten
12 Fossor

D Rechte Wand
13 Jonas, Ausspeiung
14 Vogel
15 16 Kandelaber

tiert. Die Malereien des Cubiculums sind im späten 3. Jahrhundert, in diokletianischer Zeit, entstanden.

Die Wand gegenüber dem Eingang enthält ein tiefes Arkosol mit Mensagrab und im oberen Teil einen ebenfalls sehr tiefen Loculus; auf diese beiden ursprünglichen Gräber nahm die Malerei Rücksicht. Hingegen haben zwei später eingehauene Loculi die Bilder teilweise beschädigt. Die weniger gut erhaltene Sockelzone unterhalb des Arkosols war mit Kantharosbrunnen, auf deren Rändern Vögel sitzen, um sich am Wasser zu erquicken, sowie mit Pfauen und anderen Vögeln bemalt. Beiderseits des Arkosols erscheinen sitzende Pfauen in einer Gartenlandschaft. Die Wandfläche darüber zeigt drei weibliche und zwei männliche Betergestalten unterschiedlicher Größe. Wieder bildet hier eine paradiesische Landschaft aus Bäumen, Büschen und Blütengewinden, in denen Vögel herumflattern, die Umgebung der Gräber. Den einzelnen Verstorbenen, die durchweg in die Gewänder wohlhabender Bürger gekleidet sind, wurden die Namen mit der Wunschformel *in pace*, «in Frieden», beigeschrieben: *Dionys(i)as, Nemesi(us), Procopi(us), Eliodora, Zoae;* zur Namensbeischrift der *Arcadia* über dem linken Pfau fehlt das Bild der Verstorbenen.

Das Orantenmotiv war, wie wir gesehen haben, bereits mit der Personifikation der Pietas – etwa an
der Decke der Kammer Y der Lucinagruft – zu [14]
Beginn des 3. Jahrhunderts in die christliche Grabkunst übernommen worden. Die ursprünglich stets weibliche Orans wird jetzt ihres neutralen allegorischen Charakters entkleidet. Mit männlichen oder vorwiegend weiblichen Individualporträts verbunden, wird sie zum persönlichen Abbild gemeinschaftlicher christlicher Frömmigkeit und Gottesliebe. Das handlungslose Betermotiv erscheint so als die dem seligen Zwischenzustand der Verstorbenen angemessene Erwartungshaltung, durch die in fast beschwörender Weise der Wunsch nach Frieden und die Hoffnung auf die Auferstehung sinnfällig ausgedrückt werden.

Die Kammer der «Velatio» in der Priscillakatakombe

Eines der bekanntesten dekorierten Cubicula aus
[19 bis der Zeit um 280–290 ist die Kammer der «Velatio»
23] (Schleierübergabe) in der Priscillakatakombe (Via
Seite Salaria Nuova). Das gedankliche Programm in der
25 Ausschmückung dieses kaum mehr als 2 × 2 Meter messenden Cubiculums spiegelt in beispielhafter Weise das Anliegen wider, das die Fürsorge wohlhabender Christen für ihre unterirdischen Gräber
[20] bestimmte. Im Zentrum der Decke, deren bereits aufgelöste geometrische Struktur den deutlichen stilistischen und zeitlichen Abstand zu den frühen
[13, 14] Kammern erkennen läßt, steht das Bild des Schafträgers. Je ein Pfau füllt vorn und hinten die stichkappenartigen Halbkreisfelder. Auf den Lünetten
[22] der Seitenwände findet man rechts eine Darstellung der Drei Jünglinge im Feuerofen (Daniel 3, 15 ff., 43 ff.) und links, nur teilweise erhalten, das Opfer
[23] Abrahams (1. Mose 22, 9–10). Der Bogen über dem
[21] Eingang zeigt die Ausspeiung des Jonas.

Die Hauptdarstellung befindet sich wieder auf
[19] der Lünette der Rückwand. In der Mitte der Dreieckskomposition steht übergroß die Verstorbene als Orans, bekleidet mit einer roten Tunika und dem über den Kopf gelegten Schleier. Darstellungsweise und Bedeutung entsprechen vollkommen den Oran-
[18] ten in der Kammer der «Cinque Santi», obwohl eine Namensbeischrift fehlt. Die linke, in der Deutung noch immer umstrittene Dreiergruppe zeigt nicht, wie man lange glaubte, die «Schleiernahme» einer gottgeweihten Jungfrau, sondern wohl einen Ausschnitt aus dem Vermählungsritual. Links außen sitzt ein älterer Mann auf einem Sessel. In der Mitte steht die Verstorbene noch als junge Braut und hält mit beiden Händen eine geöffnete Schriftrolle. Von ihr halb verdeckt, folgt rechts ein junger Mann, der ein Tuch gehalten zu haben scheint. Der durch unzählige Verputzungen bewirkte schlechte Erhaltungszustand der Gruppe, eine traurige Erscheinung leider bei vielen Katakombengemälden, läßt eine genauere Bestimmung der Personen und ihrer Handlungen nicht mehr zu. Rechts erscheint die Verstorbene als sitzende Mutter mit einem kleinen Kind auf dem Arm – auch dieses Bild keinesfalls eine Madonna, wie man früher annahm, sondern eine Szene des Lebens. In der Verbindung beider Figurengruppen mit der Orans wird die von heidnischen Grabdarstellungen her geläufige Schilderung von Stationen des Lebens, der *vita activa,* dem tatsächlich erreichten Zustand jenseitiger Entrükkung gegenübergestellt. Die drei alttestamentlichen Szenen sind in diesem Kompositions- und Bedeutungszusammenhang wieder Paradigmen, welche die Erlösungshoffnung und -gewißheit begründen. Über dem Ganzen wölbt sich, das geistige Programm zusammenschließend, die Friedensbedeutung des Schafträgers, der Pfauen und Vögel.

Heidnische und christliche Sarkophage

Der Übergang zur Körperbestattung bot der Sarkophagherstellung neue Anregungen. So fällt in das 2. und 3. Jahrhundert die Blütezeit der römischen Sarkophagbildnerei, wie überhaupt Sarkophage die dominierende Kunstgattung des 3. Jahrhunderts sind. Bei den Sarkophagen sind die Maßstäbe, inwieweit ein Exemplar als christlich bestimmt werden darf, sehr streng anzuwenden. So ist ein Sarkophag mit heidnisch-mythologischen oder neutralen Darstellungen auch dann nicht als christliches Kunstwerk zu interpretieren, wenn er nachweislich einem Christen diente oder für diesen Zweck nachträglich mit einer christlichen Inschrift versehen worden war. Daher mußte der Sarkophag des Prosenes (Rom, Garten der Villa Borghese), trotz der anscheinend christlichen Bedeutung seiner 217 datierten Inschrift, aus der Reihe der frühen christlichen Sarkophage ausscheiden.

Erst das Auftreten biblischer Szenen macht es sicher, daß ein Sarkophag für einen Christen geschaffen worden war. Die nachträgliche Hinzufügung christlicher Szenen, etwa auf den Schmalseiten, läßt für diesen Zeitpunkt ebenfalls eine christliche Bestimmung zu. Die Verbindung biblischer Bilder mit traditionellen Themen der römischen Sarkophagplastik veranschaulicht wieder den allmählichen Übergang zu einem eigenständigen und eindeutig christlichen Zweig der spätantiken Sarkophagproduktion. Zunächst haben die christlichen Käufer reliefgeschmückter Sarkophage die üblichen Sarkophagtypen übernommen. Eigene, christliche Sarkophagwerkstätten gab es vor dem Anfang des 4. Jahrhunderts ohnehin nicht. Die stadtrömischen Bildhauerateliers arbeiteten für Besteller aller Religionen (Heiden, Juden, Christen) und fügten sich mit künstlerischem und unternehmerischem Geschick deren speziellen Wünschen, was die Ausgestaltung der Reliefdarstellungen betraf.

Die schon erwähnte Grabverschlußplatte des
[5] christlichen Bildhauers Eutropos aus dem 4. Jahrhundert zeigt diesen bei der Herstellung eines kelterförmigen Wannensarkophags mit Strigilisverzierung und Löwenkopfwasserspeiern. Die Gruppe der Strigilissarkophage trägt ihren Namen nach den S-förmig geschwungenen und parallel angeordneten Riefeln *(strigileis)*, mit denen die Sarkophagfront verziert ist, wobei in der Regel in der Mitte und an den Außenkanten hochrechteckige Bildfelder mit Reliefs geschmückt sind. Wannen- oder kelterförmige Sarkophage, Strigilissarkophage und vor allem einzonige Friessarkophage sind ohne nennenswerte Veränderungen ihrer tektonischen Struktur in die christliche Sarkophagproduktion übernommen worden, doch überwiegen seit dem Ende des 3. Jahrhunderts zunächst die einzonigen, in der Regel nur an der Front verzierten Friessarkophage.

Die Bestattung in reliefgeschmückten Sarkophagen setzte, im Unterschied zur Grabmalerei in den unterirdischen Zömeterien, eine gewisse Öffentlichkeit voraus. Zwar fanden sich gelegentlich Sarkophage in den Arkosolien etlicher Cubicula; einige waren sogar, trotz ihrer bildlichen Ausschmückung, in die Erde eingesenkt worden und dienten als Bodengrab. Doch für die Mehrzahl, wie schon für die heidnischen Reliefsarkophage, wird man eine sichtbare Aufstellung in den Mausoleen *sub divo* annehmen dürfen. Es ist daher gewiß kein Zufall, daß sich die ältesten christlichen Sarkophage erst seit der gallienischen Friedensepoche (nach 260) nachweisen lassen.

Den Namens-, Standes- und Titelinschriften der Sarkophaginhaber und den wenigen inschriftlich überlieferten Preisangaben zufolge waren die Besteller, Käufer und Besitzer von Sarkophagen zunächst vorwiegend Angehörige der begüterten Schichten, ähnlich den Inhaberfamilien der Mausoleen oder der ausgemalten Cubicula in den Katakomben. Erst vom frühen 4. Jahrhundert an sind christliche Sarkophage in großer Zahl erhalten. Man darf daraus schließen, daß sie seitdem billiger waren und sich daher auch weniger vermögende Kreise der christlichen Bevölkerung von Rom reliefgeschmückte Sarkophage leisten konnten. Für das 3. Jahrhundert scheint aber die geringe Anzahl erhaltener christlicher Sarkophage, neben den begrenzten Möglichkeiten ihrer öffentlichen Präsentation, noch eine andere soziale Situation innerhalb der stadtrömischen Gemeinde widerzuspiegeln.

Ein Wannensarkophag, der 1881 nahe der Via [24]
Salaria gefunden wurde, zeigt auf der Vorderseite eine friesartige Komposition, während die abgerundeten Stirnseiten, die an die Form der Kelter erinnern, von mächtigen, liegenden Widdern flankiert werden. Der Sarkophag wird gegen 270 datiert und steht dem ebenfalls heidnischen Hirtensarkophag des Julius Achilleus (Rom, Museo Nazionale) sehr nahe, der wiederum aus archäologischen und historischen Gründen in das Jahrzehnt 260–270 eingeordnet werden kann. Im Zentrum des Via-Salaria-Sarkophags erscheinen, von zwei Bäumen flankiert, links ein Schafträger und rechts eine Orans. Beide Figuren sind durch Standmotiv und Kopfwendung aufeinander bezogen, doch ist der Schafträger deutlicher an die Mittelachse herangerückt. Es folgen links ein auf dem Klappstuhl sitzender, in einer geöffneten Schriftrolle lesender Mann mit zwei ihm zuhörenden Begleitern und rechts eine auf dem Korbstuhl sitzende Frau, die sich an dem Gespräch beteiligt und von einer weiblichen Zuhörerin (Muse?) begleitet wird.

Mann und Frau haben ausgearbeitete Porträtköpfe, sind also mit Sicherheit als die Verstorbenen zu identifizieren, die als Ehepaar in diesem bisomen (zweilägrigen) Sarkophag bestattet waren. Ihre Namen dürften auf der *tabula inscriptionis* (Inschrifttafel) in der Mitte des verlorengegangenen Deckels gestanden haben. Das gedankliche Programm ist klar erkennbar. Die Verstorbenen sind in ein philosophisches Gespräch vertieft. Dieses ist wohl Abbild der *vita contemplativa,* des in Weisheit und Nachdenklichkeit, aber auch in Eintracht geführten irdischen Lebens, und ist hier zugleich immerwährender Bestandteil ihrer jenseitigen Existenz. Symbole der Entrücktheit und zugleich Garanten eines friedvollen Seins sind Schafträger und Orans. Früher hat man, mit Blick auf die Äußerung Justins des Märtyrers, der im Christentum die «einzige verläßliche Philosophie» gefunden hatte, das philosophische Gespräch auf Sarkophagen generell für ein christliches Thema gehalten. Seit aber klar wurde, daß Philosophen und Musen zum Repertoire heidnischer Sarkophage gehörten, mußte die christliche Deutung aufgegeben werden. Für die Gestalten auf dem Via-Salaria-Sarkophag entfallen somit alle Argumente, diese schon als christliche Allegorien zu interpretieren.

Auf dem nur wenig jüngeren Sarkophag, der 1901
[25] im Fußboden der Kirche Santa Maria Antiqua (Rom, Forum) in sekundärer Verwendung gefunden wurde, läßt sich nun die Übernahme von Schafträger und Orans in eine christliche Bildkomposition beobachten. Dabei sind, bei Wahrung des Typenschatzes, einige bezeichnende Umstellungen vorgenommen worden, die gleichermaßen den Einfluß des Bestellers auf die Ausgestaltung des Bildprogramms und die künstlerische Anpassungsfähigkeit des Steinmetzen verraten: Orans links und lesender Mann rechts bilden die Mittelgruppe. Wegen der unausgeführten Porträtgesichter haben wir jetzt in diesen beiden Gestalten das verstorbene Ehepaar zu erkennen, das in dem Sarkophag bestattet war. Unvollendet gebliebene Porträtköpfe findet man in der Sarkophagplastik häufig, da Heiden wie Christen sich davor scheuten, schon zu Lebzeiten, wo gewöhnlich die Sarkophage bestellt wurden, ihre Bildnisse ausführen zu lassen. Viele Gesichter blieben aus Nachlässigkeit oder anderen Gründen in der Bosse (Rohform) stehen, besonders im 4. Jahrhundert.

Wie in der gleichzeitigen Katakombenmalerei ist
[18, 19] die ursprüngliche Allegorie der Pietas zum Bild der entrückten Toten geworden. Der Schafträger hingegen hat auch in der Sarkophagplastik – von einer einzigen Ausnahme abgesehen – niemals eine derartige Individualisierung erfahren, denn er war offenbar eine in ihrer Bedeutung ein für allemal festgelegte Versinnbildlichung des Grabesfriedens und der erhofften Glückseligkeit. Hingegen konnten lesender Philosoph und Orans die in diesen Zustand erhobenen Verstorbenen darstellen. In der kompositorischen Gegenüberstellung von Orans und Schafträger ist dennoch die ursprüngliche formale und inhaltliche Zusammengehörigkeit dieses allegorischen Paares bewahrt. Für sich allein betrachtet, enthält die Mittelgruppe noch nichts Christliches. Erst durch die Zusammenstellung mit der Jonasruhe links und der Taufe Christi rechts wird der eindeutig christliche Sinnzusammenhang hergestellt. Aber auch bei diesen biblischen Szenen bleibt die Verbindung mit traditionellen heidnischen Motiven gewahrt.

Im Unterschied zur Katakombenmalerei wird auf Sarkophagen des 3. Jahrhunderts die Darstellung der Jonasruhe gegenüber der zyklischen Abfolge oder den anderen Einzelszenen bevorzugt. Auf dem Sarkophag in Santa Maria Antiqua erinnern nur das Meerungeheuer und das Segelschiff mit dem Beter und dem Steuermann an Meerwurf, Verschlingung und Ausspeiung. Dem Schiff ist ein lässig gelagerter Neptun mit Dreizack beigefügt, womit die Herkunft der Schiffsszene aus maritimen Darstellungen, die dem römischen Steinmetzen weitaus geläufiger waren, offenkundig wird. Selbst der schlummernde Jonas in seiner heroisch anmutenden Nacktheit würde ohne die Kürbislaube eher an römische Darstellungen schlafender mythischer Gestalten (Endymion, Dionysos) erinnern.

Die Entstehung des Jonasbildes innerhalb der bukolisch-idyllischen und maritimen Schilderungen wird deutlich auf einem nur wenig älteren Sarkophag in Pisa. Hier hat man die Schmalseiten wohl erst nachträglich dekoriert. Links erscheint ein Segelschiff mit Steuermann und Oranten; rechts ruht hingegen ein schlafender, bekleideter Hirte inmitten seiner Herde bei einer angedeuteten Kürbis-
laube. Auf dem Sarkophag in Santa Maria Antiqua [25]

[1]
Fossor bei der Arbeit. Rom, Katakombe der Hll. Marcellinus und Petrus. 4. Jh.

[2]
Gang mit intakten Loculusgräbern. Rom, Pamphiluskatakombe. 3.–4. Jh.

[3]
Goldglasboden mit jüdischen Kultsymbolen.
Aus Rom, 4. Jh.

[4]
Tonlampe mit Schafträger, Noah und Jonas.
Aus Rom, 3. Jh.

[5]
Grabverschlußplatte des Sarkophagbildhauers Eutropos. Um 300.

[6]
Transenne mit Inschrift des Diakons Severus. Rom, Callistuskatakombe. Um 296–304.

[7]
Rom, Nekropole unter S. Sebastiano in Catacumbas. Die «Piazzuola». Rechts das Mausoleum des M. Clodius Hermes. 2.–3. Jh.

[8]
Wanddekoration
im Mausoleum
des M. Clodius Hermes.
Ende des 2. Jh.

[9]
Malereien an der Attika vom Mausoleum des M. Clodius Hermes. Frühes 3. Jh.

[10]
Kritzelinschriften an der Trikliamauer unter S. Sebastiano in Catacumbas.
Anrufungen der Apostel Petrus und Paulus. Nach 258.

PAVLE ED PETRE PETITE
PRO VICTORE

[11]
Rom, Vatikanische Nekropole. Ansicht der heidnischen Mausoleen unter der Peterskirche. 2.–3. Jh.

[12]
Rom, Vatikanische Nekropole. Gewölbemosaik im Mausoleum der Julier. Christus als Sol Invictus im Viergespann. Um 300.

[13]
(folgende Seite) Rom, Domitillakatakombe. Cubiculum des «Guten Hirten». System der Deckenmalerei. Erstes Viertel des 3. Jh.

[14]
(übernächste Seite) Rom, Lucinagruft. Schema der Decke der Kammer Y. Im Zentrum Daniel zwischen den Löwen. Erstes Viertel des 3. Jh.

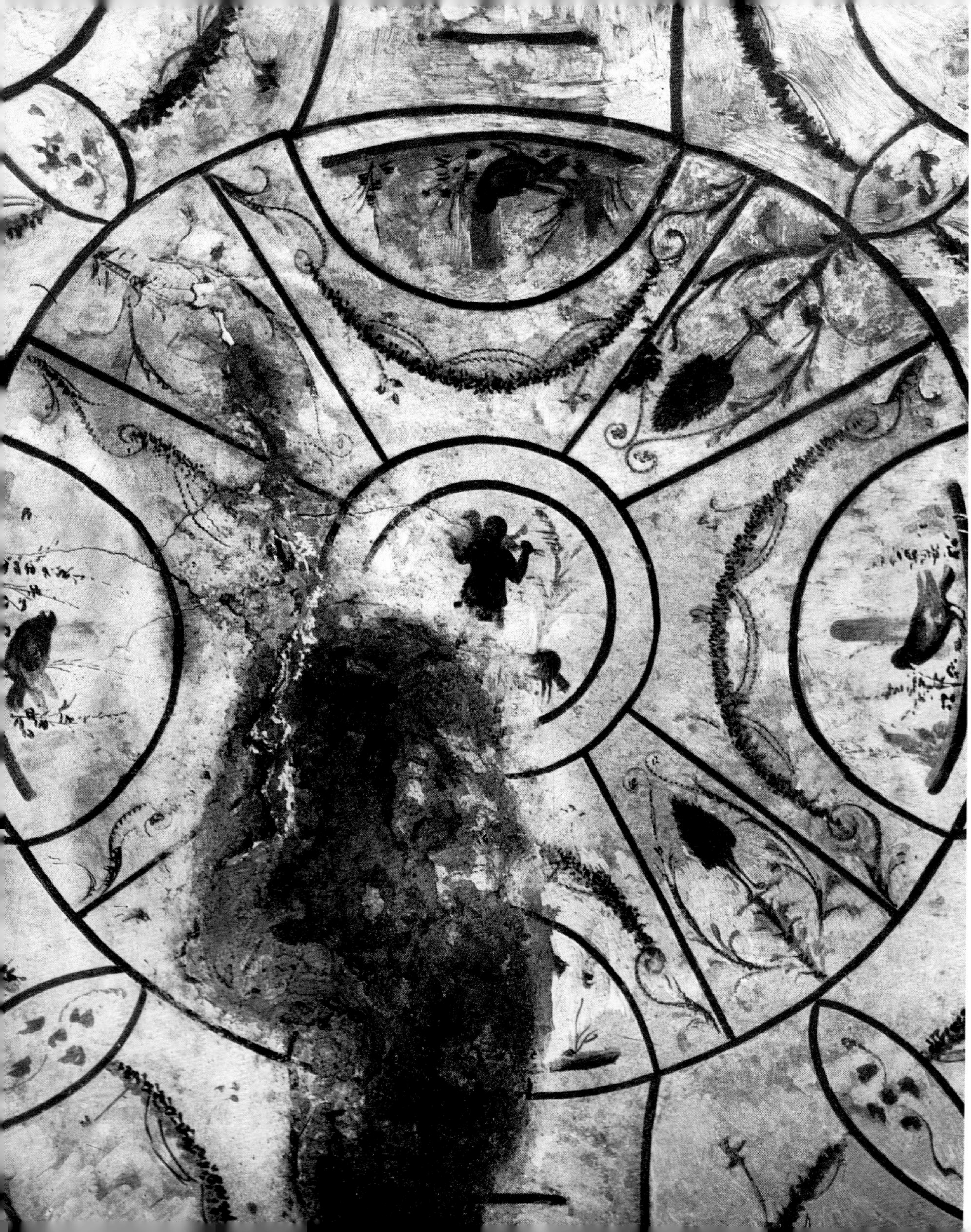

[15]
Rom, Callistuskatakombe.
Zustand der Papstgruft
nach der Auffindung
durch G. B. de Rossi, 1854.

[16, 17]
Rom, Callistuskatakombe.
Details aus der
«Sakramentskapelle» A 3.
Seligenmahl,
Fischer und Taufe.
Um 230–240.

[18]
Rom, Callistuskatakombe, Cubiculum der «Cinque Santi».
Wanddekoration mit Arkosol. Um 286–304.

[19]
Rom, Priscillakatakombe. Cubiculum der «Velatio».
Die Verstorbene als Orans, Braut und Mutter. Um 280–290.

[20, 21]
Rom, Priscillakatakombe. Cubiculum der «Velatio».
Decke mit Schafträger, Pfauen und Vögeln.
Ausspeiung des Jonas am Türbogen. Um 280–290.

[22, 23]
Cubiculum der «Velatio». Die Drei Jünglinge im Feuerofen
auf der rechten Seitenwand.
Opfer Abrahams auf der linken Seitenwand. Um 280–290.

[24]
Sarkophag von der Via Salaria. Schafträger und Orans,
die Verstorbenen im philosophischen Gespräch. Drittes Viertel des 3. Jh.
[25]
Sarkophag in S. Maria Antiqua. Schafträger, die Verstorbene als Orans,
lesender Verstorbener, Jonasruhe und Taufe Christi. Drittes Viertel des 3. Jh.
[26]
Sarkophag mit Hirtenszenen und Jonasruhe. Drittes Viertel des 3. Jh.

[27]
Synagoge
von Dura-Europos.
Aussetzung
und Auffindung
des
Mosesknäbleins.
Um 245–256.

[28, 29]
Hauskirche von Dura-Europos.
Rekonstruktion des Taufraumes.
Heilung des Gichtbrüchigen.
Um 241–256.

läßt die Verbindung von Jonas und Schafherde in der oberen Bildzone ebenfalls noch den Zusammenhang mit der bukolischen Idylle erkennen. Dieser kommt auch in der Zusammenstellung mit dem Schafträger und in der Gliederung des gesamten Reliefs durch eingefügte Bäume zum Ausdruck. Die Taufszene rechts ist durch die Zusammenstellung des Täuflings Jesus mit dem Täufer Johannes und der Geisttaube eindeutig bestimmt. Die Szene mit den beiden Fischern auf der rechten Schmalseite ist ihrer Herkunft nach wieder heidnisch. Mit der Taufe verbunden, steht sie jedoch in christlichem Sinnzusammenhang, was zugleich darauf schließen läßt, daß dem Besteller die taufsymbolische Deutung des Fischerbildes geläufig war.

Noch auffälliger ist die Mehrdeutigkeit heidnisch-
[26] christlicher Allegorien auf der Front eines einzonigen Friessarkophags in Berlin, der ebenfalls dem letzten Drittel des 3. Jahrhunderts angehört. Hier haben Orans und Schafträger ihren typologischen Platz bewahrt, den sie ursprünglich in den Eckfeldern der Strigilissarkophage innehatten. Die Jonasruhe ist gänzlich in eine Hirtenidylle eingebunden. Auf dem Sarkophag wird zugleich deutlich, daß der Schafträger, einzeln oder von zwei Schafen flankiert, nur ein Hirtentypus unter anderen ist. Doch im Gegensatz zu den wachenden, austreibenden, fütternden, melkenden oder werkelnden Hirten, die alle innerhalb des geschlossenen Bildraumes der bukolischen Sarkophage agieren, besitzt er ein stärkeres Eigengewicht. Am Schafträger vollzog sich eine Entwicklung, die zum in sich geschlossenen Einzelbild führte, das durch seine Isoliertheit den Handlungsrahmen aufbricht, ohne den ursprünglichen bukolischen Sinnzusammenhang zu verlieren. Der Schafträger steht in «abgekürzter» Weise für die Schilderungen des bunten Hirtentreibens und repräsentiert wie diese das glückliche Dasein als einen für die Verstorbenen erhofften Jenseitszustand. Auf den Sarkophagen in Santa Maria Anti-
[25,26] qua und in Berlin erhalten die neutralen Reminiszenzen durch Jonasruhe und Taufe eine eindeutig christliche Pointe, weil die allgemeinen und unbestimmten Unsterblichkeitshoffnungen, die in den
[24] heidnischen Allegorien ausgedrückt waren, jetzt mit den paradigmatischen Hinweisen auf Sündenbefreiung und Erlösung verschmolzen werden.

Es gehört zum Wesen archäologischer Quellen, daß ihre Kenntnis dem Zufall der Auffindung, Erhaltung und Überlieferung verdankt wird, weshalb sie niemals die ganze historische Wirklichkeit objektiv wiedergeben. So haben in jüngerer Zeit die Entdeckung einer mit Malereien (Jonasruhe, Schafträger) geschmückten Grabkammer in Alexandria und das Auftauchen einer aus dem kleinasiatischen Bereich stammenden Gruppe mehrerer Statuetten im Cleveland Museum deutlich gemacht, daß Werke christlicher Thematik im 3. Jahrhundert offenbar gleichzeitig und in unterschiedlichen Zentren des römischen Imperiums geschaffen worden sind. Die Statuettengruppe umfaßt außer sechs Privatporträts der Zeit 270–280 folgende Stücke: Verschlingung und Ausspeiung des Jonas, Jonasruhe, Jonas als Orant, ein Schafträger. Jonas ist hier, im Gegensatz zur stadtrömischen Ikonographie, stets bärtig und bekleidet dargestellt. Alle Statuetten dürften ihrer Größe und Zurichtung nach als dekorative Elemente (Brunnenfiguren?) gedient haben und gehörten somit wohl dem profanen christlichen Bereich an.

Gottesdienst und Kirchenbau

Unser Bild von der Verbreitung der christlichen Kunst im 3. Jahrhundert erfuhr schon einmal eine entscheidende Korrektur durch die Entdeckung der «Hauskirche» von Dura-Europos (1930) und ihrer Seite 88 [28,29]
christlichen Malereien. Versammlungsgebäude in der Art dieser Hauskirche, mit der wir uns später beschäftigen wollen, muß man nach allem, was über die Entwicklung des Gottesdienstes und des kirchlichen Lebens schon den Quellen des 2. Jahrhunderts zu entnehmen war, auch für Rom und andere Orte voraussetzen. Noch zu Beginn des 3. Jahrhunderts konnte der römische Apologet Minucius Felix, ein Zeitgenosse des Tertullian, Clemens, Callistus und Hippolytus, in seinem Dialog «Octavius» (32) behaupten: «Wir haben keine Tempel und haben keine Altäre, aber glaubt ihr, daß wir darum

geheimhalten, was wir verehren?» Die Maßnahmen der Kaiser Decius und Valerianus ein halbes Jahrhundert später richteten sich vornehmlich gegen das Eigentum der christlichen Ortsgemeinden an Versammlungshäusern. Das geht zumindest aus dem Wortlaut des gallienischen Reskripts hervor, das Eusebius in seiner «Kirchengeschichte» (VII 13) überliefert: «Ich habe Befehl gegeben, daß die Wohltat meines Gnadenerlasses über die ganze Welt sich erstrecken solle. Demzufolge sind die geweihten Stätten wieder zurückzugeben.» Und wenige Jahre später warf der heidnische Philosoph Porphyrius den Christen vor, mit ihren Versammlungshäusern, wo sie zum Gebet zusammenkämen, die Tempel der Heiden nachzuahmen (Gegen die Christen, verfaßt um 270).

Die übliche Bezeichnung der kirchlichen Versammlungsgebäude lautet in den christlichen Schriftquellen *domus ecclesiae,* «Haus der Gemeinde», obwohl Clemens von Alexandria (Teppiche 7,5, entstanden vor 215) sich entschieden dagegen verwahrte: Die Kirche *(ecclesia)* sei «die Gemeinschaft der Auserwählten» und nicht der Ort, wo sie sich versammelten, denn die Unfaßbarkeit Gottes ließe sich nicht «in Heiligtümer von Menschenhand einschließen». Die späteren römischen Titelkirchen gehen oft auf ältere Gebäude zurück, die wohl schon im 3. Jahrhundert für gottesdienstliche Zwecke verwendet worden sind. Man darf annehmen, daß in den Diakoniebezirken, in die Fabianus und Dionysius die Stadt Rom eingeteilt hatten, auch eine entsprechende Zahl von Hauskirchen vorhanden war, die von Presbytern (Pfarrern) verwaltet wurden. Eusebius schildert sicherlich glaubhaft die Situation, wie sie sich in der langen Friedensepoche zwischen dem gallienischen Toleranzedikt und dem Beginn der diokletianischen Christenverfolgungen (303) im ganzen Reich herausgebildet hatte (Kirchengeschichte VIII 1): «Wer gar vermöchte zu schildern jene tausendköpfigen Versammlungen und die Menge derer, die Stadt für Stadt zusammentraten, und die herrlichen Zusammenkünfte in den Bethäusern? Da infolge hiervon die alten Gebäude nicht mehr genügten, erbaute man in allen Städten neue und geräumigere Kirchen.»

Es fehlen jedoch die archäologischen Beweise dafür, daß die christlichen Versammlungsstätten, über die zu vermutende konventionelle und inhaltlich neutrale Zimmerdekoration hinaus, mit alt- oder neutestamentlichen Bildern ausgeschmückt waren. 306 mußte aber eine Regionalsynode von Elvira in Spanien festlegen (36. Kanon): «Bilder sind in der Kirche nicht zu dulden, denn man kann doch das Verehrte und Angebetete nicht an die Wände malen.» Aus diesem Verbot darf man schließen, daß im Verlauf des 3. Jahrhunderts das Bemalen der Wände christlicher Versammlungshäuser mit biblischen Szenen mancherorts üblich geworden war. Die Hauskirche von Dura-Europos Seite 88 [28, 29] ist hierfür einstweilen der einzige archäologische Beleg.

Die Entwicklung des Gottesdienstes seit den Schilderungen Justins des Märtyrers und der Ausbau der kirchlichen Organisation, der durch die Kirchenordnung des Hippolytus und das Wirken der Bischöfe Fabianus und Dionysius für Rom bezeugt wird, lassen Schlußfolgerungen allgemeinerer Art auf angemessene Räumlichkeiten für den Gottesdienst zu. Das stetige Anwachsen der Gemeinden und die Ausbildung der kirchlichen Ämter erforderten größere Räume für kirchliche Verwaltung und Diakonie, Wohngemächer für den Klerus (Bischof, Diakone, Presbyter) sowie Vorratsräume für eingesammelte Spenden. Der als ketzerisch abgesetzte Bischof von Antiochia, Paulus von Samosata, räumte erst auf Grund eines kaiserlichen Urteils (272) seine Kirche und die dort von ihm bewohnten Gemächer. Dieser Bischof hatte sich auch deshalb unbeliebt gemacht, weil er für sich eine Tribüne und einen prunkvollen Thron in der Kirche aufstellen ließ (Eusebius, Kirchengeschichte VI 30).

Für das damals übliche Kircheninventar besitzen wir aus der Zeit der diokletianischen Christenverfolgung (303) ein anschauliches Beispiel, das man auch für das 3. Jahrhundert in Anspruch nehmen darf. Im Beschlagnahmeprotokoll von Cirta/Nordafrika, das nach der Konfiskation des «Hauses, in welchem die Christen zusammenkamen», aufgenommen worden war, sind folgende Gegenstände verzeichnet: zwei goldene Kelche, sechs silberne

Kelche, sechs silberne Ampullen, sieben silberne Lampen und zwei bronzene Kandelaber, Öllämpchen, vier Fässer, sechs Tongefäße sowie gesammelte Kleiderspenden. In Sicherheit gebracht hatten die Christen von Cirta allerdings bereits die heiligen Schriften, denn die Behörden fanden bei der Haussuchung nur noch die leeren Behältnisse vor.

Dura-Europos

Die Hauskirche

Karte Die am Euphrat gelegene Stadt Dura-Europos war seit 165 römische Grenzfestung. Zum Schutz gegen die 256 andringenden Sasaniden hatte man die Stadtmauer an der Innenseite zweimal durch angeschüttete Erdwälle verstärkt. Dadurch gerieten Seite 88, 90 Teile des christlichen Hauses und der nahe gelegenen Synagoge in die Aufschüttungen, wodurch erhebliche Reste beider Gebäude und vor allem ihrer Wandmalereien erhalten geblieben sind. Die Hauskirche mit der klar erkennbaren Aufteilung ihrer Räume darf als typisches Beispiel für ein etabliertes Gemeindezentrum des 3. Jahrhunderts angesehen werden, obwohl dies wegen der peripheren Lage der Stadt und der Einmaligkeit dieses archäologischen Zeugnisses von manchen Forschern bestritten wird. In der Raumgliederung und funktionalen Anpassung des ehemaligen Wohnhauses an den neuen Zweck waren alle liturgischen und organisatorischen Erfordernisse eines entwickelten städtischen Gemeindelebens erfüllt.

Seite 88 Das christliche Gebäude hatte zunächst für etwa zwei Jahrhunderte als Wohnhaus gedient. Dann erfolgte der Umbau, der durch eine geritzte Putzinschrift um das Jahr 232/233 datiert wird. Dabei sind ursprüngliche Wohnräume zu einem Saal (etwa 13 × 5 Meter) zusammengelegt worden. An der östlichen Schmalwand stand ein Podest, das wohl für den Thron des Bischofs bestimmt war. Gegen 241 wurde, worauf eine im Estrich gefundene datierte Münze hinweist, ein weiterer Raum als [28] Taufraum eingerichtet und ringsum mit Wandmalereien ausgeschmückt. An der westlichen Stirnseite erhob sich ein Bassin mit einem Baldachin. Das Fresko im rückwärtigen, halbrunden Feld der von Säulen gerahmten Ädikula zeigt einen Schafträger bei seiner Herde und den Sündenfall von Adam und Eva. An den umlaufenden Wänden befinden sich als weitere alttestamentliche Szene David und Goliath (1. Samuel 17, 51) und an neutestamentlichen Bildern die Heilung des Gichtbrüchigen in zwei aufeinanderfolgenden Phasen, der [29] Meerwandel Christi mit dem einsinkenden Petrus (Matthäus 14, 22–23), die Frauen am leeren Grabe Christi (Markus 16, 1–4) und sieben schreitende Jungfrauen sowie die Samariterin am Brunnen (Johannes 4, 5–29).

Die Auswahl der alt- und neutestamentlichen Bilder, ihre Zusammenstellung mit dem Schafträger zu einem geschlossenen Bildprogramm, findet eine erstaunliche Parallele in dem 150 Jahre später ausgeschmückten Baptisterium von Neapel. Der Seite 238 Grund hierfür ist nicht in der Verbreitung bestimmter kanonischer Bildzyklen, sondern in der überregionalen und zeitunabhängigen Geltung der Taufsymbolik in den betreffenden Bildern zu suchen.

Der Stil der Malereien weist die Vermischung parthischer und hellenistischer Elemente auf und steht damit ganz in der einheimischen Tradition. Da die einzelnen Bildthemen zunächst ausschließlich in der römischen Katakombenmalerei nachweisbar schienen (mit Ausnahme von David und Goliath und den Frauen am Grabe), war die Deutung des Raumes umstritten. In den Bildern kann man jedoch Taufsymbole, das heißt auf die wahre Geburt aus dem Bad der Taufe und die damit verbürgte Sündenvergebung durch Christus hinweisende Sinnbilder, erkennen. Während in den Katakombenbildern der Sinngehalt der biblischen Paradigmen auf den Zustand des Todes angewendet ist, wird in der Taufkapelle ein deutlicher Bezug auf die christliche Lebensführung der Täuflinge erkennbar. Das Verbindende, das die Verwendung gleicher Bildthemen in der Grabkunst und in Taufräumen erklärt, ist in der Bedeutung der Buße zu erkennen, die als Voraussetzung der Taufe zugleich zum dauernden Erhalt der Taufwirkung notwendig war.

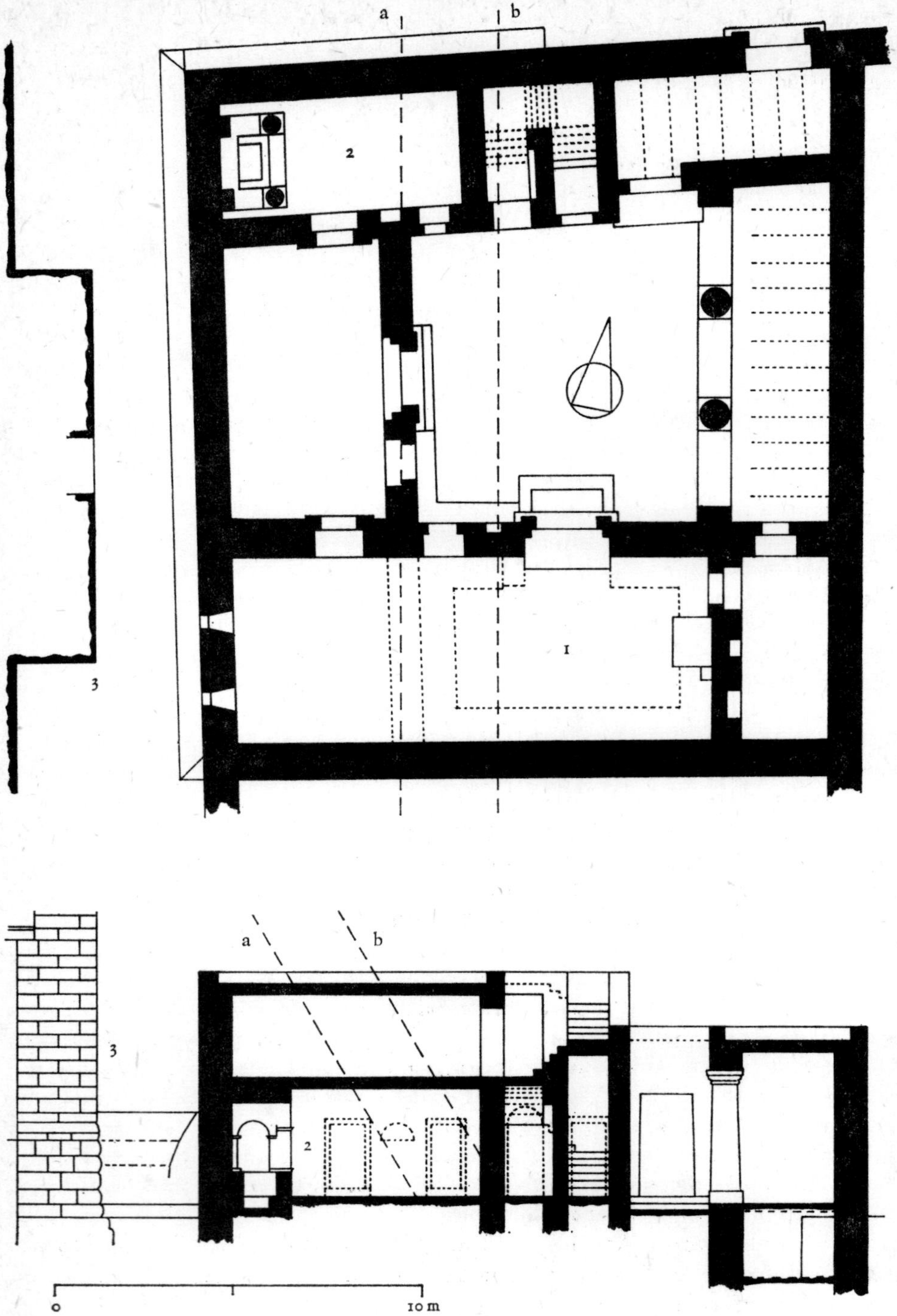

Dura-Europos.
Hauskirche.
Um 241–256.
Grundriß und
Schnitt

1 Gemeindesaal
2 Taufraum
3 Stadtmauer
a Erste Anschüttung zur Verstärkung der Stadtmauer
b Zweite Anschüttung zur Verstärkung der Stadtmauer

Eusebius schildert mit den Anschauungen seiner Zeit die Wiederaufnahme eines reuigen Sünders durch den Apostel Johannes (Kirchengeschichte III 23): «Er verließ ihn, wie man erzählt, nicht eher, als bis er ihn der Kirche wiedergegeben und ein herrliches Beispiel wahrer Buße, ein schönes Denkmal der Wiedergeburt, ein Siegeszeichen der sichtbaren Auferstehung aufgestellt hatte.» Die Wirkung der Buße, die hier für das Leben geschildert wird, galt erst recht als ein über den Tod hinaus zu bewahrendes Gut. Der unlösbare Sinnzusammenhang von Taufe, Sündenvergebung, Wiedergeburt und Auferstehung ist der gemeinsame geistige Nenner der frühchristlichen Bildthemen.

Die Synagoge

Es wäre voreilig, aus dem bislang einmaligen Ereignis der Entdeckung von Dura-Europos den Schluß ziehen zu wollen, daß die Hauskirche und die Synagoge mit ihren Wandmalereien nur die Ausnahmesituation in einer von den eigentlichen Zentren der römischen Kultur weit entfernten Provinzstadt widerspiegelten, wo die Christen nicht sonderlich «rechtgläubig» waren und die Juden nicht mehr das Gesetz befolgten. Die Übereinstimmung vieler biblischer Bilder mit der römischen Grabmalerei beleuchtet hingegen den tatsächlichen Umlauf sowohl der literarischen Anregungen als auch der bildlichen Vorlagen, ganz gleich, in welcher Form (Musterbücher?) letztere existiert haben mögen. Gerade im kleinasiatischen, palästinensischen und mesopotamischen Gebiet scheinen sich die Juden im 3. Jahrhundert mehr und mehr vom mosaischen Bilderverbot entfernt zu haben. Seit der Zeit des Septimius Severus (193–211) findet man auf Münzen der kleinasiatischen Stadt Apameia Kibotos die Arche Noah dargestellt. Man vermutet, daß die jüdische Gemeinde von Apameia in ihrer Synagoge Darstellungen der Noahgeschichte besaß, die das Münzbild angeregt hätten. Im Jerusalemer Talmud (Abhoda Zara III 3/42 a) heißt es: «In den Tagen des Rabbi Jochanan (gestorben 279) fing man an, die Wände zu bemalen, und er hinderte es nicht» (Übersetzung nach K. Schubert).

Münze von Apameia Kibotos.
Noah und seine Frau in der Arche. Um 193–211

Die Synagoge von Dura-Europos entwickelte Seite
sich ebenfalls aus einem Privathaus, das bereits im 90, 91
späten 2. Jahrhundert als Synagoge benutzt und nach einer datierten Ziegelinschrift seit 244/245 durch einen Neubau ersetzt wurde. Den eigentlichen Versammlungsraum schmückten ringsum in mehreren Registern angeordnete Fresken, wovon sich etwa zwei Drittel unter der Wallaufschüttung von 256 erhalten haben. Die Darstellungen der einzelnen Register illustrieren Ereignisse aus dem Alten Testament, besonders aus dem 2. Buch Mose (Exodus) und den Königsbüchern. In der Mitte der Westwand, in Richtung Jerusalem also, befindet sich die plastisch gebildete Thoranische, die symbolisch auf Jerusalem als den Ort des Tempels hinweist. Der Tempel ist auf dem oberen Abschlußfeld zusammen mit dem siebenarmigen Leuchter (Menorah) und anderen jüdischen Kultgeräten sowie dem Opfer Abrahams dargestellt.

Auf einem Feld der Westwand wird die Kind- [27]
heitsgeschichte des Moses in mehreren Szenen, und zwar gemäß aramäischer Leserichtung von rechts nach links, geschildert. Allerdings folgen nicht alle

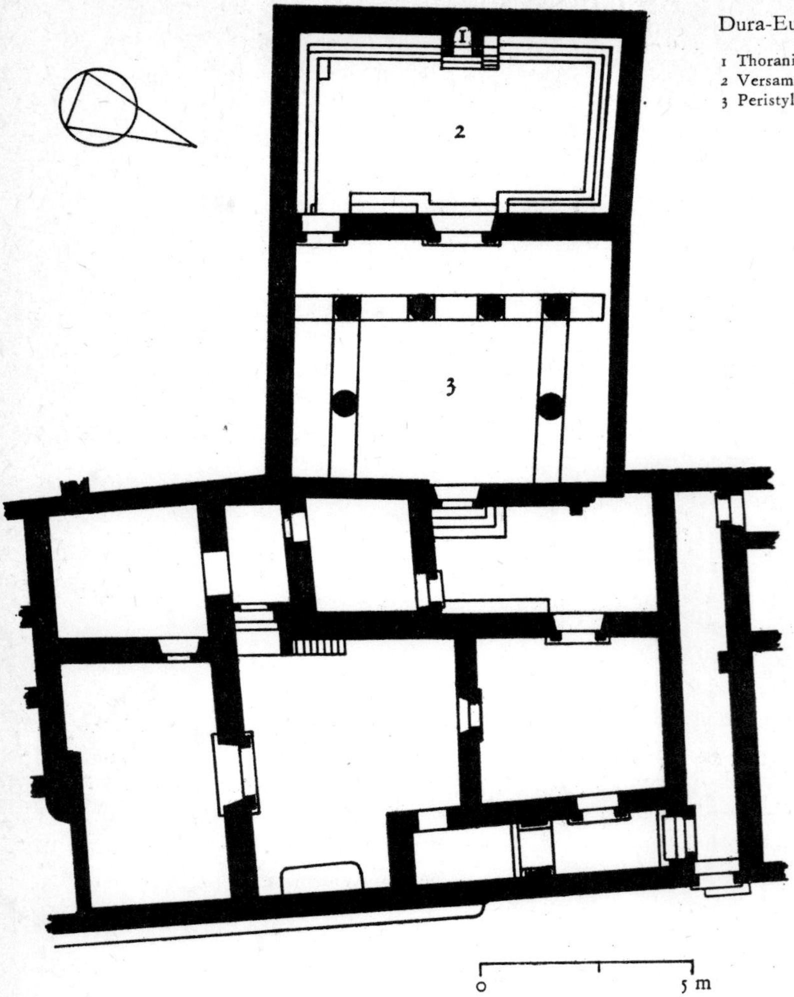

Dura-Europos, Synagoge. Um 245–256. Grundriß

1 Thoranische
2 Versammlungsraum
3 Peristylhof

Bilddetails dem biblischen Wortlaut. Die beiden Frauen links, die einander das Kind übergeben, sind Schwester und Mutter des Moses, die auch identisch sind mit den beiden Hebammen rechts vor Pharao. Hier wird bereits, wie in fast allen Bildern der Synagoge, der Einfluß jüdischer Legendenbildung und rabbinischer Bibelauslegung deutlich. Die Frage nach den Text- und Bildquellen der Synagogenfresken ist aber bis heute umstritten. Im Stil mischen sich wieder fremde und einheimische Elemente. Dies läßt auf heterogene Vorlagen oder Künstler unterschiedlicher Stil- und Werkstatttraditionen schließen. Manche Forscher setzten bereits illustrierte jüdische Handschriften der entsprechenden Bücher des Alten Testaments, mindestens aber illustrierte Bibelkommentare oder Legendenbücher als Bildquellen der Synagogenfresken voraus und meinten sogar, daß derartige Vorlagen auch die entstehende christliche Ikonographie maßgeblich beeinflußt hätten.

1 Zerstört
2 Nicht deutbar
3 Moses am Sinai
4 Messianischer Herrscher
5 Moses am brennenden Dornbusch
6 Durchzug der Israeliten durch das Rote Meer
7 Auszug der Israeliten aus Ägypten
8 Wasserwunder des Moses
9 Aaron und die Stiftshütte
10 Prophet
11 David-Orpheus, Jakobssegen
12 Prophet
13 Himmlischer Tempel
14 Rückführung der Bundeslade
15 Elias erweckt den Sohn der Witwe von Zarpath
16 Triumph des Mordechai
17 Siebenarmiger Leuchter
18 Tempel
19 Opfer Abrahams
20 Salbung Davids durch Samuel
21 Aussetzung und Auffindung des Moses, Tafel-Abb. 27

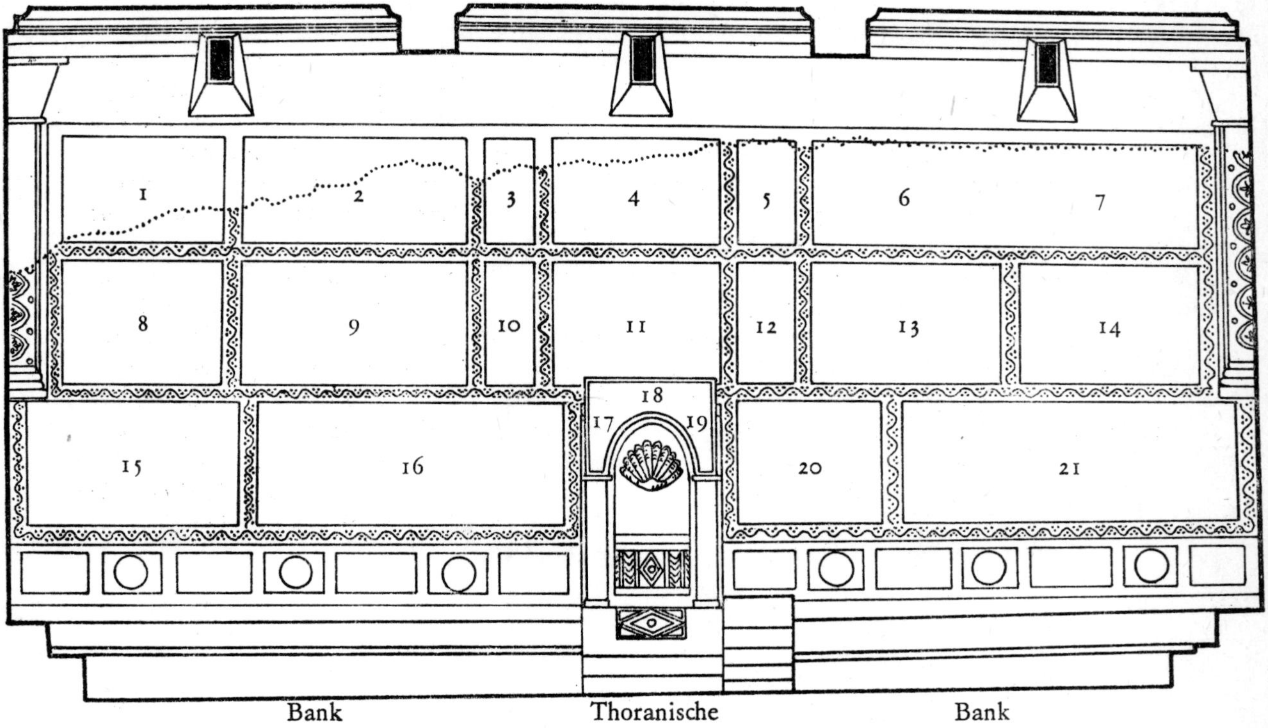

Dura-Europos. Synagoge.
Schema der Bildaufteilung der Westwand mit der Thoranische

Illustrierte biblische Handschriften, die älter wären als die Fresken der Synagoge und der Hauskirche von Dura-Europos, sind jedoch nicht erhalten. Die Annahme ihrer Existenz und ihres Einflusses auf die spätantik-jüdische und frühchristliche Kunst muß daher einstweilen Hypothese bleiben. Die Fresken beider Versammlungsstätten sind, besonders im Zusammenhang mit der sich seit 200 in Rom herausbildenden frühchristlichen Grabmalerei betrachtet, Zeugnisse für die Gleichzeitigkeit alt- und neutestamentlicher Bildzyklen in verschiedenen und räumlich weit auseinanderliegenden Regionen des römischen Imperiums. Die Verbreitung gleichartiger Themen und Bilder läßt sich wohl nicht anders erklären als mit der Tatsache, daß sich auch das spätantik-jüdische und frühchristliche Schrifttum einer außerordentlichen Verbreitung in der gesamten antiken Welt erfreute, den literarischen Anregungen jedenfalls der Vorrang einzuräumen sein dürfte.

Zeugnisse des christlichen Kunsthandwerks sind aus dem 3. Jahrhundert nur in außerordentlich geringer Zahl erhalten geblieben. Daß es sie gegeben haben muß, wird angesichts der Siegelbildvorschläge des Clemens von Alexandria für den Beginn und durch das Konfiskationsprotokoll von Cirta für das Ende des Jahrhunderts nahegelegt. Zu den seltenen frühen Werken gehört eine mit neutralen und
[4] christlichen Szenen geschmückte Tonlampe in Berlin, die der Firmeninschrift zufolge aus der Werkstatt des Lampentöpfers Florentinus zu stammen scheint. In der Mitte des Diskos steht ein Schafträger, umgeben von einer Herde aus sieben Schafen. Über seinem Kopf sind sieben Sterne (Planeten) eingeritzt, eingerahmt von den Personifikationen von Sonne und Mond, Sol und Luna, die als Büsten über Wolken gebildet sind. Darunter folgt links Noah in der Arche und weiter unten die Ausspeiung des Jonas. Auf der rechten Seite ist hingegen die Jonasruhe dargestellt.

Da die Erzeugnisse der Florentinus-Werkstatt an den Anfang des 3. Jahrhunderts datiert werden, müßten alle Motive bereits in so früher Zeit – früher als in der römischen Katakombenmalerei – in der Kleinkunst verbreitet gewesen sein. Die Darstellung des Schafträgers im Kunsthandwerk wird mindestens durch Tertullians gleichzeitige Polemik gegen die Hirtenbecher von Karthago belegt. Für das Vorkommen des Noahbildes bieten die Mün- Seite
zen von Apameia Kibotos sogar einen noch etwas 89
älteren Beleg. Hirt und Herde gehören zu der ebenfalls gleichzeitigen, wiewohl sicher heidnischen Ausmalung der Attika über dem Mausoleum X unter San Sebastiano in Catacumbas. Lediglich also [9]
für die beiden Jonasszenen und die Kombination des Schafträgers mit den alttestamentlichen Bildern wäre unsere Lampe der bislang älteste erhaltene Beleg.

Wenn es also gelänge, alle Zweifel an der Echtheit der Lampe auszuschließen, dann würde dieses Erzeugnis des römischen Kunsthandwerks nicht nur mit zu den ältesten erhaltenen christlichen Denkmälern überhaupt gerechnet werden dürfen; es würde auch in entscheidendem Maße den Entstehungsprozeß des christlichen Kunstzweiges beleuchten, der uns sonst nur von Schriftstellern wie Tertullian und Clemens unter ganz anderen Aspekten beschrieben wird.

Die Kunst im 4. Jahrhundert

Tetrarchie und konstantinische Wende

Mit Diokletian (284–305) eng verknüpft ist die Errichtung des spätantiken Zwangsstaates. An die Stelle des Prinzipats, in dem der Kaiser als «Erster unter Gleichen» erscheinen wollte, trat die unverhüllt autokratische Staatsform des Dominats. Von nun an handelte der Kaiser auch *de iure* als unumschränkter Gebieter. Die neue Herrschaftsform war auf eine umfassende politische Reorganisation des gesamten Imperiums gegründet. Sie beruhte auf der Neueinteilung des Reiches, die den alten Unterschied zwischen senatorischen und kaiserlichen Provinzen aufhob und Italien mit Rom den übrigen Gebieten gleichstellte. 293 wurde die erste Tetrarchie (Vierherrschaft) begründet: Den beiden Augusti Diocletianus Iovius und Maximianus Herculius (seit 286 Mitkaiser) wurden auf dem Wege der Adoption die beiden Cäsaren Galerius und Constantius Chlorus unterstellt, die zugleich als präsumtive Nachfolger galten.

Die Neuordnung trug der Tatsache Rechnung, daß sich das politische, ökonomische und kulturelle Schwergewicht des Imperiums allmählich auf dessen hellenistisch-griechischen Osten zu verlagern begann. Hauptstädtische Zentren der neuen Reichseinteilung in Diözesen wurden in der Folge und auf Kosten Roms Metropolen wie Serdika, Nikomedia, Antiochia, Alexandria, Thessaloniki und Trier. Die Verwaltung stützte sich auf eine streng hierarchisch aufgebaute Beamtenschaft, der Schutz des Reiches auf ein Berufsheer. Die Spitzenposten waren mit Angehörigen der höchsten Kreise besetzt, doch bestand strikte Trennung zwischen ziviler und militärischer Gewalt, die nur in der Person des Kaisers vereinigt war. Der römische Senat als politische Körperschaft hatte kaum noch Verfügungsrechte, obwohl die Angehörigen der Senatsaristokratie als Großgrundbesitzer die ökonomische Macht behielten und ihnen in den höchsten Staatsämtern eine begrenzte politische Wirksamkeit erhalten blieb. Wirtschaftlich basierte das reorganisierte römische Staatswesen auf dem Großgrundbesitz, der vorherrschenden Kolonenausbeutung und auf staatlich verordneter Zwangswirtschaft mit festgesetzten Preisen und Löhnen.

Karte

Mit der Reorganisation des Staates ging eine ideologische Restauration einher, die von der Wiederbelebung der römischen Religion bis zur Propagierung eines bestimmten Kunstideals reichte. Aus diesen Bestrebungen sind letztlich auch die beispiellosen Christenverfolgungen zu erklären, die 299 zunächst im Heer begannen und, seit 303 durch mehrere Edikte verschärft, reichsweit, vornehmlich aber im Osten, fortgesetzt wurden. Die Verfolgungen zielten auf die Zerschlagung der kirchlichen Organisation und damit auf die Ausrottung der christlichen Religion. Trotz unzähliger Opfer und maßloser Zerstörungen blieben die Aktionen erfolglos, weshalb die Maßnahmen gegen die Kirche im Westen, besonders im Gebiet des toleranten Constantius I. Chlorus (seit 305 Augustus), bald eingestellt wurden. Im Osten wüteten sie jedoch noch lange Zeit in unverminderter Grausamkeit fort.

Das künstliche System der tetrarchischen Herrschaft bewährte sich nicht. Schon ab 305 wurde das Reich durch politische Rivalitäten zwischen den Herrschern der zweiten Tetrarchie erneut gefährdet. Aus diesen Wirren ging Konstantin (seit 305 designierter, seit 306 anerkannter Cäsar, seit 310 Augustus) schließlich als Sieger und Alleinherrscher hervor, nachdem er 324 auch seinen letzten Feind und Mitherrscher Licinius beseitigt hatte. Die Christenverfolgungen, die sich erneut als untaugliches Mittel innerpolitischer Restauration erwiesen hatten, wurden 313, nachdem sie Galerius schon 311 einstellen mußte, durch Konstantin und Licinius in der Vereinbarung von Mailand aufgehoben. Damit war das Christentum erstmals als erlaubte Religion anerkannt und wurde allen anderen Religionen gleichgestellt.

Die politische und organisatorische Neuordnung des Staates wurde von Konstantin fortgeführt. Mit seinem Wirken setzte wohl die entscheidende historische Wende ein: In unlösbarer Verbindung mit dem geordneten und gefestigten römischen Staatswesen wurden das hellenistische Erbe und das Christentum die fortan bestimmenden Faktoren in der Entwicklung zum byzantinischen und abendländischen Mittelalter. Die gesamte Religionspolitik des Kaisers war auf Integration der in sich bereits fest gefügten kirchlichen Organisation in das spätantike Staatswesen bedacht. Die Bischöfe wurden mit den Ehrenrechten höchster staatlicher Würdenträger ausgestattet und durften Insignien gebrauchen, die bislang nur diesen vorbehalten waren. Konstantin selbst empfing zwar die Taufe erst auf dem Totenbett, doch hat seine Begünstigung des Christentums seit der Schlacht gegen Maxentius an der Milvischen Brücke (28. Oktober 312) die entscheidende Voraussetzung dafür geschaffen, daß sich jetzt der Übergang von der frühchristlichen Kirche im Römischen Reich zur katholischen Reichskirche rasch vollziehen konnte.

Die Wirkung dieser Entwicklung auf die christliche Kunst war ungeheuer. Aus dem relativ bescheidenen christlichen Zweig innerhalb der spätrömischen Kunst des 3. und frühen 4. Jahrhunderts wurde nun die dominierende, christlich geprägte römische Reichskunst der Spätantike, die ganze Zweige der traditionell heidnisch geprägten Kunst allmählich zum Erliegen brachte oder christlich interpretierte. Die Kunst des Zeitraums, den es jetzt zu betrachten gilt, zerfällt in drei Abschnitte. Der erste gehört der tetrarchisch-frühkonstantinischen Übergangsepoche an (etwa 280–320). Der zweite, die reif- und spätkonstantinische Phase, ist gekennzeichnet durch die Ausbildung der offiziellen, staatlich geförderten kirchlichen Monumentalkunst und deren Übergreifen auf alle künstlerischen Bereiche (etwa 320–360). In diesen Zeitabschnitt fällt die Gründung der neuen Hauptstadt Konstantinopel (324–330). Der dritte Abschnitt umfaßt die valerianisch-theodosianische Epoche; er wird bestimmt durch die Auseinandersetzung zwischen heidnischer Opposition und christlicher Reichskultur und zeigt, parallel zur vollständigen Christianisierung des spätantiken Imperiums, das Obsiegen der christlichen Religion auf der Grundlage übernommener imperialer Muster, die schließlich auf die christliche Kunst selbst übertragen wurden und dieser ihr fortan mittelalterliches Gepräge verliehen haben. Das Ende dieses Zeitabschnitts wird durch die Reichsteilung von 395 markiert.

Architektur

Kaiserliche Repräsentationsbauten

Seit diokletianischer Zeit entstanden in Rom und in den Metropolen des Imperiums etliche in kaiserlichem Auftrag errichtete Großbauten, die in Anlage, Raumform und Ausschmückung den ins Grandiose gesteigerten Abschluß der kaiserzeitlichen Architekturentwicklung und den Beginn einer neuen Ära markieren. Deutlich ist fortan eine Konzentration der ökonomischen und technischen Möglichkeiten

Split (Spalato). Palast Diokletians. Um 300. Grundriß

1 Nordtor, «Porta Aurea» (Goldenes Tor)
2 Westtor, «Porta Ferrea» (Eisernes Tor)
3 Osttor, «Porta Argentea» (Silbernes Tor)
4 Peristyl (Ehrenhof), Tafel-Abb. 30
5 Vestibül
6 Empfangssaal
7 Räume für die kaiserliche Garde
8 Ambulatio (Wandelhalle)
9 Palastaula
10 Kleiner Apsidensaal
11 Loggia vor den Privatgemächern des Kaisers
12–18 Privatgemächer des Kaisers
19 Lichthof (?)
20–24 Privatgemächer des Kaisers
25 Privatbad des Kaisers
26 Kaiserliches Triklinium (Speisesaal)
27 Loggia vor der Küche
28 Küchenräume (?)
29 Reste einer Thermenanlage
30 Mausoleum des Kaisers
31 Tempel für den Kaiserkult
32 33 Zwei Rundtempel
34 35 Wirtschaftsgebäude

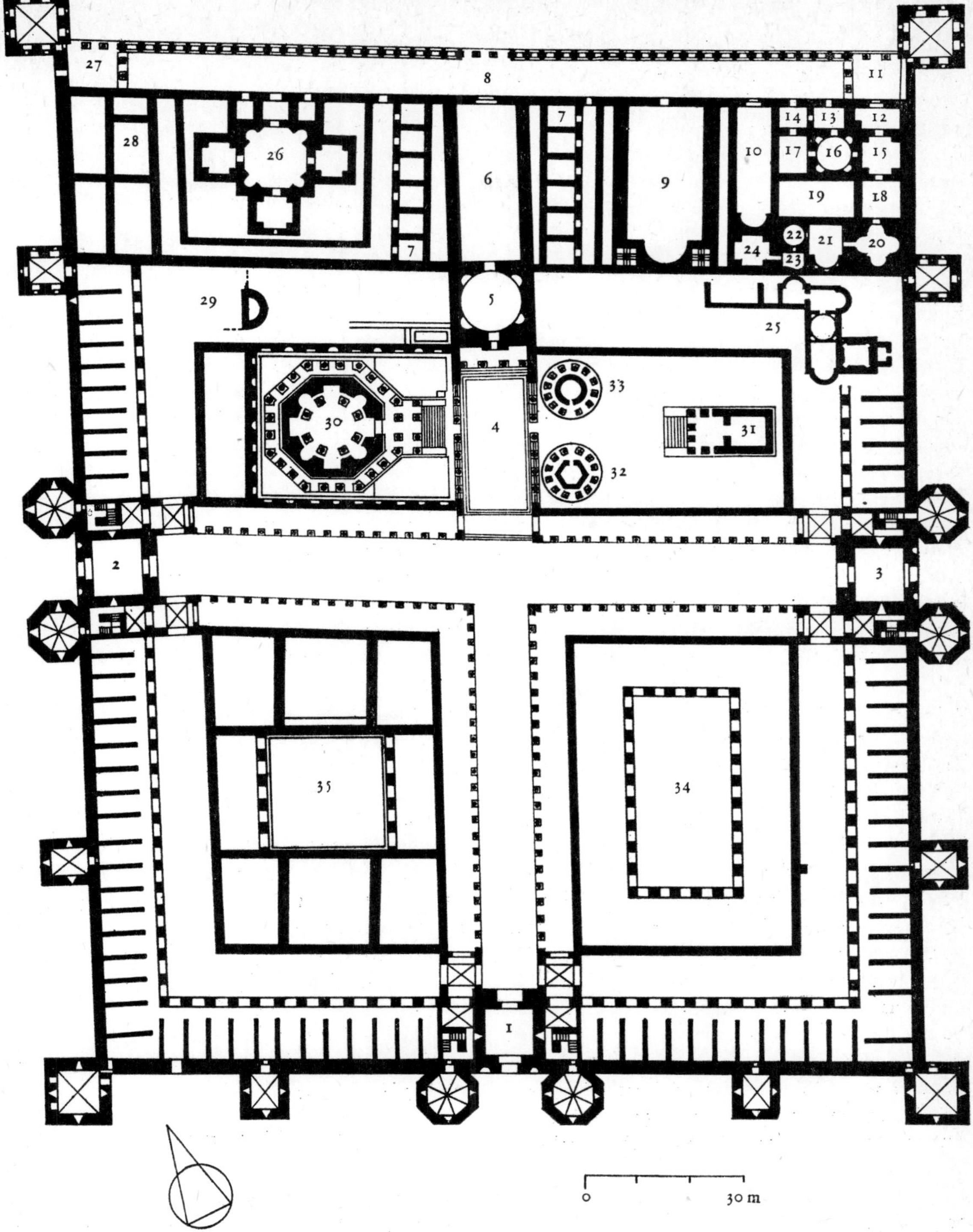
27
8
11
28
26
7
6
7
9
10
14
13
12
17
16
15
19
18
22
21
20
24
23
29
5
25
33
30
4
31
32
2
3
35
34
1
0
30 m

und der künstlerischen Kräfte auf nur noch wenige hervorragende imperiale Bauaufgaben. Die Entnahme von Spolien, oft von kostbarem Material, aus älteren, inzwischen verödeten Gebäuden und ihre Wiedereinfügung in neue architektonische Ensembles wurden für die imperiale Profanarchitektur bald ebenso zur Regel wie später für den christlichen Kirchenbau.

Vor allem die spätantiken Kaiserpaläste tradierten den virtuosen Formenreichtum der römischen Raum- und Gewölbearchitektur in die profane und christliche Baukunst der folgenden Jahrhunderte. Unter den kaiserlichen Palastbauten dieser Übergangsphase ragt die Residenz Diokletians in Split [30] Seite 95 (Spalato)/Jugoslawien als Zeugnis einzigartiger Planung hervor. In der Gesamtanlage wie in den einzelnen Gebäudeteilen – Säulenhallen, Höfen, Sälen und Privatgemächern, einschließlich dem Mausoleum des Kaisers – findet die Sakralisierung des Herrschertums ihren adäquaten architektonischen Ausdruck. Reste kaiserlicher Palastresidenzen, die in gleicher Weise die Idee des *sacrum palatium,* des «allerheiligsten Palastes», verkörperten, sind in Trier, Thessaloniki, Nikomedia und Konstantinopel, aus späterer Zeit auch in Mailand und Ravenna erhalten geblieben. In Konstantinopel entwickelte sich der von Konstantin begonnene Palast im Laufe der Jahrhunderte zu einem weitläufigen System miteinander verbundener Baukomplexe, die allmählich einem ebenso komplizierten, höfisch-sakralen Zeremoniell dienstbar gemacht wurden.

In Rom entstanden als letzte große Komplexbauten kaiserlicher Freigebigkeit *(munificentia)* der Doppeltempel der Venus und Roma am Forum Romanum (307), der Zirkus des Maxentius mit dem Mausoleum des Romulus sowie die Thermen des Diokletian und des Konstantin. In Bauformen und Baugesinnung eng verwandt war die von Maxentius begonnene und von Konstantin vollendete Basilica Nova [37] Seite 106 auf dem römischen Forum. Vielleicht ein Kaiser, eher wohl aber ein Magnat erbaute sich um 320–350 auf Sizilien bei dem heutigen Ort Piazza Armerina Seite 97 eine ausgedehnte Villenanlage, deren Bodenmosaiken zu den besterhaltenen der Spätantike zählen.

Kirchenbau

Mit der Anerkennung des Christentums unter Konstantin wurde der Kirchenbau (Bischofs-, Gemeinde- und Märtyrerkirchen, Baptisterien, Pilgerheiligtümer) öffentliche Angelegenheit. Der Kaiser selbst hat hierfür als Stifter und Förderer zahlreicher Kirchen in Rom und anderen Zentren des Imperiums die Maßstäbe gesetzt. Nach seinen Bauanweisungen, Geld- und Materialzuwendungen wurden im Verein mit dem Klerus die seither gültigen Muster geschaffen: Leitformen dieser Synthese waren die christliche Basilika und der kirchliche Zentralbau in ihren verschiedenen Spielarten und Kombinationsmöglichkeiten.

Zunächst ist davon auszugehen, daß die Hauskirchen des 3. Jahrhunderts fortbestanden. Sofern sie von den Zerstörungen der diokletianischen Zeit betroffen waren, wurden sie unter Leitung der Ortsbischöfe durch Neubauten ersetzt. Beispiele für den allerorts aktivierten Kirchenbau finden wir in Qirqbīza (Syrien), wo zu Beginn des 4. Jahrhunderts Seite 98 in der Tradition der Hauskirchen ein Kultgebäude eingerichtet wurde, oder in Aquileia, wo Seite 100 sofort mit Beginn der konstantinischen Friedenszeit eine ansehnliche Doppelkirche entstand. Hauskirchen besaßen eine historisch gewachsene und von der Funktion bestimmte Gestalt. Sie folgten daher noch keinem kanonischen Bautypus. Gerade in Rom wird der Unterschied zwischen Hauskirchen und konstantinischen Neugründungen in Bauform und Zweckbestimmung am deutlichsten. Die erste konstantinische Kirchenstiftung, die fünfschiffige Lateranbasilika, Seite 107 diente dem Bischof von Rom als Kathedralkirche. Die ihr in vieler Hinsicht verwandte und ebenfalls fünfschiffige Petrusbasilika am Vatikan Seite 43, 133 war hingegen eine Märtyrerkirche. Märtyrerbasiliken Seite 128, 129 sind seit konstantinischer Zeit auch in anderen Zömeterien erbaut worden, folgen jedoch verschiedenen Grundrißtypen.

Haus- und Titelkirchen in Rom

Die später übliche Bezeichnung der römischen Hauskirchen als «Titelkirchen« geht auf die vermeintlichen Besitzer der Gebäude oder Grund-

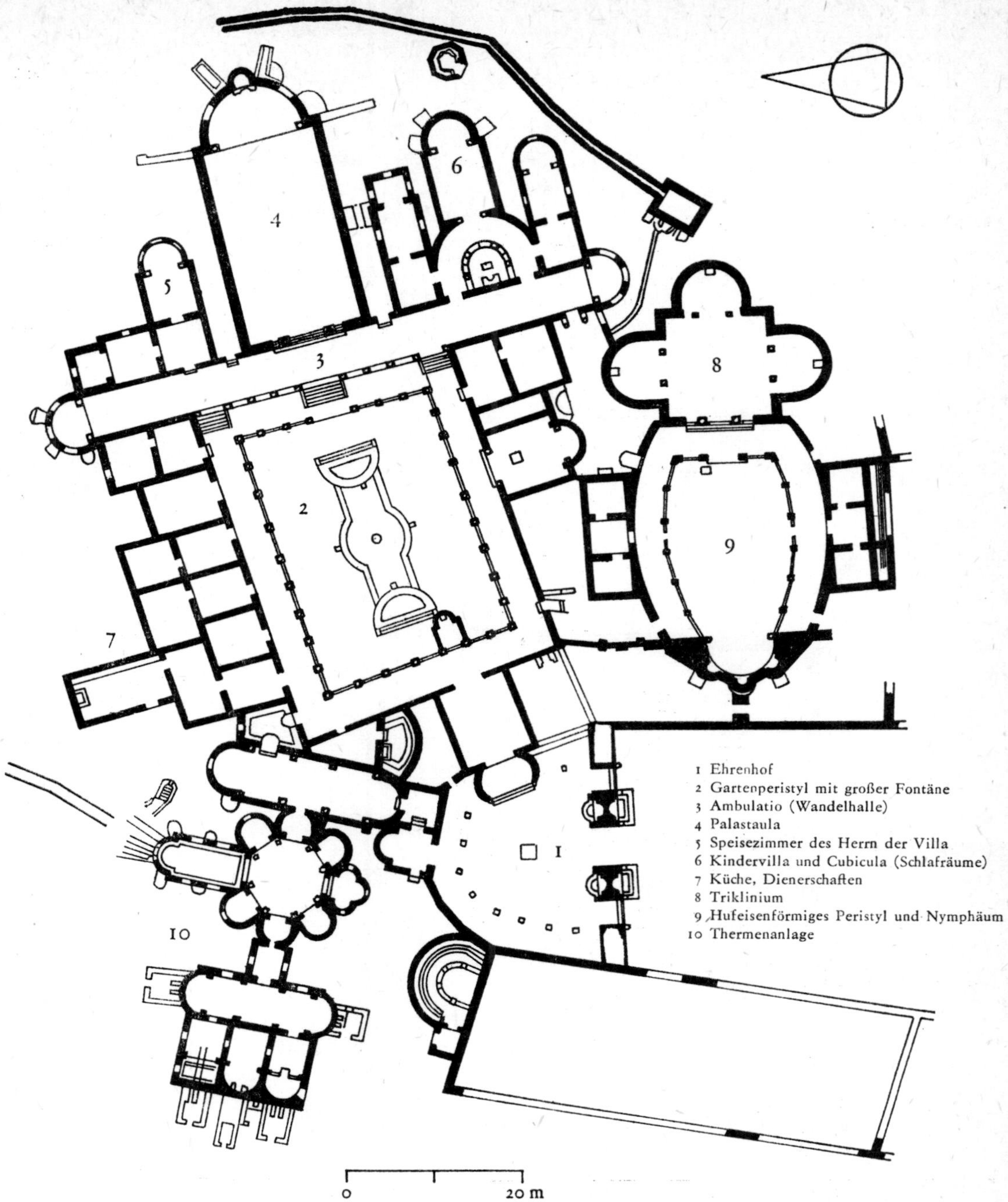

1 Ehrenhof
2 Gartenperistyl mit großer Fontäne
3 Ambulatio (Wandelhalle)
4 Palastaula
5 Speisezimmer des Herrn der Villa
6 Kindervilla und Cubicula (Schlafräume)
7 Küche, Dienerschaften
8 Triklinium
9 Hufeisenförmiges Peristyl und Nymphäum
10 Thermenanlage

Villa von Piazza Armerina. Anfang des 4. Jh. Lageplan

stücke zurück, auf denen diese Kirchen erbaut worden waren. Der Besitzername *(titulus)* konnte später oft in den Heiligennamen der jeweiligen Kirche übergehen (zum Beispiel *titulus Clementis,* Haus des Clemens, in *titulus Sancti Clementis,* Kirche des heiligen Clemens). Am Ende des 4. Jahrhunderts sind in Rom bereits 18 innerstädtische Titelkirchen nachweisbar. Unter den meisten fand man ältere Gebäudereste (Wohn-, Geschäfts-, Thermen- oder Kasernenräume), deren gottesdienstliche Nutzung vor dem 4. Jahrhundert freilich nur vermutet werden kann. Die spätere Überbauung mit einer Basilika wollte jedoch in vielen Fällen Alter und Kontinuität des Kultorts bewahren.

Eine solche Tradition läßt sich vielleicht an der Kirche Santi Giovanni e Paolo, dem *titulus Pammachii et Byzantis,* nachweisen. Legendärer Überlieferung zufolge sollen der christliche Senator Byzantius und sein Sohn Pammachius die Kirche auf dem Mons Caelius zwischen 401 und 417 für die beiden unter Julian dem Abtrünnigen (361–363) hingerichteten kaiserlichen Beamten Johannes und Paulus erbaut haben. Unter der Basilika wurden seit 1887 die wohlerhaltenen Räume zweier römischer Wohnhäuser («Casa Celimontana») aufgedeckt. Abgesehen von älteren Wandmalereien (Venus und Meerszene des 2. Jahrhunderts im Hof, Zimmer mit Jahreszeitengenien des 3. Jahrhunderts), sind einige Räume mit Inkrustationsmalereien und figürlich-allegorischen Dekorationen des 3. bis 4. Jahrhunderts ausgeschmückt. Diese Malereien stehen ganz in der Tradition der stadtrömischen Profanmalerei, die wir als Gewölbe- und Wandmalerei in kaiserlichen Palästen, Thermen, Basiliken und anderen öffentlichen Gebäuden ebenso finden wie in privaten Wohnhäusern (Rom, Ostia). Sie kamen ähnlich in allen Teilen des Imperiums vor, wie die in den letzten Jahren in Ephesus ausgegrabenen Hausdekorationen zeigten.

Seite 99

Bedeutsam sind die Malereien in der «Aula

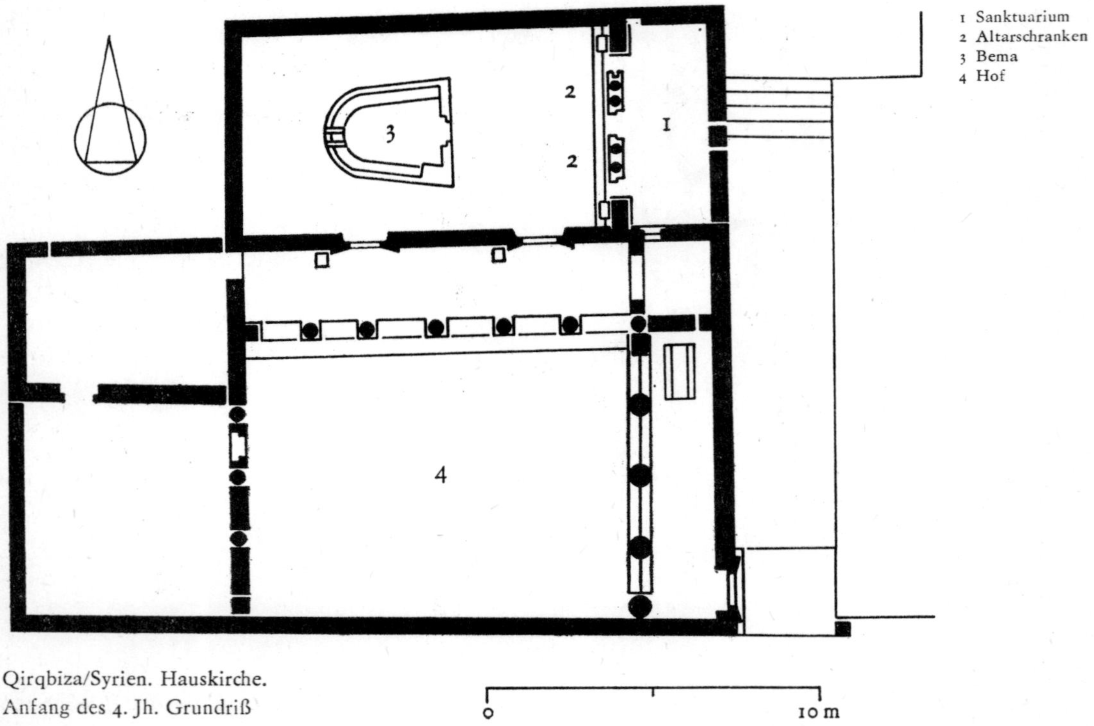

Qirqbiza/Syrien. Hauskirche.
Anfang des 4. Jh. Grundriß

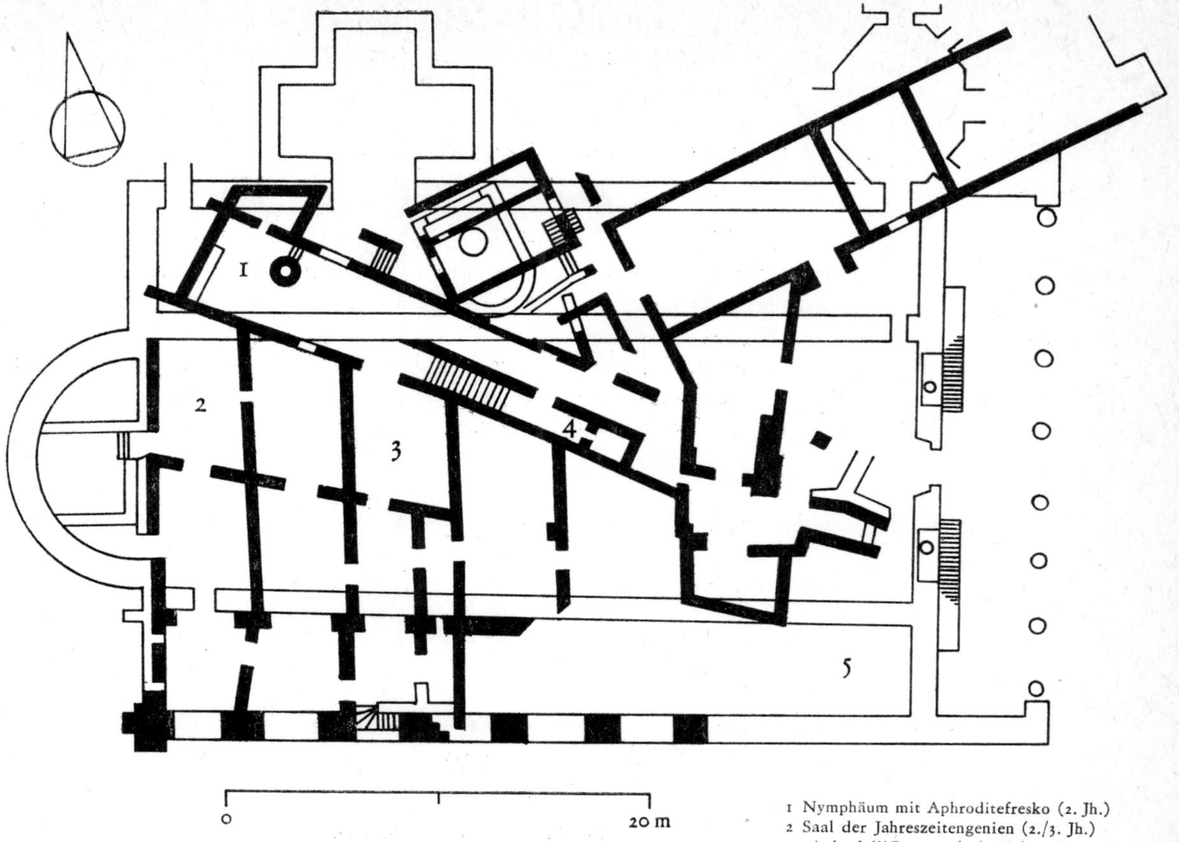

1 Nymphäum mit Aphroditefresko (2. Jh.)
2 Saal der Jahreszeitengenien (2./3. Jh.)
3 «Aula dell'Orante» (3./4. Jh.)
4 Oratorium der Heiligen Johannes und Paulus (Ende des 4. Jh.)
5 Basilika SS. Giovanni e Paolo

Rom. Wohnhäuser unter der Kirche SS. Giovanni e Paolo («Casa Celimontana»)

[31] dell'Orante». Die untere Wandzone weist imitierte Steininkrustationen auf, die wohl einer Reparatur konstantinischer Zeit angehören. Die Deckenwölbung wird von einem Kreis aus breiten roten und braunen, grün und weiß konturierten Linien beherrscht. Die einzelnen Abschnitte und Zwickel sind mit Schafen oder Ziegenböcken neben Pflanzenkandelabern, Jahreszeitenmotiven sowie mit Zweigen, Blüten, Reben und Meerwesen ausgefüllt. An einem Wandvorsprung befindet sich die Darstellung einer Orans, die dem Raum den Namen gab. Figurenstil und Haartracht rücken die Orans zeitlich in die Nähe der Gestalten im Cubiculum
[18] der «Cinque Santi» und datieren die gesamte Dekoration in das Ende des 3. Jahrhunderts. Ob die «Aula dell'Orante» bereits als christlicher Raum gedeutet werden darf, ist fraglich. Der vorwiegend neutral-allegorische Charakter der Malereien und die Einfügung der Orans sprechen jedoch nicht dagegen, in diesem Beispiel profaner Zimmerdekoration das christliche Gegenstück zu den gleichzeitigen Katakombenbildern zu erkennen; in formaler und stilistischer Hinsicht sind sie es unbedingt.

Wohl im dritten Viertel des 4. Jahrhunderts wurde oberhalb einer Treppe zwischen beiden Häusern eine kleine Kultnische eingerichtet, deren Fresken unter anderem in der Mitte einen männlichen Oranten und auf der rechten oberen Seitenwand die Enthauptung dreier Heiliger zeigen. Mit diesem Oratorium ist wenige Jahrzehnte vor der Erbauung der dreischiffigen Basilika die christliche Nutzung des Häuserkomplexes und damit wohl auch die Tradition, die sich an den *titulus Byzantis* knüpfte, gesichert.

Die Doppelkirche von Aquileia

Für den Einfluß, den die Bischöfe jetzt überall auf die kirchliche Bautätigkeit ausübten, besitzen wir zwei wichtige Zeugnisse aus dem Westen und Osten des Imperiums. An erster Stelle stehen die Doppelkirche von Aquileia, die noch nicht dem basilikalen Schema folgt, und die Basilika von Tyrus.

In Aquileia scheint es schon im 3. Jahrhundert christliche Kultzentren gegeben zu haben, doch sind nicht alle ausgegrabenen Häuser mit Apsidensälen darum als «Privatoratorien» oder Hauskirchen zu deuten. Die Doppelkirche, die einem im Westen (Trier) häufigen Kirchentypus folgt, entstand unter Seite 101 Bischof Theodorus, wovon mehrere Mosaikinschriften zeugen. Die Inschrift im Bodenmosaik des Südsaals lautet: «Seliger Theodorus, mit Hilfe des allmächtigen Gottes und der dir vom Himmel übergebenen Herde hast du dies alles geschaffen und ruhmvoll geweiht.» Theodorus nahm 314 am Konzil von Arles teil und starb 319. Kurz danach wird man die Inschrift eingefügt haben.

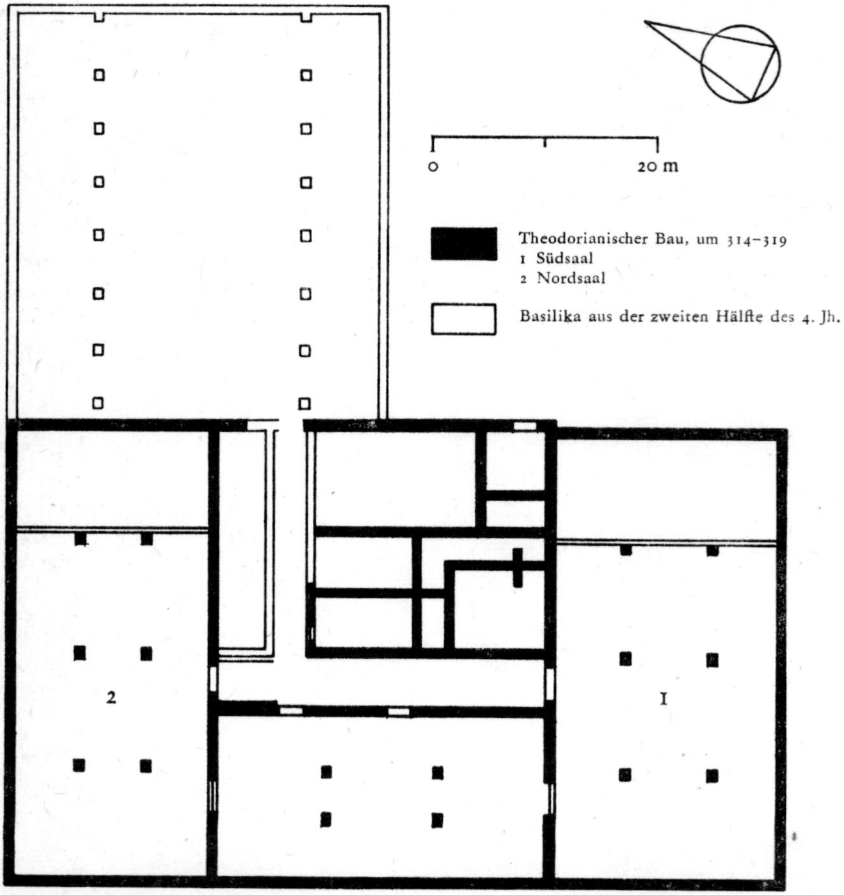

Aquileia. «Doppelkathedrale» des Bischofs Theodorus. Um 319. Grundriß

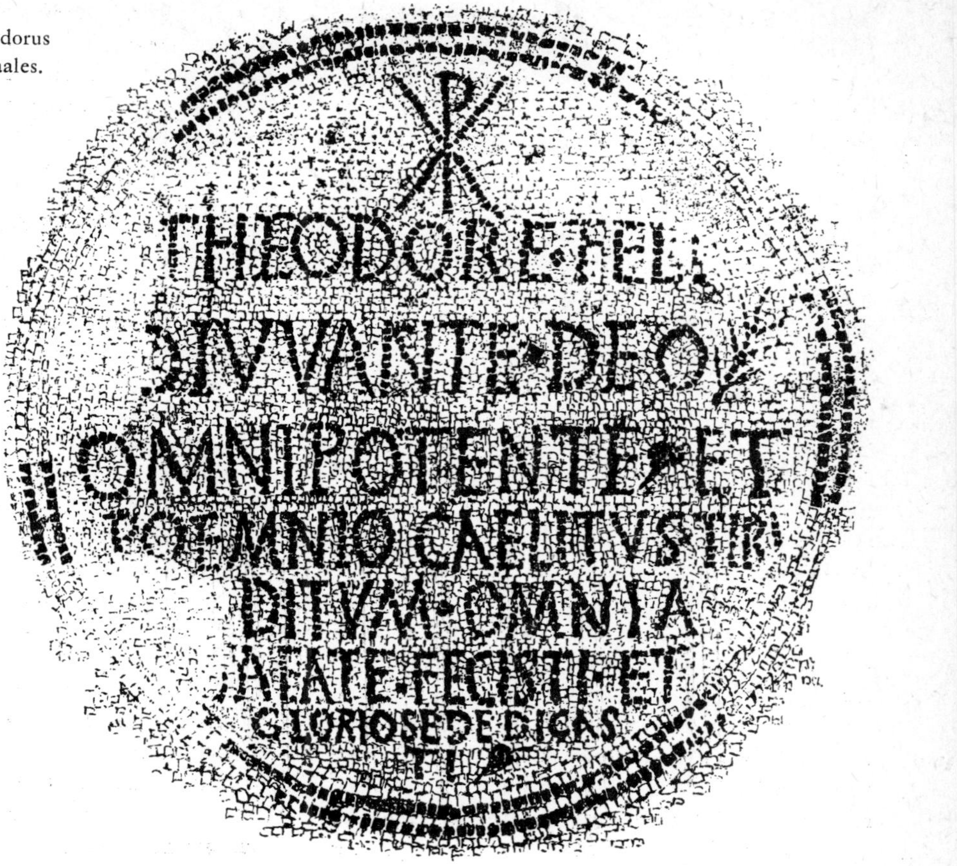

Aquileia.
Inschrift des Bischofs Theodorus
im Bodenmosaik des Südsaales.
Um 319

Unter dem Komplex der Doppelkirche wurden Reste eines römischen Wohnhauses gefunden, dessen Mauerzüge der theodorianische Bau teilweise wiederverwendete. Es ist denkbar, daß zuvor schon bestimmte Räume dieses älteren Gebäudes als Hauskirche gedient hatten. Die Anlage des Theodorus bestand aus zwei parallelen Sälen (jeweils etwa 37 × 20 Meter), die durch eine Querhalle (etwa 30 × 15 Meter) und mehrere kleine Nebenräume, darunter vielleicht ein Taufraum, verbunden waren. Nord- und Südsaal wurden innen durch zwei Reihen von je drei Stützen in drei unterschiedlich breite Schiffe geteilt. Pfeilerstärken und Jochweiten erlauben nur die Rekonstruktion mit einer Balkendecke. Im Osten jeder Halle war ein Raumteil abgesondert, der im Südsaal mit einer Quertonne überwölbt war und vermutlich als Presbyterium diente. Der Nordsaal wurde anscheinend für den Katechumenenunterricht, für die Unterweisung der noch Ungetauften, benutzt, doch ist die genaue Funktionsverteilung beider Hallen noch unklar.

Der Komplex wurde seit der zweiten Hälfte des 4. Jahrhunderts mehrfach mit dreischiffigen Basiliken überbaut, die auf höherem Niveau lagen, weshalb die Bodenmosaiken größtenteils vor Zerstörungen bewahrt blieben. Sie wurden 1906–1914
wieder ausgegraben. Das Mosaik des Südsaals, das [34]
älteste erhaltene christliche Mosaik überhaupt, befindet sich heute innerhalb der vom Patriarchen Poppo (1021–1031) errichteten romanischen Ka-

thedrale. Es ist in zehn Kompartimente unterteilt, die sich in ihrer Lage nach dem ursprünglichen Zu- [35] gang im Norden des Raums richteten. Im Presbyterium werden neben der Theodorusinschrift noch Seite 101 die Standspuren des Altartischs sichtbar. Das Mosaikfeld zeigt in ganzer Breite eine Meereslandschaft mit Inseln, Uferstreifen, Fischen und allerlei Meeresgetier, ferner angelnde, netzfischende und kahnfahrende Eroten. Dazwischen sind Meerwurf, Ausspeiung und Ruhe des Jonas eingefügt. Die lebendige Wiedergabe der adriatischen Meeresfauna reiht dieses Bodenmosaik unter die besten künstlerischen Leistungen der spätantiken Mosaikmalerei ein. Heidnische und christliche Bilderwelt begegnen einander in einzigartiger Harmonie. Die maritime Szenerie, allegorischer Ausdruck der Glückseligkeit, und der Jonaszyklus haben hier, anders als im Grabbereich, eine diesseitige, auf das lebendige Wirken der Kirche hinweisende Bedeutung.

In diesen allgemeineren Sinnzusammenhang, der seine Stimmung aus dem Friedenserlebnis der konstantinischen Zeit empfing, fügen sich die figürlichen Darstellungen in den übrigen, vorwiegend ornamentalen Kompartimenten ein. Ihre künstlerische Mannigfaltigkeit dürfte sie als private Stiftungen erweisen. Bedeutsam ist vor allem das Mittelfeld vor dem Presbyterium. Die zentrale Figur der Seite 103 Viktoria wurde früher gern als «Triumph der Eucharistie» gedeutet, läßt sich aber im Zusammenhang mit den sie umgebenden Monatsbildern und den figürlichen Motiven in den umliegenden Bild- [34] feldern (Schafträger, Jahreszeitenbüsten, Tiere) – in Anlehnung an die Themen der offiziellen kaiserlichen Propaganda – als Sinnbild der *temporum felicitas,* des «glückseligen Zeitalters», interpretieren (W. N. Schumacher). Deutlich wird, in welchem Maße in den ersten öffentlichen Kirchenbauten der konstantinischen Friedenszeit zunächst noch die konventionellen Ausdrucksformen vorherrschend blieben.

Die Basilika von Tyrus

In der Kirchweihrede, die Eusebius 317 gehalten und seiner «Kirchengeschichte» (X 4) eingefügt hatte, erfahren wir, daß die neue Basilika von Tyrus an der Stelle der zerstörten Kirche errichtet worden war, ungeachtet aller Mühen der Schuttbeseitigung. Der Platz erhielt nach Art des Temenos griechischer Heiligtümer eine starke Umfassungsmauer, eine der vielen lokalen Eigenarten, die man überall in der kirchlichen Architektur seit konstantinischer Zeit beobachten kann. Durch ein Tor im Osten trat man in den Vorhof (Atrium) ein, was auf Westung der Kirche schließen läßt. Der Hof war von Säulenhallen umgeben. Dort strömten Brunnen, die den Eintretenden zur Reinigung (Fußwaschung) dienten. In die Kirche, für die Eusebius den Begriff «Tempel» gebraucht, führten drei mit reliefgeschmückten Bronzetüren verschließbare Portale, deren mittleres höher und breiter war. Der Innenraum wurde durch Säulen in ein Mittelschiff mit überhöhten Fenstergaden und in zwei Seitenschiffe unterteilt. Kostbare Materialien sind für das Innere und die Fußböden verwendet worden. Zedern vom Libanon bildeten den Dachstuhl und die Decke. Im Westen des Mittelschiffs ist eine halbrunde Apsis vorauszusetzen, wo der Klerus saß. Für die Bischöfe waren dort Throne, für die Presbyter und Diakone Bänke aufgestellt. Davor befand sich, ein Stück in das Mittelschiff hineinragend, das Allerheiligste (Sanktuarium) mit dem Altar. Dieser Bezirk war zu den versammelten Gläubigen hin durch hölzerne Gitter abgeschlossen. In den Seitenschiffen und in Räumen, die außen an die Schiffe anschlossen, hatten die Katechumenen, die Ungetauften, die nur am Wortgottesdienst teilnehmen durften, ihren Platz. Die Getauften konnten hingegen vom Mittelschiff aus der Eucharistiefeier beiwohnen.

Eusebius läßt es aber nicht bei der Bau- und Funktionsbeschreibung bewenden, sondern gibt darüber hinaus eine allegorische Deutung des «königlichen Hauses». Seine einzelnen Teile sind Sinnbilder des Glaubens: die Umfassungsmauern die des einfachen und unfehlbaren, jedoch schwachen Glaubens der Volksmenge, die Türen entsprechen schon jenen, die gleich Türhütern zum Glauben einlassen, die vier Eckpfeiler der Atriumshallen weisen auf jene hin, die durch die vier Evangelien erste Stütze empfangen haben. Den Katechumenen, die

Aquileia. «Doppelkathedrale» des Bischofs Theodorus.
Ausschnitt aus dem Bodenmosaik des Südsaales. Viktoria. Um 319

von der Schau des innersten Geheimnisses noch weit entfernt sind, entspricht der Platz in den Seitenschiffen. Aus den Getauften nimmt Gott sodann die reinen Seelen, die zwischen den Säulen des lichtdurchfluteten Mittelschiffs stehen dürfen, und stützt sie «mit den innersten geheimnisvollen Lehren der Schrift und erleuchtet die anderen aus den für das Licht bestimmten Öffnungen». Der Triumphbogen, der an der Westwand die Apsislaibung rahmt, ist Sinnbild des einen allmächtigen Gottes. Throne und Bänke sind Abbilder derer, auf denen sich die Gaben des göttlichen Geistes niedergelassen haben, und der Altar schließlich ist der Ort, wo Christus selbst als Hoherpriester des Alls amtiert: «Das ist der große Tempel, welchen der große Schöpfer des Weltalls, der Logos, über den ganzen Erdkreis unter der Sonne errichtet und worin er hienieden zugleich ein geistiges Abbild dessen geschaffen hat, was jenseits des Himmelsgewölbes ist... Kein Sterblicher vermag nach Gebühr zu preisen das Land über den Himmeln, die dort ruhenden Urbilder der irdischen Dinge, das obere Jerusalem.»

Für das Verständnis des Kirchenbaus seit Konstantin besitzen die allegorischen Ausführungen des Eusebius Schlüsselbedeutung. Sie erweisen, daß die irdische Gemeinschaft der Gläubigen, daß die Kirche sich bereits als geistiges Abbild der himmlischen Herrlichkeit Gottes begriff und das Kirchengebäude als irdische Wiederholung des Himmlischen Jerusalem gedeutet wurde. Die Allegorese des Eusebius ist jedoch vom ausgebildeten Typus einer Basilika abgeleitet, nicht umgekehrt: Tatsächlich gab es zu keiner Zeit eine Theologie des Kirchengebäudes, die als theoretisches Konzept die Wahl der Bauformen, Basilika oder Zentralbau, bestimmt hätte.

Die Basilika als kirchlicher Bautypus

Die Basilika ist keine christliche Erfindung. Auch zeigt die Entwicklung des Kirchenbaus seit dem 4. Jahrhundert, daß es den Einheitstypus der christlichen Basilika niemals gab, sondern eine Fülle drei- und fünfschiffiger Varianten des basilikalen Grundmusters bis hin zur Verschmelzung von Längsbau und Zentralbau existierte. Die Bezeichnung konstantinischer Kirchenstiftungen als «Basilika» taucht in den Schriftquellen (Eusebius) nur vereinzelt auf und hat eher amtlichen Charakter. «Basilika» meint nicht einen feststehenden Bautypus, sondern eine öffentliche Einrichtung mit bestimmten Aufgaben. Maßgebend für die Gestalt der «königlichen Halle» (basilike stoa) waren funktionale Elemente, besonders im Innenraum. So findet man alle wesentlichen Merkmale christlicher Basiliken bereits an römischen Profanbasiliken ausgebildet, ohne jedoch eine einzige als Vorbild oder typologische Stammform erweisen zu können.

Das Gemeinsame zwischen römischen Profanbasiliken und christlichen Basiliken war die Zweckbestimmung als Versammlungsgebäude. Die Entstehungsbedingungen für die christliche Basilika ergaben sich aus dem Massenzulauf, den die Kirche seit Einstellung der Christenverfolgungen 313 erlebte, aus der Vorbildlichkeit bestimmter imperialer Bauformen, die sich mit der kaiserlichen Stiftertätigkeit notwendigerweise einstellte, aus der hierarchisch geregelten Selbstdarstellung des Klerus und aus der Liturgie, die Klerus und Kirchenvolk unter das geistliche Ordnungsprinzip einer höheren, jenseitigen und urbildhaften Wirklichkeit stellte.

Als Beispiele für die Formenvielfalt römischer Profanbasiliken kaiserlichen Stils mögen die Basilica Ulpia auf dem Trajansforum (107–112) und die Seite 105 Basilica Nova des Maxentius (306–312) auf dem Forum Romanum stehen, die zugleich den entscheidenden Umbruch beleuchten können, Seite 106 der zum längsgerichteten christlichen Typus der Basilika führte. Die Basilica Ulpia schloß das eigentliche Forum nach Westen ab. Ihre Querausrichtung war für römische Profanbasiliken typisch. Vom Forum aus wurde die Basilika an ihrer Längsseite durch ein dreiteiliges Prunkportal betreten. Das Innere etwa 130 × 25 Meter) war durch zwei an allen vier Seiten umlaufende Reihen von Porphyrsäulen in fünf Schiffe, zwei schmale, doppelgeschossige Seitenschiffe und eine breite, überhöhte Mittelhalle, unterteilt. Beiden Stirnseiten waren Apsiden vorgelagert. Funktional gesehen war die Basilica Ulpia eine Durchgangshalle. Denn der Weg führte durch sie hindurch zu dem von zwei Bibliotheksflügeln flankierten Hof, wo die Trajanssäule stand, in deren Sockel die Urne mit der Asche des vergöttlichten Kaisers aufbewahrt wurde, und von hier aus zum Tempel des Divus Traianus. Diese axiale Ausrichtung der Forumsanlage, die als architektonisch-räumliche Steigerung erlebt werden sollte, war im Innern der Basilika durch die hier stärker wirksame Längsrichtung des Raums zeitweilig aufgehoben. Das Innere folgte also Eigengesetzlichkeiten der Profanbasilika, die als Versammlungs-, Gerichts-, Repräsentations- oder Markthalle zu dienen hatte. Dennoch sind bereits wesentliche Züge der christlichen Basiliken vorweggenommen, wie die für kaiserliche Stiftungen typische Fünfschiffigkeit, über- Seite 107, 134

Rom. Trajansforum. Um 107–112. Grundriß

1 Forum Traiani
2 Basilica Ulpia
3 Trajanssäule
4 Bibliotheksflügel
5 Tempel des vergöttlichten Trajan

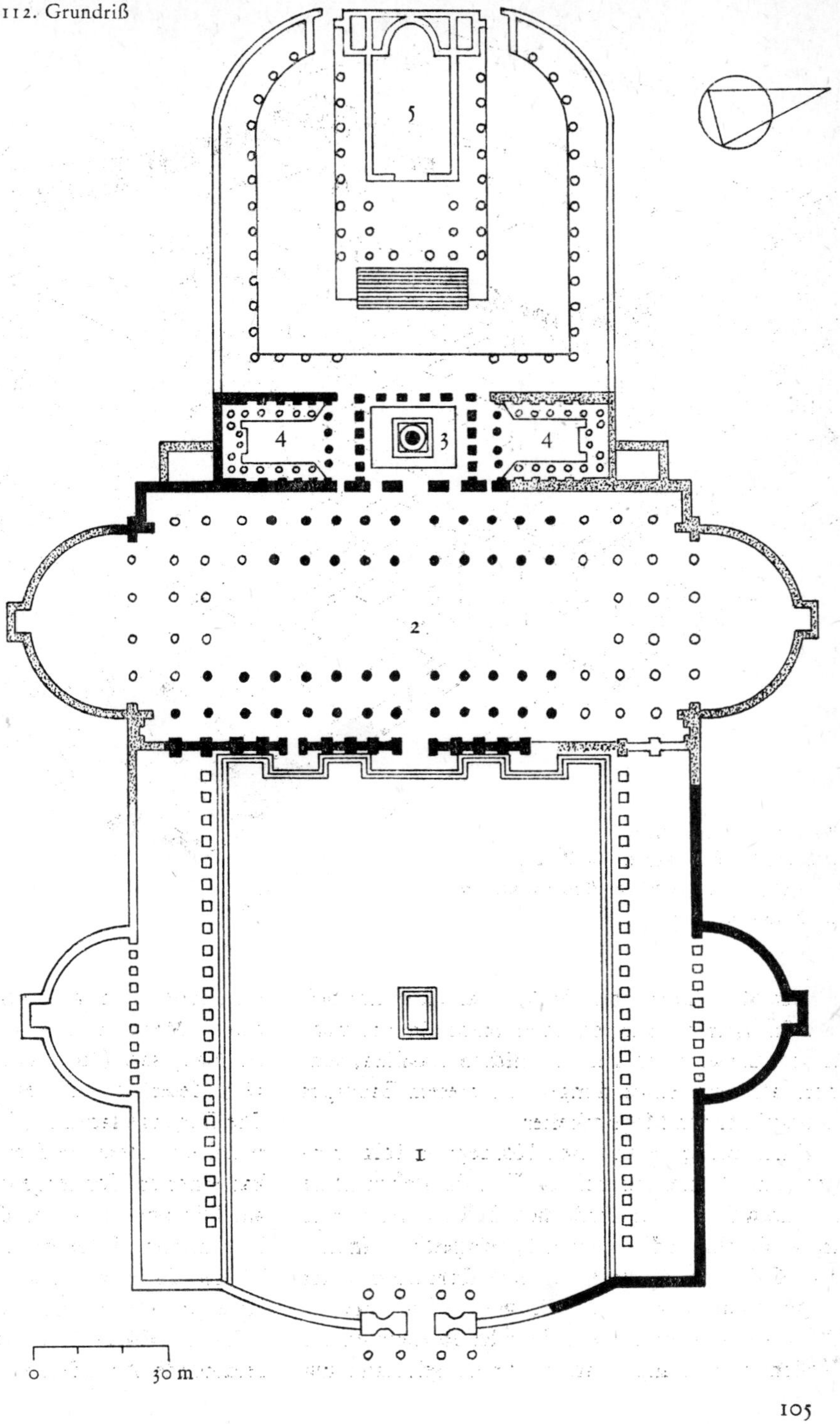

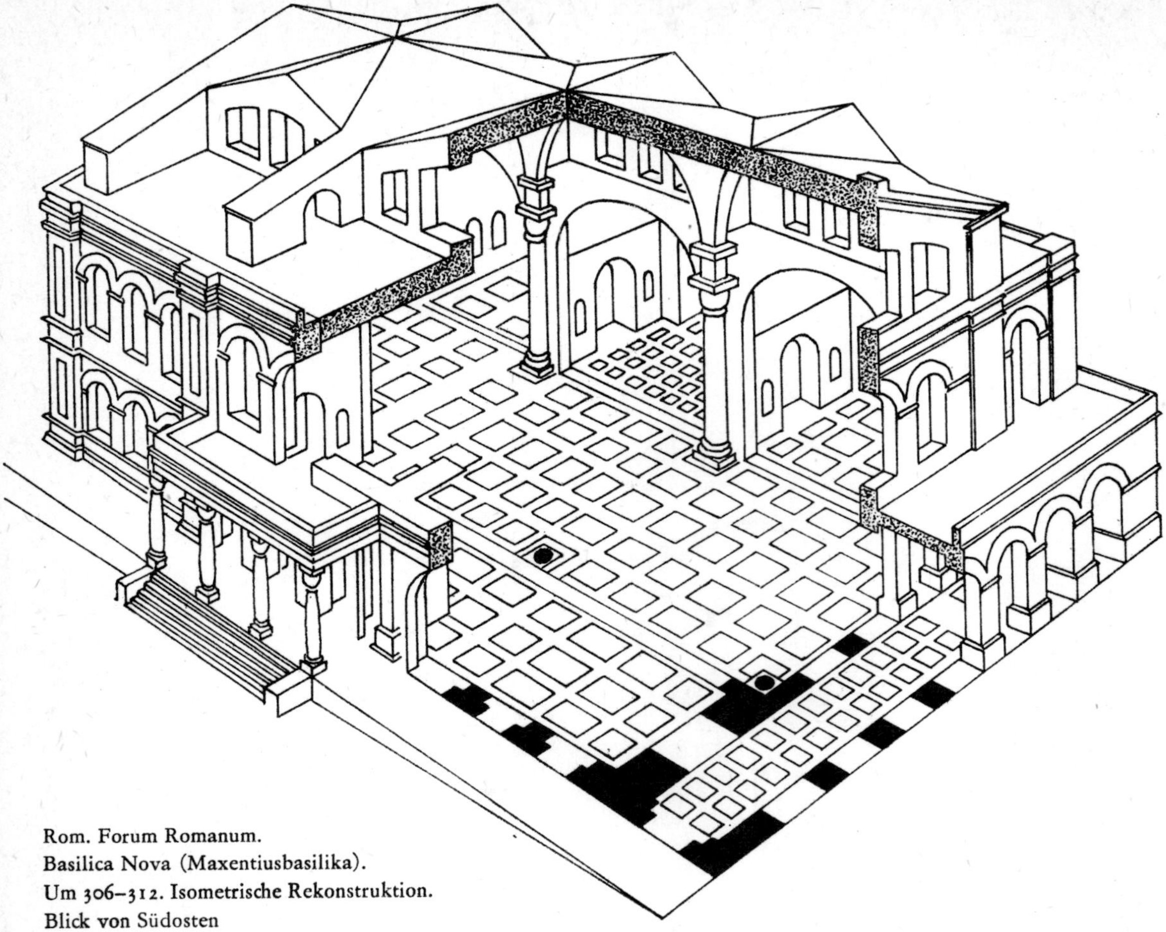

Rom. Forum Romanum.
Basilica Nova (Maxentiusbasilika).
Um 306–312. Isometrische Rekonstruktion.
Blick von Südosten

höhtes Mittelschiff und die Apsis an einer der beiden Stirnseiten: nicht jedoch im Sinne einer allmählichen Entwicklung zur christlichen Basilika, sondern als freie Anwendungen der diesem Bautypus innewohnenden Möglichkeiten.

Einer völlig veränderten Konzeption folgt hin-
[37] gegen die Maxentiusbasilika. Von ihr stehen heute nur noch Reste des nördlichen Teils. Alles übrige ist wohl beim Erdbeben von 847 eingestürzt. In diesem Gebäude ist die integrierte Raumform eines Tepidariums (Thermensaal), wie sie besonders in den Caracalla- und in den Diokletiansthermen zur Vollendung gelangt war, zu einem selbständigen Baukörper von gewaltigen Ausmaßen (etwa 108 mal 78 Meter) isoliert worden. Dem kreuzgewölbten Hauptsaal (80 × 25 Meter, ursprüngliche Höhe 38,3 Meter) ist im Westen eine Apsis vorgelagert. Die Zugänge lagen im Osten. Beiderseits der Mittelhalle schlossen je drei niedrigere Nebensäle mit kassettierten Tonnengewölben (Höhe 24,5 Meter) an. Die untereinander durch Bögen verbundenen Nebenhallen bildeten drei deutliche Querachsen, können daher nicht, wie es gelegentlich geschieht, als Seitenschiffe bezeichnet werden.

Die Basilika erfuhr unter Konstantin um 313 bezeichnende Abänderungen in Plan und Funktion.

An die mittlere nördliche Nebenhalle wurde eine Apsis angefügt und in der üblichen Weise als Tribunal ausgestaltet. Der Zugang in Gestalt eines prächtigen Portikus wurde an die Südseite verlegt, wo die Via Sacra vorbeiführte. Damit war die eindeutige Ost-West-Ausrichtung des mittleren Saales abgeschwächt, die Nebenhallen erhielten, bedingt durch die neue Nordapsis, den Charakter von drei parallelen Schiffen. Diese neue Richtungsfunktion wurde freilich durch die Dominanz der Haupthalle, durch die Westapsis, wo eine kolossale Sitzfigur
[49] Konstantins aufgestellt war, und durch die Gleichwertigkeit der drei parallelen Nebensäle wieder eingeschränkt. Die Ansätze zum Längsbau sind durch die eher zwitterhafte Raumlösung der konstantinischen Umgestaltung negiert worden. Dennoch war es von der konstantinischen Umwandlung der Basilica Nova nur ein kleiner, aber entscheidender Schritt zum eindeutigen Längsbau der christlichen Basilika, wie er erstmals in der Laterankirche verwirklicht wurde, freilich unter Preisgabe der technischen und künstlerischen Errungenschaften der römischen Wölbungsarchitektur.

Konstantinischer Kirchenbau in Rom

Die Lateranbasilika

Nach der Schlacht an der Milvischen Brücke löste Konstantin die Gardereitertruppe der *equites singulari,* die unter Maxentius gegen ihn gekämpft hatte, auf und ließ ihre Kaserne am Mons Esquilinus niederreißen. Das benachbarte, ehemals der Familie der Laterani gehörende kaiserliche Palastge-

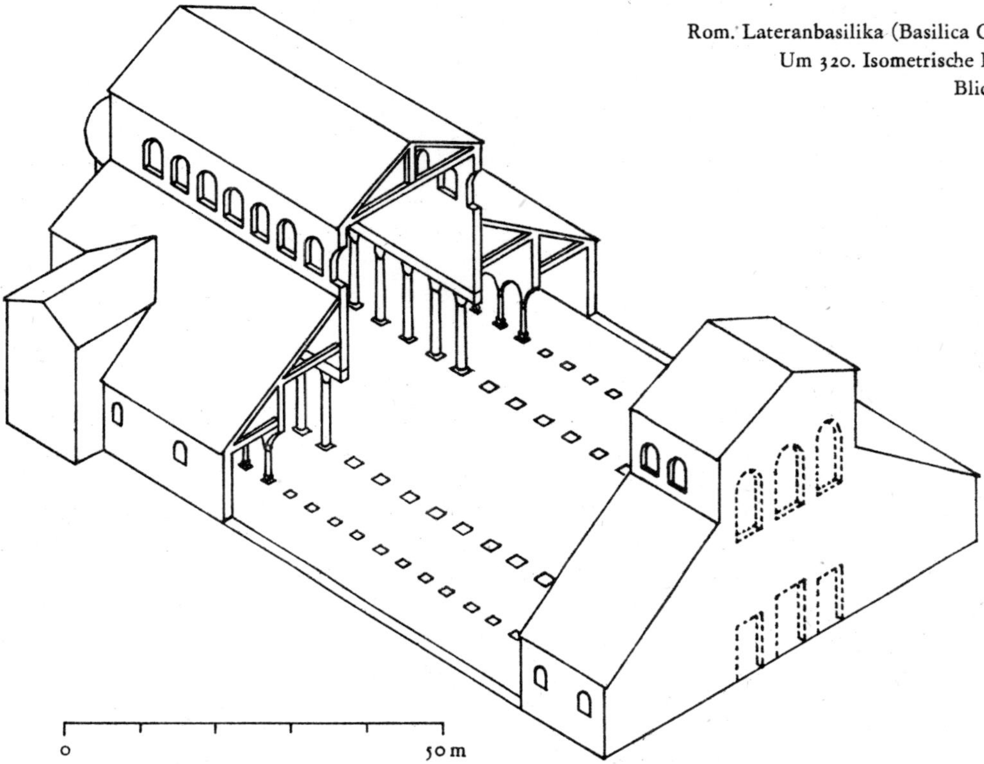

Rom. Lateranbasilika (Basilica Constantiniana). Um 320. Isometrische Rekonstruktion. Blick von Südosten

bäude schenkte er Papst Miltiades zum Wohnsitz. Zwischen 313 und 317 wurde unter Mitbenutzung von Mauerzügen des geschleiften Castrums, dessen Reste teilweise wieder ausgegraben wurden (Räume mit Wandmalereien und Mosaikböden des 2. bis 3. Jahrhunderts), die Kirche des Salvator Christus, die Basilica Constantiniana, errichtet. Das Martyrologium Romanum verzeichnet zum 9. November: «Zu Rom im Lateran die Weihe der Basilika des heiligsten Erlösers. Sie ist aller Kirchen der Stadt Rom und des Erdkreises Mutter und Haupt.»

Die Lateranbasilika, erst seit dem 7. Jahrhundert Seite 107 San Giovanni in Laterano genannt, wurde durch F. Borromini (1645–1649) erheblich verändert. Reste des konstantinischen Baus unter der barocken Verkleidung des Innern und hinter der Fassade wurden unlängst durch archäologische Untersuchungen gesichert. Alte Ansichten und Pläne verhalfen zur Rekonstruktion der im Mittelalter oft beschädigten und wiederhergestellten Papstkirche. Der konstantinische Bau war eine fünfschiffige Basilika, vermutlich mit einer Vorhalle (Atrium). In den Grundriß- und Aufrißformen dürften bereits jene Bauprinzipien verwirklicht gewesen sein, die Eusebius ausdrücklich als Anweisungen Konstantins überliefert (Leben Konstantins II 45). Danach sollten die Kirchen ein überhöhtes Mittelschiff erhalten und in der Breite und Länge erheblich erweitert werden. Die kaiserliche Munifizenz beschränkte sich also nicht nur auf Grundstücksschenkungen, Geldzuweisungen und die Stiftung kostbarer Ausstattungen, sondern schloß die Übertragung imperialer Architekturformen auf den Kirchenbau ein, der hierdurch seinen offiziösen und normativen Charakter erhielt.

Vom imposanten Innern der Lateranbasilika (Länge ohne Apsis etwa 80 Meter, Breite etwa 55 Meter) gibt das oft herangezogene Fresko von [36] F. Gagliardi in San Martino ai Monti (um 1650) eine nur unzureichende, in wichtigen Details fehlerhafte Vorstellung. So trugen die fünfzehn roten Granitsäulen (zwei davon stützen jetzt den Triumphbogen) statt der Arkaden einen durchgehenden Architrav, über dem sich die Mauern des Mittelschiffsgadens erhoben. Diese waren von Rundbogenfenstern durchbrochen, die an Zahl und Folge mit den *Interkolumnien* des Hauptschiffs korrespondierten. Die Seitenschiffe, die voneinander durch eine Arkadenreihe aus 21 grünen Marmorsäulen auf Postamenten getrennt waren, hatten ein wohl durchgehendes Pultdach. Die niedrige Fensterreihe auf Gagliardis Fresko, die ein getrepptes Dach andeutet, gehört nicht dem konstantinischen Ursprungsbau an. Die aus Ziegelmauerwerk mit Gußmörtelzwischenfüllung *(opus listatum)* errichteten Mauern waren außen schmucklos, innen aber größtenteils mit kostbaren farbigen Steininkrustationen *(opus sectile)* prunkvoll verkleidet. Die mit Goldfolie überzogene und wohl noch bildlose Apsis schloß im Westen an. Seitlich waren kurze Anbauten ausgeschieden, die nicht ganz die Dachhöhe der Seite 107 Seitenschiffe erreichten, in denen jedoch Ansätze eines Querhauses zu erkennen sind. Zusammen mit der Apsis bildeten sie einen Teil des Sanktuariums. Nach dem Liber Pontificalis soll Konstantin die Basilika mit kostbaren Stiftungen ausgestattet haben: sieben Silbertische, fünf silbervergoldete Standleuchter im Sanktuarium, 169 Silberkandelaber mit Öllampen in den Schiffen, ein silbergetriebenes *fastigium* (Altarbaldachin) mit lebensgroßen Figuren Christi und der zwölf Apostel an der Vorderseite und Darstellungen Christi und der vier Erzengel an der Rückseite des Giebels.

Liturgie und Kirchenbau

Die Lateranbasilika war die Kirche des römischen Bischofs. Ausmaße, Raumform und Ausstattung müssen den besonderen liturgischen Erfordernissen einer Bischofskirche (Kathedrale) entsprochen haben. Liturgie, kirchliches Zeremoniell und die Repräsentation des Klerus sind daher nicht ohne Einfluß auf die Raumdisposition geblieben. Die lebendige Wechselwirkung von Kult und Raum gilt es in der gesamten Geschichte des Kirchenbaus stets zu berücksichtigen. Der Gottesdienst, wie er im 4. Jahrhundert im lateinischen Westen, vor allem in Rom, Italien und Nordafrika, gefeiert wurde, bestand aus drei im wesentlichen feststehenden Teilen: 1. Aus dem Lese- oder Wortgottesdienst mit Einzug des Klerus, Lesungen aus dem Alten Te-

[30]
Split/Spalato, Diokletianspalast. Blick in den Peristylhof. Um 300.

[31]
Rom, Haus unter SS. Giovanni e Paolo. Wandmalereien in der Aula dell'Orante. 4. Jh.
[32]
Rom, Katakombe an der Via Latina. Cubiculum O.
Auferweckung des Lazarus (?) und Berufung des Moses. Zweites Drittel des 4. Jh.

[33]
Rom, Domitillakatakombe.
Cubiculum der Veneranda.
Arkosollünette mit Veneranda
und hl. Petronella. Nach 356.

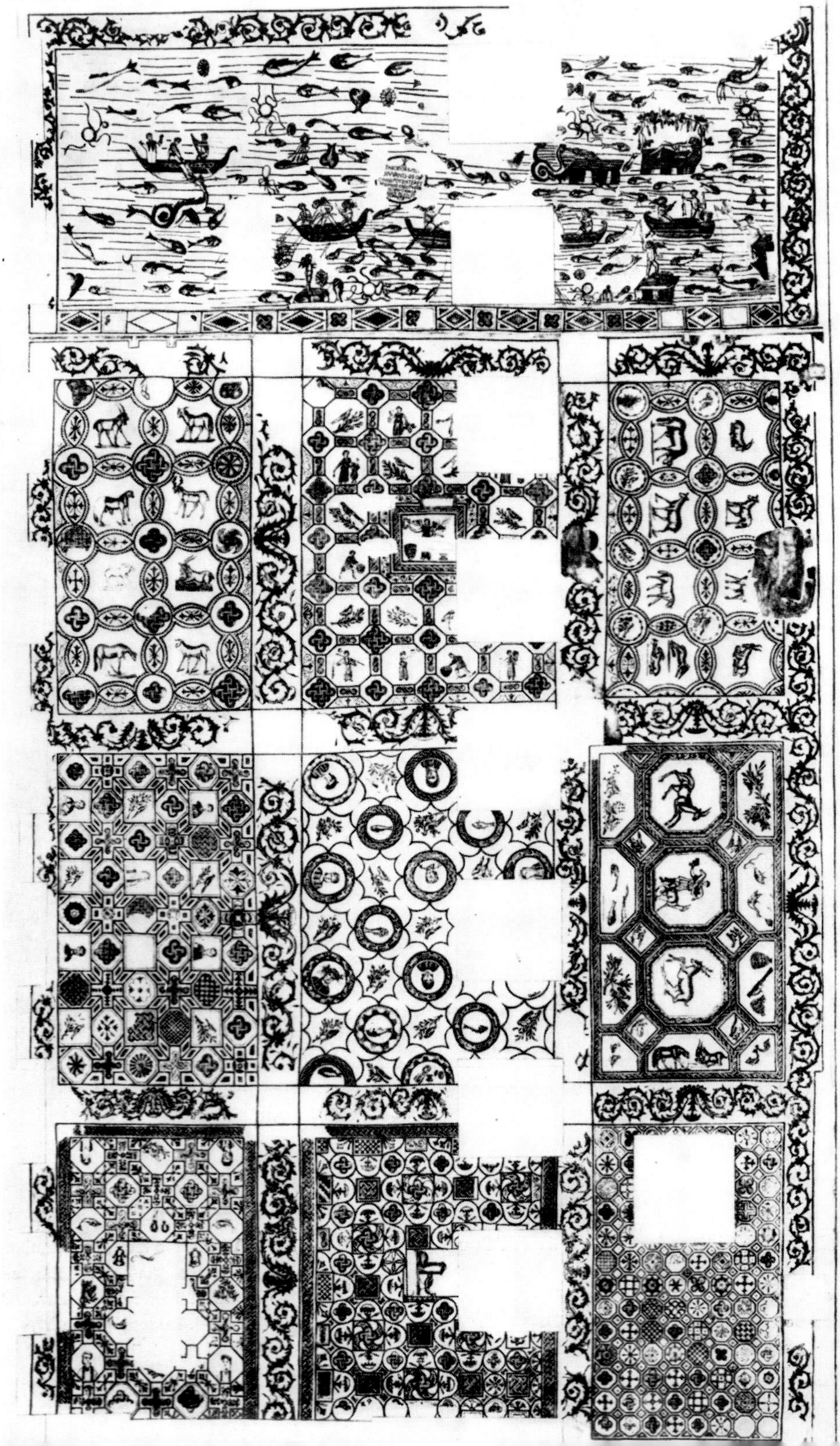

[34, 35]
Aquileia, Doppelkathedrale des Bischofs Theodorus. Bodenmosaik des Südsaales. Ausschnitt des Bodenmosaiks mit Meerlandschaft, fischenden Eroten und Meerwurf des Jonas. Um 319.

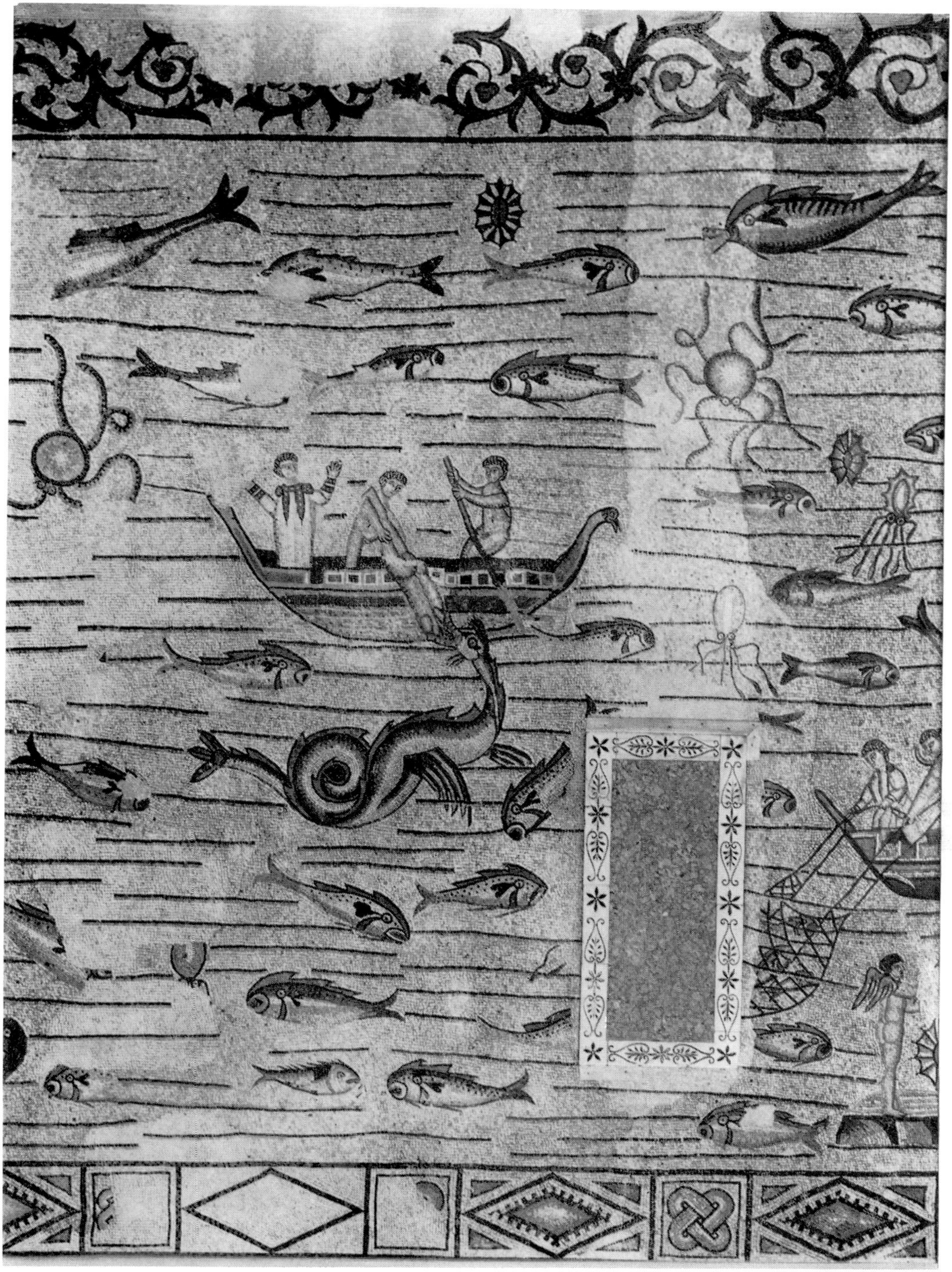

[36]
Inneres der Lateranbasilika vor dem Umbau durch Borromini. Fresko von F. Gagliardi in S. Martino ai Monti. Um 1650.

[37]
Rom, Forum Romanum. Basilica Nova (Maxentiusbasilika). Ansicht des Inneren von Süden. Um 306–312.

[38] (folgende Seite oben)
Rom, Ruine der Umgangsbasilika der hl. Agnes und Mausoleum der Constantina (S. Costanza) von Nordwesten. Erste Hälfte des 4. Jh.

[39, 40] (folgende Seite unten und übernächste Seite)
Mailand, S. Lorenzo mit S. Aquilino von Südosten. Blick in den Zentralraum von S. Lorenzo. Letztes Drittel des 4. Jh.

[41, 42]
Rom, Mausoleum der Constantina (S. Costanza).
Zwei Felder
von den Gewölbemosaiken des Umgangs. Um 354.

[43]
Rom, Kirche der hl. Pudentiana (S. Pudenziana).
Apsismosaik mit lehrendem Christus
und himmlischer Apostelversammlung. Um 384–399.

[44]
Rom, Domitillakatakombe. Arkosollünette mit lehrendem Christus und Apostelkollegium. Zweites Viertel des 4. Jh.
[45]
Mailand, S. Lorenzo. Narthex von S. Aquilino.
Apsismosaik mit lehrendem Christus und Apostelversammlung. Um 380.

[46]
Thessaloniki,
Triumphbogen
des Galerius
von Südosten.
Um 298–304.

[47]
Rom, Forum Romanum. Decennalienbasis des Constantius Chlorus vom Fünfsäulendenkmal der Tetrarchen. Um 303.

[48]
Porphyrgruppen von San Marco.
Die Tetrarchen Diokletian
und Galerius. Um 296–305.

[49]
Konstantin der Große.
Porträt
von der Kolossalstatue
aus der Basilica Nova.
Um 312–315.

stament und den Apostelbriefen, Psalmengesang, Evangelienlesung, Predigt und Entlassung der Katechumenen. Der feierlichen Prozession des Klerus dürfte vornehmlich das Mittelschiff der Lateranbasilika gedient haben. Hier und in den Seitenschiffen standen die Gläubigen, nach dem Auszug der Katechumenen nur noch die Getauften. Für die Lesungen hat man sich vorerst Vorrichtungen zu denken, die den Rednerbühnen der Profanbasiliken entsprachen. Bischof und Presbyter saßen im Halbrund der Apsis im Angesicht der Gemeinde, ganz so, wie es Eusebius in der Kirchweihrede von Tyrus schildert. – 2. Aus der eigentlichen Eucharistiefeier, der die Gabendarbringung der Gemeinde vorausging. In den querschiffartigen Anbauten der Lateranbasilika standen wohl die sieben konstantinischen Silbertische, die zur Niederlegung der Opfergaben bestimmt waren. Die Darbringung setzte eine geregelte Prozession zu den Opferaltären, wohl gemäß den sieben römischen Diakoniebezirken, voraus, die wahrscheinlich durch die Seitenschiffe erfolgte. Das eucharistische Opfer verrichtete der Zelebrant am Altar, der unter dem Fastigium vor der Apsis am Ende des Mittelschiffs stand. Die ausgewählten Opfergaben, Brot und Wein, wurden von den Diakonen zum Hauptaltar getragen, wo der Bischof das Eucharistiegebet sprach, dessen Kernstücke der Einsetzungsbericht und die Konsekration der Opfergaben waren. – 3. Aus der Kommunion, der Austeilung von Brot und Wein an die Gläubigen. Diese fand an den Schranken des Sanktuariums statt, wohin eine erneute Prozession erfolgte.

Da die Lateranbasilika wie die Kirche von Tyrus
Seite 128, 129 und die meisten römischen Basiliken des 4. Jahrhunderts gewestet war, hatte dies Auswirkungen auf die Ausgestaltung vieler Details der Liturgie.
Seite 133 Die Christen haben sich, auch hierin heidnischem Vorbild folgend, beim Gebet nach Osten, das heißt zur Sonne, gewendet, denn von Osten sollte Christus, «die aufgehende Sonne», dereinst wiederkehren. Liturgische Texte und Instruktionen des 4. bis 5. Jahrhunderts kennen Gebetsanweisungen wie «Schauet nach Osten» oder «Stehet aufrecht zum Herrn hin». Klerus und Volk sollten gemeinsam *conversi ad Dominum,* «zum Herrn gewendet», sein.
In der gewesteten Laterankirche stand der Bischof Seite 107
hinter dem Hauptaltar und zelebrierte die Eucharistiefeier nach Osten gewendet. Bei den Gebeten, besonders beim Opfergebet, haben Klerus und Volk gleichermaßen zum Eingang nach Osten geblickt. Zelebrant, Klerus und Altar waren der Gemeinde dabei nicht sichtbar. Bei einer geosteten Kirche, wie sie bald überall zur Regel wurde, könnte der Priester zwar einen Teil der Liturgie *versus populum,* «zum Volke hingewendet», zelebriert haben, in der Regel stand er aber nach Osten gekehrt, mit dem Rücken zur Gemeinde. Beim Gebet haben so alle nach Osten zum Altar und zur Apsis geblickt und die Forderung des *conversi ad Dominum* erfüllt. In Rom scheinen es zunächst teils traditionelle kultische, teils lokale Gründe gewesen zu sein, denen zufolge man die Basiliken des 4. Jahrhunderts gewestet hat. Später wurde auch in Rom die Ostung Seite 230
üblich. Das trug wesentlich zur Vereinheitlichung der liturgischen Ordnung bei.

Das Baptisterium der Lateranbasilika

Wie zu allen Bischofskirchen, gehörte zur Lateran- [72]
kirche auch ein Taufhaus. Es war in einiger Entfernung nordwestlich über den Resten eines Nymphäums des Palastes der Laterani erbaut worden. Seine oktogonale Gestalt, die innere Gliederung durch eine zweigeschossige Säulenstellung sowie Seite 126
Teile der Mosaikausstattung erhielt es erst unter Papst Sixtus III. (432–440). Zu dieser Zeit war die oktogonale Grundrißlösung für Baptisterien im Seite 242
Westen weithin vorherrschend. Sie geht einerseits auf die übliche Ausgestaltung des Caldariums, des Heißbaderaums der römischen Thermen, zurück, dessen funktional bestimmte Form mit Wasserbekken (Piscina) im Zentrum, Wandnischen und Wasserzuflüssen sich für den Taufzweck geradezu anbot. Andererseits wird in den Baptisterien die für spätantike kaiserliche Mausoleen (Diokletiansmau- Seite 95
soleum im Palast von Split) beliebte, achteckige Grundrißlösung adaptiert. Die in den Mausoleen repräsentierte Unsterblichkeit des vergöttlichten Herrschers verbindet sich in den Baptisterien mit der Vorstellung von der Taufe als dem Bad der

Baptisterium der Lateranbasilika.
Schnittrekonstruktion des Umbaus
unter Sixtus III. (432–440)

Wiedergeburt. In der zweiten Hälfte des 4. Jahrhunderts war diese bedeutungsgeschichtliche Tradition keineswegs vergessen, weshalb Ambrosius Seite 137 von Mailand der Achteckform des Taufhauses eine allegorische Auslegung geben konnte:

«Mit acht Nischen erhebt sich der Tempel zu heiligem Brauch.
Oktogonal ist der Brunnen gefaßt, würdig der heiligen Gabe.
In der heiligen Achtzahl muß das Haus der heiligen Taufe entstehen,
In der den Völkern heimkehrte in Wahrheit das Heil
Im Licht des siegreich erstehenden Christus, der löset die Riegel
Des Tods und aus den Gräbern die Toten erweckt
Und von dem Makel der Sünde befreit den reuig bekennenden Sünder,
Da er sie reinigt im Wasser des kristallhell fließenden Taufquells.»
(Übersetzung nach F. J. Dölger).

Wie in der Kirchenweihrede des Eusebius begegnen wir hier einer von der üblichen Bauform abgeleiteten Allegorese, die umgekehrt aber niemals als verbindliche Bauvorschrift wirksam geworden ist, denn es gibt auch quadratische und runde Baptisterien oder solche, in denen die Achteckform nur partiell ausgebildet war.

Märtyrerkirchen in Rom

Die Basilica Apostolorum
(San Sebastiano in Catacumbas)

Gleichzeitig mit der Lateranbasilika entstand an den Gräbern einiger Märtyrer ein kirchlicher Bautypus, der nur in Rom und in konstantinischer Zeit

Seite 128, 129 auftrat: die Umgangsbasilika. In Rom mußte sich kaiserliche Stiftertätigkeit auf Märtyrerkirchen beschränken, allen voran die Basilica Apostolorum Seite 133 und die Peterskirche. Denn anders als im Heiligen Land, wo man die *loca sancta*, die heiligen Stätten Christi, vorweisen konnte, gab es in Rom keine Christusmemorien. Die Kirche beruhte hier allein auf den Aposteln und den sichtbaren Tropaia ihres Martyriums.

Die wohl frühste Märtyrerbasilika entstand über Seite 39, 128 der Apostelmemoria in Catacumbas. Dem Monogramm zufolge, das in die Türschwelle der Vorhalle eingeritzt ist und sich wohl in «Constantinus» auflösen läßt, entstand die Kirche zwischen 312 und 337. Mit ihrer abgeschrägten Ostfassade vertritt sie eine altertümlichere Form der Umgangsbasiliken. Die Westung läßt erkennen, daß man zwar der ursprünglichen Ausrichtung der Nekropole folgte, die Apsis jedoch keinerlei Bezug mehr auf den zugeschütteten Trikliabezirk als den Ort der einstigen Petrus-Paulus-Verehrung nahm. Jeder Kontakt zu den substantiellen Erinnerungen an die frühere Kultstätte war abgebrochen.

Der durchlichtete Obergaden der Basilika ruhte auf Arkaden über gemauerten Pfeilern von rechteckigem Querschnitt. Im Westen befand sich jedoch keine vorgesetzte Apsis, sondern das Mittelschiff bildete einen überhöhten, runden Abschluß. Die Seitenschiffe mündeten in einen Umgang, der um diese eingebundene Apsis herumgeführt war. An die fensterlose Umfassungsmauer sind im 4. Jahrhundert Mausoleen von unterschiedlichsten Grundrißformen angebaut worden. In den Fußboden im Innern der Basilika waren zahlreiche Gräber eingetieft. Zudem bestand weiterhin die Verbindung zur Sebastianskatakombe. Da jedoch, anders als in Seite 46, Faltkarte, Rückseite der Peterskirche, jegliche monumentale Hervorhebung der ursprünglichen Stätte des Apostelkultes fehlte, haben einige Forscher Basiliken dieses Typs lange Zeit lediglich als bedeckte Friedhöfe oder Hallen zur Feier des Totenkultes deuten wollen.

Agnesbasilika und Mausoleum der Constantina

Auf die Funktion dieses Bautyps, der in Rom auch durch die konstantinischen Kirchen Santi Marcellino e Pietro und San Lorenzo fuori le mura repräsentiert wird, fiel Licht, als es gelang, die Reste einer weiteren Umgangsbasilika an der Via Nomentana mit der konstantinischen Kirche der heiligen Agnes zu identifizieren. Seite 128, 129 [38] Die Verehrung der Märtyrerin in der benachbarten Katakombe begann Anfang des 4. Jahrhunderts. Seite 25 Von der Kirchenstiftung berichtet eine nur in Kopien überlieferte Inschrift, deren Zeilenanfänge, senkrecht gelesen, die Worte *Constantina Deo* ergeben. Agneslegende und Liber Pontificalis bestätigen, daß Constantina, die Tochter Konstantins, die Kirche und ein Mausoleum erbaut habe. Dazu fügt sich die Nachricht des Ammianus Marcellinus (Römische Geschichte 21, 1, 5, verfaßt um 380), wonach Constantina (gestorben 354) und ihre Schwester Helena (gestorben 360) auf einem Suburbium an der Via Nomentana bestattet waren. Das größtenteils erhaltene Mausoleum trägt Seite 129 bis 132 erst seit 865 als Kirche den Namen der Inhaberin Santa Costanza). Es schloß mit einer Vorhalle (Narthex) an die südliche Umfassungsmauer der Basilika an.

Ein Rundmausoleum war auch an die Osthalle der großen Umgangsbasilika (56×29 Meter) angefügt, Seite 128 die Konstantin bald nach 313 auf kaiserlichem Grund für die beiden in der nahe gelegenen Katakombe *ad duas lauros* (bei den beiden Lorbeerbäumen) Seite 25 begrabenen Märtyrer Marcellinus und Petrus errichten ließ. Dieses Mausoleum («Tor Pignattara»), in dessen Ostnische einst ein tetrarchischer Schlachtensarkophag aus rotem ägyptischem Porphyr stand, war wohl zunächst als Grabstätte für den Kaiser selbst, dann aber für seine Mutter Helena (gestorben um 337) ins Auge gefaßt worden. Die übereinstimmende Funktion der beiden konstantinischen Umgangsbasiliken zeigt, daß diese Grabkirchen der Märtyrerverehrung dienten.

Als Bauzeit für die Agnesbasilika kommen die Jahre der Witwenschaft Constantinas (338–354), [38] für die Vollendung des Mausoleums und seiner Mosaikausstattung die Zeit kurz nach ihrem Tode in Frage. Von ihren Vorgängern unterscheidet sich die Agnesbasilika durch die leichte Einziehung der inneren Apsis, die bei der Laurentiusbasilika dann nach außen entwickelt ist. Die Errichtung der

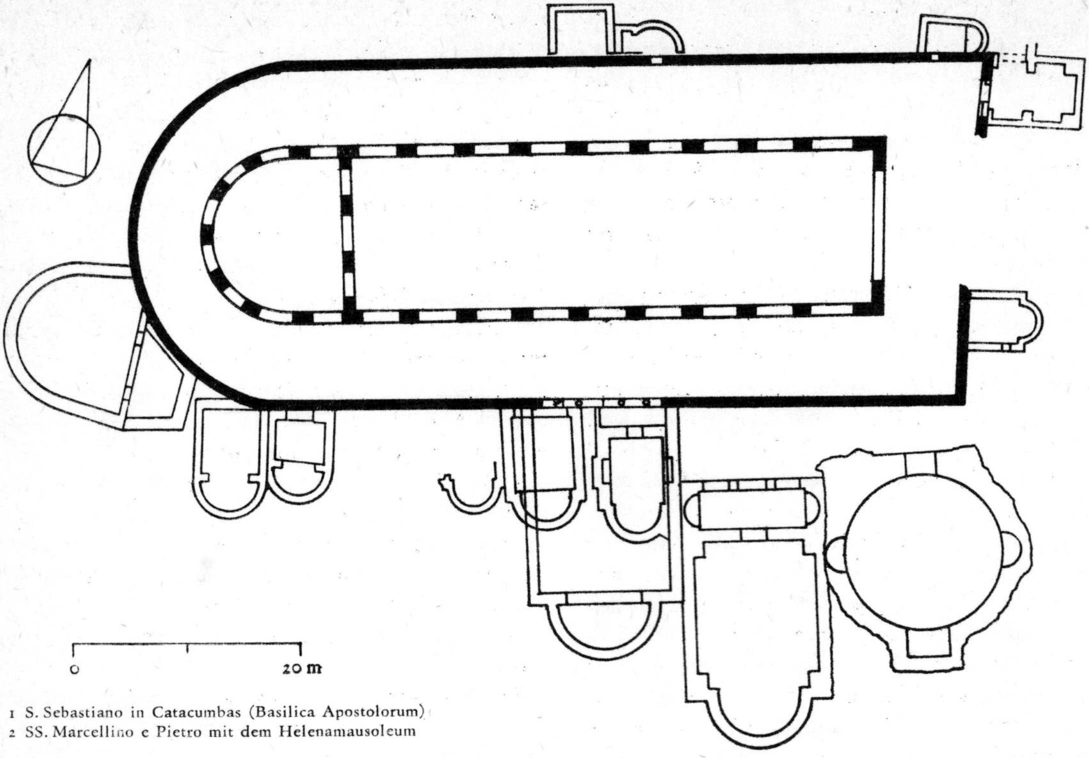

1 S. Sebastiano in Catacumbas (Basilica Apostolorum)
2 SS. Marcellino e Pietro mit dem Helenamausoleum

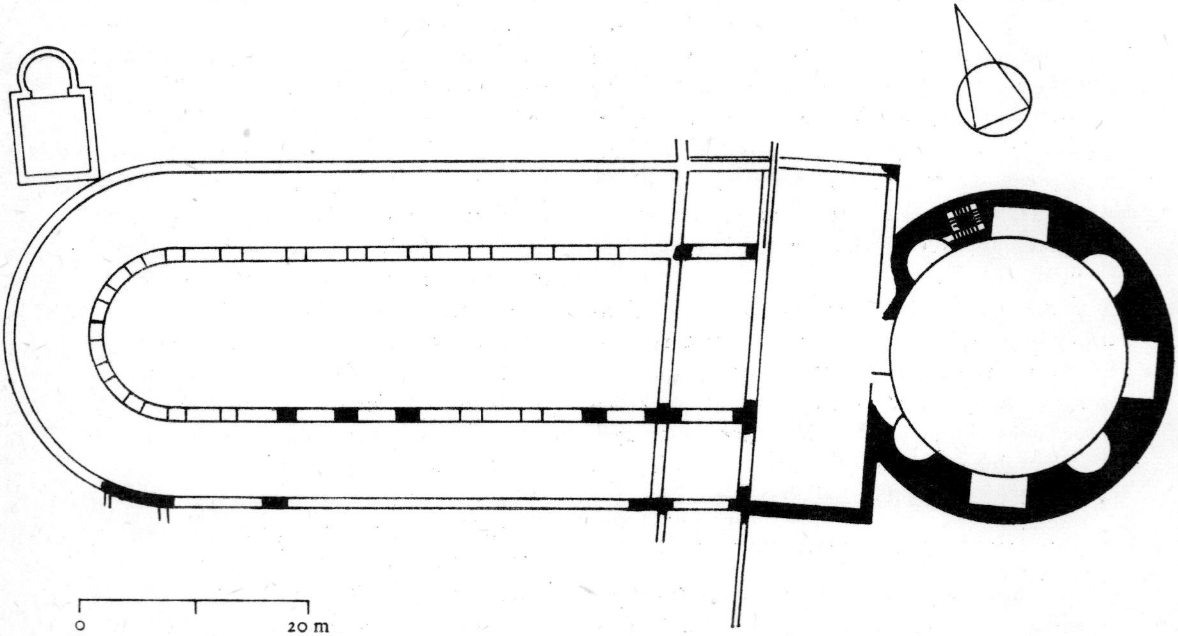

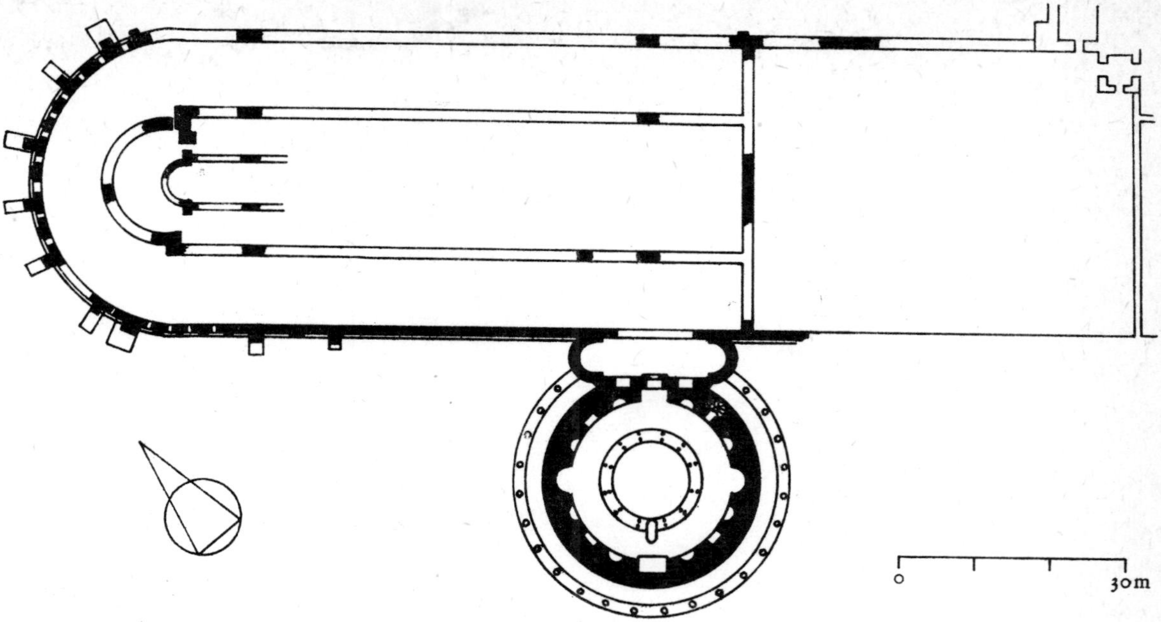

3 S. Agnese mit dem Constantinamausoleum (S. Costanza)
4 S. Lorenzo fuori le mura

Rom. Märtyrerbasiliken («Umgangsbasiliken»).
Erste Hälfte des 4. Jh.

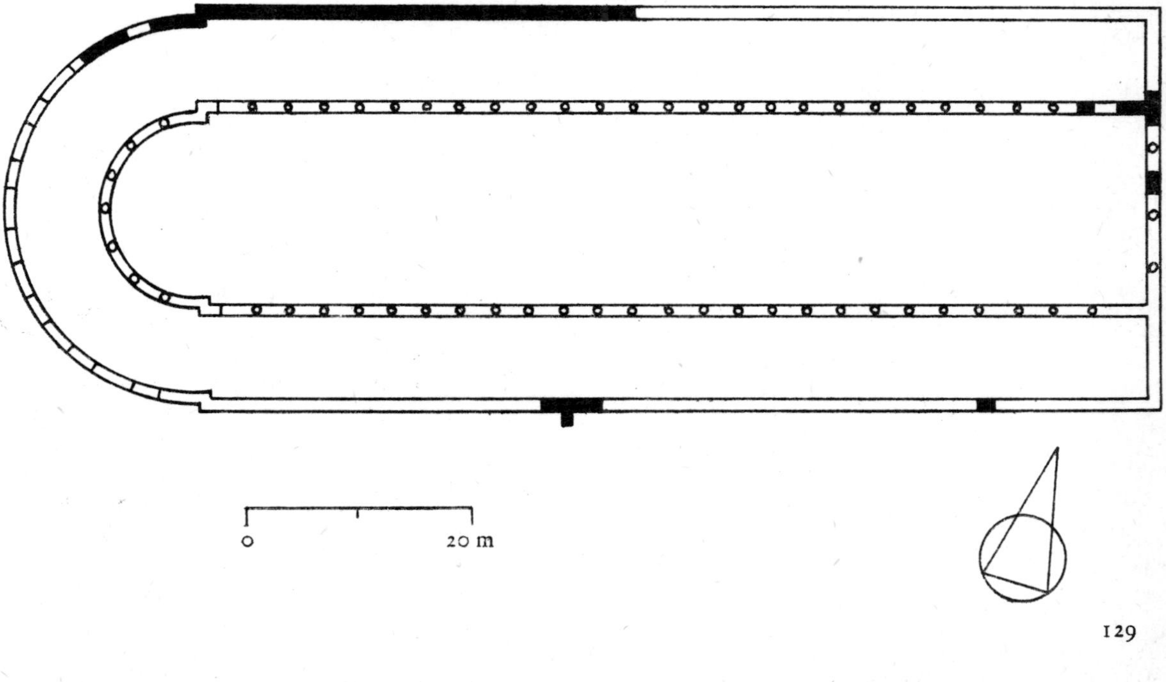

Rom. Mausoleum der Constantina (S. Costanza). Vor 354

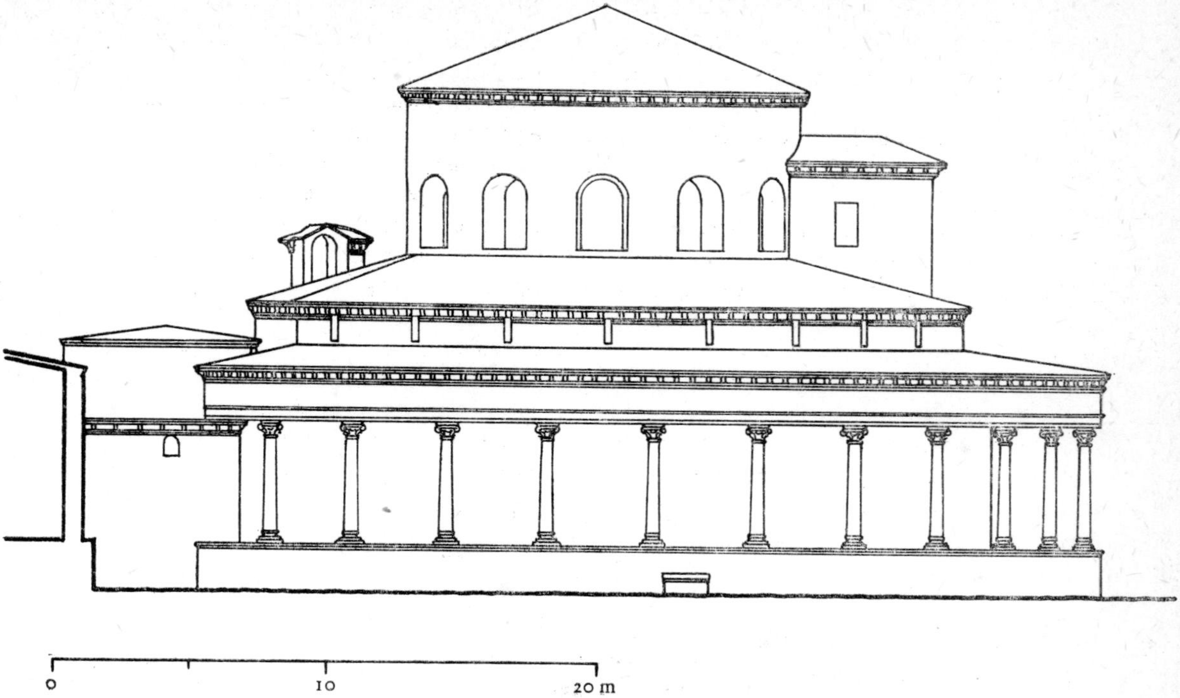

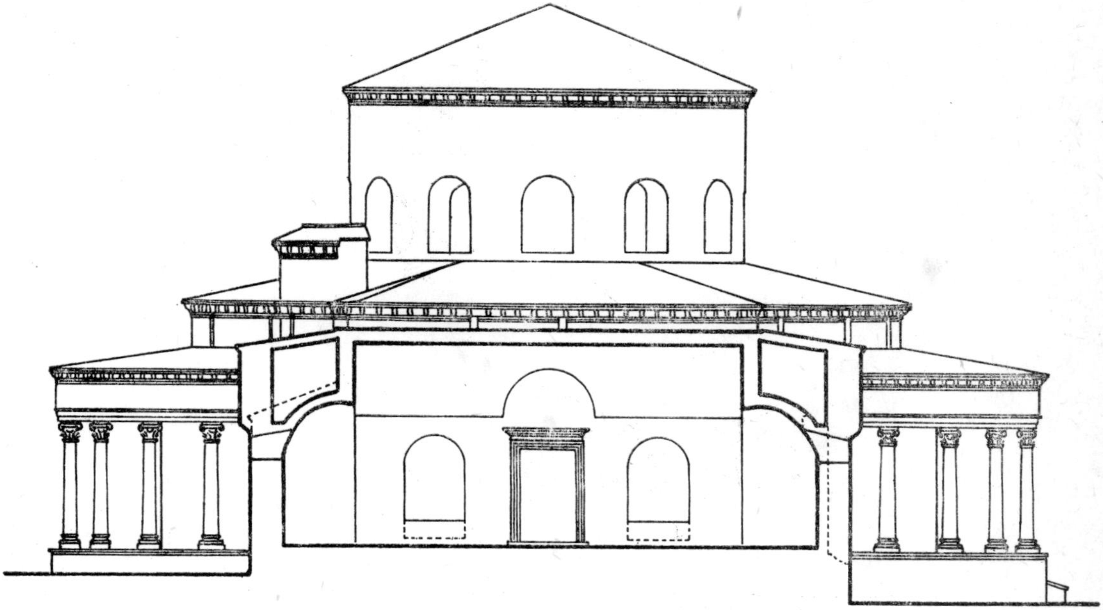

Links oben: Ansicht von Nordwest (heutiger Zustand)
Rechts oben: Ansicht von Nordwest (Rekonstruktion)

Links unten: Schnittrekonstruktion
Rechts unten: Rekonstruktion der Nordansicht mit Schnitt durch den Narthex

Agnesbasilika (98×40 Meter) machte im Westteil gewaltige Substruktionen erforderlich. Die Gründe für Ortswahl und Lage kennen wir nicht, zumal auch diese Kirche nicht direkt über dem Grab der Märtyrerin erbaut worden war. Die zahlreichen Gräber im Fußboden des Innern zeigen aber, daß die Verehrung Christi und die Nachbarschaft eines Märtyrergrabes ausreichten, um sich *retro sanctos*, «bei den Heiligen», bestatten zu lassen. Erst als die Basilika verfallen war, wurde durch Papst Honorius I. (625–638) über dem Grab der heiligen Agnes eine neue Kirche erbaut.

Das Mausoleum der Constantina knüpft zwar an kaiserzeitliche Grabrotunden und deren Nachfolger Seite 130 bis 132 (Mausoleum der Helena) an, besitzt aber gegenüber früheren Rundbauten richtungweisende Neuerungen, da hier, wie auch in der konstantinischen Gra- Seite 134 beskirche zu Jerusalem, Gestaltungsprinzipien der Basilika erstmals auf den sepulkralen Zentralbau übertragen wurden: Das Innere, in das man von der Agnesbasilika über eine Vorhalle gelangte, war [38] durch eine frei stehende, ringförmige Säulenstellung aus zwölf gekoppelten Säulenpaaren, die über Arkaden einen tambourförmigen Lichtgaden tragen, in einen überhöhten Zentralraum und einen niedrigeren, tonnengewölbten, seitenschiffartigen Um- Seite 130 gang getrennt. Außen umgab den Rundbau ursprünglich eine von 22 Säulen getragene Ringhalle, die in den Narthex einband. Die starke Umfassungsmauer ist innen abwechselnd durch halbrunde und rechteckige Nischen gegliedert («Füllnischenbau»). Gegenüber dem Eingang ist im Westen eine

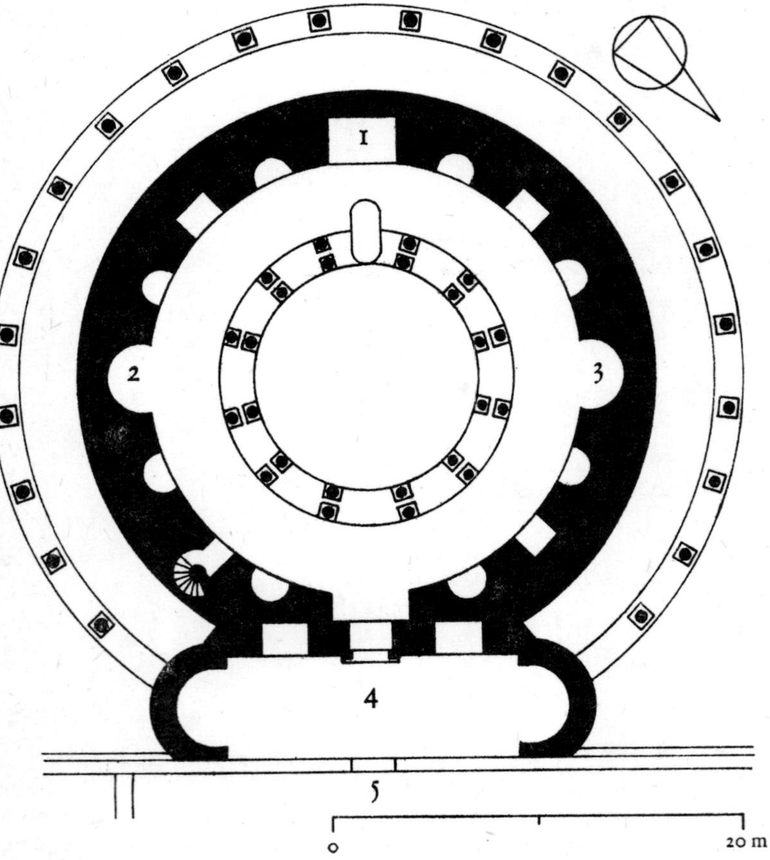

Rom.
Mausoleum der Constantina
(S. Costanza).
Vor 354.
Grundrißrekonstruktion

1 Nische für den Porphyrsarkophag der Constantina, Tafel-Abb. 64
2 Linke Apsis mit «Traditio legis» (Gesetzesübergabe), Tafel-Abb. 73
3 Rechte Apsis mit «Traditio clavis» (Schlüsselübergabe), Tafel-Abb. 74
4 Narthex (Vorhalle)
5 Umgangsbasilika der hl. Agnes (S. Agnese)

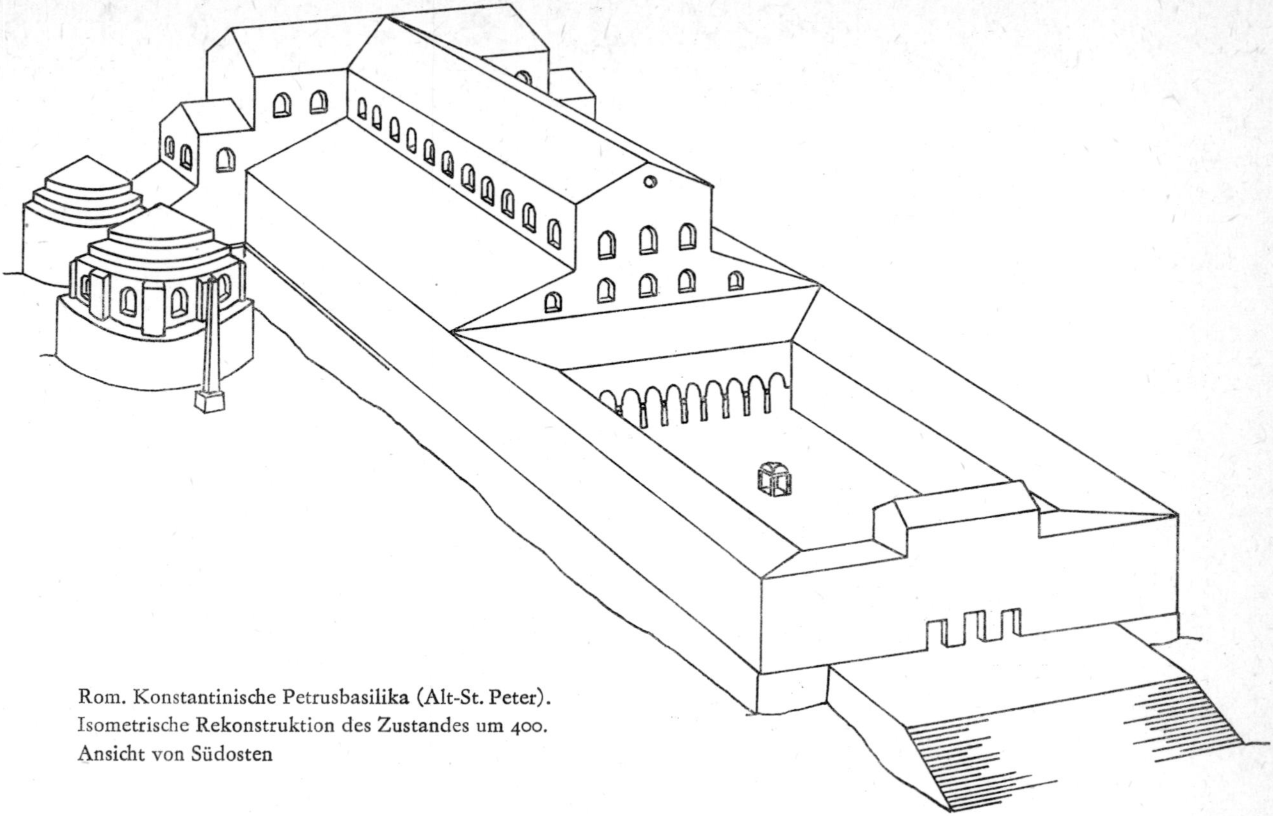

Rom. Konstantinische Petrusbasilika (Alt-St. Peter).
Isometrische Rekonstruktion des Zustandes um 400.
Ansicht von Südosten

außen als rechteckiger Turmanbau erkennbare, von oben her belichtete Nische ausgeschieden. Hier stand, mit seiner Schmalseite zum inneren Umgang
[64] hin orientiert, der Porphyrsarkophag der Constantina und ihrer Schwester Helena. Die Querachse des Mausoleums wird durch die innen von zwei Rundnischen flankierte Vorhalle und vor allem
[73,74] durch die beiden seitlichen Apsiden betont, die mit Mosaiken geschmückt sind.

Die Petrusbasilika (Alt-Sankt Peter)

Seite 43, 133, Faltkarte, Rückseite Auch die konstantinische Petrusbasilika war ihrer Funktion nach eine Märtyrerkirche, die dem Apostelkult diente und in ihren Ausmaßen dem Pilgerverkehr sowie dem Wunsch nach Bestattung *retro sanctos* Rechnung zu tragen hatte. In ihren Bauformen weicht sie jedoch gänzlich von den römischen Basiliken vom Umgangstyp ab und gleicht in wesentlichen Teilen der Bischofskirche am Lateran. Seite 107
Wie diese war sie eine fünfschiffige Basilika, übertraf die *Mater Ecclesiarum* aber in den Ausmaßen (122 × über 66 Meter) bei weitem. Der Bau wurde unter Papst Silvester (314–335) nicht vor 324 begonnen und war beim Tode Konstantins (337) wohl erst teilweise fertiggestellt. Grund- und Aufriß können heute als gesichert gelten. Verschiedene Ansichten und der allmähliche Abriß der alten Peterskirche sind von Künstlern des 16. und 17. Jahrhunderts festgehalten worden. In der vatikanischen Seite 42
Nekropole, die dem konstantinischen Bau weichen mußte, fand man Reste der Fundamente.

Anders als in der Lateranbasilika war jetzt ein Querhaus zwischen Apsis und Langhaus eingeschoben, das innen als Raumteil und außen als deutlich abgesetzter Baukörper hervortrat. Im Innern erhob sich unter einem Baldachin vor der Schnittlinie der

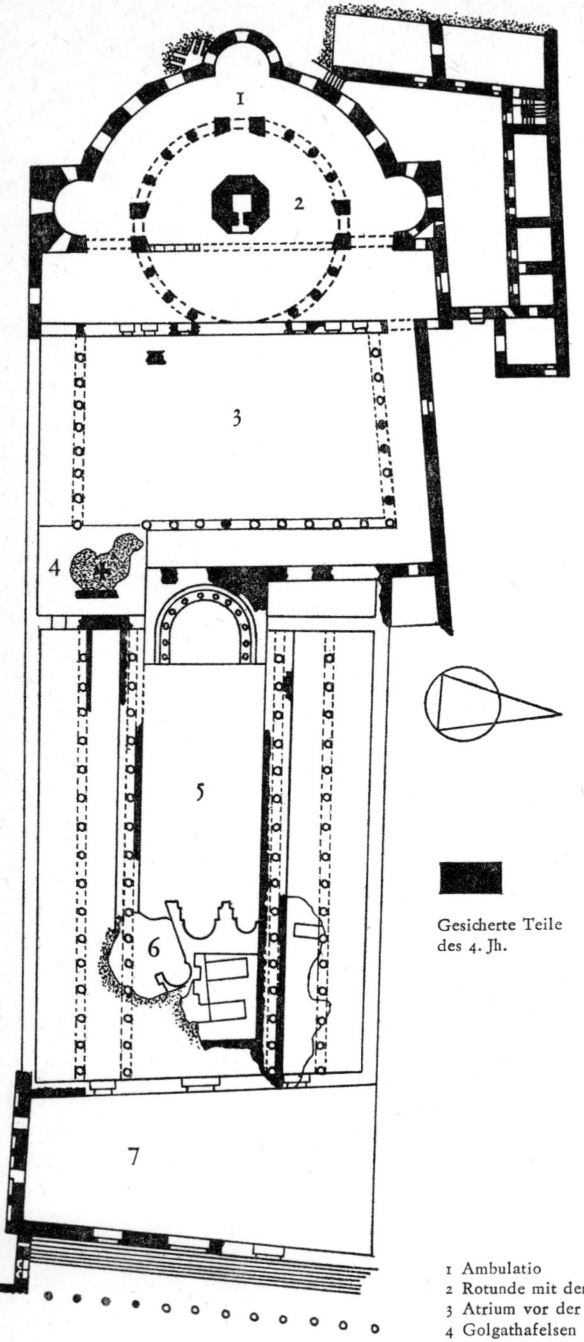

1 Ambulatio
2 Rotunde mit dem Heiligen Grab
3 Atrium vor der Grabesrotunde
4 Golgathafelsen
5 Konstantinische Martyriumsbasilika, 325–336
6 Grotte der Helena
7 Atrium und Zugang

Jerusalem. Kirche des Heiligen Grabes. Rekonstruktion des Zustandes am Ende des 4. Jh.

Apsis die konstantinische Petrusmemoria. In ihrer Seite 46 kostbaren Umkleidung aus weißem und rotem Marmor waren die Reste vom «Tropaion des Gaius» Seite 45 eingeschlossen. Die Form des von acht Säulen getragenen Baldachins läßt sich nach der Wiedergabe auf dem Elfenbeinkästchen von Pola rekonstruieren. Von den spiralförmig gedrehten, mit Reliefschmuck (Weinlaub) verzierten Marmorsäulen des Seite 43 1. Jahrhunderts sind noch vier in der heutigen Peterskirche erhalten. Die Blickachsen des Mittelschiffs und der Querhausflügel waren gleichermaßen auf das zentrale Heiligtum ausgerichtet.

Die Obergadenmauern wurden von je 22 prächtigen Spoliensäulen mit Architrav getragen. Die Faltkarte, Rückseite [36] Zwischenmauern der Seitenschiffe ruhten auf Säulenarkaden. Wie in der Lateranbasilika war auch hier das gesamte Innere mit Inkrustationen und und edlen Gesteinssorten überaus kostbar ausgestattet, während das Ziegelmauerwerk des Außenbaus schmucklos blieb. Die Apsis war wohl schon im 4. Jahrhundert mit einer monumentalen Mosaikkomposition geschmückt. Aus einer Kopie von J. Grimaldi (1592) kennen wir allerdings nur das von Innozenz III. (1198–1216) erneuerte Apsismosaik, von dem nicht sicher bekannt ist, inwieweit es das ursprüngliche Bildprogramm wiederholte. Man hat jedoch angenommen, daß die beiden Apsismosaiken in Santa Costanza Teile des Apsismosaiks der konstantinischen Petrusbasilika «zitieren».

Konstantinische Kirchenstiftungen im Heiligen Land

Besondere Bedeutung gewannen die konstantinischen Kirchenstiftungen an den heiligen Stätten der Geburt und Auferstehung Christi in Palästina. Karte Nachdem die Kaiserinmutter Helena 325 das Felsengrab Jesu besucht und der Legende nach auch das Kreuz wiederentdeckt hatte, ließ Konstantin auf dem Golgatha von dem syrischen Architekten

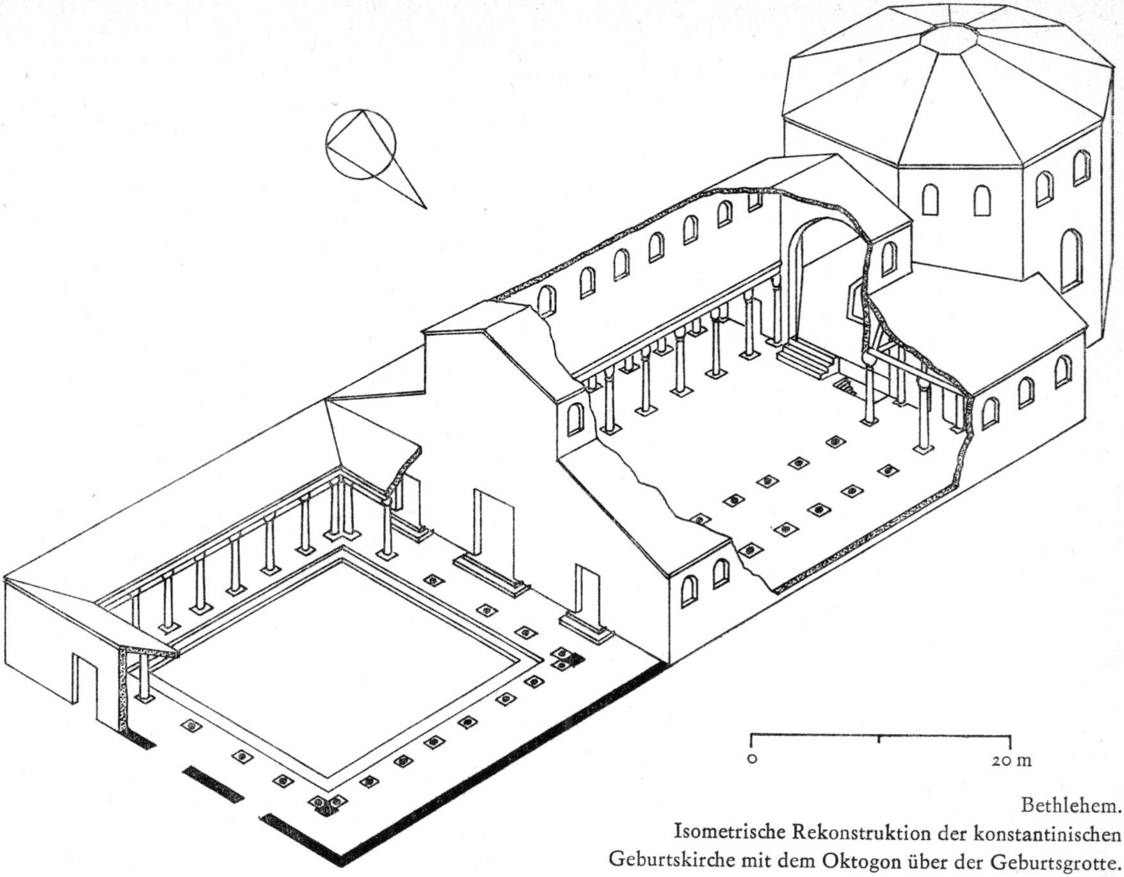

Bethlehem.
Isometrische Rekonstruktion der konstantinischen Geburtskirche mit dem Oktogon über der Geburtsgrotte.
Um 333

Zenobius und dem Konstantinopler Presbyter
Seite Eustathios die Grabeskirche erbauen (325–336).
134 Auf persönlichen Befehl des Kaisers waren die staatlichen Behörden verpflichtet, für die Ausstattung des Bauwerks die kostbarsten Materialien zur Verfügung zu stellen (Eusebius, Leben Konstantins 3, 25 ff.). Der Kirchenkomplex, dessen besondere Ausgestaltung und Liturgie, vor allem in der Osterwoche, schon aus Pilgerberichten seit dem späten 4. Jahrhundert (Etheria) deutlich hervorgehen, wurde im Laufe der Jahrhunderte mehrfach umgebaut. Von der konstantinischen Ursprungsanlage konnten beträchtliche Teile des eigentlichen Zentrums, der Anastasisrotunde, gesichert werden. Im Innern stand das durch Wegarbeitung des gewachsenen Fels zu einem frei stehenden Monument isolierte
Heilige Grab, das später auf Monzeser Ampullen [176]
häufig dargestellt ist. Die übrigen Teile der Anlage, Atrium, fünfschiffige Emporenbasilika, Golgathakirche und Vorhof der Grabesrotunde, wurden aus der Baubeschreibung des Eusebius, den Pilgerberichten und aus den archäologischen Resten deutlicher. Anders als in der Peterskirche lag das Heilige Grab außerhalb der Basilika im Zentrum eines selbständigen Rundbaus, der durch ein Atrium mit der Basilika verbunden war. Zwölf im Kreis stehende Säulen teilten das Innere der Grabesrotunde von einem äußeren Umgang ab. Im Gegensatz zum Petrusgrab war das Christusgrab nicht ein Tropaion des Märtyrertodes, sondern galt als der sichtbare

Ort der Auferstehung. Obwohl die Ausrichtung an Seite 128 Basilika und Mausoleum von Santi Marcellino e Pietro anknüpft, läßt sich doch das gesamte Konzept der auf architektonisch-räumliche Steigerung bedachten, nahezu axialen Abfolge der Baukörper Seite 105 nur mit kaiserlichen Anlagen wie dem römischen Trajansforum vergleichen.

Weitere Kirchen ließ Konstantin bei der Terebinthe Abrahams in Mambre und auf dem Jerusalemer Ölberg erbauen. In Bethlehem wurde die Ge- Seite 135 burtskirche als fünfschiffige Basilika errichtet. Über der Geburtsgrotte im Osten erhob sich wieder ein Zentralbau, in den die Basilika einmündete. Die eigentümliche Verschmelzung von Längsbau und Oktogon wurde allerdings im 6. Jahrhundert aufgegeben und durch ein Querhaus mit Apsiden im Osten und an den beiden Seitenarmen ersetzt.

Kirchenbauten in Rom und Mailand

Folgt man den Beschreibungen oder den Bauresten der übrigen von Konstantin gestifteten oder in konstantinischer Zeit erbauten Kirchen in Rom und anderen Städten des Reiches, so wird man überall eine große Vielfalt und freie Anwendung der verfügbaren Bauformen erkennen. In Trier wurde nach 326 über einem Teil des Palastes eine Doppelkirchenanlage von gewaltigen Ausmaßen errichtet. Der Typus der Doppelkathedrale, dem wir bereits in Seite 100 Aquileia begegneten, war vor allem im oberen Adriagebiet verbreitet. In Rom fand in spätkonstantinischer Zeit (um 350) der Umbau des Sessorianum genannten Saales im Palast der Helena zur Kirche des Heiligen Kreuzes (Santa Croce in Gerusalemme) statt. Diese Umgestaltung eines Profanbaus zu einer Kirche mag als Muster für den weiteren Ausbau römischer Tituli zu Pfarrkirchen, die auf Grund der baulichen Gegebenheiten nicht dem basilikalen Raumschema folgen konnten, gewirkt haben. Von den konstantinischen Kirchenbauten in der neuen Hauptstadt Konstantinopel (Apostelkirche), in Nikomedia und Antiochia wissen wir nur noch aus den Schriftquellen (Eusebius, Leben Konstantins 3, 48 ff.).

Ein bedeutendes Kunstzentrum wurde in der zweiten Hälfte des 4. Jahrhunderts Mailand, bedingt durch die zeitweilige Funktion der Stadt als kaiserliche Residenz (seit 353) und durch das Wirken des heiligen Ambrosius (seit 373 Bischof von Mailand). In enger zeitlicher Folge entstanden zwischen 350 und 400 die Basiliken des Simplicianus (San Simpliciano), die kreuzförmige Kirche der Apostel (San Nazaro), die von Ambrosius erbaute fünfschiffige Bischofskirche der heiligen Thekla mit Seite 137 ihrem oktogonalen Baptisterium, der gewaltige Komplex von San Lorenzo Maggiore, schließlich auch der Vorgängerbau von Sant'Ambrogio.

Die Kirche des römischen Erzmärtyrers Lauren- Seite 138 tius ist ein Zentralbau mit einst im Westen vorgelagertem Atrium sowie mit drei den Konchen außen angefügten Oktogonen. San Lorenzo nimmt be- [39, 40] stimmte imperiale Bauideen der Jerusalemer Gra- Seite 134 beskirche wieder auf und variiert sie. Am Außenbau dominieren die mächtigen Ecktürme und die dazwischenliegenden, sich nur flach hervorwölbenden Exedren, die zusammen die äußere Mauerschale bilden. Darüber erhebt sich der oktogonale,

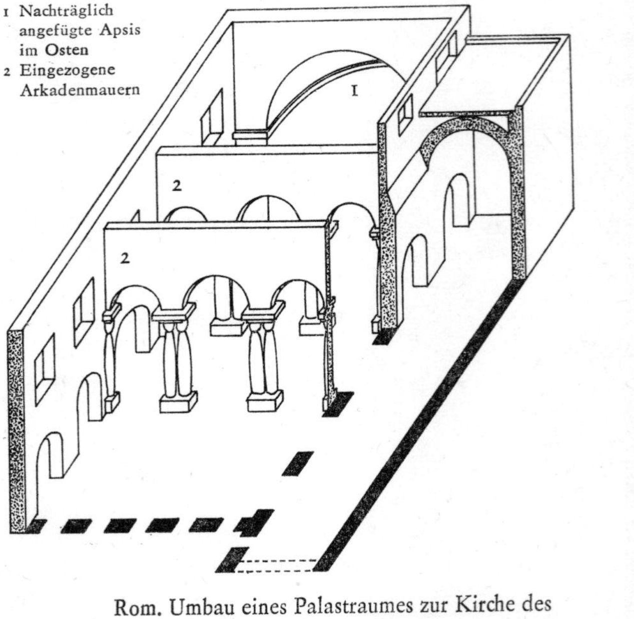

Rom. Umbau eines Palastraumes zur Kirche des Hl. Kreuzes (S. Croce in Gerusalemme). Um 350. Isometrische Rekonstruktion

neuzeitlich veränderte Tambour. Im Innern folgen
[40] die vier Exedren des Zentralraums dem Kontur der
äußeren Konchen, doch hat die Umgangszone kaum eine nennenswerte architektonisch-räumliche Wirkung. Den Zentralraum beherrschen vier Exedren, die von Pfeiler- und Säulengeschossen mit Konchenabschluß gebildet werden. Sie wirken insofern dem oktogonalen Prinzip entgegen, als es ihre große Spannweite bedingte, daß die acht Hauptpfeiler in den Diagonalen enger zusammengerückt werden mußten. Ursprünglich war der Zentralraum innen überwölbt und außen mit einem flachen Zeltdach abgedeckt.

Im Süden gelangt man von der Außenkonche
Seite durch einen Narthex mit zwei einander gegenüber-
138 liegenden Apsiden in einen oktogonalen Füllnischenbau, die Kapelle Sant'Aquilino. In beiden [39]
Räumen haben sich Reste des Mosaikschmucks und [45]
der Wandmalereien aus dem späteren 4. Jahrhundert erhalten.

Mosaik und Wandmalerei

Santa Costanza

Mit dem offiziellen Kirchenbau entwickelte sich im 4. Jahrhundert als Zweig der Wandmalerei und als
Entsprechung zu Wand- und Bodenmosaiken römi- [34,35]
scher Sakral- und Profanbauten das monumentale christliche Wandmosaik. Vor allem in Kirchenbauten des Westens, wo offenbar die künstlerischen

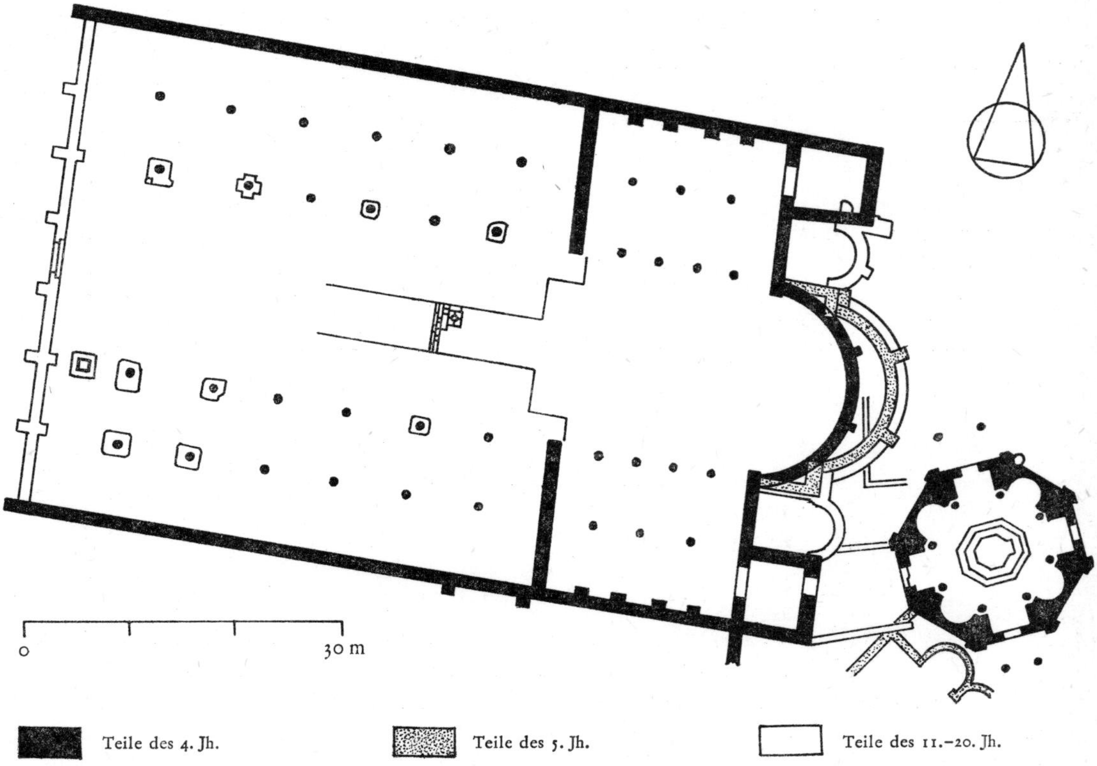

Mailand. S. Tecla mit dem Baptisterium des Ambrosius. Ende des 4. Jh. Grundriß

1 Narthex mit dem Apsismosaik des lehrenden Christus, Tafel-Abb. 45
2 Kapelle S. Aquilino

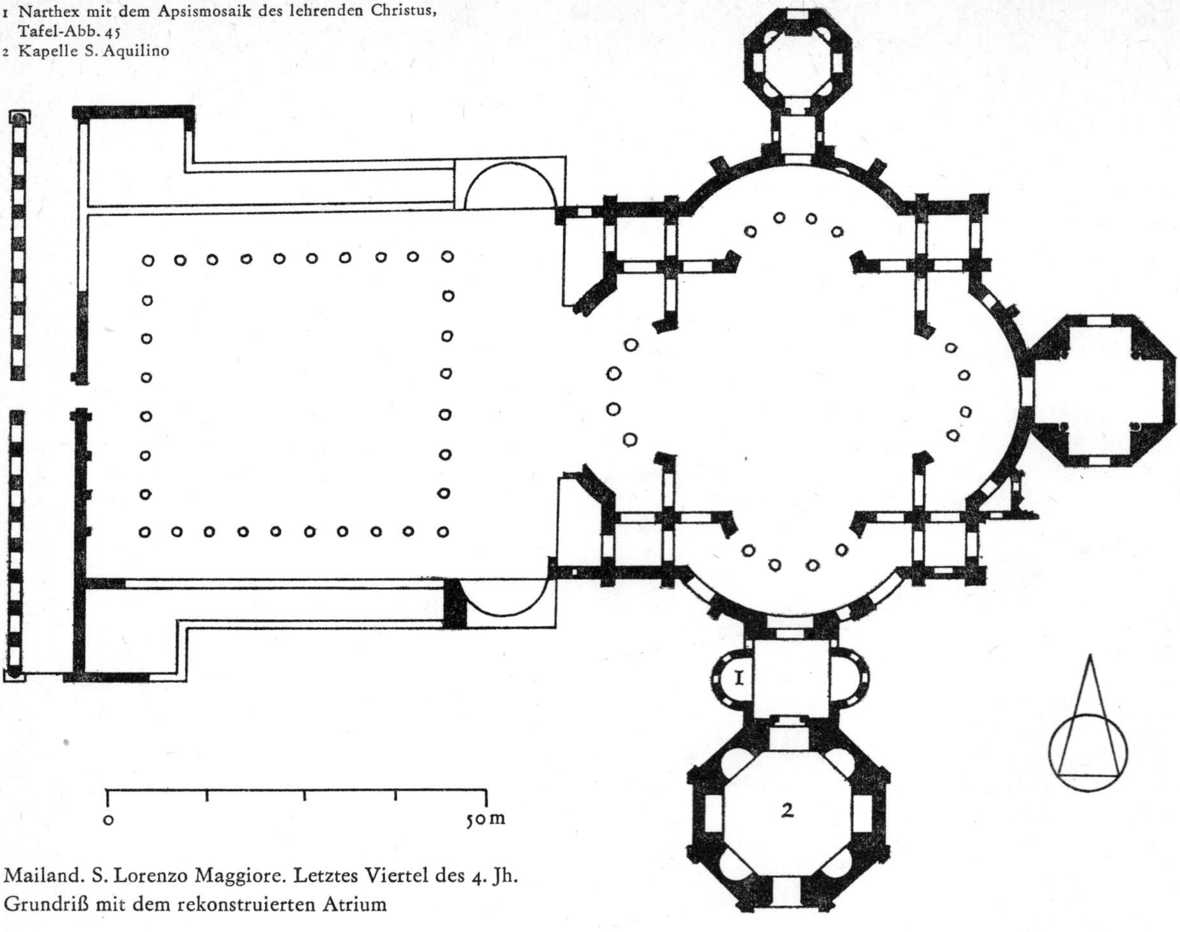

Mailand. S. Lorenzo Maggiore. Letztes Viertel des 4. Jh.
Grundriß mit dem rekonstruierten Atrium

und materiellen Voraussetzungen am günstigsten
waren, diente das Wandmosaik als vornehmster
[43,45] Schmuck der Apsiden und Triumphbögen, oft auch
[102] der Langhauswände und Kuppeln (Baptisterien).
[104] Wichtige Mosaikzentren sind Rom, Mailand, Neapel und Ravenna.

Die ältesten christlichen Wandmosaiken blieben
in einem Rundmausoleum in Centcelles bei Tarragona/Spanien (Mausoleum des Constans?, um 350)
[73,74] und in Rom in den Apsiden des Mausoleums der
Constantina erhalten. Das gesamte ursprüngliche
Dekorationsprogramm von Santa Costanza läßt
sich nach Kopien des 16. und 17. Jahrhunderts rekonstruieren. In den zwölf Gewölbeabschnitten des
Umgangs wechseln Felder mit geometrischem Flächendekor, mit Rapportmustern aus Kreisschlingen
und Figurenfüllungen, mit Weinrankenkompositio- [41,42]
nen, Büsten, weinerntenden Eroten, Ochsengespannen und kelternden Knaben – Motive, die ebenso
an der Stirnseite des Constantinasarkophags wie- [64]
derkehren. Von besonderer Schönheit sind die Gewölbefelder beiderseits der Sarkophagnische. Wie
zufällig hingestreut wirken hier die naturalistisch
wiedergegebenen Zweige und Früchte, Vögel, ehernen Gefäße und Trinkhörner sowie die vereinzelte
Muschelnische. Alle Motive sind im wesentlichen

bereits aus den Paradiesesallegorien der heidnischen und christlichen Grabmalerei geläufig.

Die Mosaiken der Apsiden zeigen links die «Ge-
[73] setzesübergabe» *(traditio legis)* mit stehendem Christus auf dem Vierstromberg und rechts die
[74] Schlüsselübergabe an Petrus durch den auf der Weltkugel thronenden Christus. Man hat vermutet, daß beide Bilder auf das ursprüngliche Apsismosaik der konstantinischen Peterskirche zurückgingen. Die Sarkophagnische im Turmanbau schmückten einst Darstellungen Christi und des Apostelkollegiums mit Gotteslamm und Himmlischem
Seite 130 Jerusalem. Die Wandzone des Tambours unterhalb der Fenster war mit farbigen Inkrustationen verkleidet. Ins Phantastische gesteigert war die Vermischung heidnisch-dekorativer und christlicher Szenen im Kuppelmosaik, das Ciampinus und andere in Zeichnungen überliefert haben: Groteske Kandelaberfiguren teilten die Wölbung radial in zwölf Abschnitte. Im unteren umlaufenden Streifen erschienen, wie im Bodenmosaik des Südsaales von
[35] Aquileia, kahnfahrende und fischende Eroten, in den Zwickelfeldern unten je eine alttestamentliche und darüber je eine neutestamentliche Szene. Die üppige Darstellung allegorischer, auf den jenseitigen Frieden hinweisender, ihrem Ursprung nach heidnisch-neutraler Motive und die unbedenkliche Vermischung mit christlichen Bildern beleuchten wieder die geistige Situation an der Nahtstelle von Antike und Christentum in konstantinischer Zeit.

Santa Pudenziana

Solchen heidnisch-mythologischen Reminiszenzen war im monumentalen Wandmosaik, besonders im Kirchenraum, kein langes Nachleben beschieden. Die vermutlich über einer Thermenanlage des 2. Jahrhunderts errichtete Kirche Santa Pudenziana *(titulus Pudentis)* wurde unter den Päpsten Siricius (384–399) oder Innozenz I. (401–417) mit einem
[43] Apsismosaik ausgestattet, das zu den schönsten Werken kirchlicher Mosaikmalerei des späten 4. Jahrhunderts zählt. Durch den barocken Umbau der Kirche ist die auffällig flache Apsis freilich ringsum eingeengt und beschnitten worden, so daß bestimmte ikonographische Details, die wir aus einer Zeichnung Ciacconios von 1595 kennen, nicht mehr sichtbar sind. Der Bildraum ist durch einen Portikus, der eine halbkreisförmige Exedra andeutet, in eine innere und eine äußere Sphäre geschieden. Der Portikus, ein Element des *sacrum palatium,* hat inkrustierte Wände, goldene Lünettengitter und drei Reihen goldener Ziegel. In der äußeren Sphäre erhebt sich inmitten der Gebäude einer Stadt ein mit Gold und Edelsteinen reich geschmücktes Kreuz, das auf einem Felsen steht. Die Stadt ist das Himmlische Jerusalem der Johannesapokalypse. Man hat lange gemeint, daß die Himmelsstadt Elemente des irdischen Jerusalem des 4. Jahrhunderts reflektiere, doch trifft das sicher nur auf den Golgathafelsen mit dem Kreuz zu. Den Visionen des Ezechiel und der Geheimen Offenbarung nachgebildet sind die Vier Wesen, die aus den Wolken auftauchen – der geflügelte Stier und der Adler rechts, der Engel und der geflügelte Löwe links. Sie halten jedes einen Kodex und sind so als Sinnbilder der vier Evangelisten charakterisiert.

Im Innern des von dem Portikus abgegrenzten Halbkreises sitzt in der Mitte auf einem Gemmenthron mit Purpurkissen Christus als himmlischer Lehrer und König im Kreise von zehn Aposteln. Er ist ganz in goldene Gewänder gehüllt. Sein bärtiges Haupt umrahmt ein goldener Nimbus. Die Linke hält das geöffnete Buch mit der Aufschrift DOMINUS CONSERVATOR ECCLESIAE PUDENTIANAE (Der Herr ist der Erhalter der Pudentianakirche), die Rechte ist im Redegestus ausgestreckt. Die Apostel nehmen mit lebhaften Gebärden an dem Lehrgespräch teil. Der rechten Reihe präsidiert Petrus. Hinter ihm steht eine Frau, die Personifikation der Judenkirche, und krönt ihn mit einem goldenen Lorbeerkranz mit Stirnjuwel. Die linke Apostelreihe wird von Paulus angeführt. Die ihn bekränzende Frau ist die Personifikation der Heidenkirche.

Die Deutung der beiden weiblichen Gestalten wurde möglich, weil auf dem Mosaik an der inneren Westwand der Kirche Santa Sabina zu Rom [96]
zwei vergleichbare Frauen mit den Namensbeischriften ECCLESIA EX CIRCUMCISIONE,

«Kirche aus den Beschnittenen», und ECCLESIA EX GENTIBUS, «Kirche aus den Heiden», versehen sind. Die Idee der einen aus Juden und Heiden erwachsenen Kirche spielte in der stadtrömischen kirchlichen Propaganda und in den Mosaiken des 4.–5. Jahrhunderts eine zentrale Rolle. Schon
[73] im linken Apsismosaik von Santa Costanza war dieser Gedanke ausgedrückt. Die beiden hinter Petrus und Paulus sichtbaren Gebäude symbolisieren,
[67] analog der Sarkophagplastik und Kleinkunst, die Städte Jerusalem und Bethlehem. Bethlehem, die Stadt der irdischen Erscheinung und Menschwerdung des göttlichen Logos, und Jerusalem, die Stadt der Auferstehung Christi, kennzeichneten das in der einen, von Petrus und Paulus begründeten Kirche wirksame Heil.

Die römische Kirche leitete ihre Autorität, wie wir schon sahen, von den Apostelfürsten Petrus und Paulus her. Hier in Rom also, wo dank kaiserlicher Munifizenz den Apostelfürsten drei prächtige Heiligtümer errichtet worden waren, welche die Stadt neben Jerusalem zum wichtigsten Zentrum der Christenheit machten, erhob die Kirche Anspruch darauf, das irdische Abbild jener himmlischen zu sein, die den Gläubigen im Apsisbild von Santa Pudenziana in ihrer ganzen Vollkommenheit vor Augen gerückt wurde.

Zur Deutung der Bildprogramme

Wie bei den christlichen Bildern der Katakomben, [14 bis
der Sarkophage oder der Taufkapelle von Dura- 29]
Europos stellt sich für die monumentalen Mosaikprogramme die Frage ihrer Deutung mittels authentischer, zeitgenössischer Quellen. Wichtig ist hier zunächst die Erkenntnis, daß die christlichen Bild-

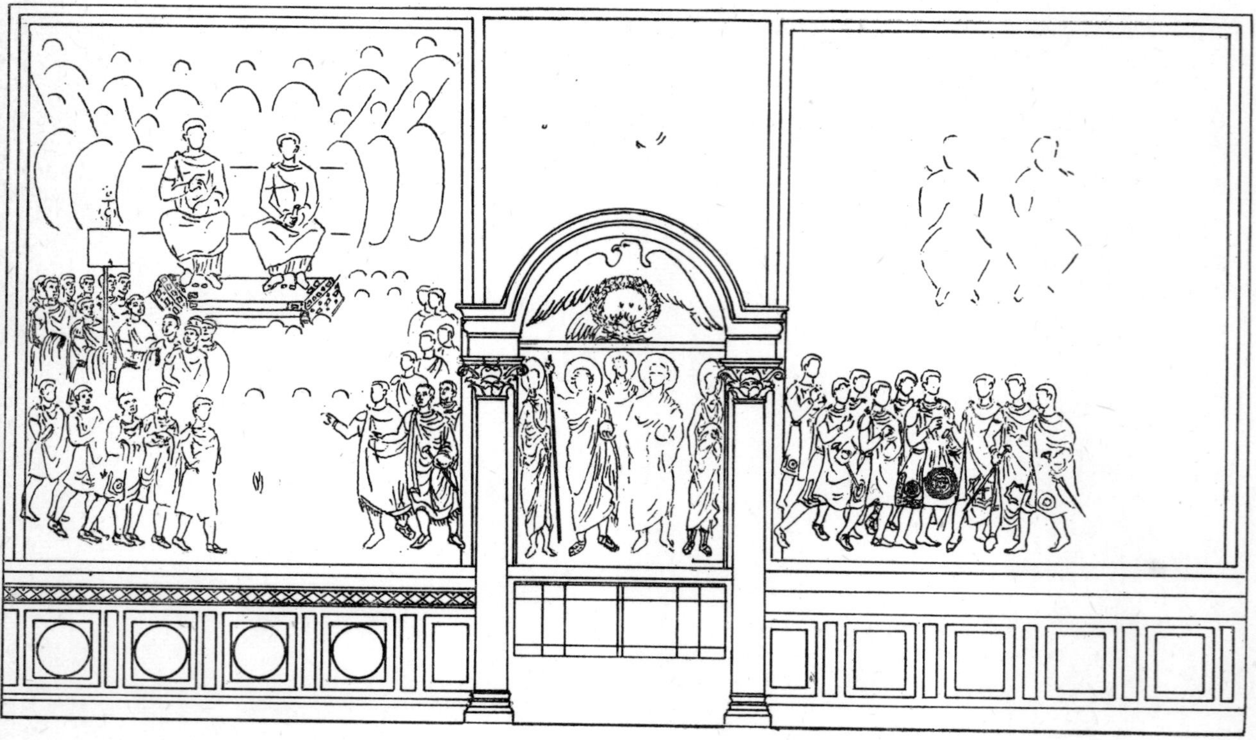

Luxor/Ägypten. Wandmalereien im Kaiserkultraum des Legionslagers. Um 300

programme, die schon für einige konstantinische Kirchenstiftungen in Rom angenommen werden können, nicht voraussetzungslos entstanden waren. Vielmehr besaßen sie in den Bilderzyklen kaiserlicher Kulträume ihre unmittelbaren Vorläufer. Deutlich wurde dies seit Entdeckung und Rekon-
Seite 140 struktion der Fresken im Kaiserkultraum des Legionslagers von Luxor/Oberägypten. In einer isolierten, zentralen Apsisnische waren hier die vier Herrscher der ersten Tetrarchie in ihrer göttergleichen Majestät dargestellt, eingerahmt von höfischen Thron- und Huldigungsszenen. Die solchermaßen beabsichtigte Offenbarung irdischer Herrschaft kraft überirdischer Autorität – teils in feierlichen, mit göttlichen Symbolen angereicherten Repräsentationsbildern, teils in szenischen Schilderungen – bestimmte auch die Funktion und Bildstruktur der monumentalen christlichen Mosaikkompositionen im Kirchenraum: Die Vergegenwärtigung des erhöhten Christus in seiner himmlischen Glorie geschah hier nicht anders als in den geläufigen, den christlichen Betrachtern darum vertrauten und somit verständlichen Bildformeln der kaiserlichen Ikonographie.

Eine wichtige Rolle für die Deutung einzelner Denkmäler spielen auch die Tituli, die Bildbeischriften und -erklärungen. So verfaßte der aus Spanien gebürtige Dichter Prudentius (gestorben nach 405) ein «Dittochaeon» genanntes Lehrgedicht, in dem 48 alt- und neutestamentliche Szenen beschrieben werden. Diesen Tituli könnte ein in Rom Ende des 4. Jahrhunderts entstandener Bildzyklus zugrunde gelegen haben, wie die Übereinstimmung mit der Szenenauswahl auf römischen Denkmälern
[104] zeigt (Zyklen in Santa Maria Maggiore, Holztür von
[99] Santa Sabina). Das Anordnungsprinzip der Szenen ergab sich wohl aus dem ganz allgemeinen Bestreben, Ereignisse des Alten und Neuen Testaments als Sinnbilder der von Gott gelenkten Heilsgeschichte einander gegenüberzustellen.

Von anderer Art sind die Tituli, die Paulinus von Nola (gestorben 431) zu Beginn des 5. Jahrhunderts für die Apsismosaiken der Apostelbasilika in Nola-Cimitile und der Felixbasilika in Fundi gedichtet und seinem Freund Sulpicius Severus in einem Brief mitgeteilt hat. Der Titulus für das Mosaik in Nola-Cimitile lautet:

«In vollem Geheimnis strahlt die Dreifaltigkeit: Christus steht als Lamm, die Stimme des Vaters ertönt laut vom Himmel, und in Gestalt einer Taube strömt der Heilige Geist herab. Das Kreuz umgibt ein Kranz mit leuchtendem Kreise, ihn umkränzen die Apostel, die durch eine Schar Tauben dargestellt sind.

Die erhabene Einheit der Dreifaltigkeit vereinigt sich in Christus, der wiederum durch eine Dreiheit ausgezeichnet ist: Als Gott offenbart ihn die Stimme des Vaters und der Geist; als heilige Opfergabe bezeugen ihn Kreuz und Lamm; Herrschaft und Triumph zeigen Purpur und Palme an.

Selbst der Fels der Kirche, steht er auf einem Felsen, aus dem vier rauschende Quellen entspringen: die Evangelisten, die lebendigen Ströme Christi» (Übersetzung nach J. Engemann).

Die Verse enthalten teils Beschreibungen der bildlichen Einzelheiten, teils nur die Erwähnung bestimmter Bildbedeutungen ohne Mitteilung der zugrunde liegenden ikonographischen Details. Dennoch ist es möglich, das Mosaik mittels Analogien in anderen Bildprogrammen zu rekonstruieren, zu- Seite 142
mal sich seit dem Ende des 4. Jahrhunderts bereits ein feststehender ikonographischer Typenschatz herausgebildet hatte. Aus der Vermischung von Beschreibung und allegorischer Deutung beschriebener oder als bekannt vorausgesetzter Bildelemente erfahren wir so einiges vom Wesen des spätantiken Bildempfindens. Die Bildauslegung erfolgte in Formulierungen, die der allegorisierenden Schriftauslegung während des Gottesdienstes in vieler Hinsicht ähnelten. Insofern erweist sich das Bild in der Kirche als Entsprechung zu dem, was sich während des Gottesdienstes in Wort und kultischer Handlung als sinnlich und geistig wahrnehmbares Geschehen vollzog. Wenn durch Schriftauslegung und Eucharistiefeier «historische» Ereignisse der Heilsgeschichte (Menschwerdung, Kreuzestod, Auferstehung Christi) vergegenwärtigt wurden, sollte damit zugleich auf die zukünftigen, letzten Dinge als dem Ziel des göttlichen Waltens vorausgewiesen werden: Indem Vergangenes und Künf-

Rekonstruktion des Apsismosaiks in der Basilica Apostolorum von Nola-Cimitile nach der Beschreibung des Paulinus

tiges in der Gegenwart des Betrachters zur Einheit verschmolzen, bewirkten Wort, Handlung und Bild die mystische Präsenz des himmlischen Christus in seiner Kirche. In der Kirchweihrede des Eusebius waren solche Vorstellungen bereits deutlich angeklungen.

Ein weiteres Deutungsprinzip ergibt sich aus den «Carmina natalicia», den «Geburtstagsgedichten» des Paulinus von Nola, die dieser anläßlich der Gedächtnisfeiern des heiligen Felix (14. Januar) verfaßte und in denen er über die Ausschmückung des Felixheiligtums von Nola-Cimitile berichtete. Die Bilder des Alten Testaments in der Basilica Nova sollten den ungebildeten und noch in heidnischen Bräuchen verwurzelten Bauern aus der Umgebung von Nola die heiligen Geschichten vor Augen rücken. Dieselbe Absicht entnehmen wir – sofern die Stelle echt ist – einem Brief des Neilos von Ankyra (gestorben um 430). Er empfahl darin dem Adressaten, die Apsis der Kirche mit dem Kreuz und die Seitenwände mit Szenen aus dem Alten Testament auszuschmücken, «damit die des Schreibens Unkundigen, die auch die heiligen Schriften nicht lesen können, durch die Betrachtung der Bilder an die Rechtschaffenheit der Diener des wahren Gottes erinnert» und zur Nachahmung angespornt würden.

Die eigentümliche Verschmelzung vergangener und zukünftiger (eschatologischer) Aspekte, die Verbindung allegorisierender und didaktischer Elemente im spätantiken Urbild-Abbild-Denken sei am Beispiel des Mosaiks von Santa Pudenziana [43]
verdeutlicht: Das Himmlische Jerusalem gehört zu den zukünftigen, letzten Dingen, doch ist die Königsherrschaft des himmlischen Christus für den Betrachter schon zeitlos-gegenwärtiges Ereignis. Die Inbesitznahme der Herrschaft beruht auf der Menschwerdung und dem erlittenen Kreuzestod, worauf mittels der beiden heute nicht mehr sichtbaren Motive, der Geisttaube und dem Lamm zu

Füßen des Thronenden, zurückverwiesen wird. Das Lamm, das bei Johannes die Sünden der Welt trägt und auf den kommenden Messias hinweist, wird dereinst beim Gericht zugegen sein. Das kostbar geschmückte Kreuz von Golgatha ist hier nicht mehr Zeichen des Todes, sondern des Triumphes über den Tod. Zugleich ist es, gemäß den Zukunftsvisionen im Matthäusevangelium und in der Johannesapokalypse, das «Zeichen des Menschensohnes», das am östlichen Himmel der zweiten Wiederkehr Christi zum endzeitlichen Gericht, zur Inbesitznahme seiner himmlischen Königsherrschaft voraufgehen wird. Die Apostel, die in immerwährendem Lehrgespräch um den himmlischen Lehrer versammelt sind, haben die irdische Jüngerschar des Rabbi Jesus gebildet und werden auch beim Gericht neben ihm sitzen und mit ihm in das Himmlische Jerusalem einziehen.

Katakombenmalerei

Nirgends sonst sind diese verschiedenen, einander durchdringenden Ideen, gemessen an den bescheidenen Dimensionen des Mosaiks, in einer so komplexen und detaillierten Weise sinnfällig ins Bildliche übertragen worden. Verglichen damit wirkt das wenig früher entstandene Apsismosaik mit der himmlischen Lehrversammlung in der Vorhalle der
[45] Kapelle Sant'Aquilino zu Mailand bescheiden und konventionell. Dies zeigt eine Gegenüberstellung mit einem Fresko in der Domitillakatakombe, dem
[44] «Arkosol der Apostel» aus dem zweiten Viertel des 4. Jahrhunderts. Auch hier sitzt Christus in der Mitte auf einer Kathedra, angetan mit der typischen Philosophentracht, der Tunika und dem Pallium (Mantel). Seine Rechte ist im Redegestus ausgestreckt, die Linke hält die geöffnete Schriftrolle. Um ihn sitzen im Halbkreis die zwölf Apostel (der äußere linke ist zerstört). Im Unterschied zu den Mosaiken sind Petrus und Paulus noch nicht her-
Seite vorgehoben. Ihre typischen «Porträts» wurden erst
32 um die Jahrhundertmitte ausgebildet. Auch das jugendliche Haupt Christi mit dem halblangen, lokker herabfallenden Haar ist nicht als Abbild des historischen Jesus zu verstehen. Die Szene will vielmehr an den Lehrer der wahren Philosophie erinnern, ohne damit eine konkrete neutestamentliche Episode zu illustrieren. Die Darstellung enthält hier im Grabbereich ganz allgemein den Hinweis auf das Evangelium als die zur Erlösung führende Lehre. Überhaupt findet man in den römischen Katakomben des 4. Jahrhunderts nicht nur eine merkliche Bereicherung der alt- und neutestamentlichen Bildthemen, sondern, wie im Falle der Lehrszene, eine Fülle neuer Bildschöpfungen. So sehr die Darstellung an Apsiskompositionen erinnern mag, so wenig ist es aus zeitlichen Gründen möglich, sie von damals schon existierenden monumentalen Vorbildern herzuleiten.

In das Gelände der Domitillakatakombe einge- Seite
tieft, entstand im 4. Jahrhundert eine Basilika über 25
den Gräbern der heiligen Petronella, der legendären Tochter des Petrus, und der beiden Märtyrer Nereus und Achilleus. Von der Apsis gelangt man über einen kurzen Gang zum «Cubiculum der Veneranda». Das Arkosol ist mit einem Fresko ge- [33]
schmückt, das einer zuvor daneben eingesetzten, datierten Inschrift zufolge erst nach 356 entstanden sein kann. Die Verstorbene mit der Beischrift «Veneranda, bestattet am 7. Januar», steht als Orans leicht nach rechts gewendet in einer Blumenwiese, dem Symbol des Paradieses. Sie ist mit kostbaren Gewändern bekleidet. Ihr zur Seite erscheint die heilige Petronella, ebenfalls durch die Beischrift «Petronella Märtyrerin» gekennzeichnet. Sie deutet mit der Linken auf eine geöffnete Bücherkapsel, in der zahlreiche Schriftrollen sichtbar werden; darüber ist ein geöffnetes Buch dargestellt, wie die Rolle Hinweis auf die Evangelien als Quelle des rechten Glaubens, der über den Tod hinausführt. Das Bestreben, *retro sanctos,* in unmittelbarer Nachbarschaft der Heiligen, begraben zu werden, gewann im christlichen Bestattungswesen des
4. Jahrhunderts größte Bedeutung, wie bereits die Seite
Umgangsbasiliken zeigten. Es wurzelte in der Vor- 128 bis
stellung, daß bei der Auferstehung die Märtyrer 129
zugegen sein und die Seelen zum himmlischen Christus führen werden. Dieser Wunsch ist im Fresko, wo Veneranda von Petronella in das Paradies eingeführt wird, bereits sichtbar ausgedrückt.

Erst vor drei Jahrzehnten wurde in Rom eine in sich geschlossene Katakombenanlage an der Via Latina entdeckt, deren Deutung die Forschung bis heute beschäftigt. Das auffällig regelmäßig angelegte Hypogäum aus dem zweiten und dritten Viertel des 4. Jahrhunderts enthält teils mit christlichen, teils mit heidnischen Szenen ausgemalte Kammern. Einige Cubicula waren noch nicht fertiggestellt, woraus man geschlossen hat, daß die Kammern dieses Hypogäums gemäß den Wünschen

Rom. Katakombe an der Via Latina. Zweites Drittel des 4. Jh. Gesamtplan

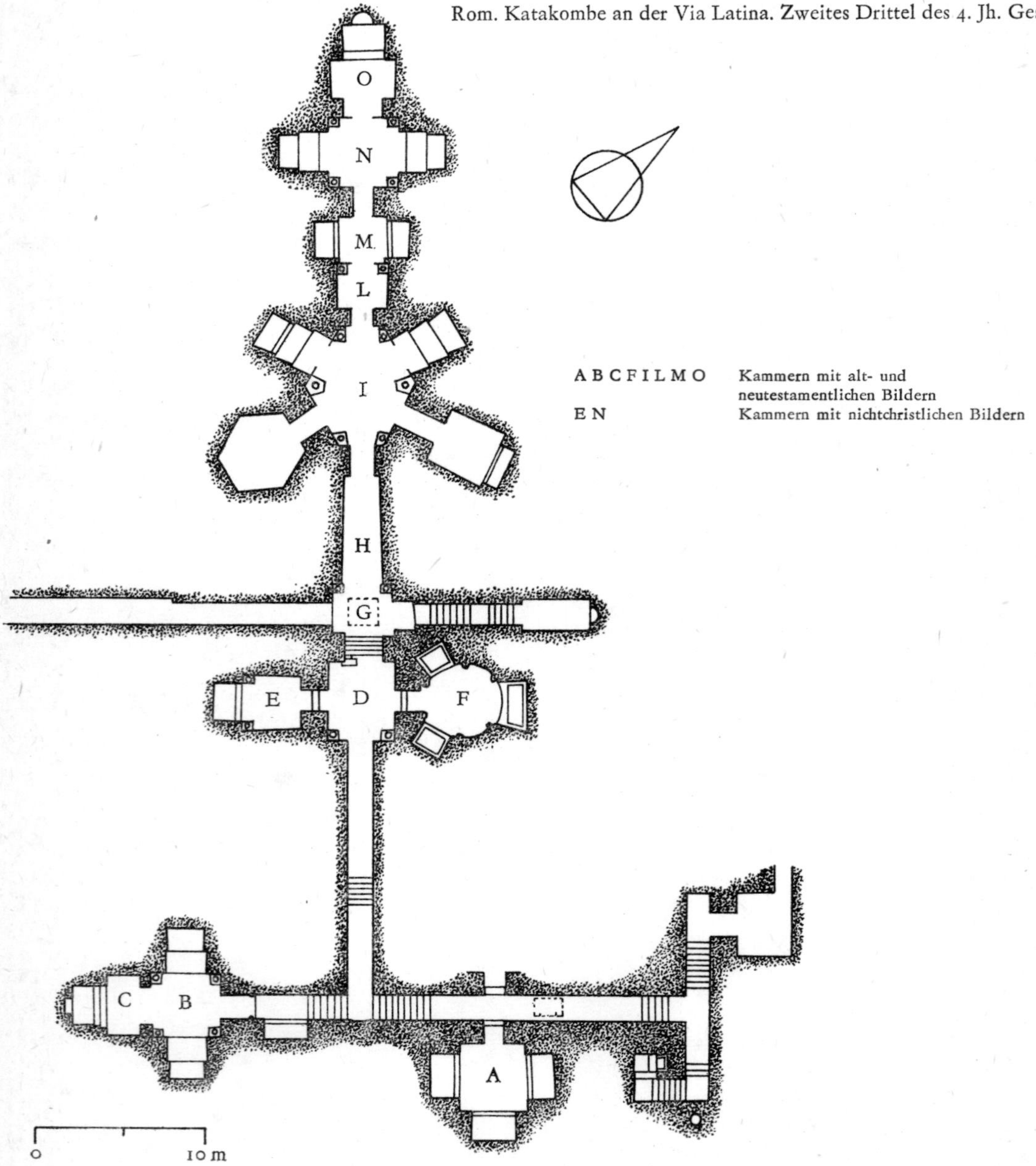

Eingangsgewände
1 Schuppenartig gestaffelte Bögen mit Blütenfüllung
2 Frau mit Ähren
3 Ceres oder Abundantia mit Fackel und Ähren, zwei Spitzamphoren
Decke
4 Sitzende Frau mit Ähren
5 Sitzende Frau mit Traube
6 Kopf im Blätterkelch, darüber Blütengewinde
7 Gefäß mit Zierbaum

Linke Wandnische
8 Zwei Körbe mit Ähren- und Blütengewinden
9 Auferweckung des Lazarus (Johannes 11), darüber Beauftragung des Moses (2. Mose 13, 21–22; 24, 12–18), Tafel-Abb. 32
10 Balaam weist auf den Stern (4. Mose 14, 17)
11 Daniel in der Löwengrube (Daniel 6, 16–22; 14, 30–39)

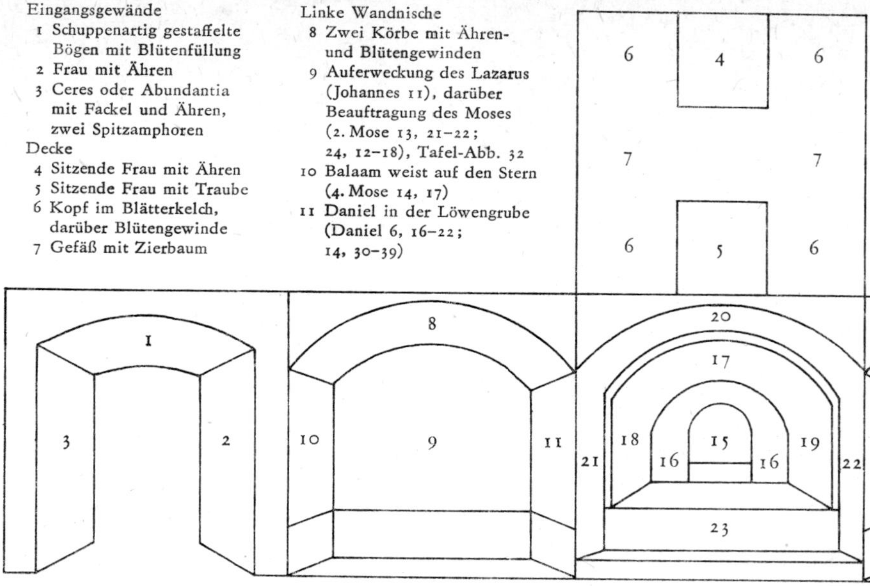

Rom. Katakombe an der Via Latina. Cubiculum O. Schema der Dekoration

Rechte Wandnische
8 Wie oben
12 Durchzug der Israeliten durch das Rote Meer (2. Mose 14, 23–28)
13 Bewaffneter Ägypter
14 Israelit

Rückwärtige Arkosolnische
15 Pfau unter Muschelbaldachin zwischen Eroten und Girlanden
16 Tanzende Viktorien unter Pergola, Vogel
17 Weibliche Büste mit Nimbus (Verstorbene?), umgeben von Girlanden, Vögeln und Putten
18 Brotvermehrung (Matthäus 15, 32–38)
19 Drei Jünglinge im Feuerofen (Daniel 3, 19–23)
20 Quadrate und stilisierte Blüten
21 Noah in der Arche (1. Mose 8, 13)
22 Orans
23 Front eines Strigilissarkophags

der Käufer ausgemalt worden sind. Dies würde das Nebeneinander heidnischer und christlicher Cubicula erklären. Unter den christlichen Darstellungen überrascht die Vielfalt neuer, in der Katakombenmalerei erstmals auftretender biblischer Szenen, ferner die kompositorische Ausgewogenheit und inhaltliche Zuordnung der einzelnen Bilder. Als Beispiel hierfür mag das Dekorationsprogramm der Kammer O stehen. Die Arkosolnische gegenüber dem Eingang, in der die Front eines Strigilissarkophags steht, zeigt im Zentrum einen Pfau unter einer Muschelarkade, umgeben von Eroten mit Girlanden und einer Gartenlandschaft mit tanzenden Viktorien. Die Seitenwände des Arkosols schmükken hingegen biblische Szenen, die Brotvermehrung links und die Drei Jünglinge im Feuerofen rechts. Im Zenit erscheint eine nimbierte weibliche Büste. Auf dem linken Wandstreifen ist Noah in der Arche, auf dem rechten eine Orans dargestellt. Die Seitenwände der Kammer sind als Nischen gebildet. Großflächige szenische Malereien füllen die Wandflächen über einem schmalen Sockel aus. Auf
dem Wandfeld in der Nische links des Eingangs ist [32]
vermutlich die Auferweckung des Lazarus dargestellt, doch wiederholt die Komposition die Ikonographie eines Bildes im Cubiculum C, wo die Ankunft der Israeliten am Sinai gemeint sein könnte. In beiden Bildern ist im oberen Teil die Feuersäule, die dem Zug der Israeliten voraufging, und die Beauftragung des Moses eingefügt. Da der Maler im Cubiculum O aber einen in Tücher gewickelten Leichnam in das tempelartige Gebäude stellte und dem Anführer des Zuges einen Wunderstab in die Hand gab, wurde hier aus dem Zug der Israeliten durch die Wüste eine Auferweckung des Lazarus durch den Wundertäter Christus.

Plastik und Relief

Denkmäler der tetrarchischen und konstantinischen Zeit

In den Bereich der imperialen Staatskunst der tetrarchisch-konstantinischen Zeit gehören einige fest datierte Denkmäler mit Reliefschmuck, die teils der Architektur, teils der Plastik zuzurechnen sind. Sie alle lassen den offiziellen Stil dieser Zeit in seinen Variationsmöglichkeiten erkennen. Eines der ältesten Denkmäler der Tetrarchie ist der Triumph-
[46] bogen, den Galerius nach seinen Parthersiegen wohl 297 in Thessaloniki als Teil seiner Palastanlage und
[184] in Verbindung mit einem Rundbau errichten ließ.

Anläßlich der Vicennalien Diokletians wurde 303 auf dem Forum Romanum hinter der Rostra (Rednerbühne) ein Fünfsäulendenkmal erbaut, dessen ursprüngliche Anordnung aus archäologisch gesicherten Resten (Fundamente) und einer Darstellung auf dem Konstantinsbogen hervorgeht: Vor [51, 52]
einer zentralen Säule, die eine Jupiterstatue trug – Iovius war der Beiname Diokletians –, waren vier Säulen mit den Genien der ersten Tetrarchen aufgestellt. Die Säulen der Augusti Diokletian und Maximianus standen innen, die der Cäsaren Galerius und Constantinus Chlorus außen. Erhalten ist nur das reliefverzierte Postament der Constantius- [47]
säule. Die Nordseite zeigt gemäß heutiger Aufstellung zwei Viktorien, die einen Schild halten mit der

Rom. Forum Romanum. Rekonstruktion des tetrarchischen Fünfsäulendenkmals hinter der Rostra. Um 303

Aufschrift CAESARUM DECENNALIA FELICITER, «Die Zehnjahresfeier der Cäsaren möge glücklich sein». Auf der Südseite opfert Constantius mit verhülltem Haupt dem Kriegsgott Mars und gießt Wein aus der Spendenschale in die Flamme eines Dreifußaltars. Staatsgötter (Mars, Roma, Genius Populi Romani) und Opferpersonal umgeben ihn. Auf der Ostseite bilden Soldaten mit Feldzeichen und Bürger eine Prozession, auf der Westseite wird das Souvetaurilienopfer (Schwein, Widder, Stier) herangeführt. Die Inschriften und Darstellungen des Fünfsäulendenkmals bildeten ein politisches Programm, das die Concordia der Herrscher der ersten Tetrarchie, ihre Pietas gegenüber den alten römischen Göttern und die darauf gegründete Staatsordnung verherrlichte.

Demselben Zweck dienten die beiden Porphyr-
[48] gruppen von San Marco in Venedig, die ebenfalls zu einem Säulenmonument gehörten. Die Anordnung der vier einander paarweise umarmenden, nach Alter und Rang unterschiedenen Kaiser im militärischen Dienstkostüm legt es nahe, darin die Herrscher der ersten Tetrarchie zu erkennen, also Diokletian mit Galerius und Maximianus mit Constantius, wodurch die Gruppen in die Zeit zwischen 293 und 305 datiert würden. In den Statuen wird die Eigenart tetrarchischer Herrscherpropaganda und der künstlerischen Mittel, derer sie sich bediente, deutlich. Die Merkmale des spätantiken Stils sind hier voll ausgebildet. Die übergroßen Köpfe zeigen trotz ihrer radikalen Abkehr vom Klassizismus kaiserzeitlicher Bildnistypen kaum noch nennenswerte individuelle Porträtzüge. In den formelhaften Gesichtern, den festgefügten Konturen, den starren, von stilisierten Lidwülsten gerahmten Augen wird nicht mehr die menschliche Person, sondern die überirdische, unumschränkte Majestät des Kaisers gemäß der Herrscherideologie des Dominats repräsentiert. Der Eindruck magischer Unbewegtheit geht zum Teil auf die Härte des verwendeten Gesteins, des allein kaiserlichen Zwecken vorbehaltenen ägyptischen Porphyrs, und auf den eher provinziellen Stil des vermutlichen Herstellungsortes Alexandria zurück. Es mag an der Herkunft der Tetrarchen liegen – sie alle sind, aus kleinsten Verhältnissen kommend, zur Spitze der Macht aufgestiegen –, daß das neue Herrschaftsideal in diesem volkstümlich-provinziellen Stil propagiert wurde.

Daß sich selbst Konstantin der Einprägsamkeit dieses Stils nicht entziehen konnte, zeigt die Wiederbenutzung der Gruppen in Konstantinopel, obwohl die ersten Tetrarchen, mit Ausnahme seines Vaters Constantius I. Chlorus, inzwischen geächtet waren. Er ließ die Statuen von einem uns unbekannten Ort (Nikomedia?), wo sie die Wirrnisse nach dem Ende der Tetrarchie unbeschädigt überdauert hatten, in die neue Hauptstadt überführen. Hier wurden sie zur Verherrlichung der Philadelphia, der Liebe und Eintracht der konstantinischen Kaiserfamilie aufgestellt. Die Venezianer haben die Gruppen während des vierten Kreuzzugs und der schändlichen Plünderung von Konstantinopel (1204) geraubt und nach Venedig verschleppt. Ein zugehöriges Basisfragment der rechten Gruppe wurde 1965 in Istanbul wiedergefunden und legt es nahe, daß die Figuren dort auf dem «Philadelphion» genannten Platz gestanden haben.

Am Kopf der kolossalen Sitzstatue Konstantins, [49]
die nach 313 in der Westapsis der Basilica Nova Seite
aufgestellt wurde und deren 1484–1492 wieder auf- 106
gefundenen Reste heute im Hof des Konservatorenpalastes stehen, ist das starre, unpersönliche und blockhafte Schema der Tetrarchenporträts gemildert. In dem mächtigen, auf Unteransicht berechneten Haupt (Höhe 2,60 Meter) dominieren die übergroßen, weit geöffneten und nach oben blikkenden Augen. Durch die Überlängung der Gesichtszüge und die dadurch bewirkte Betonung der Vertikalachse wird der beabsichtigte Eindruck der Entrücktheit noch verstärkt. Das von zeitgenössischen Quellen bezeugte Sendungsbewußtsein Konstantins, sein Selbstverständnis als Mittler zwischen der überirdischen Sphäre und der diesseitigen Welt kraft seines ihm von der Gottheit verliehenen Herrscheramtes, mag sich dem spätantiken Betrachter in den neuartigen Formeln dieses Bildnisses eindrucksvoll mitgeteilt haben. Die Widmungsinschrift
auf dem Konstantinsbogen bezeugt ausdrücklich, [50]
daß der Kaiser seinen Sieg über Maxentius (28. Ok-

tober 312) *instinctu divinitatis mentis magnitudine*, «durch Eingebung der göttlichen Weisheit und die Herrlichkeit des Geistes», errungen habe. Welche Gottheit den Sieg ermöglichte, wird zwar nicht gesagt, doch begannen christliche Autoren wie Eusebius schon bald, Christus als den Urheber zu bestimmen. Einer Vision und einer Traumerscheinung zufolge soll Konstantin in der Schlacht bereits das Kreuz oder den Christusnamen als Schildzeichen benutzt haben. Auf dem Forum Romanum

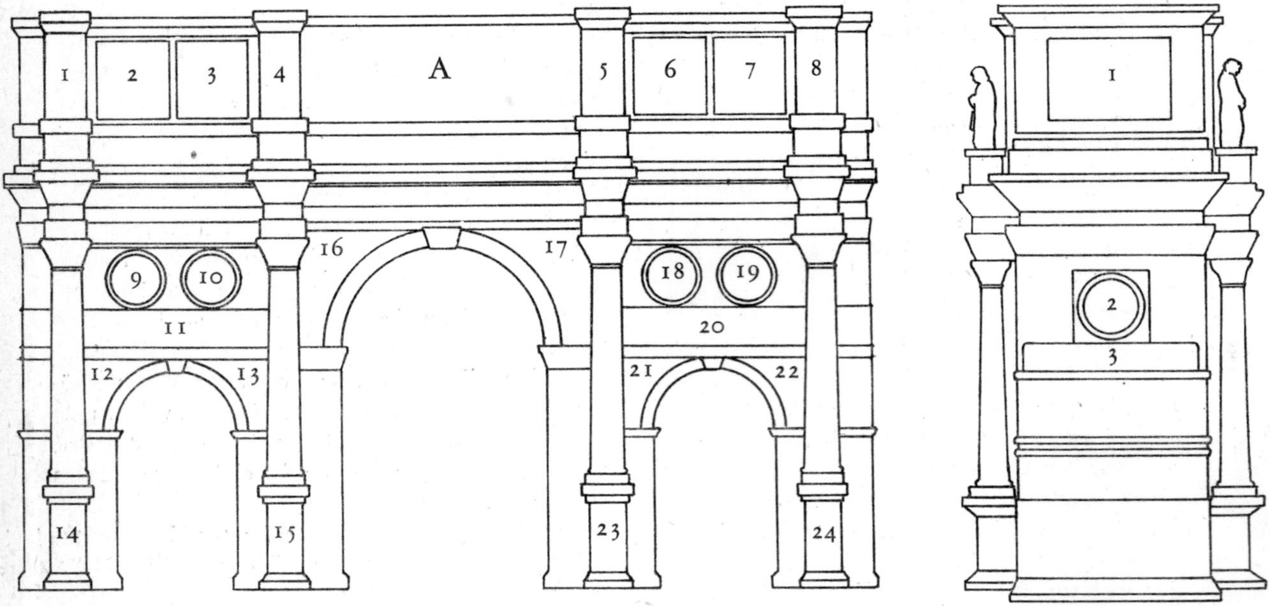

Rom. Konstantinsbogen. Bildprogramm der Front- und Stirnseiten (Schema)

WESTLICHE STIRNSEITE
1 Schlachtszene aus dem Dakerfeldzug Trajans
2 Luna auf einem Zweigespann (konstantinisch)
3 Aufbruch der Armee Konstantins in Mailand (312)

SÜDSEITE
A Inschrift: «Dem Imperator Caesar Flavius Constantinus Maximus, dem frommen, glücklichen und erhabenen: Senat und Volk von Rom haben den hervorragenden Triumphbogen gestiftet, weil er kraft göttlicher Eingebung und Größe des Geistes mit seinem Heer den Staat vom Tyrannen und eine Zeitlang von jeglichem Zwist durch die gerechten Waffen befreit hat»
1 4 5 8 Gefangene Daker (trajanisch)
2 Mark Aurel spricht zu seinen Soldaten
3 Dalmatinische Gefangene vor Mark Aurel
6 Mark Aurel spricht zu seinen Soldaten
7 Opfer Mark Aurels nach seinem Triumph (176)
9 Ausfahrt Konstantins zur Jagd (hadrianisch, überarbeitet)
10 Konstantin opfert Silvanus (hadrianisch, überarbeitet)
11 Belagerung von Verona durch Konstantin (312)
12 13 21 22 Flußgötter
14 15 23 24 Viktorien und römische Soldaten mit Gefangenen (auf Front- und Stirnseiten)
16 17 Viktorien mit Sommer und Herbst
18 Konstantin auf der Bärenjagd (hadrianisch, überarbeitet)
19 Konstantin opfert Diana (hadrianisch, überarbeitet)
20 Konstantin besiegt Maxentius an der Milvischen Brücke (312)

ÖSTLICHE STIRNSEITE
1 Schlachtenszene aus dem Dakerfeldzug Trajans
2 Sol Invictus auf der Quadriga (konstantinisch)
3 Ankunft Konstantins in Rom (312)

NORDSEITE
A Inschrift (wie auf der Südseite)
1 4 5 8 Gefangene Daker (trajanisch)
2 Mark Aurel in Rom von den Göttern empfangen (174)
3 Mark Aurel in Rom von der Via Flaminia begrüßt
6 Mark Aurel verteilt nach seinem Triumph (176) Geschenke
7 Gefangener germanischer Edler vor Mark Aurel
9 Konstantin auf der Eberjagd (hadrianisch, überarbeitet)
10 Licinius opfert Apoll (hadrianisch, überarbeitet)
11 Konstantin spricht von der Rostra zum römischen Volk (Oratio)
12 13 21 22 Flußgötter
14 15 23 24 Viktorien und römische Offiziere mit Gefangenen
16 17 Viktorien mit Winter und Frühling
18 Konstantin auf der Löwenjagd (hadrianisch, überarbeitet)
19 Licinius opfert Hercules (hadrianisch, überarbeitet)
20 Geldverteilung durch Konstantin (Liberalitas)

MITTELDURCHGANG
Östliche Seite: Dakerschlacht Trajans
Westliche Seite: Trajan durchreitet siegreich die Porta Capena

[50]
Konstantinsbogen auf dem Forum Romanum. Ansicht der Nordseite. Um 312–315.
[51, 52] (folgende Seite)
Fries von der Nordseite des Konstantinsbogens. Ausschnitte aus der Ansprache des Kaisers auf der Rostra des Forums.
[53, 54] (übernächste Seite)
Fries von der Nordseite des Konstantinsbogens. Ausschnitte aus der Geldverteilung.

SABINO
COIVGI
QVI VIXIT
ANN·XIIII
M·X D·XIII
B M IN PACE
D·VI·K·MAI·

[55]
Sarkophag des Sabinus mit neutestamentlichen Wunderszenen.
Auf dem Deckel Porträt und Jagdszenen. Erstes Viertel des 4. Jh.
[56]
Sarkophag mit alt- und neutestamentlichen Szenen.
Imago clipeata mit unvollendeten Gattenporträts. Erstes Drittel des 4. Jh.

[57]
«Dogmatischer» Sarkophag mit alt- und neutestamentlichen Szenen.
Imago clipeata
mit unvollendeten Gattenporträts.
Zweites Viertel des 4. Jh.

[58]
«Passionssarkophag» mit Tropaion Christi und Passionsszenen. Mitte des 4. Jh.
[59]
Sarkophag der Adelphia und des Valerius mit alt- und neutestamentlichen sowie apokryphen Szenen. Bildnismuschel mit vollendeten Gattenporträts. Um 340–350.

[60]
«Brüdersarkophag» mit alt- und neutestamentlichen sowie mit apokryphen Szenen.
Bildnismuschel mit vollendeten Männerporträts. Um 340–350.

[61, 62]
Säulensarkophag mit «Traditio legis» und Aposteln,
Christus vor Pilatus und Opfer Abrahams.
Linke Schmalseite mit Christus und Petrus
in der Hahnszene (Verleugnung Petri)
vor einer Stadtkulisse. Drittes Viertel des 4. Jh.

[63]
Sarkophag des Stadtpräfekten Iunius Bassus
(gestorben 359)
mit alt- und neutestamentlichen Szenen,
Passion und himmlischer Herrschaft Christi,
Martyrium des Petrus und Paulus. Um 350–360.

[64]
Porphyrsarkophag
aus dem Mausoleum der
Constantina (S. Costanza)
mit Kelterszene.
Zweites Viertel des 4. Jh.

[65]
Porphyrtorso einer Kaiser-
statue aus Alexandria.
Erste Hälfte des 4. Jh.

[66, 67]
«Mailänder Stadttorsarkophag». Vorderfront. Thronender Christus inmitten des Apostelkollegiums, Anbetung des Lamms, Imago clipeata mit vollendeten Gattenporträts, Drei Jünglinge vor dem Nebukadnezarbild und Anbetung der Magier. Rückfront. «Traditio legis» und Apostelkollegium, Lämmerprozession und Anbetung des Lamms. Ende des 4. Jh.

[68]
«Mailänder Stadttorsarkophag». Himmelfahrt des Elias, Noah in der Arche, Berufung des Moses, Krippe Jesu, Eckmaske. Ende des 4. Jh.

[69]
«Probussarkophag». Christus Victor
auf dem Vierstromberg und akklamierende Apostel.
Ende des 4. Jh.
[70]
Fragment eines «Passionssarkophags»
mit Christus Victor, Martyrium des Petrus und Paulus. Ende des 4. Jh.

[71]
Seite aus einer
griechischen
Handschrift
des Alten Testaments
(«Codex Sinaiticus»).
Mitte des 4. Jh.

ΝΕΤΗϹΜΟΥΕΚΦΥ
ΛΗϹΠΑΤΡΙΑϹΜΟΥ
ΟΤΙϹΥΚΕΕΛΑΒΕϹ
ΤΟΝΙϹΛΕΚΠΑΝΤΩΝ
ΤΩΝΕΘΝΩΝ·ΚΑΙ
ΤΟΥϹΠΑΤΕΡΑϹΗΜΩΝ
ΕΚΠΑΝΤΩΝΤΩΝ
ΠΡΟΓΟΝΩΝΑΥΤΩΝ
ΕΙϹΚΛΗΡΟΝΟΜΙΑ
ΑΙΩΝΙΟΝ·ΚΑΙΕΠΟΙ
ΗϹΑϹΑΥΤΟΙϹΟϹΑ
ΛΑΛΗϹΑϹ·ΚΑΙΝΥΝ
ΗΜΑΡΤΟΜΕΝΕΝΩ
ΠΙΟΝϹΟΥ·ΚΑΙΠΑ
ΡΕΔΩΚΑϹΗΜΑϹΕΙϹ
ΧΙΡΑϹΤΩΝΕΧΘΡΩΝ
ΗΜΩΝ·ΑΝΘΩΝΕ
ΔΟΞΑϹΑΜΕΝΤΟΥϹΘ
ΟΥϹΑΥΤΩΝ·ΔΙΚΑΙΟ
ϹΕΙΚΕ·ΚΑΙΝΥΝΟΥ
ΧΙΚΑΝΩΘΗϹΑΝΕΝ
ΠΙΚΡΑϹΜΩΔΟΥΛΙ
ΑϹΗΜΩΝ·ΑΛΛΑΕ
ΘΗΚΑΝΤΑϹΧΙΡΑϹΕΠΙ
ΕΙΔΩΛΩΝΑΥΤΩΝ·
ΕΞΑΡΑΙΟΡΙϹΜΟΝ
ϹΤΟΜΑΤΟϹϹΟΥΚΑΙ
ΑΦΑΝΙϹΑΙΚΛΗΡΟ
ΝΟΜΙΑΝϹΟΥ·ΚΑΙΕΜ
ΦΡΑΞΑΙϹΤΟΜΑΤΑΑΙ
ΝΟΥΝΤΩΝϹΟΙ·ΚΑΙ
ϹΒΕϹΑΙΔΟΞΑΝΟΙ
ΚΟΥϹΟΥ·ΚΑΙΘΥϹΙΑ
ϹΤΗΡΙΟΝϹΟΥ·ΚΑΙΑ
ΝΟΙΞΑΙϹΤΟΜΑΕ
ΘΝΩΝΕΙϹΑΡΕΤΑϹ
ΜΑΤΑΙΩΝ·ΚΑΙΘΑΥ
ΜΑϹΘΗΝΑΙΒΑϹΙΛΕ
ΑϹΑΡΚΙΝΟΝΕΙϹΑΙ
ΩΝΑ·ΜΗΠΑΡΑΔΩϹ
ΚΕΤΟϹΚΗΠΤΡΟΝ
ϹΟΥΚΕ·ΤΟΙϹΜΗΟΥ
ϹΙ·ΚΑΙΜΗΚΑΤΑΓΕΛΑ
ϹΑΤΩϹΑΝΕΝΤΗΠΤΩ
ϹΕΙΗΜΩΝ·ΑΛΛΑϹΤΡΕ
ΨΟΝΤΗΝΒΟΥΛΗΝΑΥ
ΤΟΥΕΠΑΥΤΟΥϹ·ΤΟΝ
ΔΕΑΡΞΑΜΕΝΟΝΕ

ΦΗΜΑϹΠΑΡΑΔΙΓΜΑ
ΤΙϹΟΝ·ΜΝΗϹΘΗΤΙ
ΚΕ·ΓΝΩϹΘΗΤΙΕΝΚΑΙ
ΡΩΘΛΙΨΕΩϹΗΜΩΝ·
ΚΑΙΕΜΕΘΑΡϹΥΝΟΝ
ΒΑϹΙΛΕΥΤΩΝΘΕΩΝ
ΚΑΙΠΑϹΗϹΑΡΧΗϹ
ΕΠΙΚΡΑΤΩΝ·ΔΟϹΛΟ
ΓΟΝΕΥΡΥΘΜΟΝΕΙϹ
ΤΟϹΤΟΜΑΜΟΥΕΝΩ
ΠΙΟΝΤΟΥΛΕΟΝΤΟϹ
ΚΑΙΜΕΤΑΘΕϹΤΗΝ
ΚΑΡΔΙΑΝΑΥΤΩΝΕΙϹ
ΜΙϹΟϹΤΟΥΠΟΛΕ
ΜΟΥΝΤΟϹΗΜΑϹΕΙϹ
ϹΥΝΤΕΛΕΙΑΝΑΥΤΟΥ·
ΚΑΙΤΩΝΟΜΟΝΟΟΥΝ
ΤΩΝΑΥΤΩ·ΗΜΑϹΔΕ
ΡΥϹΑΙΕΝΧΙΡΙϹΟΥΚΑΙ
ΒΟΗΘΗϹΟΝΜΟΙΤΗ
ΜΟΝΗΚΑΙΜΗΕΧΟΥ
ϹΗΕΙΜΗϹΕΚΕ·ΠΑΝ
ΤΩΝΓΝΩϹΙΝΕΧΕΙϹ
ΚΑΙΟΙΔΑϹΟΤΙΕΜΙϹΗ
ϹΑΔΟΞΑΝΑΝΟΜΩΝ
ΚΑΙΒΔΕΛΥϹϹΟΜΕΚΟΙ
ΤΗΝΑΠΕΡΙΤΜΗΤΩΝ
ΚΑΙΠΑΝΤΟϹΑΛΛΟ
ΤΡΙΟΥ·ϹΥΟΙΔΑϹΤΗΝ
ΑΝΑΓΚΗΝΜΟΥΟΤΙ
ΒΔΕΛΥϹϹΟΜΕΚΟΙ
ΤΗΝΑΠΕΡΙΤΜΗΤΩΝ
ΤΟϹΗΜΙΟΝΤΗϹΥ
ΠΕΡΗΦΑΝΙΑϹΜΟΥ·
ΟΕϹΤΙΝΕΠΙΤΗϹΚΕ
ΦΑΛΗϹΜΟΥΕΝΗΜΕ
ΡΑΙϹΟΠΤΑϹΙΑϹΜΟΥ
ΒΔΕΛΥϹϹΟΜΑΙΑΥΤΟ
ΩϹΡΑΚΟϹΚΑΤΑΜΗ
ΝΙΑΙΩΝΚΑΙΟΥΦΟ
ΡΩΑΥΤΟΕΝΗΜΕ
ΡΑΙϹΗϹΥΧΙΑϹΜΟΥ·
ΚΑΙΟΥΚΕΦΑΓΕΝΗ
ΔΟΥΛΗϹΟΥΤΡΑΠΕΖΑΝ
ΑΜΑΝ·ΚΑΙΟΥΚΕΔΟΞΑ
ϹΑϹΥΜΠΟϹΙΟΝΒΑ
ϹΙΛΕΩϹΟΥΔΕΕΠΙ
ΝΟΝΟΙΝΟΝϹΠΟΝ

ΔΩΝ·ΚΑΙΟΥΚΕΥ
ΦΡΑΝΘΗΗΔΟΥΛΗ
ϹΟΥΑΦΗΜΕΡΑϹΜΕ
ΤΑΒΟΛΗϹΜΕΧΡΙ
ΝΥΝ·ΠΛΗΝΕΠΙϹΟΙ
ΚΕΟΘϹΑΒΡΑΑΜ·Ο
ΘϹΟΙϹΧΥΩΝΕΠΙ
ΠΑΝΤΑϹΕΙϹΑΚΟΥ
ϹΟΝΦΩΝΗΝΑΦΗΛ
ΠΙϹΜΕΝΩΝ·ΚΑΙ
ΡΥϹΑΙΗΜΑϹΕΚΧΙ
ΡΟϹΤΩΝΠΟΝΗΡΕΥ
ΟΜΕΝΩΝ·ΚΑΙΡΥ
ϹΑΙΜΕΕΚΤΟΥΦΟ
ΒΟΥΜΟΥ:
ΚΑΙΕΓΕΝΗΘΗΕΝΤΗ
ΗΜΕΡΑΤΗΤΡΙΤΗΩϹ
ΕΠΑΥϹΑΤΟΠΡΟϹΕΥ
ΧΟΜΕΝΗΕΞΕΔΥϹΑ
ΤΑΙΜΑΤΙΑΤΗϹΘΕ
ΡΑΠΙΑϹΚΑΙΠΕΡΙΕ
ΚΑΛΕΤΟΤΗΝΔΟΞΑΝ
ΑΥΤΗϹΚΑΙΕΓΕΝΗ
ΘΗΕΠΙΦΑΝΗϹΕ
ΠΙΚΑΛΕϹΑΜΕΝΗ
ΤΟΝΠΑΝΤΩΝΕΠΟ
ΠΤΗΝΘΝ·ΚΑΙϹΩ
ΤΗΡΑ·ΠΑΡΕΛΑΒΕ
ΤΟΔΥΟΑΒΡΑϹΚΑΙ
ΤΗΜΕΝΜΙΑΕΠΗ
ΡΙΔΕΤΟΩϹΤΡΥΦΕ
ΡΕΥΟΜΕΝΗ·ΗΔΕ
ΕΤΕΡΑΕΠΗΚΟΛΟΥ
ΘΕΙΚΟΥΦΙϹΑΤΗΝ
ΕΝΔΥϹΙΝΑΥΤΗϹ:
ΚΑΙΑΥΤΗΕΡΥΘΡΙ
ΩϹΑΑΚΜΗ
ΚΑΛΛΟΥϹΑΥΤΗϹ:
ΚΑΙΤΟΠΡΟϹΩΠΟΝ
ΙΛΑΡΟΝΑΥΤΗϹΩϹ
ΠΡΟϹΦΙΛΕϹ·ΗΔΕΚΑΡ
ΔΙΑΑΥΤΗϹΑΠΕϹΤΕ
ΝΩΜΕΝΗΑΠΟΤΟΥ
ΦΟΒΟΥ·ΚΑΙΕΙϹΕΛ
ΘΟΥϹΑϹΘΥΡΑϹΚΑΤΕ
ϹΤΗΕΝΩΠΙΟΝΤΟΥ
ΒΑϹΙΛΕΩϹ·ΚΑΙΑΥ
ΤΟϹΕΚΑΘΗΤΟΕΠΙ

ΤΟΥΘΡΟΝΟΥΤΗϹΒΑ
ϹΙΛΙΑϹΑΥΤΟΥ·ΚΑΙ
ΠΑϹΑΝϹΤΟΛΗΝΤΗϹ
ΕΠΙΦΑΝΙΑϹΑΥΤΟΥ
ΕΝΔΕΔΥΚΕΙΟΛΟ
ΔΙΑΧΡΥϹΟΥΚΑΙΛΙΘ
ΠΟΛΥΤΕΛΩΝΚΑΙΗ
ΦΟΒΕΡΟϹϹΦΟΔΡΑ
ΚΑΙΤΟΠΡΟϹΩΠΟΝ
ΑΥΤΟΥΠΕΠΥΡΩ
ΜΕΝΗΔΟΞΗΕΝΑΚ
ΜΗΘΥΜΟΥ·ΚΑΙΕΠΙ
ϹΕΝΗΒΑϹΙΛΙϹϹΑ
ΚΑΙΜΕΤΕΒΑΛΕΤΟ
ΧΡΩΜΑΑΥΤΗϹΕΝΕΚ
ΛΥϹΕΙ·ΚΑΙΚΑΤΕΠΕ
ΚΥΨΕΝΕΠΙΤΗΝΚΕ
ΦΑΛΗΝΤΗϹΑΒΡΑϹ
ΤΗϹΠΡΟϹΠΟΡΕΥΟΜΕ
ΝΗϹ·ΚΑΙΜΕΤΕΒΑΛΕ
ΟΘϹΤΟΠΝΑΤΟΥΒΑ
ϹΙΛΕΩϹΕΙϹΠΡΑΥΤΗ
ΤΑ·ΚΑΙΑΓΩΝΙΑϹΑϹ
ΑΝΕΠΗΔΗϹΕΝΑΠΟ
ΤΟΥΘΡΟΝΟΥΑΥΤΟΥ
ΚΑΙΑΝΕΛΑΒΕΝΑΥ
ΤΗΝΕΠΙΤΑϹΑΓΚΑ
ΛΑϹΑΥΤΟΥΜΕΧΡΙΟΥ
ΚΑΤΕϹΤΗ·ΚΑΙΠΑΡΕ
ΚΑΛΕΙΑΥΤΗΝΛΟΓΟΙϹ
ΕΙΡΗΝΙΚΟΙϹΚΑΙΕΙ
ΠΕΝΑΥΤΗΤΙΕϹΤΙΝ
ΕϹΘΗΡ·ΕΓΩΟΑΔΕΛ
ΦΟϹϹΟΥ·ΘΑΡϹΙ·ΟΥΜΗ
ΑΠΟΘΑΝΗϹ·ΟΤΙ
ΚΟΙΝΟΝΤΟΠΡΟϹ
ΤΑΓΜΑΗΜΩΝΕϹΤΙ
ΠΡΟϹΕΛΘΕ·ΚΑΙΑΡΑϹ
ΤΗΝΧΡΥϹΗΝΡΑΒΔΟΝ
ΕΠΕΘΗΚΕΝΕΠΙΤΟΝ
ΤΡΑΧΗΛΟΝΑΥΤΗϹ
ΚΑΙΗϹΠΑϹΑΤΟΑΥ
ΤΗΝ·ΚΑΙΕΙΠΕΝΛΑ
ΛΗϹΟΝΜΟΙ·ΚΑΙΕΙ
ΠΟΝΑΥΤΩ·ΕΙΔΟΝ
ϹΕΚΕΩϹΑΓΓΕΛΟΝ
ΘΥ·ΚΑΙΕΤΑΡΑΧΘΗΗ
ΚΑΡΔΙΑΜΟΥΑΠΟ

[72]
Rom, Baptisterium der Lateranbasilika von Norden. 5. Jh.

[73, 74]
Rom, Mausoleum der Constantina (S. Costanza). Südliche Apsis mit «Traditio legis» und nördliche Apsis mit Schlüsselübergabe an Petrus. Mitte des 4. Jh.

[75, 76]
Goldmedaillon des Constantius I. Chlorus. Vorder- und Rückseite.
[77, 78]
Solidus Konstantins des Großen. Vorder- und Rückseite.
[79, 80]
Goldmedaillon des Constantius II. Vorder- und Rückseite.
[81, 82]
Zwei Silbermedaillons des Constans. Rückseiten.
[83]
Goldmedaillon des Valens. Rückseite.

[84]
Silbervergoldete Largitionsschale des Kaisers Constantius II. Um 350–360.

[85]
Silberschrein der Proiecta aus dem Esquilinschatz.
Toilette der Braut, Venus in der Muschel. Drittes Viertel des 4. Jh.

[86]
Silbervergoldete Amphora aus dem Schatz von Concești.
Amazonenkampf, Meerthiasos und Jagdszenen. Um 400.

[87]
Silbernes Missorium des Kaisers Theodosius I. Der Kaiser und seine Söhne Arcadius und Valentinianus. Um 388.

[88]
Versilberte Bronzebüste
eines Kaisers (Valentinianus II. ?).
Letztes Viertel des 4. Jh.
[89]
Bronzene Pferdestirnplatte mit Zirkusszenen.
Zweite Hälfte des 4. Jh.

RVFIVS PROBIANVS VC
VICARIVS VRBIS ROMAE

[90]
Elfenbeindiptychon
des römischen Stadtvikars Probianus. Letztes Viertel des 4. Jh.

[91]
Elfenbeindiptychon
des Stilicho und der Serena. Um 400.

[92]
Elfenbeinpyxis
mit lehrendem Christus und Apostelkollegium.
Zweite Hälfte des 4. Jh.

[93]
Elfenbeinkasten von Brescia.
Alt- und neutestamentliche Szenen auf der rechten Nebenseite.
Zweite Hälfte des 4. Jh.

[94]
Marmorporträt
eines Kaisers
(Arcadius ?).
Aus Rom. Um 400.

wurde ihm eine Statue errichtet, die nach Eusebius «das Zeichen des heilbringenden Leidens», vielleicht eine Standarte mit Christusmonogramm, in der Rechten hielt (Kirchengeschichte IX 9, 10f.).

Der Konstantinsbogen mit seinem aufwendigen, [50 bis 54] teils aus trajanischen, hadrianischen und antoninischen Spolien, teils aus zeitgenössischen Skulpturen zusammengefügten Bildschmuck wurde vom römischen Senat 312 in Auftrag gegeben und zur Decennalienfeier Konstantins (315) fertiggestellt. Die Wiederverwendung der älteren Reliefs hat man gern mit der kurzen Bauzeit oder dem Fehlen geeigneter Künstler erklären wollen, die der umfangreichen Dekorationsaufgabe gewachsen gewesen wären. Wie absichtsvoll die Spolien benutzt sind, beweist die Tatsache, daß die älteren Kaiserköpfe zu Porträts Konstantins oder seines Mitkaisers Licinius umgearbeitet wurden. Dadurch ist sinnfällig gemacht, daß Konstantin als neuer Trajan, neuer Hadrian oder neuer Mark Aurel erscheinen wollte. Spolienverwendung war, neben materiellen Gründen, ein Akt der bewußten Anknüpfung an frühere, als vorbildhaft empfundene Zeitalter. Insofern sind auch die konstantinischen Reliefs des Bogens nicht als Zeugnisse der sich jetzt durchsetzenden «antiklassischen» Formkräfte der Spätantike mißzuverstehen, sondern: Spolien und zeitgenössische Skulpturen bilden ein einheitliches, beziehungsreiches und in sich geschlossenes Programm, dessen politischer Inhalt sich dem ganzen römischen Volk erschließen sollte.

Auf dem Fries über dem linken Torbogen der [51, 52] Nordseite ist die Ansprache *(oratio)* des Kaisers auf dem Forum Romanum dargestellt. Der Bildausschnitt zeigt die Rostra, eingerahmt von Titus- und Severusbogen. Hinter der Balustrade erscheinen Sitzstatuen früherer Kaiser, Trajan rechts und Mark Aurel links. Wie die Spolienreliefs sind ihre Bildnisse ausgewählt worden, weil sie glückliche und erhabene Zeitalter verkörperten, auf deren Wiederherstellung durch Konstantin angespielt werden sollte. Hinter der Rostra erhebt sich das tetrarchische Fünfsäulendenkmal. Seite 146 In der Mitte der Rednerbühne steht, von Senatoren in der *toga contabulata* und Gardeoffizieren mit Feldzeichen eingerahmt, der Kaiser im militärischen Dienstkostüm und spricht mit erhobener Rechten zu dem auf dem Forum versammelten römischen Volk, das die Rede mit lebhaften Gesten begleitet. Der gesondert gearbeitete, zum Einsetzen bestimmte Porträtkopf Konstantins fehlt heute.

Über dem rechten Durchgang der Nordseite [53, 54] wird die Freigebigkeit *(liberalitas)* Konstantins verherrlicht. Der im senatorischen Gewand erhöht thronende Kaiser (wieder fehlt der Porträtkopf) präsidiert dem *congiarium,* dem feierlichen Staatsakt der Geldausteilung an Senat und Volk von Rom, der wohl anläßlich seines Consulatsantritts (313) stattfand. Mit der Tabula spendet er soeben einem Senator zwölf Geldstücke. Er ist von Senatoren – einer davon beteiligt sich an der Geldverteilung – und Lichtträgern umgeben. Das aufgereihte Volk preist mit akklamierenden Gesten die Liberalitas des Kaisers. Beamte in den logenartigen Büros des Zwischengeschosses der Halle, in der das Congiarium stattfindet, rufen die zum Empfang der Geldspende berechtigten Bürger aus Schriftrollen auf und teilen mit der Tabula je sechs Geldstücke aus, die den Geldkisten entnommen wurden.

Sarkophage der konstantinischen Zeit

Die stadtrömische Sarkophagproduktion der ersten Hälfte des 4. Jahrhunderts ist eng verbunden mit der Werkstatt, die am Konstantinsbogen die zuletzt betrachteten Friese schuf. Neuere Forschungen (K. Eichner) ergaben, daß hierbei Technik und Stil in einem besonderen Wechselverhältnis stehen. Eine hochorganisierte Arbeitsweise erlaubte jetzt die massenhafte Fertigung reliefgeschmückter Sarkophage. Dabei konnten aufeinanderfolgende Bearbeitungsstufen von der Vorzeichnung über das angelegte Flachrelief zum Vollrelief bis hin zur Abschlußbemalung bereits nach wenigen Arbeitsgängen abgebrochen werden. Dies wurde jedoch nicht als künstlerischer Mangel empfunden und erklärt die zahlreichen Unfertigkeiten sowohl an einem Staatsmonument wie dem Konstantinsbogen als auch an vielen stadtrömischen Sarkophagen. Aus dem neuartigen Fertigungsprozeß ergab sich also ein vorwiegend technisch bedingtes Erscheinungsbild der Reliefs, das die Qualität eines künstlerischen Zeitstils erlangte, da Abstraktion und radikale Vereinfachung dem Ausdrucksverlangen und den Rezeptionsmöglichkeiten dieser Epoche entsprachen. Die rationalisierte Sarkophagproduktion trug als typischer Zweig der spätantiken Kunstindustrie zur Verbilligung der Sarkophage bei. Daher konnten sich jetzt weniger wohlhabende Kreise unter den Christen von Rom reliefverzierte Sarkophage leisten. Zwar kennen wir keine verwertbaren Preisangaben, doch spricht die große Zahl erhaltener Sarkophage und Fragmente für ein Anwachsen der Käufer. Für die Ausbildung neuer, christlicher Themenkomplexe und Bildprogramme waren also seit der Zulassung des Christentums die technisch-materiellen und ebenso die sozialen Voraussetzungen gegeben.

Verglichen mit den teils figürlich-symbolischen,
[24 bis 26] teils biblischen Szenen auf Sarkophagen des 3. Jahrhunderts weist der auf drei Seiten verzierte, ein-
[55] zonige Sarkophag des Sabinus aus dem ersten Viertel des 4. Jahrhunderts eine Folge dicht ineinandergedrängter Szenen auf. Die Zugehörigkeit des Deckels muß nicht bezweifelt werden, obwohl sich die Inschrift «Dem Gatten Sabinus. Er lebte 44 Jahre, 10 Monate und 13 Tage. Wohlverdient in Frieden» auf einen Mann bezieht. Als Mittelfigur des Kastens erscheint aber eine Frau; darüber die Hinzufügung «Bestattet an den Kalenden des Mai». Auf der Front sind von links nach rechts dargestellt: Wasserwunder und Gefangennahme Petri, Weinwunder zu Kanaa, zwischen zwei Aposteln die Verstorbene als Orans mit nur in der Bosse angelegtem, also unvollendet gebliebenem Antlitz, Vermehrung der Brote und Fische, Auferweckung des Lazarus. Die beiden Petrusszenen folgen einer apokryphen römischen Petruslegende, deren Episoden zuerst auf Sarkophagen faßbar werden. Das Martyrium Petri wird als Nachfolge Christi begriffen, doch sind weder Passion noch Kreuzestod Thema der neutestamentlichen Bilder, sondern die bekanntesten Wundertaten. Adam und Eva auf der linken, die Drei Jünglinge im Feuerofen auf der rechten Schmalseite verbinden diese mit den alttestamentlichen Rettungsparadigmen.

Die Wundertaten Jesu werden nicht erzählt, sondern in verkürzter Form angedeutet, wobei die Nebengestalten teils als handelnde Personen (Soldaten) oder nicht näher charakterisierte Jünger, teils als reine Füllfiguren anzusehen sind. Der jugendlich und kurzhaarig gebildete Wundertäter ist nicht als individuelles Abbild Jesu zu verstehen, sondern als sinnbildlicher Hinweis auf den menschgewordenen Logos, der diese Wunder kraft seiner Gottheit wirkte. Mit den Friesen des Konstantinsbogens [51 bis 54]
hat der Sarkophag die gedrängte Figurenfolge und schematische Anordnung in mehreren Reliefschichten mit «Füllköpfen» im Hintergrund gemeinsam, ebenso die Durchbildung der Häupter und Gewänder im «negativen» Faltenstil, doch sind die Gestalten schlanker, die Köpfe im Verhältnis zu den Körpern weniger überproportioniert.

Der Sabinussarkophag war vielleicht einschließlich der Bemalung fertiggestellt. Daß auch plastisch unvollendete Sarkophage bemalt sein konnten, beweist der unlängst gefundene Lotsarkophag in San Sebastiano. Zwei bedeutende unfertige christliche Sarkophage aus der Nachfolge des Konstantinsbogens mögen als Beispiele für ungezählte andere stehen. Der erste, ein zweizoniger, heute deckelloser [56]
Friessarkophag unbekannter Herkunft aus dem ersten Viertel des 4. Jahrhunderts, zeigt im oberen Register von links nach rechts: Brotvermehrung, Jesus mit Petrus und Hahn (Verleugnung oder Beauftragung Petri), Moses beim Gesetzesempfang, *imago clipeata* (Bildnisschild) mit unausgeführtem Doppelporträt eines Ehepaars, Opfer Abrahams, Blindenheilung und Lazaruserweckung. Im unteren Register folgen eine Orans zwischen Aposteln, Gefangennahme des Petrus, drei Jahreszeitengenien (Frühling, Sommer, Winter), Daniel zwischen den Löwen, Wunder zu Kanaa, Heilung des Gichtbrüchigen und Quellwunder. Zwischen den Szenen sind Füllköpfe in der Bosse belassen, ebenso blieben verschiedentlich Reliefgrund und Gewandpartien unbearbeitet. Überhaupt zeigen die ausgeführten Teile nur ein frühes Bearbeitungsstadium.

Vergleicht man einzelne Szenen mit denen des Sabinussarkophags, so wird man typische Elemente, [55]
aber auch Auslassungen oder Veränderungen be-

merken. Einige Szenen waren als symmetrische Dreifigurengruppen angelegt (Gefangennahme, Brotvermehrung, Orans mit Aposteln), andere hatten eine eigenständige, sich aus der Handlung ergebende Prägung (Heilungswunder). Ein feststehendes Bild wie Daniel zwischen den Löwen wird durch zwei «Assistenzfiguren» bereichert, in denen man Habakuk und den Engel erkennen könnte. Fast immer findet man Gesetzesempfang des Moses und Abrahamsopfer als Pendants in symmetrischer Anordnung um Imago clipeata oder Bildnismuschel. Alle Szenen werden in stereotyper Weise ohne inhaltliche Zuordnungen aufgereiht, die Zwischenräume mit Köpfen ausgefüllt. Eine zentrale Formel wie die Orans zwischen Aposteln – letztere erhielten bald individuelle Gesichter und sind dann als Petrus und Paulus zu deuten – wurde auf diesem Sarkophag durch das Bildnismedaillon verdrängt, aber im unteren Register wiederholt. Die Einfügung der Jahreszeitenbilder in die biblischen und apokryphen Szenen läßt noch die Vertrautheit des Entwerfers mit den Allegorien der heidnischen Grabkunst erkennen.

Dies alles wirft die Frage nach der geistigen und künstlerischen Inspiration derartiger Szenenkompositionen auf. Hier führt das zweite Beispiel eines
[57] unvollendet gebliebenen Sarkophags weiter, der «dogmatische» Sarkophag im Vatikan (um 330 bis 340), von dem ein in vielen Szenen übereinstimmendes Gegenstück aus derselben Werkstatt vor einigen Jahren bei Arles/Südfrankreich auftauchte. Der «dogmatische» Sarkophag wurde im Baldachinfundament der 1823 abgebrannten Basilika San Paolo fuori le mura gefunden. Er stand demnach in der Kirche oder auf dem Friedhof an der Via Ostiense. Die Inhaber kennen wir nicht, doch werden sie jener begüterten Schicht angehört haben, die sich derartige zweizonige, wegen ihrer Unvollendung nicht allzu teure Friessarkophage leisten konnte und angesehen genug war, um in unmittelbarer Nähe eines Märtyrers einen Begräbnisplatz zu erhalten.

Auf dem «dogmatischen» Sarkophag erkennt man im oberen Register Erschaffung Evas, Arbeitszuweisung an Adam und Eva, Imago clipeata mit unausgeführtem Doppelbildnis, Wunder zu Kanaa, Brotvermehrung und Lazaruserweckung; im unteren Streifen Anbetung des Kindes durch die drei Magier, Blindenheilung, Daniel zwischen den Löwen mit dem Engel, der Habakuk mit dem Brotkorb bei den Haaren herbeiführt, Verleugnung, Gefangennahme und Quellwunder Petri. Ungewöhnlich ist nur die Szene der Erschaffung Evas, die ein wenig anders und eindeutiger auf dem Gegenstück in Arles wiederkehrt. An der Erschaffung sind drei annähernd gleich gebildete männliche Gestalten beteiligt: Ein thronender Bärtiger erhebt im Segensgestus die Rechte, ein weiterer steht hinter dem Thron, und ein dritter führt die kleiner gebildete Eva herbei und hat seine Rechte auf ihren Kopf gelegt. Der schlafende Adam liegt vor dem Thronschemel auf der Erde.

In den drei Männern möchte man die drei göttlichen Personen Vater, Sohn und Heiliger Geist erkennen. Dieses seltene menschengestaltige Dreifaltigkeitsbild scheint die theologische Diskussion um das trinitarische Dogma auf der Ebene der privaten, laienchristlich bestimmten Grabkunst widerzuspiegeln und hat zu der Bezeichnung des Sarkophags geführt. Die übereinstimmende Bildung der drei männlichen Gestalten zeugt vielleicht von dem Versuch, hierdurch die Gleichwesentlichkeit der drei an der Erschaffung Evas beteiligten göttlichen Personen der Dreifaltigkeit sinnfällig zu machen. Daß dies nicht ohne Widersprüche möglich war, zeigt die jugendliche Gestalt in der benachbarten Szene der Arbeitszuweisung an Adam und Eva. Sie gleicht vollkommen dem Wundertäter der neutestamentlichen Bilder. Von der zeitlichen Dimension her gesehen, ist mit der handelnden Figur in der Arbeitszuweisung aber die zweite göttliche Person, also der präexistente Logos, der Sohn Gottes vor der Menschwerdung, gemeint. Die Menschwerdung selbst erscheint in der Szene darunter, in der Anbetung des Jesuskindes auf dem Schoße Marias durch die drei Magier.

Die frühchristliche Kunst ist bald wieder zur Auffassung von der Undarstellbarkeit Gott-Vaters zurückgekehrt; statt menschengestaltiger Dreifaltigkeitsbilder wurden künftig nur noch allegorische (Hand Gottes, Christuslamm und Taube des Heiligen Geistes; die drei Engel bei Abraham) verwendet, wofür die Tituli des Paulinus von Nola ein authentisches Zeugnis bieten. Der «dogmatische» Sarkophag und sein Gegenstück in Arles blieben ein Zwischenspiel volkstümlicher Adaption des aktuellen theologischen Glaubensstreits. Beide Szenen aus dem Buch Genesis (1. Mose) können gleichwohl als bildgewordenes Bekenntnis zur kirchlichen Dreifaltigkeitslehre verstanden werden.

Die am «dogmatischen» Sarkophag erkennbare Tendenz einer gewissen Szenenordnung, verbunden mit der allmählichen Überwindung des abstrakten
[50 bis Stils in der unmittelbaren Nachfolge des Konstan-
54] tinsbogens, tritt stärker an einigen zweizonigen Friessarkophagen der Zeit um 340–350 in Erscheinung. Ein vollständig durchgearbeiteter und be-
[59] malter stadtrömischer Sarkophag in Syrakus war laut Inschrift für eine gewisse Adelphia und ihren Gatten, den Comes Valerius, bestimmt. Der ver-
[60] wandte «Brüdersarkophag» aus einem Friedhof nahe der Paulusbasilika und vor allem der 359 datierte Sarkophag des Stadtpräfekten von Rom,
[63] Iunius Bassus, der 1597 unter der Confessio der Peterskirche gefunden wurde, machen deutlich, daß Prunksarkophage dieser Art Angehörigen der höchsten Kreise vorbehalten waren; von anderen römischen Sarkophagen dieser Qualitätsstufe wissen wir ebenfalls, daß sie in der Peterskirche oder in den Friedhöfen bei den großen römischen Märtyrerkirchen standen.

Der Adelphiasarkophag besitzt drei reliefver- [59]
zierte Register mit teils neuartigen Bildern. Auf dem Deckel erscheinen: Quellwunder, zwei apokryphe Marienszenen, von zwei Genien gehaltene Tabula inscriptionis, die drei Magier und der Stern, das Kind in der Krippe mit Ochs und Esel, Joseph und der Engel (Zweifel Josephs). Die Friese des Kastens zeigen, jeweils durch die Bildnismuschel geteilt, oben Arbeitszuweisung, Ansage der Verleugnung, Heilung der blutflüssigen Frau, Moses beim Gesetzesempfang, Opfer Abrahams, Blindenheilung, Brotvermehrung und Auferweckung des Jünglings von Naim, der in einem Strigilissarkophag liegt; unten folgen Verweigerung der Anbetung des Nebukadnezarbildes durch die Drei Jünglinge, Kanaawunder, Magieranbetung, Adam und Eva (Sündenfall) und Einzug Christi in Jerusalem. Wieder bestimmt also die Summe alt- und neutesta-

Einzug Christi in Jerusalem. Detail des Adelphiasarkophags, Tafel-Abb. 59

mentlicher Rettungsparadigmen das inhaltliche Programm dieses Sarkophags. Die Anbetung des Christuskindes rückt vielleicht die Verweigerung der Anbetung des Nebukadnezarbildes in ein anderes Licht, indem Verehrung des göttlichen Kindes durch die erkennenden Heiden und Ablehnung des falschen Götzen durch die Drei Jünglinge aufeinander bezogen erscheinen. Ebenso mögen Sündenfall und Einzug Christi – Beginn der entscheidenden Erlösungstat – absichtsvoll nebeneinandergesetzt sein. Mit den apokryphen Marien- und Kindheit-Jesu-Szenen beginnt eine erzählende Note einzudringen. Gegenüber der dichtgedrängten Bildfolge früherer Sarkophage sind die Figuren vom Reliefgrund gelöst und voneinander abgerückt, fehlt die formelhafte Ausfüllung der Zwischenräume mit Köpfen und findet damit eine maßvolle Beschränkung auf das handelnde Personal innerhalb der jeweiligen Gruppen statt.

Noch weiter geht die Gewinnung von Proportionalität in den Körperformen und von Geschmeidigkeit in den abwechslungsreichen Bewegungsmotiven
[60] am «Brüdersarkophag». Aus den Ehegattenbildnissen hat man hier die Porträts zweier Männer gefertigt, doch kennen wir die Sarkophaginhaber nicht. Aus den stereotypen Gruppen der reifkonstantinischen Sarkophage sind in sich geschlossene Szenen voller dramatischer Aktion, tiefer innerer Spannungen und individueller Beziehungen entstanden. Selbst starre Dreifigurenschemata wie die Vermehrung der Brote und Fische oder das heraldisch geprägte Danielbild werden von differenzierten Bewegungen erfaßt. In der Lazaruserweckung (die Wickelleiche ist weggebrochen) küßt Maria von Magdala die Hand Jesu. Die spannungsvoll verhaltene, figurenreiche Gruppe mit der Handwaschung des Pilatus oben rechts, die einer apokryphen Pilatuslegende folgt, fügt sich in die bewegte Stimmung dieses Sarkophagprogramms ein.

Die Pilatusszene stammt aus dem in dieser Zeit entstandenen Bildprogramm der «Passionssarkophage», wo sie in der Regel außen rechts angeordnet ist. Auf einem deckellosen Säulensarkophag im
[58] Vatikan sind in den Nischen beiderseits der Mitte Abführung und Verhör Christi, in den Außennischen die Kreuztragung durch Simon von Kyrene und die Handwaschung des Pilatus dargestellt. In der Mittelarkade erscheint ein großes, über der Erde aufgerichtetes Kreuz, unter dessen Armen zwei Legionäre sitzen, ein wachender und ein schlafender. Über der Kreuzspitze, vom Adlerschnabel des Muschelschlosses gehalten, schwebt ein Lorbeerkranz, in den ein Chi-Rho-(= Christus)Monogramm eingeschrieben ist. Auf den Kreuzarmen sitzen Tauben. In den Bogenzwickeln werden die Köpfe von Sol und Luna, Sonne und Mond, sichtbar.

Das Mittelmotiv ist ein typisches Beispiel für die mit Konstantins Machtantritt einsetzende Christianisierung kaiserlicher Insignien und der parallel dazu verlaufenden Imperialisierung des Christentums – eine Entwicklung, die wir bereits innerhalb der Mosaikkunst beobachten konnten. Vorbild des Kreuzmonuments war die soldatische Ehrenwache vor dem kaiserlichen Feldzeichen. Dabei wird hier wohl auf die Standarte Konstantins angespielt, die auf Befehl des Kaisers gemäß einem am Himmel geschauten Zeichen mit dem Christusmonogramm geschmückt worden war (Eusebius, Leben Konstantins I 28–32, verfaßt um 337–339). Durch die Einfügung dieses Labarum genannten kaiserlichen Feldzeichens in die Passionsszenen ist dessen Siegessymbolik auf Christus selbst übertragen worden. Auch über den beiden äußeren Szenen schweben wie über dem Labarum Siegeskränze, und der Legionär, der Christus abführt, hält über ihn die *corona triumphalis,* die sonst nur dem siegreichen Feldherrn im Triumphzug zukam. Die Passion Christi wird nicht als Leidensweg, sondern als Siegeszug aufgefaßt: Das Labarum ist in Wahrheit das Tropaion Christi, der den Tod besiegt hat. Auch spiegelt sich in dieser Darstellung das Bestreben wider, den allezeit als besonders schändlich empfundenen Kreuzigungstod als Überwindung des Todes durch das siegbringende Kreuz zu deuten.

Noch klarer ist die Übertragung imperialer Symbolik einem Säulensarkophag in der Peterskirche [61]
abzulesen, der bereits der Jahrhundertmitte angehört. Die Säulen, die zur Gliederung der Kastenfront dienen, sind reich mit Blatt- und Weinranken

geschmückt und ahmen reliefverzierte Säulenschäfte nach, wie sie in noch üppigerer Gestalt vom Seite 46 Baldachin über der konstantinischen Petrusmemoria erhalten geblieben sind. In den äußeren Nischen sind Opfer Abrahams und Handwaschung des Pilatus, in den folgenden Abführung des Petrus zur Hinrichtung und Verhör Christi einander gegenübergestellt. Pilatus thront auf dem gleichen, Suggestus genannten Podium wie Konstantin in der
[54] Liberalitasszene des Triumphbogens. Die drei mittleren Nischen bilden eine thematisch und kompositorisch geschlossene Einheit. In der Mitte thront Christus, flankiert von zwei Aposteln. Philosophen-
[44] tracht, Redegestus und Rolle sind vertraute Züge seines Bildes. Petrus in der rechten Nische nimmt gemäß dem Hofzeremoniell mit vom Gewand verhüllten Händen die Rolle entgegen. In derselben Weise empfangen die Römer auf dem Liberalitasrelief die kaiserlichen Geldgeschenke. In der linken Nische steht Paulus mit akklamierend erhobenen Händen zu Christus hingewendet. Unter den Füßen des thronenden Lehrers und Gesetzgebers erscheint der nackte Oberkörper des Caelus, der römischen Personifikation des Himmels. Sein Attribut ist ein sich über seinem Kopf bauschendes Tuch, Symbol des Himmelsgewölbes, das den Thron Christi trägt. Die Herkunft dieses Motivs aus der imperialen Ikonographie ist hier besonders augenfällig. Auf dem Triumphbogen des Galerius thronen Diokletian und Maximian über dem Himmelsbogen. Eusebius berichtet von einem Gemälde an der Decke eines Saales im Palast zu Konstantinopel, das Konstantin über dem Himmel thronend zeigte (Leben Konstantins IV 69 und Lobrede auf Konstantin I 19f., verfaßt 335). Solche Darstellungen kennzeichneten den Kaiser gemäß offizieller Staatsideologie als Weltenherrscher. Der Sinn des Mittelbildes ist damit eindeutig: Christus thront als König über dem Himmel; er ist der wahre Kosmokrator. Die beiden Apostel gehören zum himmlischen Herrscher wie die Senatoren zu seiten Konstantins in der Libera-
[54] litasszene zum Gefolge des Kaisers. Die Zulassung solcher Christusdarstellungen setzte voraus, daß seit Konstantin das irdische Kaisertum selbst als Abbild der himmlischen Herrschaft Christi propagiert wurde. In logischer Konsequenz dieser Umkehr von Urbild und Abbild sahen wir auf dem
Apsismosaik in Santa Pudenziana auch das Am- [43]
biente des himmlischen Herrschers nach dem Muster des kaiserlichen Palastes zur «Königsburg des Himmels», dem oberen Jerusalem, fortgebildet. Unerheblich für die Beobachtung dieser Entwicklung ist dabei die Frage, ob die Übertragung der kaiserlichen Symbolik auf das Christusbild zuerst in der monumentalen, kirchlichen Mosaikmalerei erfolgte, von der die Sarkophage somit abhängig seien, oder ob sich hier eine selbständige Entwicklung innerhalb der Reliefplastik vollzog.

Auf dem zuletzt betrachteten Sarkophag kom-
men gleich drei Christustypen vor. Auf der Front [61]
ist Christus unbärtig und mit langem Lockenhaar dargestellt. In der Ansage der Verleugnung auf der
linken Nebenseite trägt er kurzes Haar mit kurzen [62]
Nackenlocken. Auf der rechten Schmalseite begegnet in der Heilung der Blutflüssigen schließlich ein bärtiger Christus mit langen Nackenlocken. Für diesen Kopftypus gibt es bereits um 300 eine Vorstufe auf den «polychromen» Fragmenten (Rom, Thermenmuseum), wo Christus nach dem Vorbild des antiken Heilgottes Äskulap dargestellt ist.

Der Sarkophag des Iunius Bassus kombiniert den [63]
zweizonigen Fries mit der architektonischen Struktur des Säulensarkophags zu einem Monument von außergewöhnlicher Pracht. Reste der erst bei den Grabungen unter der Peterskirche gefundenen metrischen Inschrift der Tabula belegten die Zugehörigkeit des Deckels. Die Inschrift auf der oberen Randleiste des Kastens lautet: «Iunius Bassus, der *vir clarissimus,* der 42 Jahre, 2 Monate lebte. In seinem Amt als Stadtpräfekt wurde er in Gott neugeboren am 25. August im Jahr der Consuln Eusebius und Hypatius» (359 n. Chr.). Der größtenteils weggebrochene Deckel wiederholt eine altertümliche Form mit Eckmasken (Sol und Luna). Ein unlängst als zugehörig erkanntes Bruchstück erlaubt es, die Szene rechts der Tabula als Totenmahl zu deuten. Der Typus des «Klinenmahls» diente in der römischen Grabkunst seit langem der «Privatapotheose», der allegorischen Verklärung des Verstorbenen. Dieses alte heidnische Motiv auf einem

christlichen Sarkophag deckt sich durchaus mit der religiösen Haltung der stadtrömischen Senatsaristokratie, der Iunius Bassus angehörte.

Die Gliederung des Kastens, die der Bassussarkophag mit den Passionssarkophagen gemeinsam hat, ist nicht nur als Schmuck, sondern als Übernahme imperialer Bildformeln zu verstehen. Die untere Reihe zeigt in bewußter Zuordnung beiderseits der Mittelnische mit dem Einzug Christi: Sündenfall links und Daniel (überarbeitet) zwischen den Löwen rechts sowie außen links Hiob im Elend und rechts Abführung des Paulus zum Martyrium. Die Mittelszene macht deutlich, daß in diesem Sarkophagprogramm auch die vertikalen Beziehungen betont werden sollten. Schon in den Mosaikprogram-
[43] men (Santa Pudenziana, Nola-Cimitile) konnten wir die Durchdringung horizontaler und vertikaler
Seite 142 Sinnbezüge als ein wichtiges Gestaltungsprinzip der spätantiken Kunst beobachten. Das himmlische Thronbild ist gegenüber dem zuvor betrachteten
[61] Passionssarkophag deutlicher ausgeführt, verharrt jedoch stärker in der traditionellen Lehrszene. Für die linke äußere Nische hatte sich jetzt offenbar die feste Besetzung mit dem Abrahamsopfer herausgebildet, dem als Pendant die ebenso kanonische Anordnung der Handwaschung Pilati rechts entspricht: Beide Szenen sind als Hinweise auf den Opfertod Christi verstanden worden.

In der unteren Reihe des Bassussarkophags stehen die alttestamentlichen Rettungsparadigmen und das Martyrium des Paulus ebenfalls in direkter inhaltlicher Beziehung zueinander. Im oberen Register ist das typische Szenenrepertoire der Passionssarkophage gewahrt. Dem Einritt Christi in Jerusalem – Beginn der eigentlichen Passion und des Sieges über den Tod – wird durch die Vertikalbeziehung der Mittelszenen oben die Erringung der himmlischen Herrschaft zugeordnet, an der die Apostel wegen ihres sinnlich vor Augen geführten Martyriums bereits Anteil haben. Die Betonung der Christusnachfolge ist insofern interessant, als die Christenverfolgungen lange zurücklagen, aus dem erlittenen Martyrium in der Entstehungszeit der Passionssarkophage somit kein Anspruch mehr auf die Erringung der himmlischen Seligkeit erlangt werden konnte. Die Bilder wollten vielmehr ausdrücken, auf welchen Fundamenten die himmlische Herrschaft Christi und seiner irdischen Kirche ruhten. Allein aus dem Glauben an die Überwindung des Todes, symbolisiert durch Christus und die Apostel, durfte Erlösung erhofft werden. Diese Szenen hängen eng mit der seit konstantinischer Zeit mächtig aufblühenden römischen Petrus-Paulus-Verehrung zusammen. Die Autorität der römischen Kirche gründete sich vor allem auf die sichtbaren Zeichen für die Christusnachfolge der Apostelfürsten, auf die Überwindung des Todes kraft ihres im Martyrium bewiesenen Glaubens.

Porphyrwerke

Eine Sonderstellung unter den Sarkophagen des
4. Jahrhunderts nehmen die monumentalen Por- [64]
phyrsärge ein, die wohl in Alexandria gefertigt wurden. Der rotbraune bis violette, weißlich gesprenkelte ägyptische Porphyrit war, wie schon die
Tetrarchengruppen in Venedig zeigten, allein kai- [48]
serlichen Zwecken vorbehalten. Als kaiserliche Farbe spielte der Purpur in der imperialen Symbolik eine große Rolle. Mit der weiteren Ausgestaltung des Christusbildes wurde die Purpurfarbe des kaiserlichen Ornats auf das Philosophengewand des himmlischen Christus oder die Gewänder der Gottesmutter Maria und einiger Heiliger übertragen.

Aus der Passio der heiligen Vier Gekrönten erfahren wir, daß Diokletian christliche Bildhauer und Ingenieure an den Porphyrberg entsandte, damit sie dort für den kaiserlichen Bedarf allerlei Werke herstellten, wie Säulen, Becken und Figuren. Die Anfertigung eines Äskulapbildes lehnten sie jedoch wegen ihres christlichen Glaubens ab und erlitten deshalb das Martyrium (Acta Sanctorum zum 8. November). Gemäß kaiserlichem Porphyrprivileg waren Prunksarkophage aus diesem Material ausschließlich für Mitglieder des Kaiserhauses bestimmt, wofür auch die Fundorte sprechen. Aus
dem Rundmausoleum bei der Umgangsbasilika Seite 128
der Heiligen Marcellinus und Petrus stammt ein Schlachtensarkophag, der ursprünglich nicht für die Kaiserinmutter Helena, sondern wohl für einen

Herrscher der Tetrarchenzeit (Maxentius?) oder für Seite 130 bis 132 Konstantin selbst bestimmt war. Im Mausoleum der Constantina (Santa Costanza) stand an bevorzugter Stelle ein mit Ranken und Eroten geschmückter [64] Sarkophag. Ein Deckel im Museum von Alexandria, verschiedene Fragmente von Schlachtensarkophagen in mehreren europäischen Museen, ein mit dem Constantinasarkophag übereinstimmendes Bruchstück in Istanbul und ein dorther stammendes Köpfchen in Berlin machen deutlich, daß diese Sarkophage nur in Metropolen anzutreffen waren. Im Konstantinsmausoleum und der Apostelkirche von Konstantinopel waren im Verlaufe des 4. und 5. Jahrhunderts insgesamt zehn für Kaiser bestimmte Porphyrsarkophage verschiedener Formen aufgestellt worden.

Der Porphyrabbau in Ägypten kam gegen 350 zum Erliegen. Daher dürften die erhaltenen spätantiken Porphyrwerke, sofern sie nicht nachträglich umgearbeitete Spolienwerke sind, bis zu diesem Zeitpunkt entstanden sein. Es scheint aber, daß etliche Sarkophage und Statuen, wie die Tetrarchengruppen beweisen, in umgedeuteter Funktion oder überarbeitet in verschiedenen Hauptstädten weiterbenutzt worden sind. Aus Alexandria stammt ein [65] Porphyrtorso in Berlin, zu dem man unlängst an gleicher Stelle das wohl zugehörige Sockelfragment mit den Füßen gefunden hat. Der dargestellte, aber nicht zu identifizierende Kaiser trägt das aus Tunika, Chlamys mit Fibel, Campagi (edelsteinbesetzte Kurzstiefel) und Schwert mit Adlerkopfgriff bestehende militärische Dienstkostüm. Ein ähnlicher Kaisertorso in Ravenna könnte dort für Honorius oder Constantius III. wieder aufgestellt worden sein, als die Stadt kaiserliche Residenz wurde (404).

Sarkophage aus der zweiten Hälfte des 4. Jahrhunderts

Eine der bedeutendsten Schöpfungen der stadtrömi- [66 bis 68] schen Reliefplastik aus valerianisch-theodosianischer Zeit ist der vierseitig verzierte Sarkophag in Mailand, der zur Gruppe der «Stadttorsarkophage» gehört. Diese Sarkophage erhielten ihren Namen nach der stadtartigen Kulisse aus Toren, Mauern und Zinnen, die den Hintergrund der reichen figürlichen Kompositionen bilden. Der Mailänder Stadttorsarkophag dient wohl seit dem 12. Jahrhundert als Träger für den Ambo in der Kirche des heiligen Ambrosius. Er wurde um 390 für einen in der Nebenresidenz Mailand bestatteten, unbekannten Würdenträger geschaffen. Auf den Längsseiten sind zwei im 4. Jahrhundert nach imperialen Vorbildern entwickelte Bildprogramme zu höchster theologischer Ausformung und künstlerischer Vollendung gelangt. Die linke Schmalwand zeigt Opfer Abrahams, vier Propheten (?) und auf dem Giebel das Christusmonogramm im Kranz zwischen Alpha und Omega sowie an Trauben pickende Vögel. Auf der rechten Nebenseite sind Himmelfahrt des Elias, [68] Adam und Eva, Noah in der Arche und die Gesetzesübergabe an Moses dargestellt; der Giebel zeigt in ungewöhnlicher symmetrischer Anordnung die Krippe mit dem Jesuskind zwischen Ochs und Esel.

Die Hauptseite trägt auf der Deckelleiste in der [66] Mitte ein aus Muschel und Imago clipeata kombiniertes, von nackten, geflügelten Genien gehaltenes Medaillon mit den Bildnisbüsten des vornehmen Grabinhabers und seiner Gattin. Der Verweigerung der Anbetung des Nebukadnezarbildes durch die Drei Jünglinge links ist rechts die Anbetung des Kindes durch die Magier gegenübergestellt. Auf der Kastenfront thronen vor einer stadttorartigen Kulisse der jugendliche, lehrende Christus und die zwölf Apostel. Christus sitzt erhöht über einem Fels, der als Paradiesberg zu deuten ist. Palmen des Paradieses füllen den Reliefgrund der von Säulen getragenen Mittelnische. Christus ist wieder mit dem Gewand des lehrenden Philosophen bekleidet. Die Rechte ist im Sprechgestus erhoben, die Linke hält ein geöffnetes Evangelienbuch. Die zwölf Apostel – an ihrer Spitze die physiognomisch klar unterschiedenen Apostelfürsten Petrus zur Rechten und Paulus zur Linken Christi – halten geöffnete oder geschlossene Rollen und bewegen die Arme in zustimmenden oder nachdenklichen Gebärden. In der Mitte sind in der unteren Ebene eingefügt: Das Lamm als Symbol Christi und die beiden Inhaber des Sarkophages, die mit vom Gewand verhüllten Händen die Lehre empfangen.

In der Gruppierung der zwölf Apostel um den thronenden Christus verbindet sich das philosophische Gespräch der um den Lehrer versammelten Schüler mit der geregelten Sitzordnung des in der Apsis inmitten der Presbyter und Diakone erhöht thronenden Bischofs. Die klerikale Sitzordnung, die Eusebius als abbildliche Entsprechung des Urbildes beschrieb, nämlich des lehrenden oder richtenden Christus in seiner himmlischen Kirche, basierte wiederum auf der ausdrücklichen Belehnung der Bischöfe mit zeremoniellen Vorrechten des Kaisers. So wurde ihnen durch Konstantin erlaubt, auf den Konzilsversammlungen, in denen der Kaiser selbst als «allgemeiner Bischof» den Vorsitz führte, sitzen zu dürfen (Eusebius, Leben Konstantins III 10). Wie beim Mosaik in Santa Pudenziana sind auch das Lamm vor dem thronenden Christus und vor allem die Stadttorkulisse durch die Johannesapokalypse (21, 2 ff.) angeregt, wodurch auf das Himmlische Jerusalem als den Ort der Königsherrschaft Christi hingewiesen werden sollte.

Dieser Gedanke ist auf der Rückseite durch die
[67] Verbindung einer figürlichen Hauptszene mit einer allegorischen Nebenszene noch verstärkt worden. Die Mitte bildet hier die «Traditio legis». Christus steht in voller Größe in nahezu klassischer Ponderation vor einer Muschelnische auf dem Paradiesberg. Er ist bärtig und trägt langes Haupthaar. Das Philosophengewand des Lehrers und die triumphale Pose des Kaisers verschmelzen zum Bild des Herrschers Christus. Der erhobene rechte Arm ist weit ausgestreckt, die Linke hält eine geöffnete Buchrolle, die Petrus entgegennimmt. Petrus schultert ein mit Edelsteinen besetztes Kreuz, das sonst als Christusattribut auf Sarkophagen desselben zeitlichen Umfeldes begegnet. Paulus, links, verharrt in der gleichen akklamierenden Haltung wie die übrigen Apostel. Die beiden Sarkophaginhaber sind hier in die himmlische Bildebene eingefügt. In den Grabgedichten des Papstes Damasus begegnete uns bereits die Vorstellung, daß die Seelen der Frommen nach dem Vorbild der Märtyrer «zur Königsburg des Himmels geführt» werden. Diese *regia caeli* ist vor allem in der Stadttorkulisse verkörpert.

Auf dem unteren Friesstreifen kommen von links und rechts aus Stadttoren Züge von je sechs Lämmern hervor und schreiten zum Christuslamm, das in der Mitte etwas erhöht auf dem Berg mit den vier Paradiesflüssen steht. Die zwölf Lämmer entsprechen den zwölf Aposteln. Denkmäler der gleichzeitigen Mosaikmalerei, Reliefplastik und Kleinkunst (Goldgläser) zeigen, daß mit den Stadttoren auf Jerusalem und Bethlehem, mit den Lämmern auf die von Petrus und Paulus begründete und geführte Kirche hingewiesen werden sollte. Jerusalem erscheint auf dem Mailänder Stadttorsarkophag, wie wohl auch in Santa Pudenziana, in zweifacher Bedeutung: einmal als Himmelsstadt, als Ort der Herrschaft des himmlischen Königs, Lehrers und Richters Christus, zum anderen in der Gegenüberstellung mit Bethlehem als Hinweis auf die Orte der Menschwerdung und der göttlichen Erscheinung Christi.

Noch stärker akzentuiert wird die Idee der himmlischen Königsherrschaft durch die Übertragung der imperialen Triumphalsymbolik auf Christus selbst. Auf den frühen Passionssarkophagen
stand im Zentrum das Tropaion Christi als symbo- [58]
lische Darstellung der Todesüberwindung. Auf dem
dreiseitig verzierten Säulensarkophag des Probus [69]
aus dem Aniciermausoleum bei der Peterskirche (um 400) steht der erhöhte Christus auf dem Vierstromberg und umfaßt mit der Rechten eine große, mit Edelsteinen *(gemmae)* geschmückte Kreuzstandarte. Petrus und Paulus sowie zwanzig weitere, zumeist akklamierende Apostel unter Muschelbaldachinen bilden das himmlische Gefolge. Die triumphale Bedeutung des Feldzeichens Christi ist
noch augenfälliger auf einem gleichzeitigen Pas- [70]
sionssarkophag im Vatikan: Hier wird durch Christus die Erlangung der himmlischen Königsherrschaft – kraft der Todesüberwindung durch das Kreuz – als tieferer Sinn der Passion und ebenso des Petrusmartyriums erwiesen. Wie bei allen zuvor betrachteten Sarkophagen ist die Darstellungsweise keine erzählende, sondern eine mit klaren Gegenüberstellungen argumentierende: Passion, Martyrium, Todesbezwingung und himmlische Herrlichkeit sind Paradigmen für das irdische Leben, den erlittenen Tod und die erhoffte Auferstehung.

Miniaturmalerei

Neben der Mosaik- und Wandmalerei existierten die christliche Tafelmalerei und die Buchillustration. Zeugnisse der Tafel- und Bildnismalerei auf Holzgründen und anderen organischen Rezipienten, die es zweifellos in großer Zahl gegeben haben muß, sind allerdings nur in Ägypten erhalten geblieben (Mumienporträts). Der Miniaturmalerei bedingt zuzurechnen ist die Technik des geritzten, zwischen zwei Glasflächen eingeschmolzenen Goldfoliendekors, die besonders in der römischen Glasproduktion des 3. bis 4. Jahrhunderts (Goldgläser) reiche Anwendung fand. [3] Seite 32 Für die Glasgravur gibt es ebenfalls bedeutende Beispiele aus dem 4. Jahrhundert, wie die Schale aus Podgoritza, die vorwiegend mit alttestamentlichen Szenen verziert ist. Seite 186 Die Übereinstimmung der Bildauswahl mit dem Szenenschatz der Katakomben und Sarkophage und die Anklänge der Bildbeischriften an Formeln der Sterbegebete erweisen die Vertrautheit des Graveurs mit der römischen Grabikonographie, nicht jedoch den sepulkralen oder gar liturgischen Charakter der Glasschale, die lediglich ein Gebrauchsgegenstand war.

Glasschale von Podgoritza.
Opfer Abrahams,
alt- und neutestamentliche
Szenen, 4. Jh.

In der Buchherstellung vollzog sich im 4. Jahrhundert der Übergang von der Papyrus- oder Pergamentrolle zum gebundenen Buch (Kodex). Während der lehrende Christus im Mosaik von [45] Sant'Aquilino noch eine Rolle hält, präsentiert Christus in dem etwa gleichzeitigen Apsismosaik [43] von Santa Pudenziana bereits ein geöffnetes Buch. Die Benutzung der Bibel im Gottesdienst mag die Ausbildung des handlicheren Kodex gefördert haben. Mit der Entwicklung der Buchkunst einher ging die weitere Ausbildung der Buchillustration, die sich ebenfalls dem Übergang von der Rolle zum gebundenen Buch anzupassen hatte.

Die Schaffung einer für die gottesdienstlichen Lesungen brauchbaren Konkordanz der vier Evangelien durch Eusebius von Cäsarea (nach 310) markiert den Beginn der christlichen Buchkunst. Überaus folgenreich für die weitere Entwicklung der Evangelienhandschriften wurde aber die Bestellung von fünfzig «göttlichen Schriften», die Konstantin 331 bei Eusebius aufgab (Leben Konstantins 36, 1 ff.). Die damals in dem hochberühmten Skriptorium von Cäsarea hergestellten Evangeliare dürften bereits den von Eusebius erdachten und ursprünglich wohl aus zehn illustrierten Seiten bestehenden Vorspann besessen haben, dessen Aufbau und Folge wir aus zahllosen mittelalterlichen Evangelienhandschriften aus Ost und West rekonstruieren können. Der Prolog enthielt ganzseitige architektonische Prospekte, bestehend aus Säulenarkaden, unter denen der Brief an Karpianos und die Seite 188 Evangelienkonkordanzen des Eusebius – die eigentlichen «Kanontafeln» – angeordnet waren. Es folgt die ganzseitige Darstellung eines Tempiettos, dessen Gestalt an das Heilige Grab erinnert und durch dessen Anblick gleichsam in das innerste Heiligtum der Schrift eingeführt werden sollte.

Eine vielleicht ebenfalls im palästinensischen Cäsarea, möglicherweise aber auch in Alexandria um die Mitte des 4. Jahrhunderts hergestellte Bi- [71] belhandschrift ist der berühmte «Codex Sinaiticus». Die vollständige Handschrift, deren Reste sich heute in Leipzig, London und im Sinaikloster befinden, enthielt beide Testamente sowie den apokryphen Barnabasbrief und Teile vom «Hirt des Hermas». Der in vier schmalen Kolumnen je Seite geschriebene Text ist hierin noch ganz dem Aufteilungsschema der Papyrusrolle verpflichtet, doch fehlten jegliche Miniaturen. Allerdings kennen wir bereits seit dem 2. Jahrhundert mit vignettenartigen Illustrationen versehene Papyrushandschriften der Werke antiker Dichter. Auch die wenigen erhaltenen Bilderhandschriften der Spätantike, wie der «Vergilius Vaticanus», der «Vergilius Romanus» [105] oder die «Ilias Ambrosiana» dürften auf ältere und bereits illustrierte Handschriften und Bildvorlagen zurückgehen.

Von der bislang ältesten bekannten und bereits christlich inspirierten Handschrift mit ganzseitigen Illustrationen, dem mehrfach erwähnten Kalender von 354, besitzen wir nur noch die für N. C. Fabri de Peiresc gefertigten Nachzeichnungen des 17. Jahr- Seite 189 hunderts, die wiederum auf einer verlorengegangenen karolingischen Kopie fußten. Eine der ganzseitigen Miniaturen zeigt Kaiser Constantius II. unter einer Ädikula thronend bei der Geldspende, analog zur Liberalitasszene auf dem Konstantins- [53, 54] bogen. Die überraschende ikonographische Übereinstimmung ist nicht allein Beweis für die Abhängigkeit der angewandten Kunstgattungen von monumentalen Vorbildern, sondern weist zugleich auf die allgemeine Vertrautheit der Künstler mit den geläufigen ikonographischen Mustern hin. Dies wird deutlich, wenn man Gegenstände betrachtet, die bestimmten Auftraggeber- und Empfängerkreisen zugeordnet werden können. Hierbei sind die Beobachtungen über Stil und Ikonographie für das Gesamtbild der Kunst des 4. Jahrhunderts insofern wichtig, als unsere Kenntnis, gemessen an dem, was einmal existiert hat und nun verlorengegangen ist, auf einer äußerst schmalen Denkmälerbasis fußt.

Münzen und Medaillons

Die von kaiserlichen Offizinen ausgegebenen Münzen und Medaillons dienten nicht allein als Zahlungsmittel, sondern bezogen sich stets auf einen bestimmten politischen Anlaß. Sie hatten die Funktion, imperiale Ideologie und Politik in geläufigen und verständlichen Bildformeln zu propagieren.

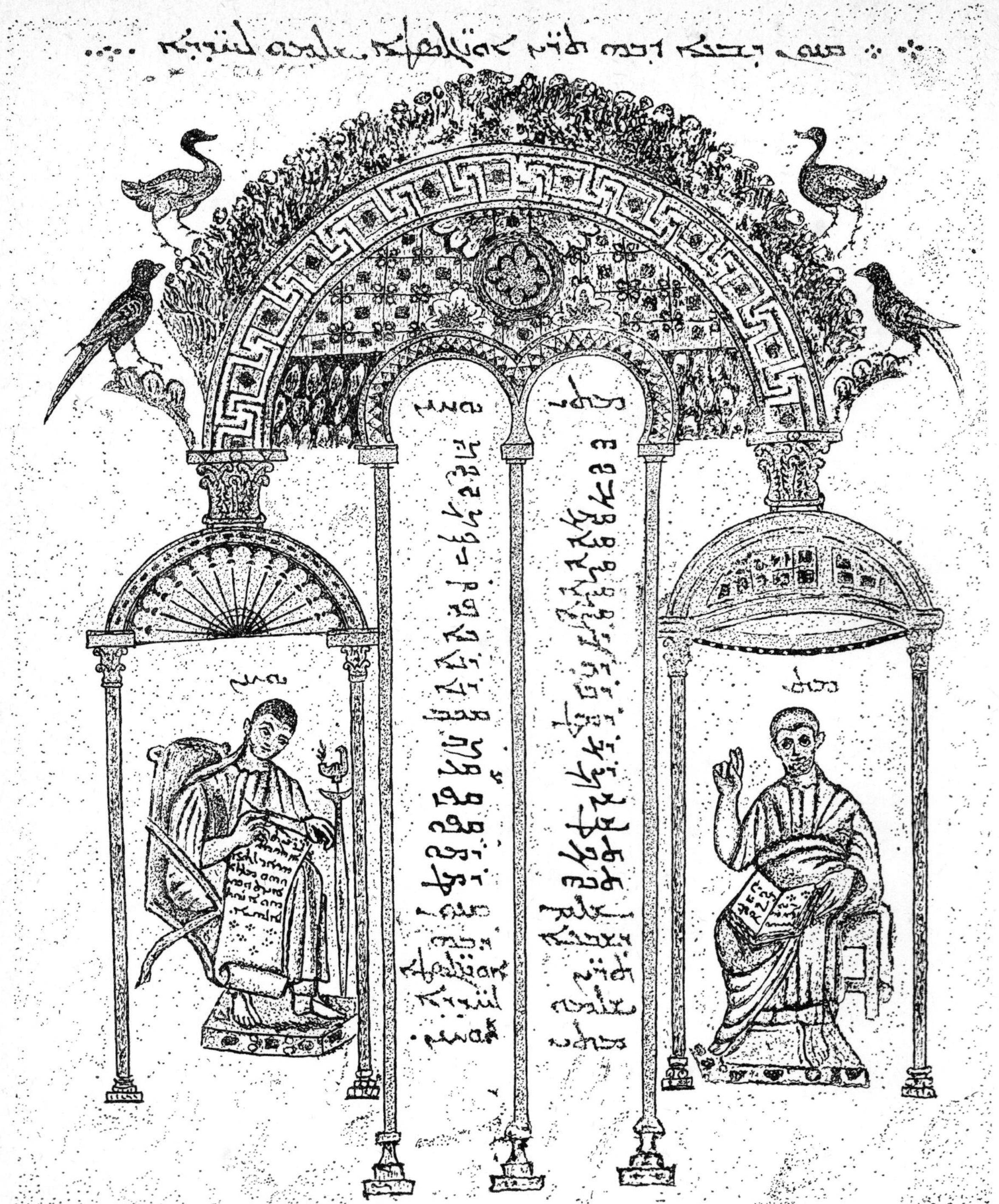

Syrisches Evangeliar des Mönches Rabbula. Kanontafel. Um 586

Kalender von 354.
Kaiser Constantius II. als Consul bei der Geldspende
(Nachzeichnung des 17. Jh.)

Das Porträt des jeweils regierenden Kaisers auf dem Avers wurde daher auf dem Revers stets durch ein aktuelles Bildprogramm und entsprechende Inschriften ergänzt. Ein von der Münzstätte Siscia
[75,76] ausgegebenes Goldmedaillon zeigt auf der Vorderseite Constantius I. Chlorus mit der Umschrift CONSTANT/IVS P(ius) F(elix) AVG(ustus). Auf dem Revers übergibt Maximianus Herculius, rechts, seinem Amtsnachfolger in der Augustuswürde, Constantius I. Chlorus, die Weltkugel, das Zeichen der Herrschaft. Die Umschrift CONCORD/IA AVGG (Augustorum) ET CAESS (Caesarum) und die XX im Lorbeerkranz weisen auf das zwanzigjährige Regierungsjubiläum des Maximianus im Jahre 306 und auf die Eintracht der Herrscher der ersten und der zweiten Tetrarchie hin, die tatsächlich zu dieser Zeit schon nicht mehr bestand.

Ein Solidus Konstantins bildet auf dem Avers
[77,78] dessen Büste ab und auf dem Revers eine mit Siegestrophäe und Palmzweig nach links eilende Viktoria. Die in der S(acra) M(oneta) AN(tiochensis), in der «heiligen Münzstätte Antiochia» ausgegebene Goldmünze mit der Wertangabe LXXII, dem 72. Teil des römischen Pfundes zu 352 Gramm (4,47 Gramm), trägt die Umschrift «Victoria des Constantinus Augustus». Durch das beigefügte Christusmonogramm erhält die traditionelle Siegessymbolik einen christlichen Akzent, indem auf das «Zeichen des heilbringenden Leidens» der Schlacht an der Milvischen Brücke verwiesen wird.

Besonders reich ausgestaltet ist das Bildpro-
[79,80] gramm auf einem Goldmedaillon Constantius' II., das 342 oder 346 in Antiochia geprägt wurde. Es stellt den Kaiser mit Nimbus, Weltkugel und militärischem Dienstkostüm auf einem frontal wiedergegebenen sechsspännigen Wagen anläßlich des *processus consularis,* des feierlichen Consulatsantritts, dar, wobei die ihn bekränzenden Viktorien auf Vorder- und Rückseite sowie die Umschrift D(ominus) N(oster) CONSTANTIVS VICTOR SEMPER AVG(ustus) auf die obligatorische, immerwährende Sieghaftigkeit des Herrschers hinweisen. Unter der Bodenlinie sind die beim Consulatsantritt üblicherweise verteilten Ehrengeschenke sichtbar: ein Scheffel, gefüllt mit Münzen, goldene Kränze und silberne Halsringe, die Insignien ziviler und militärischer Auszeichnung, ferner Fibeln und Blattwedel.

Unter den programmatischen Reversbildern des 4. Jahrhunderts interessieren besonders das Motiv
des kaiserlichen Thronbildes (Silbermedaillon des [81]
Constans von 338), die Darstellung des Kaisers
mit dem Labarum und der Typus des *adventus* [82]
Augusti, der Ankunft des Kaisers, weil die diesen [83]
Allegorien innewohnenden Ideen als bewährte Muster der visuellen Kommunikation für entsprechende christliche Bildaussagen verwendet worden
sind, so für den thronenden Christus der Apsiden, [43]
den Christus Victor der Passionssarkophage oder [69]
den Einzug Christi in Jerusalem. [63]

Toreutische Arbeiten

In denselben Bereich imperialer Politik gehören auch einige bedeutende Gefäße aus Silber. Ihrem Wesen nach waren sie kaiserliche Ehrengeschenke *(largitiones),* jedoch nicht wie die Münzen als Zahlungsmittel für den Umlauf bestimmt, sondern wie die großformatigen Medaillons als Auszeichnungen für Staatsbeamte, Offiziere und hohe Würdenträger. Trotz ihres gelegentlich in Gewichtsangaben ausgedrückten Geldwertes hatten besonders die Gefäße durch ihre programmatischen Darstellungen und Inschriften eine besondere Funktion als Vermittler imperialer Ideologie.

Eines der schönsten Werke dieser Art ist die in einem Fürstengrab in Kertsch gefundene, teilweise
vergoldete und mit Nielloeinlagen verzierte Silber- [84]
schale des Constantius II. Der Kaiser im militärischen Dienstkostüm mit Tunika, Chlamys und Campagi, Lanze und Schwert, das frontal herausgewandte Haupt von einem Goldnimbus umstrahlt, sprengt zu Pferd nach rechts, gefolgt von einem germanischen Leibwächter, dessen großer Rundschild mit einem Christusmonogramm geziert ist. Dem Einzug voran eilt eine Viktoria mit Siegespalme und erhobenem Kranz. Die Schale trägt zwar keinerlei Inschriften, doch weisen Ikonographie und Stil auf Constantius II. und das Jahrzehnt 350–360. Das starre hoheitsvolle Antlitz erinnert an die Be-

schreibung des Ammianus Marcellinus, der den *adventus* des Kaisers anläßlich seines Rombesuchs 357 gleich der Erscheinung einer Gottheit schildert: Der Kaiser habe mit ungeregtem Gesicht, geradeausblickend, darin seine göttliche Majestät offenbarend, auf dem Triumphwagen gestanden und der ihm zujubelnden Menge nicht geachtet (Römische Geschichte 16, 10, 19ff.). Das Bild der Schale bringt, analog zu den Münzen mit dem Motiv des
[83] *felix adventus,* die glückliche Ankunft des kraft göttlichen Beistandes immerfort siegreichen Augustus zum Ausdruck. Die darin enthaltene Garantie für den Bestand des Staates wird wesentlich unter christlichem Vorzeichen gesehen, obgleich alle Bildbestandteile mit Ausnahme des Christusmonogramms heidnisch-imperialen Ursprungs sind.

Auf dem 50 römische Pfund (etwa 17,1 Kilo-
[87] gramm) wiegenden Silbermissorium des Theodosius, einer Prunkplatte, die der gravierten Umschrift zufolge anläßlich der Decennalienfeier des Kaisers (388) ausgegeben worden war, ist das Bildpro-
[81] gramm des Constansmedaillons zwar beibehalten, jedoch beträchtlich ausgeschmückt worden. Unter einer Säulenarchitektur, die aufs Haar der Hoffas-
[30] sade im Diokletianspalast zu Split gleicht und die geradezu als «Hoheitsformel» kaiserlicher Architektur gedeutet werden darf, thront Theodosius I. im höfischen Dienstkostüm. Mit der Rechten überreicht er einem Beamten das Codicill, die Ernennungsurkunde in Form eines Diptychons, das dieser nach höfischer Vorschrift mit verhüllten Händen entge-
[73,74] gennimmt. Ein Blick auf die Apsismosaiken und
[61,67] Sarkophage mit der Darstellung der «Traditio legis» vermag auch hier wieder deutlich zu machen, in welchem Maße die christliche Ikonographie von den höfisch-imperialen Vorbildern abhing. Der Sinn ist beide Male derselbe: hier die Beförderung eines kaiserlichen Höflings, dort die Bestallung Petri zum Sachwalter des himmlischen Herrschers. Die Form des Thrones und die strenge Frontalität sind dabei ebenso übernommen worden wie der kaiserliche Nimbus.

In die seitlichen Zwischenräume tiefer hineingerückt, thronen die kleiner gebildeten Mitkaiser Arcadius links und Valentinianus rechts, beide flankiert von Leibwächtern. Unter der Bodenlinie erscheint Tellus, die römische Personifikation des Erdsegens. Der betont höfisch-klassische Stil steht in gewissem Widerspruch zur starren Frontalität der drei Kaiser und zur Anwendung der «Bedeutungsperspektive». Auffällig ist ferner das Fehlen jeglicher christlicher Motive.

Der beträchtliche Reichtum der vornehmen Familien Roms läßt sich auch durch die wenigen erhaltenen Prunkgerätschaften und Tafelservices belegen. Unter diesen nimmt der 1793 auf dem Esquilin gefundene Schatz den ersten Platz ein. Zu seinen hervorragenden Stücken gehört der «Braut-
kasten» der Proiecta. Die gravierte Inschrift auf [85]
dem Deckel «Secundus und Proiecta, ihr möget in
Christus leben» gleicht den christlichen Epitaphien. [5]
Die Tatsache, daß Papst Damasus 384 ein Grabgedicht für eine Proiecta verfaßt hat, legt die Rückführung des Schatzes auf die Familie der Turcier nahe, der Secundus angehörte. Die Wand des
Brautkastens ist nach Art der Säulensarkophage [61,63]
durch Arkaden gegliedert. Unter der mittleren der Frontseite sitzt die Braut und schmückt sich. Ihr mythisches Gegenbild ist die Göttin Venus auf der Deckelschräge darüber, die, von Meerwesen umgeben, in einer von Tritonen gehaltenen Muschel erscheint und sich im Spiegel betrachtet. Dienerinnen mit Toilettengegenständen unter den umlaufenden Arkaden, die Einführung der Braut ins Haus des Gatten und die Ankunft der Brautgeschenke auf der hinteren Deckelschräge, die Brustbilder der Eheleute in dem von Genien gehaltenen Lorbeerkranz auf der Oberseite vervollständigen das allegorische Bildprogramm. Auch hier wird ein Gegensatz zwischen dem christlichen Bekenntnis der Inhaberin und der Bevorzugung traditioneller, heidnisch-mythologischer Bilder erkennbar. Im privaten Bereich haben die Angehörigen der stadtrömischen Aristokratie noch lange am überkommenen antiken Bildungsgut festgehalten, teils aus Konvention, teils aus bewußter, antichristlicher Opposition.

Zahlreiche spätantike Silberarbeiten gelangten in Gebiete außerhalb des Imperiums, weil Angehörige der Nachbarvölker im römischen Heer dienten.

Aus einer reichen Kriegerbestattung, die 1812 bei Conceşti/Rumänien gefunden wurde, stammt eine gegen Ende des 4. Jahrhunderts hergestellte silber-
[86] vergoldete Amphora. Die Reliefs auf dem Rumpf zeigen den Kampf der Griechen gegen die Amazonen. Die Schultern schmücken Jagdszenen, die untere Zone des Rumpfes Meerwesen. Die Henkel sind als Kentauren ausgebildet. Die Vertrautheit mit den Themen der griechischen Mythologie erklärt sich wohl auch hier aus dem strikten Festhalten gewisser Kreise am antiken Erbe. Entsprechend dürfte die Kenntnis der Bildervorlagen durch illustrierte Zyklen in Musterbüchern weitervermittelt worden sein.

Toreutische Arbeiten aus Gold, Silber und Bronze haben im 3. und 4. Jahrhundert auch im kirchlichen Bereich nicht gefehlt, wie schon das Beschlagnahmeprotokoll von Cirta zeigte. Die wenigen Gefäße und Gegenstände (Löffel, Kandelaber) mit christlichen Symbolen, die wir aus dem 4. Jahrhundert kennen, sind kaum für liturgische Zwecke benutzt worden, sondern waren Alltagsgeräte privater christlicher Besitzer. Ausnahmen bilden nur die Reliquienbehälter, wie der mit christlichen Szenen geschmückte Kasten aus San Nazaro zu Mailand, oder ein erst vor wenigen Jahren gefundenes Reliquiar in Thessaloniki.

Auch profane Gerätschaften wie Zepter, Stühle und Sessel, Wagen und Pferdegeschirre, Waffen und Gürtel oder Gewichte der Schnellwaagen konnten gelegentlich auf anspruchsvolle Weise verziert sein. Die Silberstatuetten von vier Stadtpersonifikationen im Esquilinschatz bekrönten einst wohl die Pfosten zweier Sessel. Die versilberte Bronzebüste
in Budapest, die vielleicht Valentinianus II. (375 [88]
bis 392) darstellt und zu der man sich ein Gegenstück in Gestalt seines Mitkaisers Theodosius hinzudenken möchte, stammt wohl von den Insignien (Zepter, Schild) eines hohen Beamten der pannonischen Diözesanverwaltung. Das Zaumzeug der

Silberreliquiar.
Urteil Salomons. Mailand.
Aus dem Schatz von S. Nazaro
(Basilica Apostolorum). Nach 382

[89] Rennpferde schmückten bronzene Stirnplatten mit gravierten Zirkusdarstellungen, wie ein seltenes Exemplar in Berlin verdeutlicht. Das Motiv der
[80] kaiserlichen Wagenfahrt der Medaillons ist hier in den profanen Bereich des Rennsports übertragen worden.

Elfenbeinschnitzerei

Zu den kostbarsten Materialien der antiken Kunst gehörte auch das aus Indien oder Afrika importierte Elfenbein. Spätantike Elfenbeinschnitzereien sind meist der kaiserlichen und aristokratischen Repräsentationssphäre oder, wenn christliche Darstellungen dies nahelegen, dem kirchlichen Gebrauch zuzuordnen. Unter den erhaltenen nichtchristlichen Elfenbeinarbeiten nehmen die Privat- und Amtsdiptychen und unter letzteren die Consulardiptychen den ersten Platz ein. Die Form ist von den aufklappbaren antiken Schreibtafeln (diptychos, doppelt gelegt) abgeleitet, doch dienten die Amtsdiptychen schon wegen der kostbaren Schnitzereien nicht mehr Schreibzwecken. Vielmehr ist wie bei den
[84] offiziösen Silberarbeiten ihr Insignien- und Geschenkcharakter deutlich, wofür ihre Abbildungen in Schenkungsdarstellungen selbst oder auf den Insignienbildern der «Notitia Dignitatum», dem Verzeichnis der Ränge, einem Staatshandbuch des 5. Jahrhunderts, zeugen. Ein kaiserliches Edikt vom Jahre 384 erlaubte nur noch Consuln das Verschenken reliefgeschmückter Diptychen anläßlich ihres Amtsantritts, da der Elfenbeinluxus überhandnahm. Ähnlich hochgestellt waren die Empfänger, die unter den Angehörigen der Senatsaristokratie zu suchen sind und an die sich auch die Bildbotschaften richteten. Unter den 44 zumeist in europäischen Kirchenschätzen erhaltenen Consulardiptychen tragen 34 die Namen von 18 Consuln und sind dadurch für den Zeitraum zwischen 406 und 540 meist auf das Jahr genau datiert. Sie geben somit wichtige Aufschlüsse über die Entwicklung des Zeit- und Werkstattstils innerhalb dieser Kunstgattung.

Von Rufinus Probianus, dem *vir clarissimus* und *vicarius urbis Romae,* Stadtvikar von Rom, stammt
[90] ein inschriftlich bezeichnetes Diptychon, das gewöhnlich um 400 datiert wird. Auf dem Bildnisständer neben dem Würdenträger sind zwei Kaiserporträts angebracht, wie man meinte die gemeinsam regierenden Theodosiussöhne Arcadius und Honorius (399–402). Die Insignienporträts könnten jedoch, analog zu Münzbildern, der Silberplatte des [75 bis
Theodosius von 388 oder der Statuette in Budapest, 83]
auch auf die Samtherrschaft von Valentinianus II. [87, 88]
und Theodosius I. bezogen werden. Das Diptychon würde dann, zumal Probianus kein Consul war, noch in die Zeit vor dem Verbot von 384 zu datieren sein. Probianus, links in der senatorischen *toga contabulata* und mit geschlossener Rolle, rechts im zivilen Dienstkostüm und mit geöffneter Rolle, in die er die Glückwunschformel «Probianus, du mögest blühen» schreibt, sitzt in seinem Amtslokal auf einer Kathedra mit doppeltem Stufenunterbau. Die linke Tafel zeigt ihn als Recht sprechenden Richter mit der im Redegestus erhobenen Hand. Seine Worte werden von Notaren in die geöffneten und innen mit Wachs bestrichenen Diptychen protokolliert. In den unteren Feldern erscheinen je zwei dem Vikar akklamierende Senatoren mit geöffneten Rollen, zwischen ihnen je ein dreifüßiger Tisch mit Tintenschale und Schreibgriffel. Der umlaufende Rand mit dem giebelförmigen oberen Abschluß ist mit Palmetten verziert. Die Inschrifttafeln vervollständigen das Programm des Diptychons.

Ohne Namensbeischriften blieb ein Diptychon im Domschatz von Monza, das dennoch wohl auf [91]
Stilicho, den germanischen Heermeister und faktischen Herrn des Westens, Consul von 400, bezogen werden kann. Der *magister militum* im Dienstkostüm des Feldherrn stützt sich auf seine Lanze. Er hält den ovalen Schild, an dem in der Art der Budapester Büste die Bildnisse des älteren Arcadius [88]
und des jüngeren, darum kleineren Honorius angebracht sind. Auf der linken Tafel ist seine Gemahlin Serena mit ihrem Sohn Eucherius in der Amtstracht eines Tribunen und mit dem geschlossenen Diptychon eines Notars abgebildet. Die beiden in westlichen Werkstätten (Rom oder Mailand) entstandenen Diptychen repräsentieren zusammen mit den Tafeln vom Hochzeitsdiptychon der Symmachi und Nicomachi in Stil und Ikonographie den Geist

der vorwiegend noch heidnisch gesinnten stadtrömischen Senatskreise. In der Tat bleiben die konservativer Bildsprache und Ikonographie verpflichteten Consulardiptychen lange Zeit gänzlich unbeeinflußt von christlichen Motiven.

[93] Der Elfenbeinkasten in Brescia zeigt, daß es an künstlerisch bedeutsamen christlichen Elfenbeinarbeiten, meist Reliquiaren und liturgischen Zwekken dienenden Gefäßen, in Rom und anderen Metropolen nicht gemangelt haben kann. Der Deckel und alle vier Seiten des Kastens sind überaus reich mit alt- und neutestamentlichen Szenen geschmückt, die vornehmlich in Rom verbreiteten zyklischen Bilderfolgen entlehnt scheinen. Die Mitteltafel der rechten Kastenwand stellt die Blindenheilung und die Auferweckung des Lazarus nebeneinander dar. Auf dem oberen Randstreifen löst Moses links seine Sandalen und spricht rechts über den am Boden zerschmetterten Gesetzestafeln zu Gott. Im Mittelstreifen ist wohl der Untergang der Rotte Korah dargestellt (4. Mose 16, 28 ff.). Der untere Streifen zeigt die Begegnung von Jakob und Rahel am Brunnen, den Kampf Jakobs mit dem hier noch flügellos gebildeten Engel und rechts außen die Jakobsleiter. Die Komposition der zumeist figurenreichen Gruppen, der klassische, an älteren Vorlagen geschulte Stil und die Auswahl vieler ikonographischer Motive stellen auch diesen Elfenbeinkasten in die aristokratische Traditionslinie innerhalb der stadtrömischen Kunst der zweiten Hälfte des 4. Jahrhunderts.

Eine Elfenbeinpyxis, deren Außenwandung auf [92]
der Rückseite mit dem Abrahamsopfer geschmückt ist, zeigt auf der Vorderseite den lehrenden Christus inmitten der Apostel, die, gleich den akklamierenden Beamten des Probianusdiptychons, lebhaft [90]
gestikulieren. Durch den Verweis auf das Diptychon wird noch einmal offenkundig, in welchem Maße die bildlichen Hoheitsformeln staatlicher Autorität für das Christusbild beansprucht wurden.

Die Kunst im 5. und 6. Jahrhundert

Von Theodosius bis Justinian

In den reichlich anderthalb Jahrhunderten zwischen der theodosianischen Reichsteilung (395) und dem Tode Justinians (565) haben sich geschichtliche Veränderungen von großer Tragweite, sowohl für den Auflösungsprozeß der weströmischen Reichshälfte als auch für die Konsolidierung des frühbyzantinischen Staates, vollzogen. Ihre Auswirkungen auf die Entwicklung der Kunst, deren formale Gestaltungsmittel und Bildthemen waren jedoch weniger einschneidend als die politischen und religiösen Ereignisse der konstantinischen Epoche für die Kunst des 4. Jahrhunderts. Lediglich unter Justinian (527 bis 565) kam es, neben dem Versuch einer politischen und territorialen Erneuerung des Römischen Reichs, noch einmal zu einer hohen Blüte der meisten Kunstgattungen unter der eindeutigen Hegemonie von Konstantinopel. Aber selbst in der Zeit der Kaiser Phocas und Heraclius (602–641) kann man in einzelnen Kunstzweigen (Silbergefäße) eine überraschende Nachblüte antiker Bildthemen in betont klassischer Formensprache, jedoch in christlicher Sinngebung, gewahren, die freilich um die Mitte des 7. Jahrhunderts ganz plötzlich zum Erliegen kam. Auf dem Hintergrund des allmählichen Versiegens bestimmter Kunstzweige seit nachjustinianischer Zeit und der Beschränkung auf nur noch wenige Gattungen (Tafelmalerei) stellt sich der Ausbruch des byzantinischen Bilderstreits (726), der zur Vernichtung zahlreicher Werke führte, als Besiegelung einer schon mehr als ein Jahrhundert währenden Agonie der bildenden Künste dar.

Hatten wir die spätantik-frühchristliche Kunst des 3. und 4. Jahrhunderts vorwiegend anhand der stadtrömischen Denkmäler unter allgemeinen und entwicklungsgeschichtlichen Aspekten betrachtet, so empfiehlt sich für das 5. und 6. Jahrhundert und darüber hinaus eine regionalgeschichtlich orientierte Darstellungsweise. Denn spätestens seit dem 4. Jahrhundert gab es keine einheitliche «Reichskunst» mehr, die sich auf Rom als verbindliches Zentrum, als fortwirkender Schmelztiegel italischer und hellenistischer Formkräfte berufen konnte. Konstantinopel war damals noch weit davon entfernt, diese Rolle zu übernehmen. Regionale künstlerische Traditionen und stilistische Eigentümlichkeiten der Provinzen, die schon die Schöpfer der imperialen Reichskunst zu respektieren hatten und dabei für die Propagierung der römischen Ideologie stets zu nutzen wußten, begannen seit dem 4. Jahrhundert selbständig zu wirken und sich mit dem überlieferten hellenistisch-römischen Erbe auseinanderzusetzen.

Wenn daher die künstlerische Entwicklung einzelner Regionen des spätrömischen Imperiums in der Forschung häufig eine gesonderte Darstellung erfuhr, so hatte das durchaus seine Berechtigung. Die Untersuchung der spätantiken und frühbyzantinischen (koptischen) Kunst Ägyptens, der Kirchenarchitektur Syriens, der Kunst an der Westküste Kleinasiens im Unterschied zu der des kleinasiatischen Hinterlandes, schließlich der eigenständigen Entwicklung Armeniens und Georgiens ließ für den vorwiegend griechisch geprägten Osten eine weitaus reichere Aufsplitterung in regionale, um nicht zu sagen nationale Sonderentwicklungen erkennen, als dies im lateinischen Westen der Fall war. Hier bestand im 3. und 4. Jahrhundert noch eine relative Einheitlichkeit zwischen Italien und Nordafrika einerseits und zwischen Italien und Gallien, Germanien, Illyrien oder Pannonien andererseits. Nach der Entstehung der germanischen Herrschaftsgebiete in Spanien (Westgoten, 415), Nordafrika (Wandalen, 429), Gallien und Germanien (Franken, 486) vollzog sich hier aber eine viel stärkere Zurückdrängung der spätantiken Kultur und Kunst als im byzantinischen Osten, obwohl dort der Einbruch der Araber (seit 638) und die Kultur des Islam in einigen Ländern wie Syrien und Ägypten bald gänzlich neue Verhältnisse schufen. Lediglich Italien blieb während der Ostgotenherrschaft (489 bis 555) und nach der langobardischen Eroberung (568) noch längere Zeit den eigenen Traditionen verbunden.

Die folgende Darstellung der Kunst des 5. bis 6. Jahrhunderts, die in manchen Fällen den Ausblick auf die weitere Entwicklung im 7. Jahrhundert einschließt, muß sich darauf beschränken, an einigen ausgewählten Beispielen aus Rom und Italien, aus Konstantinopel und seinem unmittelbaren Einflußgebiet, aus Thessaloniki und Griechenland sowie aus einigen markanten Zentren der Ökumene (Kleinasien, Syrien, Nordafrika) die Hauptlinien der künstlerischen Entwicklung nachzuzeichnen.

Rom und Italien

Rom

In Rom und Italien führten der Durchzug der Westgoten (410) und die Plünderungen der Wandalen (455) zwar zu erheblichen Zerstörungen, doch wurden weder durch das politische Ende Westroms (476), die Herrschaft Odoakers und der Ostgoten noch durch die Kriege der Byzantiner um die Wiedergewinnung Italiens (535–555) die Stellung der römischen Bischöfe und die Macht der Kirche nennenswert in Mitleidenschaft gezogen. Folglich war auch die kirchliche Bautätigkeit zunächst kaum beeinträchtigt. Die stadtrömische Sarkophagplastik und die Bestattung in Katakomben endeten jedoch bereits gegen 400, ohne daß die Gründe dafür ausreichend bekannt wären. Dem Porträt war im Westen hingegen nur im 5. Jahrhundert ein gewisses Nachleben beschieden; auch kam die Sitte, verdienstvollen Persönlichkeiten öffentliche Denkmälerstatuen zu errichten, nicht ganz außer Gebrauch. Noch um die Mitte des 5. Jahrhunderts wurde dem Dichter Apollinaris Sidonius, wie er selbst berichtet, auf dem Forum in Rom eine Ehrenstatue aufgestellt, obwohl es sich dabei nur um eine wiederverwendete Figur gehandelt haben dürfte.

Zu den letzten großen Leistungen der weströmischen Plastik zählt zweifellos das «Arcadiusporträt» [94] in Berlin, das zusammen mit seinem Pendant, dem nur als Fragment erhaltenen Honoriusporträt, gegen 395–400 entstand. Im Gegensatz zu Darstellungen der beiden gemeinsam regierenden Kaiser auf Denkmälern der Kleinkunst (Elfenbeinreliefs) [88, 108] sind an den Köpfen keinerlei Alters- und Rangunterschiede sichtbar gemacht worden. Das Arcadiusporträt zeigt in der sublimen Gestaltung des Antlitzes die Eigenart des theodosianischen Klassizismus in höchster Vollkommenheit.

Die letzte kaiserliche Kirchenstiftung in Rom, in der sich noch einmal imperialer Bauwille manifestierte, war die Paulusbasilika (San Paolo fuori le mura). Sie wurde anstelle der bescheidenen konstantinischen Kirche an der Via Ostiense unter Valentinianus, Theodosius und Arcadius um 386 gestiftet und von Honorius gegen 410 vollendet. Die fünfschiffige, nach dem Vorbild der Peterskirche Seite 43 erbaute, diese in den Maßen aber noch übertreffende Basilika (132 × 65 Meter) mit Querschiff brannte 1823 nieder, doch blieben die Mosaiken des Triumphbogens im wesentlichen erhalten. Die wohl erst bei Reparaturarbeiten nach einem Erdbeben angebrachten Fresken der Hochwände, die – wie die ebenfalls unter Papst Leo I. (440–461) für die Peterskirche geschaffenen Hochwandmosaiken – zu den bedeutendsten narrativen Bildzyklen des 5. Jahrhunderts gehört haben, sind allerdings nur aus Nachzeichnungen von 1634 und aus dem Werk von Seroux d'Agincourt (um 1790) bekannt.

Die übrigen römischen Kirchen des 5. und 6. Jahrhunderts gehen auf bischöfliche oder private Stiftungen zurück. Auf dem Mons Aventius wurde Seite 230 unter Bischof Coelestin (422–432) aus den Mitteln des Presbyters Petrus von Illyrien, wohl an der Stelle einer älteren Hauskirche *(titulus Sabinae)*, die dreischiffige Basilika Santa Sabina erbaut [95 bis 100] (63 × 20 Meter). Wegen ihrer guten Erhaltung vermittelt sie noch einen authentischen Eindruck vom Erscheinungsbild stadtrömischer Basiliken des 5. Jahrhunderts. Das Äußere wird bestimmt durch [95] die schmucklos belassenen Flächen des Ziegelmauerwerks, die großen, engstehenden Rundbogen-

[95]
Rom, Kirche der hl. Sabina (S. Sabina) von Südosten. Um 422–432.

[96, 97]
Rom, S. Sabina.
Mosaik der inneren Eingangswand.
Stifterinschrift und Personifikationen der beiden Kirchen.
Wandinkrustationen der Arkaden.
Um 422–432.

[98]
Inneres
von S. Sabina
nach Osten
[99, 100]
(folgende Seiten)
Rom, S. Sabina.
Holztür des Haupt-
portals mit alt- und
neutestamentlichen
Bilderzyklen.
Ausschnitt des
linken Türflügels.
Mosesszenen und
Akklamation.
Um 430.

[101]
Rom, Kirche der Gottesmutter
(S. Maria Maggiore).
Inneres mit Blick zum Triumphbogen im Westen.
Um 432–440.

[102, 103]
Mosaiken am Triumphbogen von S. Maria Maggiore.
Hetoimasia mit Petrus und Paulus, Vier Wesen,
Szenen aus dem Marienleben und der Kindheit Jesu.
Um 432–440.

XYSTVS EPISCOPVSPLEBIDEI

XYST

[104]
Feld der südlichen Hochwandmosaiken von S. Maria Maggiore.
Abraham bewirtet die drei Männer.
Um 432–440.

[105]
Äneas und Dido beim Gastmahl.
Miniatur im «Vergilius Romanus».
Ende des 5. Jh.

[106]
Rom, Kirche des hl. Stephanus (S. Stefano Rotondo). Blick vom inneren Umgang in den Zentralraum. Um 468–483.

[107]
Rom, Kirche der Hll. Cosmas und Damianus (SS. Cosma e Damiano).
Apsismosaik mit Einführung der Heiligen und des Stifterpapstes beim himmlischen Christus. Um 526–530.

[108]
Tafel vom Elfenbeindiptychon
des Constantius (III.).
Kaiserliche Familie, Constantius
als Consul, Unterworfene. Um 417.

[109]
(folgende Seite oben)
Ravenna, Kirche des Evangelisten
Johannes (S. Giovanni Evangelista)
von Nordosten. Nach 426.
[110]
(folgende Seite unten)
Ravenna, «Mausoleum
der Galla Placidia» von Südwesten.
Erste Hälfte des 5. Jh.
[111]
(übernächste Seite)
Inneres des «Mausoleums
der Galla Placidia» nach Süden.

Blick nach Süden

[112]
Ravenna, «Mausoleum der Galla Placidia».
Mosaiklünette über der Tür des nördlichen Kreuzarmes.
Christus als Guter Hirte. Erste Hälfte des 5. Jh.

[113]
Ravenna, «Mausoleum der Galla Placidia».
Mosaik der Vierungswölbung. Kreuz im Sternenhimmel
und Vier Wesen. Erste Hälfte des 5. Jh.

[114]
«Rinaldussarkophag» mit thronendem Christus, dem Petrus und Paulus Kränze darbringen. Anfang des 5. Jh.

[115]
Ravenna, «Baptisterium der Orthodoxen» von Westen.
[116]
(folgende Seite)
Inneres nach dem Umbau durch Bischof Neon. Um 450–460.
[117]
(übernächste Seite)
Mosaik der Kuppel mit Taufe Christi im Jordan, Kranzdarbringung der Apostel, den vier Thronen und vier Altären.

[118]
Ravenna, ehem. Hofkirche Theoderichs
(S. Apollinare Nuovo).
Blick ins Innere
mit den Mosaikdekorationen der Hochwände.
Um 520 und nach 561.

[119, 120]
Ravenna, S. Apollinare Nuovo.
Ausschnitt vom Mosaik der südlichen Hochwand.
Thronender Christus zwischen vier Erzengeln. Um 520.
Ausschnitt aus dem Mosaik der südlichen Hochwand.
Zug der Märtyrer. Nach 561.

[121]
Ravenna, Mausoleum des Ostgotenkönigs Theoderich von Südwesten. Vor 526.

[122, 123]
Ravenna, Kirche des hl. Vitalis (S. Vitale) von Südosten. Um 540–547.
Kapitell mit Monogramm des Bischofs Victor (um 537–545) am Kämpfer.

[124]
Ravenna, S. Vitale.
Mosaikdekoration
des Presbyteriums
und der Apsis.
Um 540–547.

[125]
Ravenna, S. Vitale. Mosaik der Apsis.
Erzengel führen den hl. Vitalis und den Gründerbischof Ecclesius beim himmlischen Christus ein. Um 540–547.
[126, 127] (folgende Seiten)
Ravenna, S. Vitale. Mosaikdekoration der nördlichen Presbyteriumswand.
Unten Philoxenie und Opfer Abrahams, Moses empfängt das Gesetz, wartende Israeliten, der Prophet Jeremias.
Oben die Evangelisten Johannes und Lukas.
Mosaikdekoration der südlichen Presbyteriumswand.
Unten Opfer Abels und Melchisedeks, Moses Schafe hütend und Sandalen lösend, der Prophet Isaias.
Oben die Evangelisten Matthäus und Markus. Um 540–547.

IEREMIA
MOSE

MOSE
ABEL
MELCHISEDEC
SEC VN DVM
MAR CVM

[128]
Ravenna, S. Vitale. Linkes Mosaik der unteren Apsiszone. Kaiser Justinian und Erzbischof Maximianus mit Gefolge. Um 547.

[129]
Ravenna, S. Vitale. Rechtes Mosaik der unteren Apsiszone. Kaiserin Theodora mit Hofdamen. Um 547.

[130, 131]
Ravenna-Classe, Kirche des hl. Apollinaris
(S. Apollinare in Classe) von Nordwesten.
Blick in das Innere zur Apsis. Um 549.

[132]
Apsismosaik von S. Apollinare in Classe.
Verklärung Christi
und hl. Apollinaris zwischen Lämmern. Um 549.

[133]
Poreč/Parenzo. Kirche der hl. Eufemia. Mosaik der Apsis und der Stirnwand.
Thronende Gottesmutter zwischen Engeln, Heiligen und Stiftern, Christus und Apostel. Um 550.

fenster des Obergadens mit ihren aus Stuck gebil-
deten Transennen und die hochgezogene halbrunde
[98] Apsis im Osten. Im Innern dominiert das weite,
auffällig helle Mittelschiff. Die 24 Marmorsäulen
und ihre Kapitelle sind Spolien aus einem Tempel
des 2. Jahrhunderts. Die Mosaiken der Apsis, des
Triumphbogens und der Wandzone über den Ar-
kaden sind verloren, doch haben Zeichnungen
(Ciampinus) eine Vorstellung davon bewahrt.

An der inneren Eingangswand blieb ein Teil des
[96] Mosaikschmucks erhalten. Zu seiten der metrischen
Stifterinschrift des Petrus und Coelestin sind die
beiden hier namentlich bezeichneten Personifikatio-
nen der Judenkirche (links) und der Heidenkirche
(rechts) dargestellt, die bereits in den Matronen auf
[43] dem Apsismosaik von Santa Pudenziana zu erken-
nen waren. Zur ursprünglichen Ausstattung gehören
die aus farbigen Gesteinen gebildeten Inkrustatio-
[97] nen der Arkadenzone. Wandverkleidungen aus
opus sectile, teils mit ornamentalen, teils mit figür-
lichen Motiven christlichen Charakters, erhielten
sich auch in Ostia und in der Basilica Ambrosiana
zu Mailand (Ende des 4. Jahrhunderts), ferner im
Lateranbaptisterium (5. Jahrhundert) oder in San
Vitale zu Ravenna (6. Jahrhundert).

Das bedeutendste Ausstattungsstück der Kirche
ist aber die gegen 430 entstandene, zweiflüglige
[99] Holztür des Eingangsportals (Höhe etwa 5,50 Me-
ter). An der Ausführung der ursprünglich 28 Bild-
felder sowie der ornamentalen Rahmen und Fül-
lungen waren mehrere Schnitzer einer wohl stadt-
römischen Werkstatt beteiligt. Zeugnisse der früh-
christlichen Schnitzkunst sind nur in geringer Zahl
erhalten (Tür der Ambrosiuskirche in Mailand, der
Barbarakirche in Alt-Kairo, des Katharinenklo-
sters auf dem Sinai). Das Bildprogramm, dessen
ursprüngliche Zusammenstellung nicht gesichert ist,
zumal zehn Relieftafeln fehlen, veranschaulicht un-
sere Abbildung. Die Szenen aus dem Alten und
Neuen Testament sowie die Darstellungen «reprä-
sentativen» Charakters entstammen zyklischen Vor-
lagen, die in Rom im 4. und 5. Jahrhundert offen-
bar recht verbreitet waren. Ein Ausschnitt zeigt auf
[100] dem linken Paneel in drei übereinander angeord-
neten Bildebenen eine Episode aus dem Buch Ex-
odus (2. Mose 3, 1 ff.): Unten weidet Moses die
Schafe Jethros am Gottesberg und vernimmt die
Stimme des Herrn. Darüber zieht er die Schuhe aus,
während Gott in Gestalt eines Engels vor dem ent-
flammten Berg, der hier anstelle des brennenden
Dornbuschs erscheint, zu ihm spricht. In der oberen
Zone links debattiert Moses mit Gott, und rechts
nimmt er die Rolle, Zeichen seiner Berufung zum
Führer der Israeliten, aus der Gotteshand entgegen.
Die in heutiger Anordnung vielleicht zugehörige
rechte Tafel zeigt eine Szene, die noch nicht sicher
gedeutet werden konnte (Berufung des Zacharias?):
Ein vornehm gekleideter Mann steht als Orant vor
einem kirchenähnlichen Gebäude, über dessen Dach
ein Gemmenkreuz sichtbar ist. Neben ihm erscheint
ein Engel. Die in zwei Ebenen darunter angeord-
neten Männer akklamieren dem Geschehen in der-
selben Weise, wie die Senatoren dem Stadtvikar [90]
Probianus auf dessen Diptychon. Wie die Holztü-
ren, aber auch Türdarstellungen auf Elfenbeinre- [134]
liefs zeigen, waren Kirchenportale ein beliebter Ort
für die Anbringung solcher Bildprogramme, in de-
nen oftmals Ereignisse des Alten und Neuen Testa-
ments beziehungsreich miteinander verbunden wur-
den. Der erhaltene oder bezeugte Mosaikschmuck
einiger Kirchen läßt erkennen, daß sich dieses Ord-
nungsprinzip im 5. Jahrhundert offenbar in der ge-
samten bildlichen Ausstattung durchsetzte.

Papst Sixtus III. (432–440) ließ zu Ehren der
Gottesmutter Maria auf dem Esquilin eine große [101]
Basilika erbauen. Der Überlieferung zufolge hatte
schon Papst Liberius (352–366) beim Fleischmarkt
(macellum) der Livia eine Marienkirche gestiftet.
Der Liber Pontificalis scheint ältere Nachrichten
über beide Marienkirchen vermengt zu haben, denn
unter Santa Maria Maggiore konnten weder das
macellum Liviae noch ein kirchlicher Vorgängerbau
nachgewiesen werden. Eine Inschrift im Scheitel des
Triumphbogenmosaiks lautet: *Xystus episcopus* [102]
plebi Dei, «Bischof Sixtus dem Volke Gottes». Eine
weitere, verlorene Inschrift befand sich im Innern
und berichtete, daß Sixtus der Gottesmutter «die
neuen Dächer geweiht» habe. Kirche und Mosaik-
schmuck (mit Ausnahme der um 1295 erneuerten
Apsis) stammen demnach aus der Zeit gegen 440.

Das ursprüngliche Äußere der dreischiffigen Basilika (etwa 74 × 35 Meter) ist wegen der barocken Umbauung nicht sichtbar. Verändert wurde auch [101] das Innere, indem 1593 jedes zweite Fenster des von Lisenen gegliederten Obergadens zugesetzt und der offene Dachstuhl mit einer Kassettendecke versehen wurden. Die Hochwände ruhen auf einem Architrav, der von mächtigen ionischen Säulen getragen wird. Auf jeder Seite befanden sich unter den 21 Fenstern von Stuckrahmen mit Dreiecks- und Segmentgiebeln eingefaßte Mosaikfelder (27 von 42 sind erhalten). Jeweils vor dem Triumphbogen beginnend, sind auf der linken Seite Begebenheiten aus dem Leben Abrahams, Isaaks und Jakobs, auf der rechten aus der Moses- und Josuageschichte dargestellt.

Das zweite Bild der linken (südlichen) Reihe zeigt den Besuch der drei Engel bei Abraham [104] (1. Mose 18, 1–15). In der oberen Bildzone begrüßt Abraham die nimbierten Männer, deren mittlerer in eine Aureole gehüllt ist und die Rechte im Redegestus erhebt. Die Erscheinung der drei Männer wurde als Hinweis auf die göttliche Dreifaltigkeit gedeutet. Dies ist insofern wichtig, als auch in den Mosaikzyklen von Santa Maria Maggiore alt- und neutestamentliche Geschehnisse bereits als Zeugnisse des fortwährenden göttlichen Heilwaltens verstanden und als Analogien aufeinander bezogen worden sind. In der unteren Bildzone gibt Abraham, links, seinem Weibe Sarah, die vor ihrem Haus steht, den Befehl, die Kuchen zu bereiten, und rechts erscheint er ein zweites Mal, um die drei Männer zu bewirten, die an dem Tisch bei der Eiche Mambre Platz genommen haben. Wieder-

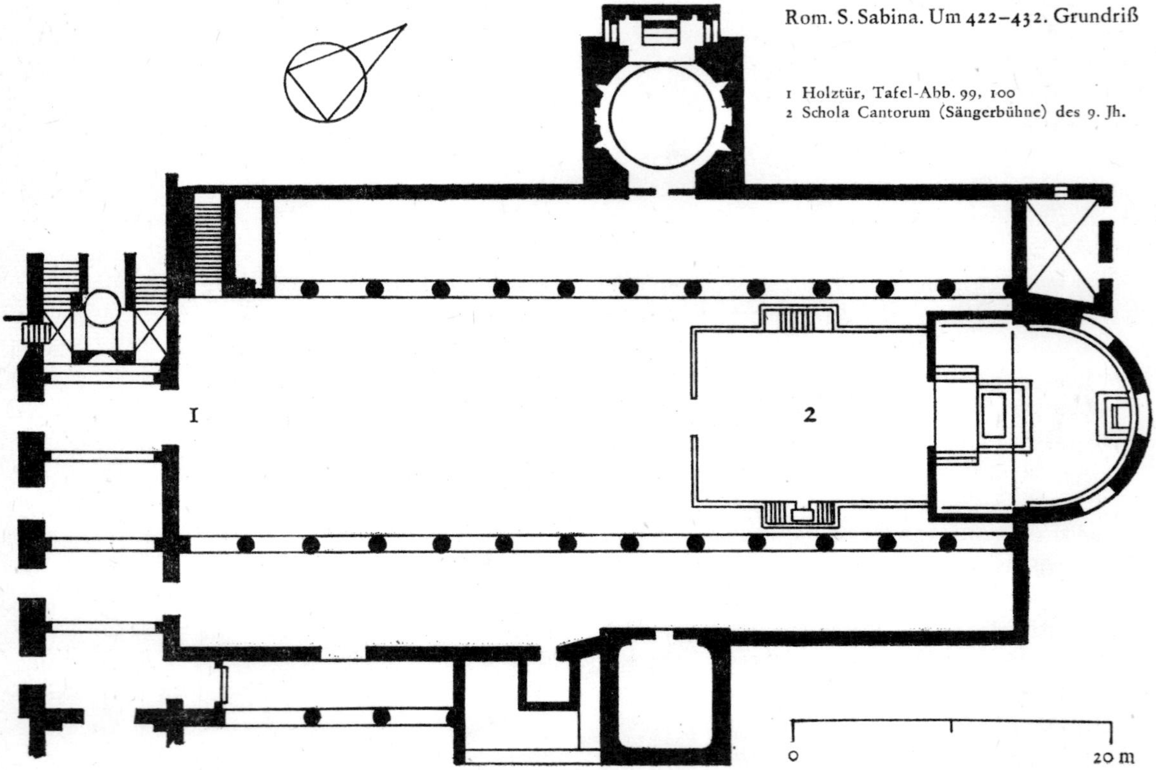

Rom. S. Sabina. Um 422–432. Grundriß

1 Holztür, Tafel-Abb. 99, 100
2 Schola Cantorum (Sängerbühne) des 9. Jh.

um spricht der mittlere und verkündet Abraham die Geburt eines Sohnes. Die kontinuierende Darstellungsweise, die schon an der Sabinatür begegnet
[100] und die mehrere aufeinanderfolgende Phasen einer Handlung in einem Bild vereinigt, war ein typisches Gestaltungsprinzip der römischen Kunst, insbesondere der Triumphalmalerei. In der Spätantike setzte es sich wieder stärker durch und fand mit den adaptierten Vorlagen schließlich auch in die christlichen Darstellungen Eingang.

Wenn sich die Tituli des Prudentius schon auf vorhandene Bilder bezogen, dann dürfte es in Rom bereits ältere Vorläufer des Zyklus von Santa Maria Maggiore gegeben haben. Die Verse des Prudentius zur Philoxenie Abrahams lauten: «Das ist die Bewirtung des Herrn, wo die belaubte Eiche von Mambre das Hirtendach des Greises beschirmte; in dieser Hütte lachte Sarah, daß ihr späte Freuden der Nachkommenschaft gebracht werden und der hochbetagte Gatte so glauben konnte» (Übersetzung nach R. Pillinger). Diese knappe erklärende Bildbeschreibung kann uneingeschränkt als Erläuterung der Darstellung in Santa Maria Maggiore herangezogen werden, das heißt, diese hatte weder einen symbolischen oder allegorischen Sinn, sondern wollte ganz wörtlich verstanden werden.

Das Mosaik des Triumphbogens ist in vier Streifen
[102, 103] unterteilt. Über dem Bogenscheitel mit der Sixtusinschrift erscheint, von einer Aureole umschlossen, der bereitete Thron Christi (Hetoimasia). Kreuzmedaillon, Diadem, Purpurgewand und die mit sieben Siegeln verschlossene Rolle sind die Insignien seiner gegenwärtigen und zukünftigen Königsherrschaft. Beiderseits der Aureole, in der das
[56,57] Apotheosesymbol der Sarkophage, die *imago cli-*
[59,60] *peata,* fortlebt, sind Petrus links und Paulus rechts sowie die vier Evangelistensymbole angeordnet. Die Episoden aus der Kindheitsgeschichte Jesu auf den drei seitlichen Registern folgen apokryphen Evangelien wie dem «Pseudomatthäus». Deutlich wird hier, daß sich der entwerfende Künstler bei der Auswahl und Ausgestaltung der Einzelszenen offenbar mit Billigung des bischöflichen Auftraggebers von den kanonischen Texten des Neuen Testaments entfernen konnte. Die außerkanonischen Bildelemente, denen wir in der frühchristlichen Kunst immer wieder begegnen, spielten bei der Entwicklung der christlichen Ikonographie eine maßgebliche Rolle.

Die linke Hälfte des Triumphbogens zeigt die [103]
Verkündigung an Maria, die Beschwichtigung der Zweifel Josephs, die Anbetung des Kindes durch die Magier und die bethlehemitischen Mütter mit ihren Säuglingen vor Herodes. Die Szenen der rechten Hälfte enthalten die Darstellung im Tempel, die Aufforderung Josephs zur Flucht nach Ägypten, die Heilige Familie vor Aphrodisius von Sotinen sowie die Magier und Schriftgelehrten bei Herodes. In den unteren Zwickeln sind Jerusalem und Bethlehem einander gegenübergestellt. Im Unterschied zu den Stadttoren oder Stadtkulissen der [66,67]
Sarkophage benutzte man auf Mosaiken stets die für Landkarten und für die Handbücher der Agrimensoren (Landvermesser) üblichen sechseckigen Stadtabbreviaturen, die hier jedoch mit Perlen und Edelsteinen verziert sind, um den überirdischen Charakter der beiden Städte gemäß der Johannesapokalypse (21, 12) auszudrücken.

Die Anbetungsszene ist geeignet, die ikonogra- [103]
phischen Besonderheiten der Triumphbogenmosaiken vor Augen zu rücken. Christus sitzt nicht auf dem Schoße der Gottesmutter, sondern thront allein als Emmanuel auf einer überaus reich geschmückten kaiserlichen Thronbank. Hinter dieser stehen gleich den kaiserlichen Garden vier Engel. Zwischen ihnen wird der Stern von Bethlehem sichtbar, auf den der Magier links hinweist. Von rechts nahen zwei weitere Magier mit ihren Gaben. Auf gesonderten Stühlen sitzen zu seiten der Thronbank links Maria und rechts eine Matrone. Maria ist hier, wie auch in den übrigen Szenen, mit den kostbaren Gewändern einer kaiserlichen Prinzessin bekleidet. In der Matrone, die in nachdenklicher Gebärde auf das göttliche Kind blickt, darf man vielleicht eine Sibylle oder eher noch die Personifikation der Kirche erkennen, jedoch in der Weise umgedeutet, wie dies in der Sixtusinschrift zum Ausdruck kommt: Sie ist die Präfiguration der *plebs Dei,* des aus Heiden- und Judenkirche erwachsenen Gottes-

volkes. Die besondere Hervorhebung Marias, sowohl in der Stiftung dieser zweitgrößten innerstädtischen Kirche von Rom als auch in den außergewöhnlichen bildlichen Formeln des Triumphbogenmosaiks, nahm offensichtlich Bezug auf die dogmatischen Festlegungen des Konzils von Ephesus (431), das Maria den Rang der «Gottesgebärerin» (Theotokos) zuerkannte, woran römische Theologen maßgeblichen Anteil hatten.

Bei der Suche nach verwandten Beispielen der kontinuierenden «Vers-für-Vers-Illustration», wie
[104] sie auf den Langhausmosaiken und der gleichzei-
[99] tigen Sabinatür begegnet, stieß man auf die ältesten erhaltenen Miniaturen zum Alten Testament
[I] in der «Quedlinburger Itala». Die Itala oder Vetus Latina war die altlateinische Bibelübersetzung, die im Westen bis zur endgültigen Ablösung durch die Vulgata des heiligen Hieronymus in Gebrauch blieb. Von dem ursprünglich etwa 380 Seiten – davon 60 Bildseiten – umfassenden Pergamentkodex mit den Büchern Samuel und Könige sind nur sechs Blätter erhalten. Die Herstellungsweise dieser Handschrift, die um 400 in einem stadtrömischen Skriptorium entstand, konnte rekonstruiert werden. Der Schreiber teilte den Text in «Sinnabschnitte» ein und schrieb diesen in römischer Unziale nieder. Dabei sparte er am Beginn eines jeden Sinnabschnitts eine Seite aus und versah sie mit Instruktionen für den Maler. Dieser fügte danach mit Deckfarben und Gold die Illustrationen ein, wobei die Malanweisungen unsichtbar wurden, und ergänzte die fertigen Bilder mit erklärenden Beischriften in Halbunziale. Die Miniaturen scheinen für diese Handschrift entworfen zu sein, auch wenn der Miniator dabei vielfältige Anregungen aus der römischen Maltradition aufgegriffen und verarbeitet hat.

Auf der abgebildeten Seite 2 recto sind vier in
[I] sich geschlossenen Illustrationen zu aufeinanderfolgenden Stellen 1. Buch Samuel 15, Verse 12, 27, 32 und 33 in einem Bild vereinigt, obwohl die Rückseite gemäß dem Einteilungsprinzip des Textes nur die Verse 1. Buch Samuel 15, 10–18 enthält. Oben links ist die Ankunft des Propheten Samuel im Zweigespann bei Saul dargestellt, der in der Bildmitte das Opfer darbringt. Rechts oben entflieht Samuel, während Saul versucht, ihn beim Mantel festzuhalten. Links unten tritt der Amalekiterkönig Agag vor Samuel, und weiter rechts verharren Saul und Samuel im Gebet. Rechts unten schließlich tötet Samuel Agag im Kampf. Setzt man für die gesamte Handschrift 60 Bildseiten voraus, so existierten allein zu den hierin enthaltenen alttestamentlichen Büchern etwa 240 Einzelszenen. Rechnet man die
Darstellungen auf dem Elfenbeinkasten in Brescia, [93]
auf der Sabinatür und in den Kirchen Santa Maria [99,
Maggiore, San Paolo fuori le mura und der Peters- 100] [101,
kirche hinzu, so muß es in Rom seit dem späten 104]
4. Jahrhundert für alle wichtigen alttestamentlichen Bücher bereits eine Fülle von in Zyklen zusammengefaßten Einzelbildern gegeben haben, von denen die wenigen erhaltenen Denkmäler nur einen Bruchteil reflektieren.

Ebenfalls in Rom und im selben Skriptorium wie die «Quedlinburger Itala» entstand zu Beginn des 5. Jahrhunderts der «Vergilius Vaticanus». Er enthält die Georgika und die Äneis des römischen Dichters Vergil (gestorben 19 v. Chr.), dessen Werke sich bis weit in die byzantinische Zeit größter Beliebtheit erfreuten, die darum immer wieder abgeschrieben wurden und deren Illustrationen auch für andere Darstellungszwecke (Kleinkunst) immer wieder kopiert worden sind. Mit 76 Blatt ist allerdings nur etwa ein Fünftel der ursprünglich reich und von verschiedenen Malern illustrierten Handschrift erhalten. Aus einem bislang noch nicht sicher lokalisierten italischen Skriptorium stammt hingegen eine zweite, erst im späteren 5. Jahrhundert entstandene, illustrierte Vergilhandschrift («Vergilius Romanus», ebenfalls im Vatikan), die neben den «Georgika» und der «Äneis» auch die «Eklogen» enthält.

Die Miniatur auf Blatt 100 verso des Vergilius [105]
Romanus zeigt Dido und Äneas beim Gastmahl (Äneis 1, 630 ff., 697 ff. und 4, 77 ff.). Der Miniator hat aus Gründen der Symmetrie dem Äneas rechts in der Gestalt des jugendlichen Trojaners links eine

[I]
«Quedlinburger Itala».
Szenen aus dem Buch Samuel. Rom, um 400.

Rom. S. Stefano Rotondo.
Um 468–483.
Grundriß

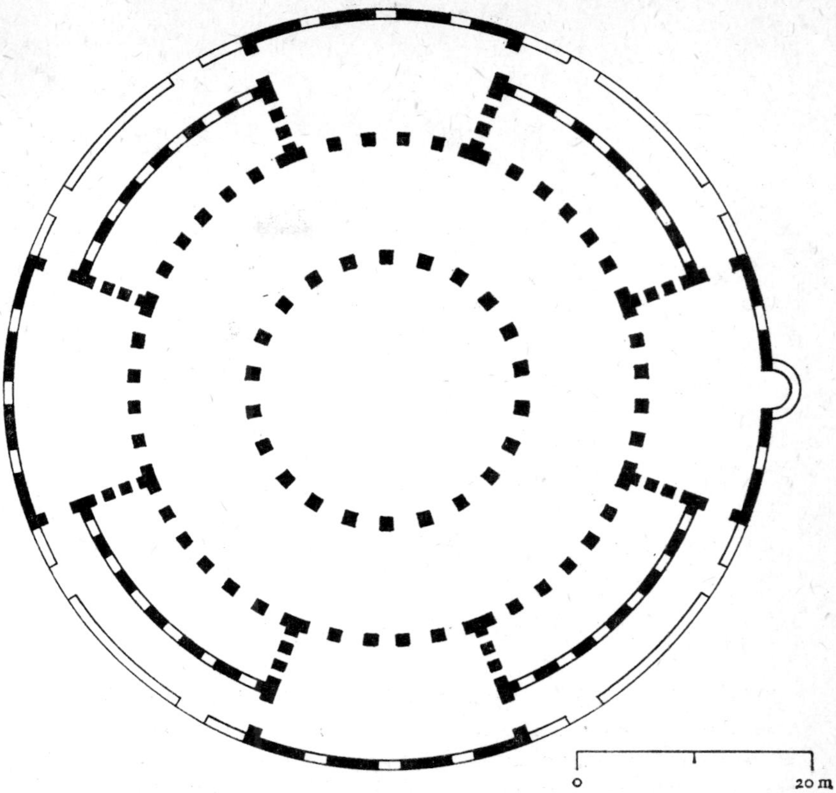

im Text nicht erwähnte Pendantfigur zugeordnet. Die zeichnerisch ungeschickte Wiedergabe der auf dem sigmaförmigen Polster lagernden, nimbierten Gestalten mit der königlichen Dido in der Mitte ist steif und zeremoniell, dabei auffallend flächig und ornamental. Offenbar hat der Maler, wenn er überhaupt dem Vergiltext folgte, sein Augenmerk weniger auf eine psychologisierende Wiedergabe des Liebesschmerzes der Dido als vielmehr auf die geschilderte Pracht des Palastgemachs, des kostbaren Tafelgeschirrs und der hantierenden Dienerschaft gerichtet. Die aus fremden Kompositionen entlehnten Bildelemente montierte er wie Versatzstücke zu einem neuen Bild, eine Verfahrensweise, die für Darstellungen antiker mythologischer Stoffe in der Kleinkunst seither typisch wurde. Parallel zu der offenbar weit verbreiteten Herstellung illustrierter Bücher der antiken Literatur, denen die wohl in Alexandria in der zweiten Hälfte des 5. Jahrhunderts entstandene «Ilias Ambrosiana» (Mailand) zuzurechnen ist, hat man sich eine in den Metropolen des gesamten Imperiums blühende Produktion illustrierter Bibelhandschriften für den privaten und kirchlichen Gebrauch vorzustellen, obwohl aus dem weströmischen Gebiet davon so gut wie nichts mehr erhalten ist.

[II]
Rom, Kirche des hl. Stephanus
(S. Stefano Rotondo) von Südwesten. Um 468–483.

Im 5. Jahrhundert entstanden in Rom Märtyrerkirchen auch innerhalb der Stadt, freilich ohne Bezugnahme auf vorhandene Gräber. Über dem Mithrasheiligtum einer auf dem Caelius gelegenen Kaserne *(Castra peregrinorum)* errichtete Papst Simplicius (468–483) den ersten kirchlichen Zentralbau Roms, Santo Stefano Rotondo. Das rudimentäre Erscheinungsbild der Kirche geht auf erhebliche Verkleinerungen im 12. und 15. Jahrhundert zu-

[II]
Seite
235 bis
236

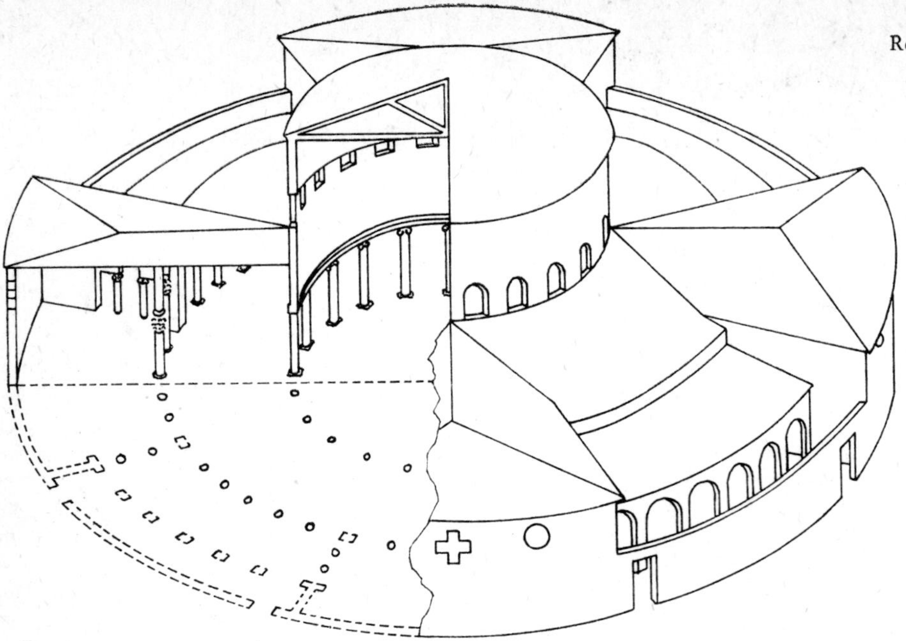

Rom. S. Stefano Rotondo.
Um 468–483.
Isometrische
Rekonstruktion

rück. Wie der Grundriß zeigt, waren in den Kreis die vier Arme eines griechischen Kreuzes eingeschrieben. Die Rekonstruktion dieses bemerkenswerten Bauwerks konnte noch nicht in allen Teilen gesichert werden, doch steht eine abschließende Untersuchung bevor. Ein innerer Kranz von
[106] 22 Spoliensäulen mit ionischen Kapitellen der Erbauungszeit trägt über dem Architrav das aufgehende Mauerwerk des einst überkuppelten Tambours. Die innere, durchgehende Ringhalle öffnete sich mittels eines zweiten Säulenkranzes, der in der Umfassungsmauer des 12. Jahrhunderts und im Innern der Kirche enthalten ist, in einen weiteren äußeren Umgang. Dieser wurde durch die Kreuzarme unterbrochen und in vier Segmente unterteilt. Die Kreuzarme bildeten radial ausgerichtete Flügelräume, von denen man durch seitliche Pfeilerstellungen in die Segmente der mittleren Ringhalle gelangte. Am Außenbau zeichnete sich die komplizierte Raumstruktur des Innern in den wohl konzentrisch abgestuften Dächern der beiden Umgänge sowie in den Giebel- oder Walmdächern der Kreuzarme ab. Die äußeren Umgangssegmente waren dachlose Höfe, von denen aus man in das Innere gelangte. Ihre Außenmauern banden in die Giebelfronten der Kreuzarme ein, so daß der Bau außen als geschlossenes Rund wirkte. Die ungewöhnliche Anordnung und Staffelung der Ringhallen um die Kreuzform zielte offenbar auf ein mystisch gesteigertes Raumerlebnis ab.

Im 6. Jahrhundert entstanden in Rom nur noch wenige und zumeist kleinere Kirchen. Erst am Ende des Jahrhunderts begannen die Päpste einige der inzwischen verfallenen Märtyrerkirchen in den suburbanen Friedhöfen durch Neubauten zu ersetzen. Bedeutsam ist noch die Kirche der beiden Ärzteheiligen Cosmas und Damianus, deren Verehrung am Beginn des 6. Jahrhunderts von ihren östlichen Kultorten über Konstantinopel und Griechenland nach Rom übertragen wurde. Papst Felix IV. (526 bis 530) richtete die Kirche bezeichnenderweise in einem ehemals zum Forum Pacis des Vespasian gehörenden Gebäude ein, da offenbar die Mittel für einen Neubau nicht vorhanden waren. Apsis und [107]
Triumphbogen wurden mit Mosaiken geschmückt, an denen sich ein grundsätzlicher Wandel erkennen läßt. Je eine Palme zu beiden Seiten – auf der linken steht ein Phönix – und die Blumenwiese am Ufer

des Jordanflusses kennzeichnen hier das Paradies, in das Petrus und Paulus die beiden Ärzteheiligen einführen, die ihre Kronen darbringen, begleitet von dem Stifterpapst Felix links und dem heiligen Theodor rechts. Von dieser Szene deutlich geschieden, schwebt Christus, gänzlich in goldene Gewänder gehüllt, vor den Wolken des jenseitigen Himmels. Die wieder ergänzte Gotteshand mit dem Kranz und das auf der Abbildung nicht sichtbare Lamm auf dem Paradiesberg mit den vier inschriftlich bezeichneten Strömen, zu dem Lämmer, aus Stadttoren kommend, hinstreben, bilden die Vertikalachse
[102, 103] des Bildprogramms. Gegenüber den römischen, aber auch den ravennatischen Mosaikkompositionen
[111 bis 113] des 5. und frühen 6. Jahrhunderts ist ein höherer Grad der Entrücktheit der Gestalten erreicht. Die
[117 bis 120] überirdische Sphäre ist in sich noch einmal unterschieden: Den handelnden Personen im Vordergrund wächst durch ihre Einbindung in die paradiesische Szenerie und ihre deutliche Bezogenheit auf den Betrachter eine Vermittlerfunktion zwischen der irdischen Welt und dem erscheinenden himmlischen Christus zu.

Neapel und Nola

Von den Mosaiken der Neapler Kirchen des 5. Jahrhunderts (Basilica Severiana, Ecclesia Salvatoris) wissen wir nur aus späten Beschreibungen. Lediglich das Baptisterium hat seine ursprüngliche Ausschmückung bewahrt. Zusammen mit den erhaltenen und bezeugten Mosaiken Campaniens (Santa Maria in Capua Vetere, Nola-Cimitile, Fundi) erweist es Neapel neben Rom, Mailand und Ravenna als weiteres bedeutendes Mosaikzentrum Italiens im 5. Jahrhundert. Das Baptisterium soll durch Bischof Severus um 400 gestiftet worden sein. Aus die-
Seite 238 ser Zeit stammt jedenfalls das Kuppelmosaik, das somit das älteste erhaltene eines Taufhauses ist. Das Baptisterium selbst besitzt quadratischen Grundriß. Erst in der Tambourzone kommt die oktogonale Form zur Geltung, wobei Ecktrompen vom Viereck zur Kuppelwölbung vermitteln. Trompen, Fensterzone und Kuppel sind mit Mosaiken geschmückt, deren theologisches Programm in Themenwahl und Anordnung der Bilder deutlich wird: Zu seiten der Fenster stehen je vier Paare kranzdarbringender Apostel. Die Trompen werden von den Vier Wesen, Symbolen der Evangelisten, ausgefüllt. Darüber sind allegorische Paradiesesszenen angeordnet. Das Kuppelzentrum beherrscht ein Kreuz in Gestalt des Chi-Rho-Monogramms, über dem ein Kranz schwebt, umgeben von Sternen sowie den Buchstaben Alpha und Omega. Den Schmuck des umlaufenden Reifs bestimmen paarweise um Fruchtkörbe angeordnete Vögel und ein Phönix. Die Kuppelzone ist durch Blütengewinde, die aus Gefäßen aufwachsen, radial in acht trapezoide Felder unterteilt. Von den Bildern sind nur noch Christus und die Samariterin am Brunnen, Weinwunder zu Kanaa, Brotvermehrung, «Traditio legis», Meerwandel Petri und wunderbarer Fischzug sowie die drei Frauen am leeren Grabe Christi erhalten. Die Grundidee eines jeden Mosaikprogramms wird stets durch die Zusammenstellung retrospektiver und prospektiver, das heißt «historischer» und eschatologischer Bildelemente bestimmt. Dieses Prinzip gewinnt hier durch die Auswahl derselben neutestamentlichen Szenen, die schon etwa 150 Jahre früher im Taufhaus von Dura- [28, 29]
Europos begegneten, eine speziell auf die Taufe bezogene Konkretisierung.

Nordwestlich von Nola, beim heutigen Ort Cimitile, dessen Name noch auf den einstigen Friedhof dieser Stadt hindeutet, wurde das Grab des Märtyrers Felix verehrt. Über der schon im 3. Jahrhundert bezeugten Grabstätte entstand im 4. Jahrhundert eine Memoria. Diese wurde angeblich un- Seite 239
ter Papst Damasus durch eine im Osten vorgelagerte, dreischiffige Basilika und eine im Westen angefügte Apsis beträchtlich erweitert. Unter Paulinus von Nola (gestorben 431) erhielt die Anlage nicht ohne den beratenden Einfluß des Ambrosius von Mailand ihre endgültige Gestalt. Der vermögende, dem senatorischen Adel entstammende Großgrundbesitzer Paulinus, der eine Zeitlang Statthalter von Campanien war, wurde 390 getauft und führte seit 395 beim Grab des heiligen Felix ein Eremitendasein. 409 wurde er Bischof von Nola. Um 401 bis 403 ließ er die dreischiffige Basilica Apostolorum

Neapel. Baptisterium.
Mosaikdekoration der Kuppel. Um 400

Nola-Cimitile. Heiligtum des hl. Felix. Um 400. Grundrißrekonstruktion

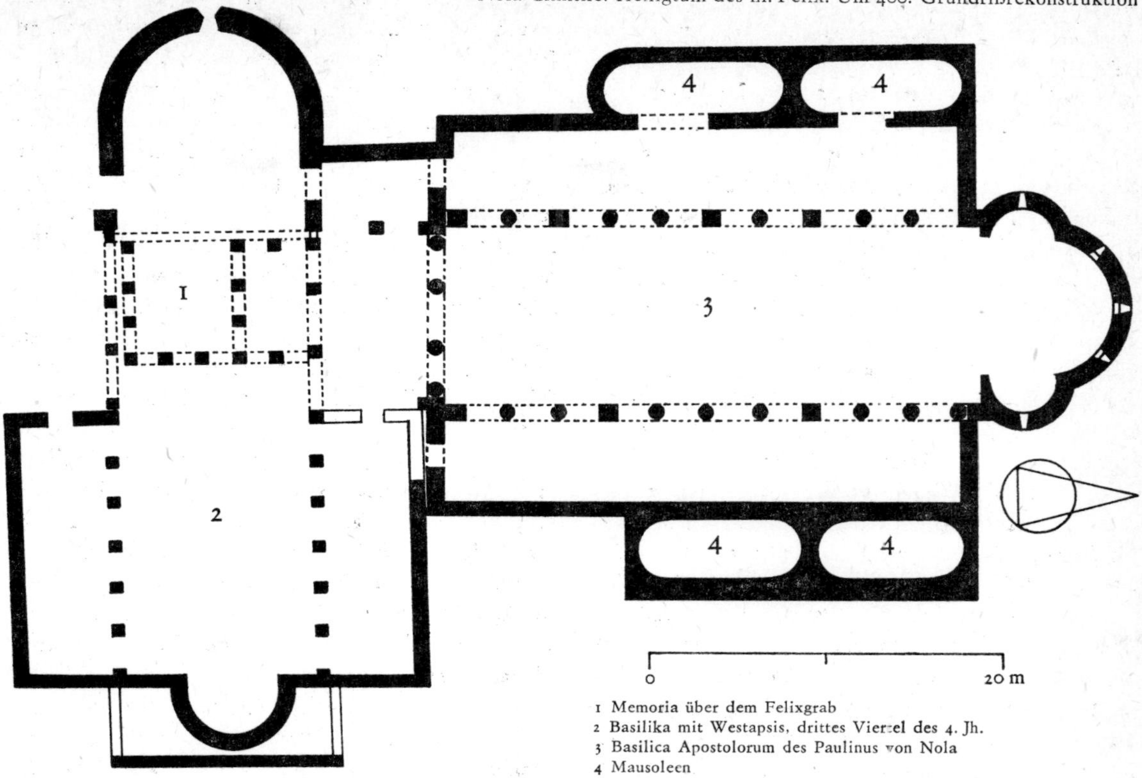

1 Memoria über dem Felixgrab
2 Basilika mit Westapsis, drittes Viertel des 4. Jh.
3 Basilica Apostolorum des Paulinus von Nola
4 Mausoleen

erbauen. Mit der Felixmemoria war sie durch einen Narthex verbunden, der den Blick zum Grab des Märtyrers offenhielt. Die Obergadenwände waren mit alttestamentlichen Szenen geschmückt. Die trikonchiale Apsis im Norden erhielt ein Mosaik, Seite 142 dessen Programm wir aus dem Brief des Paulinus an seinen Freund Sulpicius Severus (Brief 32) und den darin mitgeteilten Titulus kennen. An den Innenseiten der Arkaden des Portikus über dem Felixgrab sind Reste des paulinischen Mosaiks mit Versinschriften erhalten, deren Wortlaut mit den Distichen des Bischofs genau übereinstimmt.

Ravenna

Da Oberitalien seit 401 durch die Westgoten unter ihrem König Alarich schwer heimgesucht wurde, verlegte Honorius auf Anraten seines Heermeisters Stilicho die kaiserliche Residenz von Mailand nach [91]
Ravenna. Damit verlor Mailand jedoch nicht seine Bedeutung als wichtiges Kunstzentrum, wie zum Beispiel die Mosaikausstattung der Kapelle San Vittore bei Sant'Ambrogio aus der zweiten Hälfte des 5. Jahrhunderts beweist.

Ravenna bot wegen seiner günstigen Lage in dem sumpfreichen Lagunengebiet nahe dem Hafen Classis sicheren Schutz vor Feinden. Die Westgoten bekamen dies bald zu spüren, als sie nach vergeblicher Belagerung (410) unverrichteterdinge abziehen mußten. Mit der Erhebung zur Kaiserresidenz erlebte die bis dahin unbedeutende Provinzstadt Ravenna eine hohe künstlerische Blüte, die noch über den Langobardeneinfall (568) andauerte. In diesen knapp zwei Jahrhunderten entstanden zahlreiche prächtig ausgestattete Kirchen, Paläste und Profanbauten, waren hier bedeutende Werkstätten angesiedelt, die Mosaiken, Skulpturen und Werke der höfischen und privaten Repräsentationskunst fertigten.

So könnte das «Halberstädter Consulardipty-
[108] chon», das sich auf Constantius III. beziehen läßt, bereits in Ravenna entstanden sein, wo dieser 417 sein zweites Konsulat antrat. Stil und Ikonographie stehen gleichwohl noch ganz in der stadtrömischen Tradition, wie ein Vergleich des Constantiuskopfes
[94] mit dem Berliner Arcadiusporträt zeigt. In der oberen, nachträglich beschnittenen Bildzone thronen die beiden regierenden Kaiser von West- und Ostrom, Honorius und Theodosius II., ihnen zu seiten die Stadtgottheiten Roma und Konstantinoupolis. Die weibliche Gestalt mit Perlenkragen hinter der Thronbank dürfte Galla Placidia sein, die mit Constantius seit 415 verheiratet war. Dieser ist, jeweils von zwei Senatoren begleitet, auf der einen Tafel als Patricius, auf der anderen als *consul ordinarius*
[108] dargestellt. In dieser Eigenschaft trägt er das reich verzierte consularische Prunkgewand, die *toga trabea.* Er hält das Zepter, das mit den Porträts der beiden regierenden Herrscher bekrönt ist, und erhebt die Mappa, Zeichen für den Beginn der Zirkusspiele, deren Ausrichtung zu den vornehmsten Aufgaben eines Consuls gehörte. Die untere Bildzone zeigt als Hinweis auf die militärischen Siege des Constantius unterworfene Barbaren.

Unter Galla Placidia, die nach dem Tode ihres Gemahls (421) und des Honorius (423) zunächst für ihren unmündigen Sohn Valentinianus (III.) die Regentschaft führte, entstand als erste kaiserliche
[109] Stiftung in Ravenna die Kirche des Evangelisten Johannes (San Giovanni Evangelista). Die drei-
Seite 241 schiffige Basilika (58 × 16 Meter) mit der für Konstantinopel, aber auch für Nordgriechenland und das obere Adriagebiet typischen, außen polygonal gebildeten Apsis zwischen Pastophorien hat dank sorgfältiger Restaurierung einen Gesamteindruck vom Ursprungsbau bewahren können. Bei allen ravennatischen Bauten muß man jedoch in Rechnung setzen, daß infolge des Grundwasseranstiegs im Mittelalter und der dadurch erzwungenen Anhebung der Fußböden und Säulenarkaden um 2 bis 3 Meter die Aufrißproportionen beeinträchtigt sind.

Apsis und Triumphbogen der Johanneskirche waren einstmals mit Mosaiken geschmückt, deren Programm nach alten Beschreibungen rekonstruiert werden konnte. Auf dem Triumphbogen war unter anderem die durch den Evangelisten bewirkte Errettung Galla Placidias und ihrer Kinder aus einer Seenot dargestellt. Zum Dank hierfür hatte die Kaiserin die Kirche gestiftet, die zugleich wohl die Funktion einer Hofkirche zu erfüllen hatte. Aber schon am Ende des 4. Jahrhunderts war unter Bischof Ursus in Ravenna eine fünfschiffige Kathedralkirche erbaut worden, die jedoch zerstört ist.
Erhalten blieb nur das zugehörige Baptisterium. [115]
Obwohl die Basilica Ursiana fünfschiffig war, ist Seite 242 bis 243
von kaiserlicher Einflußnahme oder Stiftertätigkeit nichts bekannt. Über die kaiserliche, bischöfliche und private Bautätigkeit in Ravenna sind wir im allgemeinen recht gut unterrichtet, weil der Presbyter Andreas Agnellus im 9. Jahrhundert nach dem Vorbild des römischen Liber Pontificalis aus älteren Quellen eine ravennatische Bischofschronik zusammengestellt hatte, in der viele Kirchen und ihre Mosaiken erwähnt werden.

Gegen 450 ließ Galla Placidia die Kirche des Heiligen Kreuzes erbauen, deren Reste unlängst ausgegraben wurden. Der Vorhalle war am südli-
chen Ende eine kleine kreuzförmige Memoria vor- Seite 241
gelagert, die vielleicht dem heiligen Laurentius geweiht und zunächst wohl als Mausoleum für Galla [110]
Placidia selbst bestimmt war. Der Mosaikschmuck des Innern bedeckt die Tonnengewölbe und Lünet- [111 bis 113]
ten der Kreuzarme, die aufgehenden Wände des Tambours sowie die Einwölbung. Auf den Hochwänden sind vier Paare akklamierender Apostel unter perlenverzierten Muschelbaldachinen dargestellt. Wie auf dem Probianusdiptychon oder an der [90]
Sabinatür begegnet auch hier das Prinzip der verti- [100]
kalen Akklamationsrichtung. Die Anbetung der Apostelpaare gilt, wie schon ihre Kopfhaltung anzeigt, dem in der Wölbung erscheinenden, von den vier Evangelistensymbolen begleiteten Kreuz in- [113]
mitten eines Sternenhimmels. Das mit seinem Fuß nach Osten orientierte, das heißt am östlichen Himmel aufgehende Kreuz ist hier, gleich dem Christus- Seite 238
monogramm im Neapler Baptisterium, Hinweis auf

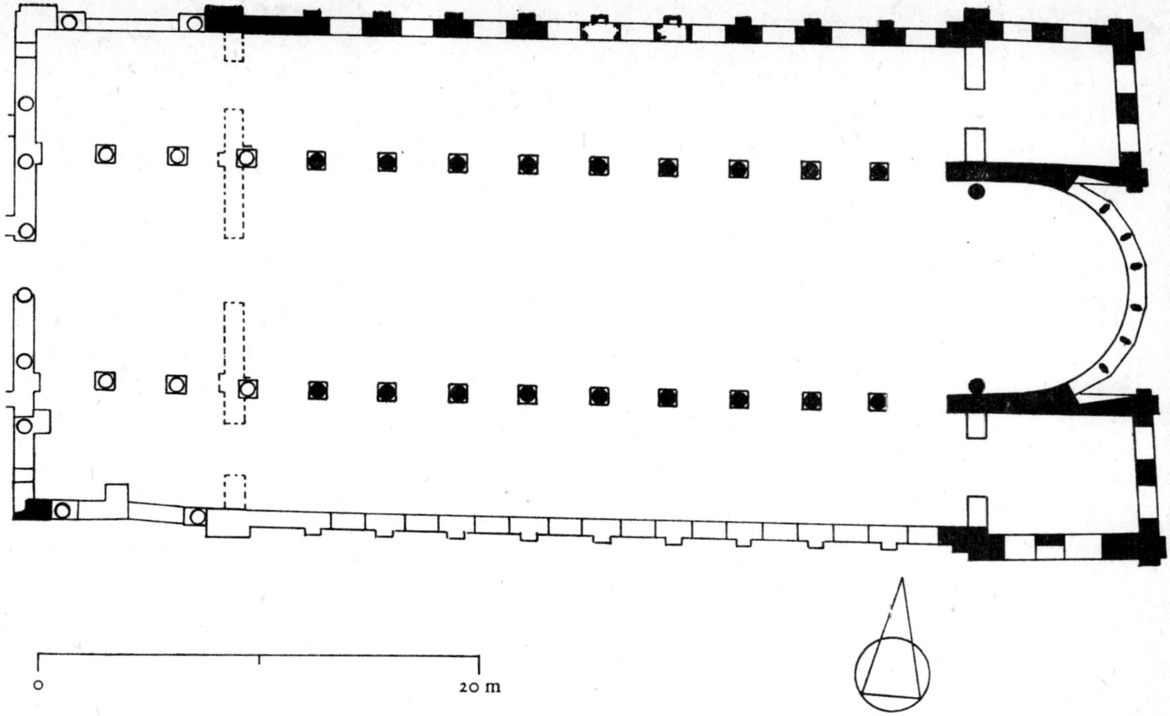

Ravenna. S. Giovanni Evangelista. Nach 426. Grundrißrekonstruktion

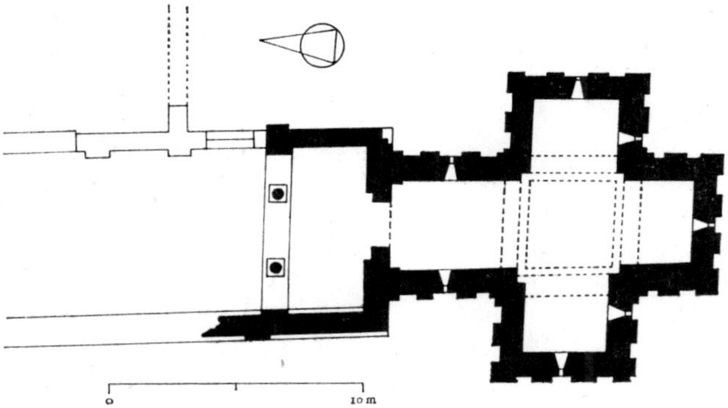

Ravenna. Teil vom Narthex der Kirche des Hl. Kreuzes mit dem Mausoleum der Galla Placidia. Um 450. Grundrißrekonstruktion

das «Zeichen des Menschensohnes», das dem wiederkehrenden Christus der Endzeit voraufgehen wird. Die Betonung des zukünftigen Geschehens, die hier vor allem an die zeitlos-gegenwärtige Akklamationshandlung der Apostelpaare gebunden ist, mag in der Bestimmung der Kapelle als Grabstätte begründet sein. Die sich an Schalen oder Kantharoi mit Fontänen (Lebensbrunnen) erquickenden Tauben zwischen den Aposteln finden ihr Gegenbild in den trinkenden Hirschen der östlichen und westlichen Kreuzarmlünetten; diese illustrieren die Eingangsverse des 42. Psalms: «Wie der Hirsch lechzt nach Wasserbächen, so lechzt meine Seele nach dir, o Gott! Meine Seele dürstet nach Gott, dem lebendigen Gott: Wann werde ich dahin kommen, daß ich erscheine vor Gottes Angesicht?»

In der südlichen Lünette ist der heilige Lauren-
[111] tius dargestellt. Der Feuerrost in der Bildmitte deutet auf sein Martyrium hin. Die vier beschrifteten Evangelien in dem geöffneten Schrank und das Evangelienbuch in der Linken des Diakons erweisen ihn als den Hüter der heiligen Schriften, deren Herausgabe er verweigerte. Der Dienst am rechten Glauben war die Quelle, kraft derer er den Martertod erlitt und überwand. Das geschulterte Kreuz ist die Insignie, die sich Laurentius zum Zeichen seiner Christusnachfolge erworben hatte. Das Bild korrespondiert mit der gegenüberliegenden Lünette des nördlichen Kreuzarms, wo sich der Eingang zur
[112] Kapelle befindet. Christus in goldenen und purpurnen Gewändern sitzt als Hirte inmitten seiner Herde in einer paradiesischen Landschaft. In der Linken hält er das aufgerichtete Kreuzzepter zum Zeichen seines himmlischen Hirtenamtes, die Rechte liebkost ein Schaf. Die Darstellung über der Eingangstür des Mausoleums nimmt Bezug auf die johanneische Hirtenrede Jesu, in der sich dieser als der Gute Hirte und zugleich als die Tür, die zur Seligkeit führen wird, offenbarte (Johannes 10, 1 ff.).

Galla Placidia wurde in Rom in einem der Mausoleen bei Alt-Sankt Peter begraben. Die Sarko-
[111] phage in den Kreuzarmen stammen gleichwohl aus dem 5. Jahrhundert und gehörten wahrscheinlich Mitgliedern des Kaiserhauses. Wie die in Ravenna recht zahlreich erhaltenen Sarkophage zeigen, besaß die Stadt seit etwa 400 eigene Werkstätten, die aus oberitalienischen und vor allem aus Konstantinopler Einflüssen einen eigenständigen Stil entwickelt
hatten. Der «Rinaldussarkophag» im Dom kann [114]
nach Struktur und Stil als typischer Vertreter der ravennatischen Sarkophagplastik gelten. Die Front zeigt in weiträumig angelegter Kompositionsweise in der Mitte den auf dem Paradiesberg thronenden Christus. Ihm nahen sich von beiden Seiten Paulus und Petrus und bringen auf verhüllten Händen Kränze dar. Petrus schultert zudem wie Laurentius das Kreuz. Palmen charakterisieren den himmlischen Ort der Kranzdarbringung.

Unter Bischof Neon wurde das Baptisterium des [115 bis 117]
Domes («Baptisterium der Orthodoxen») im oberen Teil erweitert und im Innern kostbar mit *opus sectile,* Stuckdekorationen und Mosaiken ausgestattet. Über der architektonisch reich gegliederten Fensterzone wölbt sich das Kuppelmosaik, das
nicht wie in Neapel radial gegliedert, sondern in [Seite 238]
drei konzentrische Zonen unterteilt ist. Im Zenit,

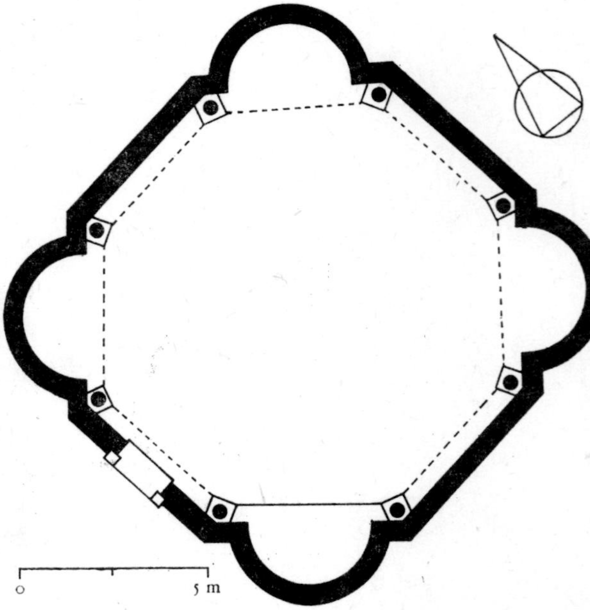

Ravenna. Baptisterium des Neon. («Baptisterium der Orthodoxen»). Um 450–460. Grundriß

Ravenna. Baptisterium des Neon.
Um 450–460. Schnittrekonstruktion

[117] genau über dem Taufbecken, erscheint als Urbild der irdischen, kirchlichen Handlung die Taufe Christi durch Johannes. Sie war die Beglaubigung seiner Gottessohnschaft, ausgedrückt durch die vom Himmel herabfliegende Taube des Heiligen Geistes und die bezeugende Gebärde des Flußgottes Jordan. Die mittlere Ringzone zeigt eine Prozession der von Petrus und Paulus angeführten und namentlich bezeichneten zwölf Apostel. Sie schreiten in zwei Zügen einander entgegen und tragen edelsteinbesetzte Kränze, die sie Christus nach dem Muster des *aurum coronarium,* der dem Kaiser zu leistenden Kranzspende, darbringen werden und die zugleich ihr Lohn sind. Die gliedernden Pflanzenkandelaber und die aufgehängten Tücher waren, wie einst auch das Kuppelmosaik in Santa Costanza zeigte, geläufige Elemente römischer Dekorationssysteme. Obwohl Christus hier nicht selbst dargestellt ist, verdeutlicht doch der «Rinaldussarko-
[114] phag», daß er als der eigentliche Empfänger der Kranzspende assoziiert wurde. Die untere Zone schließlich zeigt eine rein allegorische Komposition, die auf die oktogonale Grundrißform und die Orientierung des Baptisteriums nach den vier Himmelsrichtungen Rücksicht nimmt: Acht Scheinarchitekturen, teils mit Durchblicken in Gartenlandschaften, teils mit Sesseln in den seitlichen Nischen, auf denen kaiserliche Diademe liegen, umschließen viermal den bereiteten Thron mit den Herrscherinsignien Christi gemäß den vier Nischenachsen und viermal Altäre, auf denen aufgeschlagene Evangelienbücher liegen, entsprechend den vier Himmelsrichtungen.

Anders als in der eher additiven Bildzusammenstellung des um 60 Jahre älteren Baptisteriums von
Seite Neapel sind die einzelnen Kuppelzonen in sich ge-
238 danklich geschlossene Einheiten, die zugleich wieder durch eine Vielzahl geistiger Bezüge miteinan-
[117] der verbunden erscheinen. Das «historische» Taufbild im Zenit gewinnt durch die Hinweise auf die Zeichen der gegenwärtigen und endzeitlichen Herrlichkeit in der unteren Zone eine überirdische Dimension, wie umgekehrt die Vorausweisungen auf den kommenden Christus in den ihm geltenden Apostelzügen und in den Insignienbildern vom Taufereignis her begründet sind. Das gesamte Programm ist eine sichtbare Manifestation dessen, was mit der Taufe Jesu am Jordan begann, was durch die Aussendung der Jünger über die Welt und die Verbreitung des Evangeliums fortgeführt wurde und woran die Katechumenen durch den Empfang der Taufe Anteil erlangen werden.

Stil und Ikonographie der dekorativen Elemente belegen das Wiederaufleben malerischer Traditionen des hellenistisch-römischen Illusionismus. Die Scheinarchitekturen der unteren Zone mit ihren räumlich-perspektivischen Durchblicken in die Gartenlandschaften waren der römischen Wandmalerei seit langem vertraut. Die Apostel, deren Körper Schlagschatten werfen, bewegen sich auf einer Wiese, deren differenziertes Grün in das fein abgestufte Blau des imaginären Hintergrundes überleitet, wodurch der Eindruck der Dreidimensionalität und der räumlichen Tiefenerstreckung erzeugt wird. Dieselben Eigenarten können wir den Mosaiken im Mausoleum der Galla Placidia ablesen.

Aus der zweiten Hälfte des 5. Jahrhunderts sind keine nennenswerten Bauten oder Mosaiken erhal- [111
ten geblieben. Nach der Besetzung Ravennas durch bis
die Ostgoten unter Theoderich (493) entstand als 113]
Teil des neuen Königspalastes die dem Salvator Christus geweihte arianische Hofkirche (Sant'Apollinare Nuovo). Sie wurde nach dem Ende der ostgotischen Herrschaft (540) und der Beseitigung des Arianismus in Ravenna vom Erzbischof Agnellus [118
um 561 dem katholischen Kult und dem heiligen bis
Martin von Tours, dem Ketzerbezwinger, neu ge- 120]
weiht. Erst seit dem 9. Jahrhundert trägt sie das Patrozinium des heiligen Apollinaris, als man dessen Reliquien aus Classis hierher überführte. Da die arianischen Ostgoten eigene Bischöfe hatten, besaßen sie in Ravenna auch eine eigene Bischofskirche (heute Santo Spirito) mit dem dazugehörigen Baptisterium. Das Kuppelmosaik des «Baptisteriums der Arianer», wie es im Unterschied zum Baptisterium des Neon genannt wird, wiederholt dessen Ikonographie in allen wesentlichen Zügen, jedoch im Stil der Zeit um 520. Daß es trotz der vom orthodoxen Dogma abweichenden Auffassung vom Wesen Christi keine arianische Ikono-

graphie gab, zeigen die gegen 520 entstandenen
[118] Mosaikdekorationen an den Hochwänden der Hof-
[III] kirche Theoderichs. Erzbischof Agnellus hatte zwar
um 561 Teile des Mosaikfrieses über den Arkaden
vernichten und durch die Prozessionen der Märty-
[120] rer und Märtyrerinnen ersetzen lassen, doch er-
streckten sich diese Erneuerungsarbeiten nicht auf
den christlichen Themenbestand der Erbauungszeit.
Erkennbaren Spuren zufolge waren auf den Frie-
sen ursprünglich wohl Prozessionen des ostgoti-
schen Königs und seines Gefolges dargestellt, die
allein darum nach dem Ende der Ostgotenherr-
schaft in Ravenna ein Stein des Anstoßes sein muß-
[119] ten. Die Darstellungsweise des thronenden Chri-
stus und der Theotokos inmitten ihrer Engelgarden
entsprach aber vollkommen orthodoxer Auffassung
und bedurfte somit keiner Korrektur.

Die Mosaiken der Apsis und des Triumphbogens
sind zerstört. Über ihr Programm ist nichts über- [118]
liefert. Die Wandfelder zwischen den Fenstern
füllen Prophetengestalten unter Muschelbaldachi-
nen aus. Die kleinen Felder über den Fenstern sind
mit Szenen aus dem Leben und der Passion Christi [III]
geschmückt («christologischer Zyklus»). Auch hier
entdeckt man nirgends Spuren arianischer Christo-
logie. In der programmatischen Verbindung der
auf den Messias vorausweisenden Propheten des
Alten Testaments mit dem von den Magiern an-
gebeteten Kind auf dem Schoße der «Gottesgebä-
rerin», ferner mit den Zyklen, die die menschliche
Existenz des Gottessohnes vor Augen führen,
schließlich auch mit der Maiestas Christi auf der [119]
gegenüberliegenden Hochwand wird in traditionel-
ler Weise «historisches» und eschatologisches Ge-
schehen verknüpft. Der Verzicht auf eine Gegen-
überstellung von alt- und neutestamentlichen Ereig-

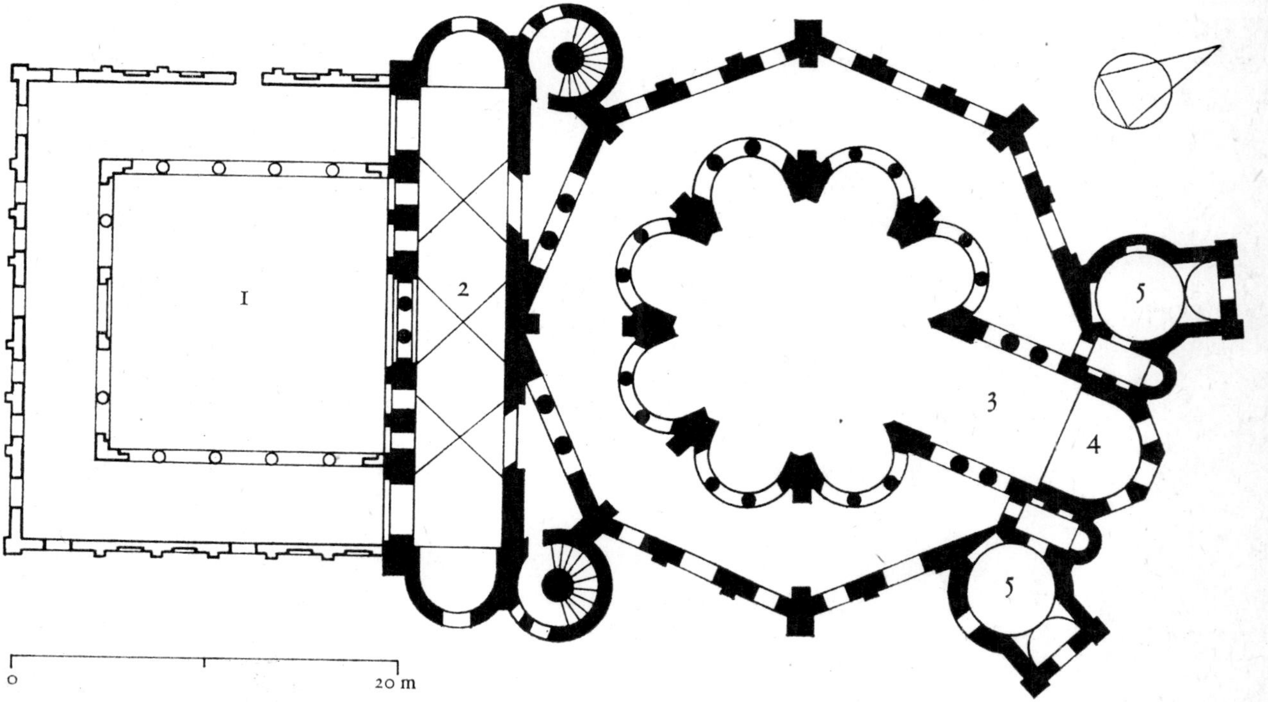

Ravenna. S. Vitale. Um 540–547.
Grundrißrekonstruktion

1 Atrium
2 Narthex
3 Presbyterium
4 Apsis
5 Pastophorien

nissen darf hingegen als Eigenart dieses Dekorationsprogramms festgehalten werden.

Die eher schwebenden als schreitenden Märtyrer
[120] und heiligen Frauen der Agnellusfriese zeigen in
der schematischen und flachen Bildung der Körper,
den vergeistigten Gesichtszügen und in der einförmigen
Aufreihung einen ähnlich hohen Grad der
Entrücktheit, wie er bereits um 530 in Rom im
[107] Apsismosaik von Santi Cosma e Damiano anklang.
Zu den besterhaltenen Bildern des «christologischen
[III] Zyklus» gehört der Verrat des Judas. Judas
küßt Christus im Garten Gethsemane auf die
Wange. Der Legionär in der Soldatengruppe links hat das Schwert gezückt und bereits Hand an Christus gelegt. Auch Petrus in der Jüngergruppe rechts ist im Begriff, das Schwert zu ziehen, um dem Kriegsknecht das Ohr abzuschlagen.

Etwa gleichzeitig mit der arianischen Hofkirche,
dem Baptisterium der Arianer und der mit Mosaiken
ausgeschmückten Hauskapelle im Palast der
orthodoxen Erzbischöfe von Ravenna entstand
[121] nordwestlich der Stadt das Grabmal Theoderichs
(gestorben 526), das zu den eigentümlichsten Schöpfungen spätantiker Grabarchitektur gehört. In der oktogonalen Grundrißgestalt des Untergeschosses mit dem kreuzförmigen Innenraum, der als Kapelle diente, sind Elemente des Mausoleums und der Märtyrermemoria verschmolzen. In dem tambourartigen Oberbau mit Umgang, der mit einer monolithischen Steinkuppel bedeckt ist und in dessen Innern einst der Porphyrsarkophag des Ostgotenkönigs stand, schließlich in der altertümlichen Hausteinbauweise und den völkerwanderungszeitlichen Schmuckelementen («Zangenfries») werden unterschiedliche Traditionen und Einflüsse wirksam. Das Theoderichgrab ist das erste Zeugnis eigenständiger germanischer Rezeption des spätantiken Erbes und wirkt fast wie ein Vorgriff auf die frühmittelalterliche Kunst.

Nach dem Ende der Ostgotenherrschaft in Ravenna erlebte die Stadt ihre letzte große, bis zum Langobardeneinfall andauernde kulturelle Blüte. Diese ist untrennbar verbunden mit dem Wirken des Erzbischofs Maximianus von Pola (gestorben 556), der Kaiser Justinian, seiner restaurativen Politik und seinen theologischen Bestrebungen besonders ergeben war. Unter Maximianus wurde die bereits durch Bischof Ecclesius (gestorben 532) geplante, jedoch wohl erst 540 begonnene, von dem
reichen Bankier *(argentarius)* Julianus finanzierte
Kirche San Vitale vollendet und 547 geweiht. Der [122]
oktogonale Zentralbau ist außen fast schmucklos,
doch tritt das geostete Presbyterium mit der polygonalen
Apsis, den seitlichen Pastophorien und ka- Seite
pellenartigen Annexbauten klar hervor, wie auch 245
der Narthex im Westen mit seinen seitlichen Treppentürmen deutlich ausgeschieden und zudem der Ecke des Polygons vorgelagert wurde. Im Innern tragen acht mächtige Pfeiler den oktogonalen Tambour und trennen den zentralen Kuppelraum, der mit acht exedrenartigen «Stütznischen» in die zweigeschossigen Umgänge eingreift, vom äußeren Oktogon.

Das im Gegensatz zu den Umgängen in der Höhe
nicht unterteilte Presbyterium bindet in den zentra- [124]
len Kuppelraum ein. Die Umgänge werden hierdurch
unterbrochen, die Emporen öffnen sich mit
Triforien zum Presbyterium hin. Die Innenwände
des Oktogons, die Pfeiler und die unteren Wandzonen
des Presbyteriums sind mit farbigem, heute
noch teilweise erhaltenem *opus sectile* kostbar verkleidet,
die Kapitelle weisen die typischen justinia- [123]
nischen Formen auf, die in Konstantinopel ausgebildet
worden waren. Die aufgehenden Innenwände
und die Wölbung des Presbyteriums, die [124]
Gurtbögen und die Apsis bedecken Mosaiken, die
in dieser Geschlossenheit und künstlerischen Qualität
kein zweites Mal überliefert sind.

In der unteren Zone der seitlichen Presbyteriums- [126
wände wurden Bilder des Alten Testaments (Phi- bis
loxenie Abrahams, Abel und Melchisedek, Moses- 127]
szenen und Prophetengestalten), in der Zone darüber
die «Autorenbilder» der vier Evangelisten bei
der Arbeit und mit ihren Symbolen angeordnet.
Engelpaare tragen die *imago crucis* empor, an der
Ostwand sind Jerusalem und Bethlehem einander [124]
gegenübergestellt. Im Zenit der Wölbung erscheint
Christus in der Gestalt des Lamms, in der Apsis
aber als jugendlicher Kosmokrator. Er thront wie [125]
in der rechten Apsis von Santa Costanza auf der
Himmelskugel über den vier Paradiesflüssen und [74]

[III]
Ravenna. S. Apollinare Nuovo. Verrat des Judas aus dem «christologischen Zyklus» der südlichen Hochwand. Um 520.

hält die mit sieben Siegeln verschlossene Rolle in seiner Linken. Zwei Erzengel seines himmlischen Hofstaats führen Vitalis, den Titelheiligen der Kirche, und den Gründerbischof Ecclesius bei ihm ein. Vitalis empfängt aus der Hand Christi zum Lohn für sein Martyrium die *corona triumphalis,* zugleich die Bürgerkrone des himmlischen Reiches. Dabei fällt auf, daß Vitalis hier in vollkommener Übereinstimmung mit der Zeitmode die kostbaren Seidengewänder trägt, wie sie damals am byzantinischen Hof üblich waren.

Untrennbare Bestandteile des in sich hierarchisch geordneten, aus alt- und neutestamentlichen, allegorischen und dekorativen Bildbestandteilen zusammengefügten theologischen Programms sind auch die Darstellungen des Kaisers Justinian und der Kaiserin Theodora in den Bildfeldern seitlich
[128, unterhalb des Apsismosaiks. Obwohl das Herr-
129] scherpaar niemals in Ravenna weilte, sind Kaiser und Kaiserin als Spender der eucharistischen Gefäße, Diskos (Patene) und Kelch, dargestellt. Zusammen mit ihrem Gefolge, den Klerikern der Kirche von Ravenna und den hohen staatlichen Würdenträgern bei Justinian, den Damen des Hofes bei Theodora, betreten sie das Heiligtum. Die Darbringung der eucharistischen Gefäße wird durch die Darstellung der Gottesmutter und der gabendarbringenden Magier auf dem Gewandsaum Theodoras beziehungsreich paraphrasiert. Das Kaiserpaar und vor allem der allein namentlich bezeichnete Erzbischof Maximianus erscheinen hier als die Erhalter der wahren Kirche Christi. In ihren Abbildern, die ihre irdische Existenz überdauern sollten, manifestiert sich das Bewußtsein ihres festen Platzes im göttlichen Heilsplan, der sich in der Verbindung der alt- und neutestamentlichen Bilder, in ihrer Hinweisfunktion auf den Opfertod Christi und seine Vergegenwärtigung in der Eucharistie, schließlich in der Darstellung des himmlischen Christus selbst vor den Augen der Gläubigen entrollte. Kaum ein zweites Mal kam die spätantike Mosaikkunst dem mittelalterlichen Weltbild, das auf der Synthese von Sacerdotium und Regnum, Priestertum und Königtum, beruhte, so nahe wie in San Vitale.

Im Verein mit Julianus Argentarius ließ Maximianus in der Hafenvorstadt Classis dem heiligen
Apollinaris, dem legendären Schüler des Apostels [130,
Petrus, eine Basilika errichten, die 549 geweiht 131]
wurde (Sant'Apollinare in Classe). Das Apsismo- Seite 250
saik ist in künstlerischer wie theologischer Hinsicht [132]
die letzte große Leistung der ravennatischen Mosaikmalerei. Eine vollständige Auslotung der gedanklichen Tiefe dieser einzigartigen Mosaikkomposition, der Verschmelzung bildlicher und allegorisch-symbolischer Elemente, «historischer» und endzeitlicher Bedeutungsbezüge, dogmatischer und zeitgeschichtlicher Anspielungen wird allein mit den rationalen und analytischen Methoden des modernen Betrachters nicht zu leisten sein.

Inmitten einer paradiesischen Landschaft steht der heilige Apollinaris mit fürbittend erhobenen Händen. Zwölf Schafe umgeben ihn. Sie sind hier Symbole der ihm «vom Himmel übergebenen Herde» und so die irdischen Gegenbilder zu den
zwölf Apostellämmern, die auf dem Triumphbo- [131]
genmosaik aus den Stadttoren von Jerusalem und Bethlehem hervorschreiten. Gleichsam auf einer höheren himmlischen Ebene vollzieht sich ein mystisches Ereignis, die Verklärung Christi (Matthäus 17, 1 ff.). Das «historische» Geschehen auf dem Berge Tabor ist jedoch in eschatologische Bildformeln transponiert und dadurch in den Rang immerwährender Urbildlichkeit erhoben worden. Christus steht hier nicht selbst als verklärter Menschensohn auf dem Berg. Statt dessen erscheint ein mit Gemmen und Perlen verziertes goldenes Kreuz, das «Zeichen des Menschensohns» am Himmel, umgeben von 99 Sternen (die griechische Schreibweise dieser Zahl entspricht der Formel «Amen»), dem Wort ICHTHYS (Jesus Christus Gottes Sohn Erlöser) über der Kreuzspitze und dem erklärenden Titulus SALVS MVNDI, «Heil der Welt», unter dem Kreuzstamm sowie den apokalyptischen Buchstaben Alpha und Omega zu seiten der Kreuzarme. Eine Gemmenborte auf perlenbesetztem Purpurgrund bildet die Aureole des hier in der Gestalt des

[IV]
Ikone des Bischofs Apa Abraham von Hermonthis (?), Ägypten, um 600.

Kreuzes am Himmel verklärten Christus, dessen Antlitz jedoch auf dem Schnittpunkt der Kreuzarme in einem Medaillonbildnis erscheint. Die Apostel, die der Transfiguration ansichtig werden durften, Petrus, Jakobus und Johannes, sind in den drei Lämmern verkörpert, die in einer höheren Ebene des Paradieses stehen. Lediglich die aus den Wolken des endzeitlichen Himmels als Halbfiguren herausragenden Gestalten des Moses links und des Propheten Elias rechts entsprechen in dieser Weise der regulären Ikonographie des Verklärungsbildes. Die Gotteshand ist die *vox Patris,* die «Stimme Gottvaters», der auf dem Tabor die Gottheit Christi mit den Worten «Dies ist mein geliebter Sohn» (Matthäus 17, 5 nach Psalm 2, 7) bezeugte. Wir erinnern hier an Paulinus von Nola, der mit dem umschreibenden Vers «Als Gott offenbart ihn
Seite 142 die Stimme des Vaters» auf das Bildmotiv der Gotteshand anspielte. Moses und Elias sprachen mit dem Verklärten «von seinem Ende, das sich in Jerusalem erfüllen sollte» (Lukas 9, 31). Das Ende nach Passion und Kreuzestod ist in diesem Bild aber die Herrlichkeit des Kreuzes, von der das Heil der Welt kommen wird. Dieses Zukünftige ist der schauenden Gemeinde bereits in zeitloser Gegenwärtigkeit vor Augen gerückt. Dem heiligen Apollinaris, dessen Reliquien man in der Kirche verwahrte und verehrte, wächst die Funktion eines Vermittlers für seine Kirche, für seine Classenser Gemeinde zu. Er ist darum bereits in immerwährender Fürbitte in das überzeitliche und überirdische Ereignis einbezogen.

Wohl unter ravennatischem Einfluß entstand das
Apsismosaik in der von Bischof Eufrasius (530 bis [133]
560) erbauten Basilika der heiligen Eufemia im istrischen Poreč/Parenzo. Der Abstand in der geistigen wie künstlerischen Bewältigung des stets gleichen und doch immer wieder variierten Grundthemas zu ravennatischen Mosaiken des 6. Jahrhunderts ist offenkundig. In der Einführung der Heiligen bei der thronenden Gottesmutter in der Apsis oder im Christus-Apostel-Bild des Triumphbogens

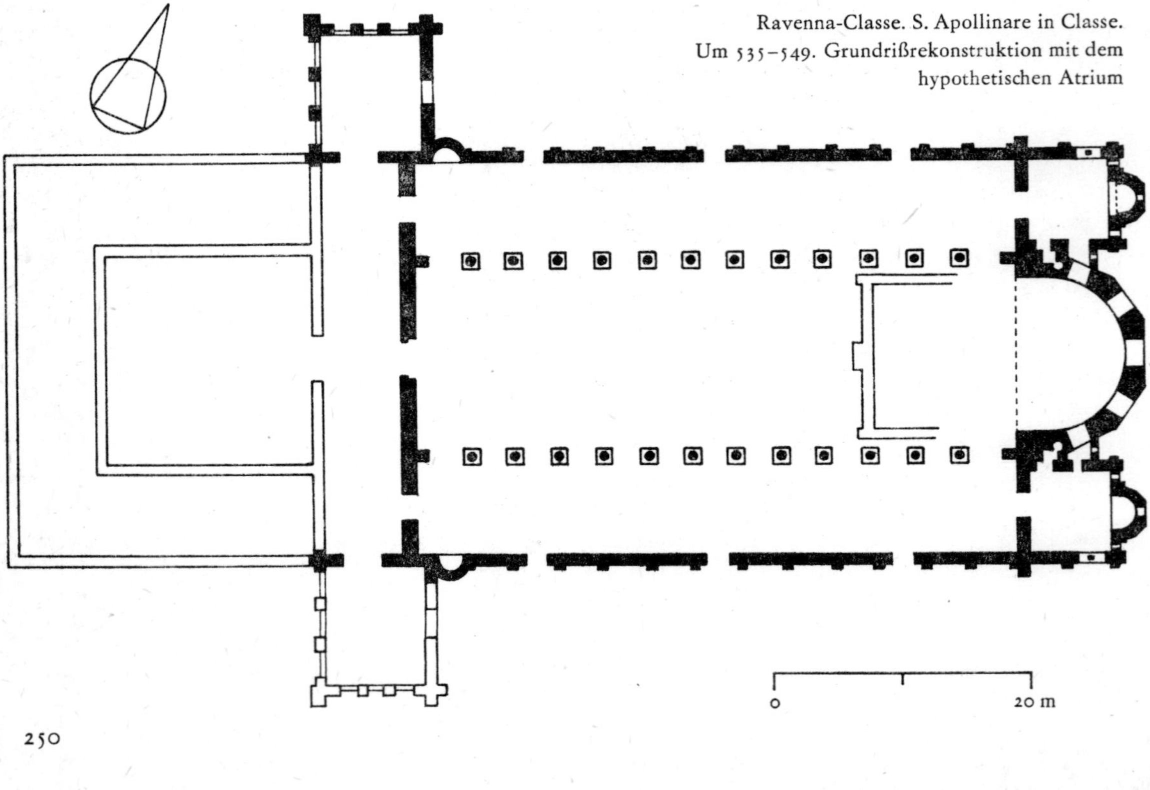

Ravenna-Classe. S. Apollinare in Classe. Um 535–549. Grundrißrekonstruktion mit dem hypothetischen Atrium

Elfenbeinrelief.
Die Frauen am
Grabe und
Auferstehung Christi.
Um 400

sind bekannte und geläufige Kompositionsschemata in traditioneller Weise verbunden. Nach diesen bewährten Mustern war wohl die Masse der Apsisprogramme überhaupt konzipiert. Die Vertikalachse gebührte dabei stets Christus in seinen verschiedenen «Iterationen» als Kreuz, Lamm, Victor, Emmanuel oder in den Erscheinungsformen des Lehrers und himmlischen Herrschers. Die Horizontale war den Gefolgschaften Christi oder der Gottesmutter und Himmelskönigin vorbehalten, den Aposteln, Engelgarden, Heiligen und Stiftern.

Von den Gattungen des Kunsthandwerks scheint besonders die Elfenbeinschnitzerei an den westlichen Höfen (Rom, Mailand, Ravenna) in hoher Blüte gestanden zu haben. Hingegen mag es nicht allein Zufall der Überlieferung in einer von den Stürmen der Völkerwanderungen heimgesuchten Zeit, sondern auch Zeichen für den allgemeinen Verfall des Finanzwesens sein, wenn aus dem 5. Jahrhundert nur sehr wenige kostbare Werke der Toreutik erhalten sind. Erst seit etwa 490 wird mit einem Male wieder eine durch Funde innerhalb und außerhalb der Reichsgrenzen reichlich belegte, vor allem auf Konstantinopel, Kleinasien und Syrien beschränkte Produktion von Silbergegenständen faßbar.

Unter den Elfenbeinarbeiten überwiegen jetzt christliche Werke. Die imperiale Form des fünfteiligen Diptychons, wie sie in der allerdings oströmischen «Tafel Barberini» (6. Jahrhundert) in Paris vorliegt, war schon bald für christliche, das heißt kirchlich-repräsentative Zwecke adaptiert worden. Eines der wenigen vollständig erhaltenen Tafelpaare in Mailand schmückte einst wohl den
[136] Einband eines Evangelienbuches, doch dürfte es primär die Insignie eines Bischofs gewesen sein. Nach Stil und Ikonographie entstand es um 450 in Oberitalien, in Mailand oder in Ravenna. Das Mittelfeld der hier abgebildeten Tafel zeigt zwischen einer Säulenstellung mit aufgespanntem Vorhang das sich über dem Paradiesberg erhebende, hier aus Metallblech mit Edelsteineinlagen gefertigte Gemmenkreuz. Erhaltene Kreuze dieser Art (Votivkreuze) zeigen, daß die monumentalisierte Form des Gemmenkreuzes auf Sarkophagen und Mosaiken seit konstantinischer Zeit von Goldschmiedearbeiten abgeleitet ist. Die vier äußeren Platten sind so geschnitzt und zusammengesetzt, daß eine einheitliche, durch schmale Rahmenleisten unterteilte Komposition entstehen konnte: In den Ecken erscheinen die vier Evangelistensymbole, oben die Anbetung der Magier, links die Heilung des Blinden und des Gichtbrüchigen sowie die Auferwekkung des Lazarus, rechts thront Christus auf der Himmelskugel und überreicht Petrus und Paulus Kronen; es folgen letztes Passahmahl, das Scherflein der Witwe und unten schließlich das Weinwunder zu Kanaa.

In das erste Viertel des 5. Jahrhunderts gehören die Seitenstreifen einer anderen fünfteiligen Tafel
(Berlin und Paris). Auf dem Berliner Fragment [135]
sind Bethlehemitischer Kindermord, Taufe Christi und Weinwunder dargestellt. Die Szenen waren, wie man sieht, weder an ein feststehendes Auswahlprinzip noch an einen bestimmten Platz innerhalb der Bildprogramme der fünfteiligen Tafeln gebunden. Es dominieren Kindheitsszenen, die, wie in
Santa Maria Maggiore, durch den apokryphen [103]
Pseudomatthäus inspiriert sind, sowie die geläufigen Wundertaten Christi. Die Darstellungen sind also in weitestem Sinne «christologisch», indem die Menschwerdung des Logos und die Testimonien seiner Gottheit vorgeführt werden. Man gewinnt den Eindruck, daß jegliche Form der Veranschaulichung, sei es in den monumentalen Gattungen oder wie hier in der Kleinkunst, der fortwährenden Memoration der Heilstatsachen zu dienen hatte. Damit sind in diesen Bildern bereits wesentliche Elemente der Ikone vorweggenommen, und es ist nicht auszuschließen, daß die fünfteiligen Diptychen schon als solche verehrt worden sind.

Etwa gleichzeitig mit dem zuletzt betrachteten Fragment entstanden auch die vier Reliefs von den Seitenwänden eines Kästchens mit Szenen aus der Passion. Das erste Relief verbindet in kontinuierender Weise Handwaschung des Pilatus, Kreuztragung Christi und Verleugnung des Petrus. Das zweite zeigt den erhängten Judas und – erstmals in der Geschichte der christlichen Ikonographie – den gekreuzigten Jesus mit dem Titulus «König der Ju-

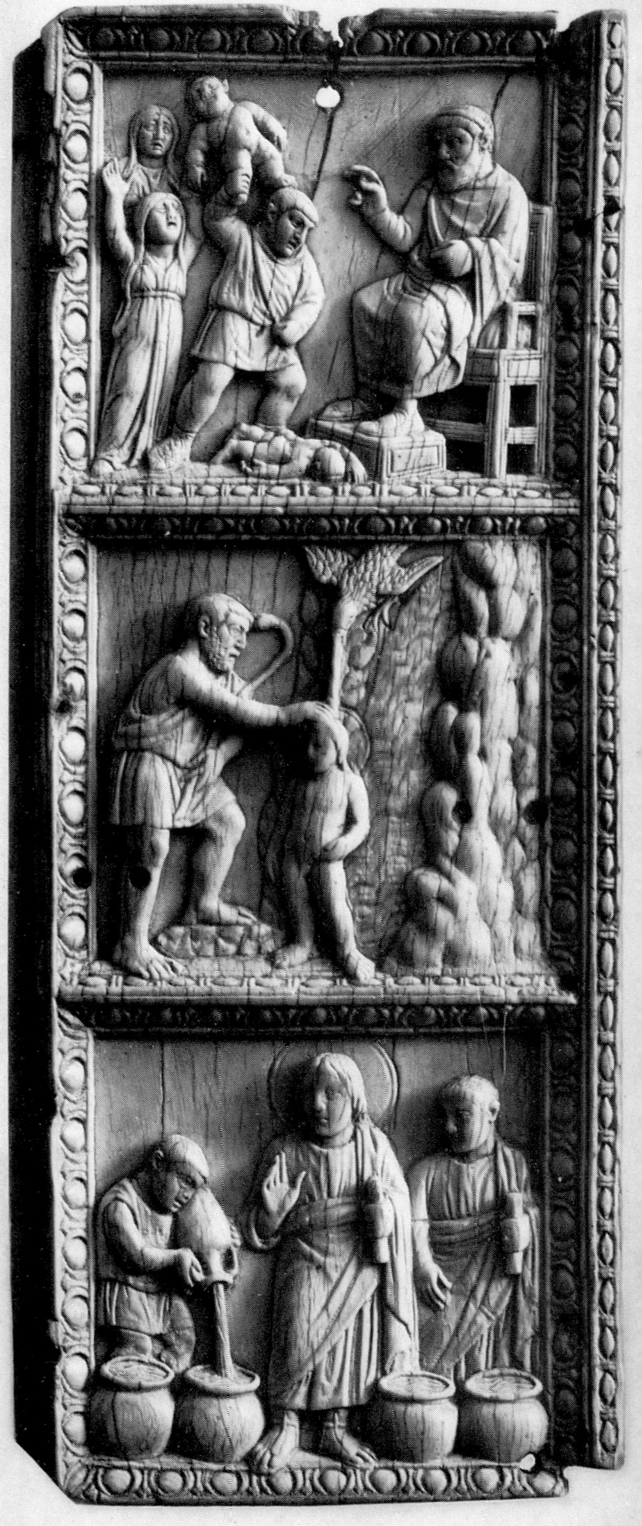

[134]
Elfenbeinrelief. Die Frauen am Grabe Christi.
Erstes Viertel des 5. Jh.
[135]
Fragment einer fünfteiligen Elfenbeintafel
mit neutestamentlichen Szenen. Anfang des 5. Jh.
[136] (folgende Seite)
Vordere Tafel eines fünfteiligen Elfenbeindiptychons.
Kreuz, Evangelistensymbole
und neutestamentliche Szenen. Um 450.
[137] (übernächste Seite)
Elfenbeindiptychon mit Dichter und Muse. Um 500.

[138]
Elfenbeinkathedra
des Erzbischofs
Maximianus
von Ravenna.
Johannes der Täufer,
Evangelisten,
Szenen aus der
Josephslegende
und Kindheit Jesu.
Mitte des 6. Jh.

[139]
Detail von der Elfenbeinkathedra des Maximianus.
Unten:
Die Brüder werfen Joseph in den Brunnen und schlachten die Ziege.
Oben:
Die Brüder weisen Jakob das blutige Gewand Josephs vor.
Mitte des 6. Jh.

[140]
(folgende Seite)
Konstantinopel (Istanbul), Hippodrom. Basis und Sockel des Theodosius-Obelisken. Um 390.

[141, 142]
(übernächste Seite)
Sockel und Basis des Theodosius-Obelisken. Der Kaiser und seine Söhne in der Loge des Hippodroms. Aufrichtung des ägyptischen Obelisken auf der Spina des Hippodroms. Um 390.

IVSSVSETEXTINCTIS
OMNIATHEODOSIO
TERDENISSICVICT

[143]
Teil eines Scheinsarkophags (?). Christus und zwei Apostel. Erstes Viertel des 5. Jh.

[144]
«Prinzensarkophag»
von Sarigüzel.
Engel tragen
das Christus-
monogramm
im Kranz empor.
Um 400.
[145]
Medaillonbüste
eines Apostels.
Erstes Viertel des 5. Jh.

[146]
Konstantinopel (Istanbul), Johanneskirche des Studios.
Blick ins Innere zur Apsis. Um 453/454–463.
[147, 148]
Kompositkapitell und Pfeilerkapitell aus Konstantinopel. Mitte des 5. Jh.

[149]
Kalksteinrelief
aus der Johanneskirche des Studios.
Einzug Christi in Jerusalem.
Zweite Hälfte des 5. Jh.

[150]
Scheinsarkophagfront mit Christus und Aposteln.
Konstantinopel, erste Hälfte des 5. Jh.
[151]
Schrankenplatte mit geometrischem Dekor.
Konstantinopel, erste Hälfte des 6. Jh.

[152]
Porträtstatue eines älteren Beamten.
Aus Aphrodisias/Karien, erste Hälfte des 5. Jh.
[153] (folgende Seite)
Fragment einer Marmorschranke. Vorderseite.
Petrus in einer Wunderszene.
Drittes Viertel des 5. Jh.
[154] (übernächste Seite)
Kalksteingrabrelief des Arztes Johannes.
Berufung des Moses.
Konstantinopel, erste Hälfte des 5. Jh.

[155]
Ambo aus Thessaloniki. Ansicht der Front. Ankunft der Magier und thronende Gottesmutter.

[156]
Ambo aus Thessaloniki. Ansicht der linken Treppenwange
und der rechten Treppenbasis. Hirt und Herde, Aufbruch der Magier. Konstantinopel (?), Ende des 5. Jh.

[157–160]
«Kugelspiel» aus dem Hippodrom von Konstantinopel (Istanbul). Um 500.
[157]
Kathismator, Ränge und Pferdestandbild.
[158]
Tänzer und Musikanten,
Auslosung der Plätze und Beginn des Wagenrennens.
[159]
Kugelablaufbahn, Wettkampf zweier Gespanne.
[160]
Ankunft des Siegergespanns,
Ehrenumritt des Siegers, Tänzer und Musikanten.

[161]
Basis vom jüngeren Siegesdenkmal
des Wagenlenkers Porphyrios aus dem Hippodrom
von Konstantinopel (Istanbul). Um 520.

[162]
Reich dekorierter Pilaster
aus der Polyeuktoskirche
von Konstantinopel
(Istanbul). Um 524–527.

[163]
Konstantinopel (Istanbul),
Kirche der Hll. Sergios
und Bakchos.
Blick ins Innere zur Apsis.
Um 531–536.

[164]
Konstantinopel (Istanbul).
Die Hagia Sophia von Südwesten. Um 532–537.

[165]
Inneres der Hagia Sophia
mit Blick nach Osten zur Apsis. Um 532–537, Kuppel um 558.

[166]
Elfenbeindiptychon des Consuls Anastasius.
Der Consul eröffnet die Zirkusspiele. Konstantinopel, um 517.
[167]
Marmorporträt der Kaiserin Ariadne (491–515).
Konstantinopel, frühes 6. Jh.

[168, 169]
Elfenbeindiptychon. Christus zwischen Petrus und Paulus.
Die thronende Gottesmutter zwischen Erzengeln. Konstantinopel,
Mitte des 6. Jh.

μεγαλο
ψυχία
σοφία
φρόνησις
πόθος τῆς
σοφίας

[170]
«Wiener Dioskurides». Widmungsminiatur
für die Prinzessin Juliana Anicia. Konstantinopel, um 512.

[171]
Ikone der Hll. Sergios und Bakchos
aus dem Katharinenkloster vom Sinai. Um 600.

[172]
Patene (Diskos) des Bischofs Paternus.
Konstantinopel, um 491–518.

[173]
Kelch von Antiochia.
Weinlaub, Christus und Apostel. Syrien (?), um 500.

[174]
Silberplatte mit Hirt und Herde.
Konstantinopel, um 526–563.

[175]
Silbernes Weihrauchgefäß.
Medaillonbüsten Christi und der Apostel.
Konstantinopel, um 602–610.

[176]
Bleiampulle. Vorderseite. Kreuz
zwischen den gekreuzigten Schächern.
Die Frauen am Grabe Christi.
Palästina, um 600.

[177–180]
Goldene Staurothek
von Pliska. Vorderseite
des Enkolpions.
Christologische Szenen.
Rückseite des Enkolpions. Anastasis
und Himmelfahrt.
Vorderseite des
Reliquienbehälters.
Kreuzigung.
Rückseite des
Reliquienbehälters.
Gottesmutter
und Kirchenväter.
Konstantinopel, um 600.

[134] den». Das dritte schließlich versammelt die beiden Marien und die schlafenden Wächter um das Grab Christi. Das Grab ist, wie auch auf Elfenbeintafeln
Seite 251 in München und Mailand, als rechteckiges Mausoleum mit rundem, tambourartigem Aufsatz gebildet, vielleicht eine Reminiszenz der ältesten Gestalt des Heiligen Grabes von Jerusalem. Die halbgeöffnete Tür gewährt Einblick in das Innere, wo der leere Sarkophag sichtbar wird. Die Türflügel besitzen Löwenköpfe mit Griffringen. Ähnlich wie in
[99] Santa Sabina sind die Paneele mit biblischen Szenen geschmückt, wobei die Auferweckung des Lazarus als Sinnbild der Auferstehung der wirklichen Auferstehung des Herrn gegenübergestellt ist.

Die alte Sitte, Privatdiptychen herzustellen und zu versenden, war auch im 5. und 6. Jahrhundert noch nicht ganz verschwunden. Wie heidnische Anschauungen und heidnisches Bildgut reproduziert und bald mit christlichen Vorstellungen durchsetzt wurden, sind auch die alten Themen in der privaten Repräsentationssphäre bewahrt und in meisterhafter Weise immer wieder neu gestaltet worden. Da-
[137] von zeugt das Diptychon mit Muse und Dichter im Schatz der Kathedrale von Monza (um 500). Die auffälligen, individuell gebildeten Gesichtszüge des sitzenden Mannes in Philosophentracht, der dem Kitharaspiel der Muse lauscht, ließen stets die Frage aufkommen, ob hier nicht eine historische Persönlichkeit dargestellt sein könne. Man hat an den Staatsmann, Dichter und Philosophen Boethius gedacht, der dem römischen Senatsadel entstammte, der unter Theoderich hohe Staatsämter bekleidet, die Philosophie des Aristoteles in das christliche dogmatische Denken eingeführt und noch im Gefängnis sein Hauptwerk «Vom Trost der Philosophie» niedergeschrieben hatte, bevor er 526 hingerichtet wurde. Ist die Identität des «Dichters» mit Boethius auch nicht bewiesen, so atmet die Darstellung dieses Diptychons doch den Geist jenes Mannes, der in einer höchst bewegten Zeit Trost im Christentum allein nicht finden mochte.

Das wohl bedeutendste Werk spätantiker, um nicht zu sagen frühbyzantinischer Schnitzkunst ist
[138] die Elfenbeinkathedra in Ravenna. Das lateinische Monogramm auf der Front unterhalb der Sitzfläche wird allgemein zu *Maximianus archiepiscopus*, «Maximianus Erzbischof», aufgelöst, womit der Thron in die Zeit um 546–556 datiert wäre. Bislang konnte von der Forschung nicht eindeutig geklärt werden, ob das Werk als Geschenk des byzantinischen Hofes an Maximianus nach Ravenna gelangte oder von in Ravenna tätigen Schnitzern aus Konstantinopel geschaffen wurde. Wegen der engen Verwandtschaft der fünf hochformatigen Tafeln an
der Front mit dem Christus-Maria-Diptychon in [168,
Berlin, das man auf Grund des Monogrammrestes 169]
auf der unteren, beschnittenen Rahmenleiste ebenfalls mit Maximianus verbinden möchte, das seinem Stil nach aber ein frühbyzantinisches Werk Konstantinopler Tradition ist, dürfte der Hauptmeister der Kathedra wohl ein Byzantiner gewesen sein.

Die Frontreliefs zeigen die vier Evangelisten zu seiten Johannes' des Täufers, der die Sphaira mit dem Lamm Gottes hält, weshalb wieder Christus als die eigentliche Mitte des Bildprogramms er-
scheint. Auf den Außenwangen sind Szenen aus der [139]
Josephsgeschichte dargestellt. Die halbrunde Lehne schmücken zum Teil doppelseitig geschnitzte Szenen aus der Kindheitsgeschichte und dem Wirken Jesu – wieder also ein Szenenprogramm von christologischer Bedeutung, das hier der alttestamentlichen Josephslegende gegenübergestellt ist. Von den Feldern der rechten Seitenwange zeigt unsere Abbildung unten die Verbergung Josephs im Brunnen und die Schlachtung des Ziegenbocks, mit dessen Blut die Brüder Josephs Gewand befleckten, und oben die Vorweisung des blutigen Gewandes vor Jakob, der sich schmerzvoll das Haar rauft. Die Pfosten und Rahmen der Kathedra sind mit phantastischen, von allerlei Vögeln und Getier bevölkerten Rankenkompositionen verziert.

Konstantinopel und die Kunst des Ostens

Das «Neue Rom»

Auf dem Gebiet des alten, unter Septimius Severus Seite
zerstörten und wieder aufgebauten Byzantion be- 286
gann Konstantin 324 mit der Errichtung einer neuen

Konstantinopel. Rekonstruktion des Stadtplanes mit den wichtigsten Bauten des 4. bis 7. Jh.

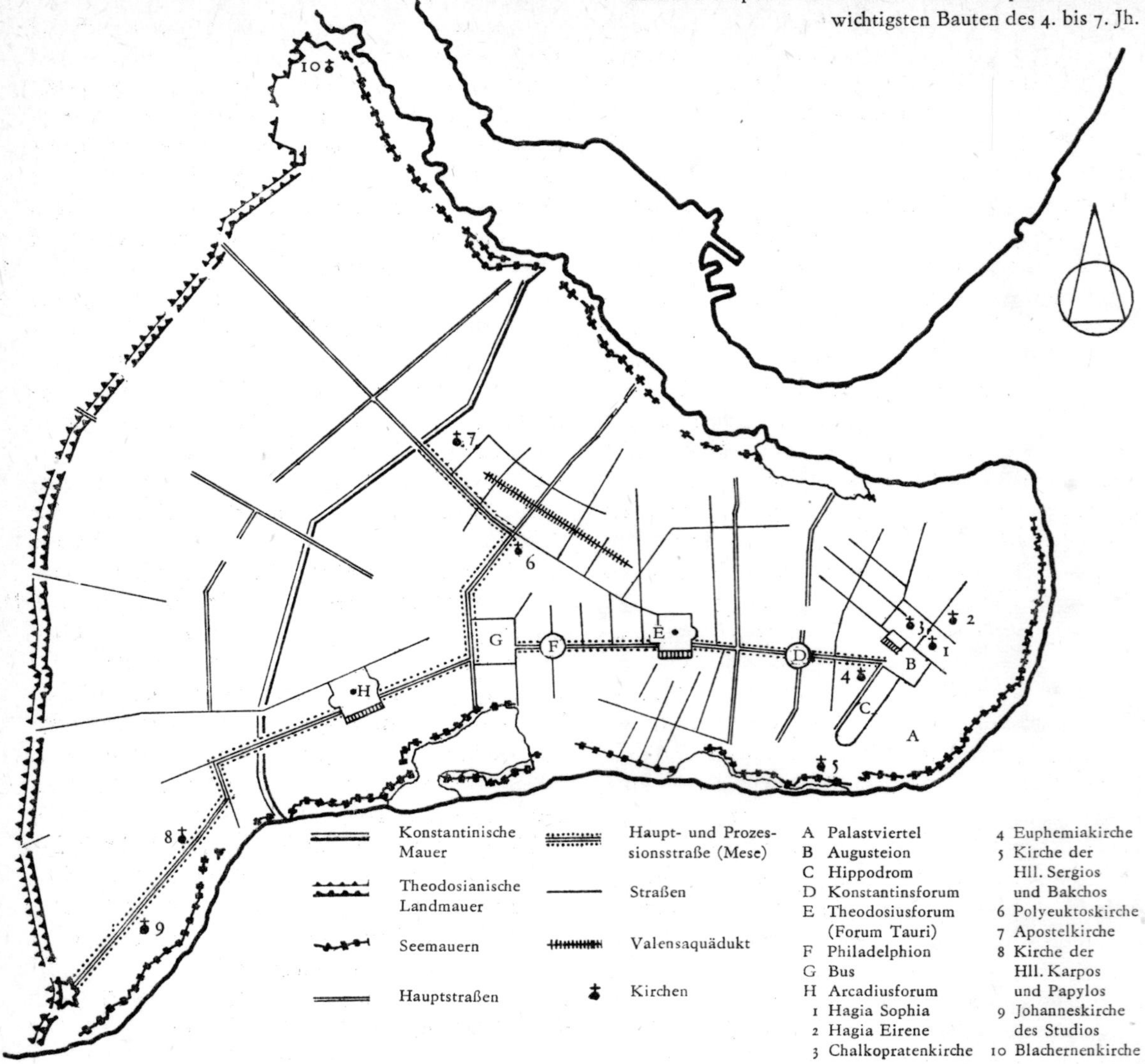

Hauptstadt, die seinen Namen erhielt und am 11. Mai 330 eingeweiht wurde. Die «Konstantinoupolis» war in vielerlei Hinsicht nach dem Muster von Rom mit öffentlichen Bauten, Palästen, Tempeln und Kirchen ausgestattet worden. Aus allen Teilen des Imperiums ließ der Kaiser zum Schmuck seiner neuen Residenz Statuen und Bildwerke in großer Zahl zusammentragen. Doch erst im Verlauf des 4. Jahrhunderts begann Konstantinopel allmählich, als «Neues Rom» der alten Hauptstadt den Rang abzulaufen. Von den öffentlichen Platzanlagen und ihrer bildlichen Ausschmückung, wie dem Forum Constantini, dem Augusteion oder dem Philadelphion, ebenso von den mit Säulenhallen eingefaßten Hauptstraßen, den Palastbauten, Kirchen und Wohnquartieren des 4. Jahrhunderts ist jedoch so gut wie nichts erhalten geblieben.

Unter den Kaisern des valentinianisch-theodosianischen Hauses setzte die eigentliche Blütezeit der Stadt und damit zugleich ihre autonome, künstlerische Entwicklung ein. Die Einberufung des zweiten ökumenischen Konzils nach Konstantinopel (381), auf dem das trinitarische Dogma endgültig festgelegt und dem Bischof der Stadt nach dem römischen der zweite Rang in der reichskirchlichen Hierarchie zuerkannt wurde, beleuchtet die inzwischen erlangte politische, wirtschaftliche und geistliche Stellung der neuen Hauptstadt am Bosporus, deren besondere Lage ihr auch eine hohe strategische Bedeutung sicherte.

Der schon von Septimius Severus begonnene Hippodrom war unter Konstantin fertiggestellt und

Konstantinopel.
Schema der Landmauer. Erstes Viertel des 5. Jh.

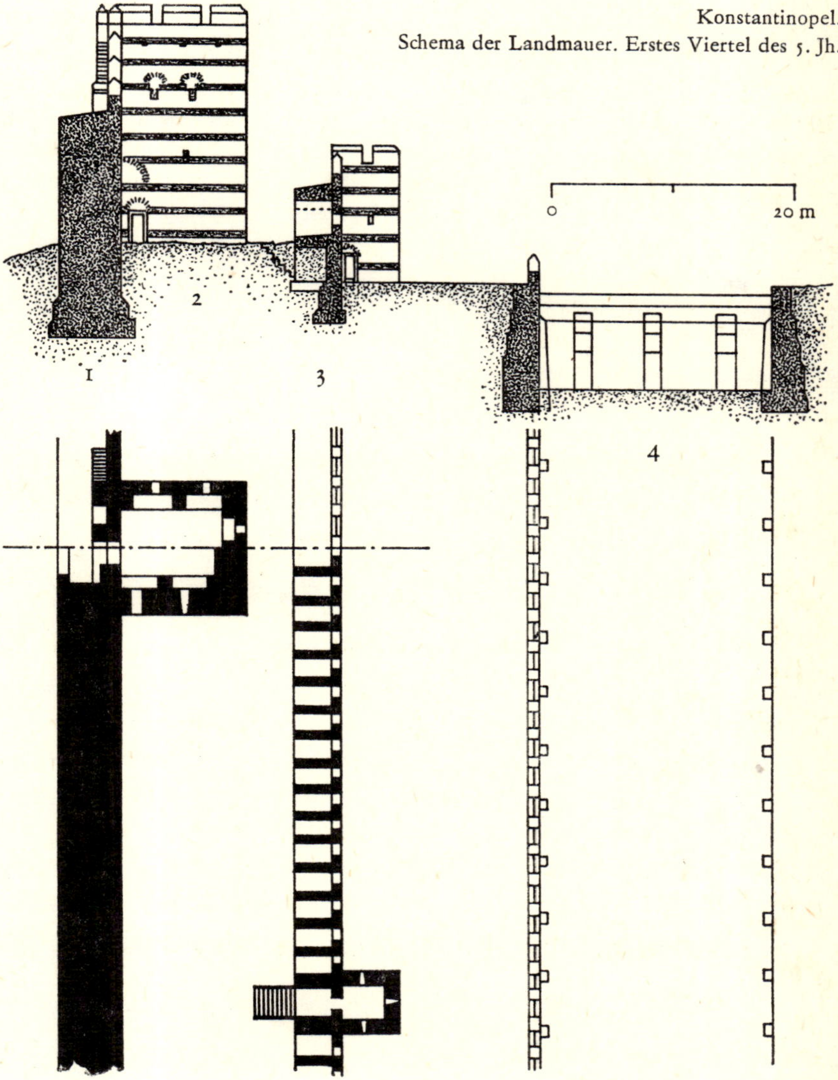

1 Hauptmauer mit Zwinger
2 Turm
3 Vormauer mit Vorzwinger
4 Graben

nach römischem Vorbild, wo Circus Maximus und Kaiserpaläste (Palatin) ebenfalls benachbart lagen, mit dem Großen Palast verbunden worden. Der Konstantinopler Palast bestand aus einer Fülle einzelner, durch Höfe, Säulenhallen und Torbauten miteinander verbundener Komplexe, die wir aus den Schriftquellen zwar recht gut kennen, die archäologisch jedoch nur zu einem geringen Teil gesichert werden konnten. Der «Kathisma» genannte Teil des Palastes schloß an der Südostseite des Hippodroms an und trug über dem Tor, das Palast und Hippodrom verband, die Kaiserloge. Unter Theo-
Seite 286 dosius I. wurde in Anlehnung an das römische Trajansforum das Forum Tauri errichtet, auf dem,
Seite 105 analog zum Trajansforum, die mit einer Statue des Kaisers bekrönte Ehrensäule stand, von deren spiralförmig angebrachtem Relieffries Reste mit Kriegerdarstellungen erhalten sind. Auch das Statuenprogramm des Forums zeigte deutliche Anklänge an die trajanisch-hadrianische Zeit, die ähnlich wie unter Konstantin als musterhaft angesehen wurde.

Von den übrigen profanen Großbauten des 5. Jahrhunderts fallen besonders die unter Theodosius II. errichtete Landmauer und die Zisternen ins Gewicht. Seite 287 Die Landmauer von Konstantinopel, von der beträchtliche Reste erhalten sind, liegt etwa 1,5 Kilometer westlich der Konstantinischen Mauer, über deren Grenze die Stadt inzwischen weit hinausgewachsen war. Sie ist 5,7 Kilometer lang, besaß 96 Türme und wurde in der relativ kurzen Zeit zwischen 410 und 413 errichtet. Der eigentlichen, von polygonalen und rechteckigen Türmen flankierten Mauer (Höhe 11 Meter) aus Quadern mit durchschossenen Ziegelbändern waren ein Zwinger, eine ebenfalls von Türmen flankierte Vormauer und teilweise noch ein Graben vorgelagert. Ähnliche Maueranlagen sind auch in Thessaloniki und in [189]
Rusafa-Sergioupolis erhalten, so daß in allen drei Seite 329
Städten der hohe Stand der frühbyzantinischen Befestigungstechnik in einzigartiger Weise dokumentiert wird.

Wie in Rom mußte auch in Konstantinopel das Trinkwasser auf Aquädukten von weit her in die Stadt hineingeleitet werden. Seit der zweiten Hälfte des 4. Jahrhunderts zwang die rasche Bevölkerungszunahme zur ständigen Erweiterung der Was-

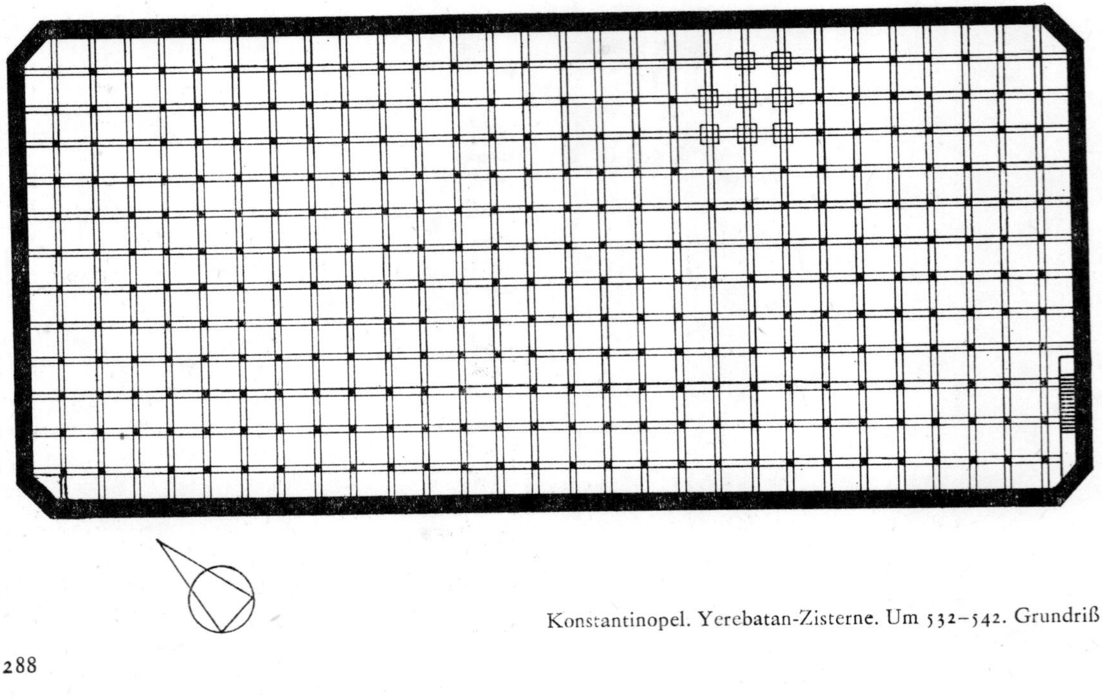

Konstantinopel. Yerebatan-Zisterne. Um 532–542. Grundriß

Konstantinopel.
Philoxenos-(Binbirdirek-)Zisterne. 5./6. Jh. Rekonstruktion des Innern

serversorgung (Valens- und Theodosiusaquädukt). Seit dem 5. Jahrhundert wurden Zisternen in großer Zahl angelegt. Um 459 ließ der Patrikios Aspar eine Zisterne über einer Grundfläche von 23 100 Quadratmetern errichten, die mit ihren 11 Meter hohen Mauern etwa 250 000 Kubikmeter faßte. Die
Seite 289 Ende des 5. Jahrhunderts angelegte Binbirdirek-Zisterne (64 × 56 Meter, etwa 40 000 Kubikmeter Fassungsvermögen) trug über ihrer auf 224 Doppelsäulen errichteten Einwölbung (Scheitelhöhe 14 Meter), wie die meisten Konstantinopler Zisternen, noch ein stattliches Gebäude. Justinian ließ unter dem Hof der beim Nikaaufstand 532 zerstörten und wiederaufgebauten basilike stoa, der Univer-
Seite 288 sität von Konstantinopel, die große Yerebatan-Zisterne anlegen (138 × 65 Meter, etwa 75 000 Kubikmeter Fassungsvermögen), die 336 Säulen enthielt.

Architektur und Plastik

Aus den Bestrebungen der Kaiser, mit der Ausgestaltung von Konstantinopel an den Glanz der alten Hauptstadt anzuknüpfen, ist auch die Auf-
[140 bis 142] stellung eines ägyptischen Obelisken auf der Spina des Hippodroms durch den Stadtpräfekten Proculus im Jahre 390 zu erklären. Anlaß für die Errichtung dieses ersten vollständig erhaltenen, in Konstantinopel selbst geschaffenen Staatsmonuments, sieht man von den wenigen Resten des Forum Tauri einmal ab, war der Sieg Theodosius' I. über die Usurpatoren Maximus und Victor. Auf der einen
[142] Seite des Basisblocks ist die Aufrichtung des Obelisken abgebildet. Der eigentliche Sockel, auf dem
[140] sich der Obelisk über vier Kupferklötzen erhebt, ist auf den vier Seiten mit höfischen Repräsentationsszenen geschmückt. Die durch Treppen und Brüstungen aus Transennen und Hermenpfeilern angedeuteten Ränge des Hippodroms dienten zugleich der Scheidung der Reliefflächen in Register. Die oberen Register zeigen den Kaiser allein oder zusammen mit seinen Söhnen über dem Kathisma des Hippodroms stehend oder thronend inmitten der aufge-
[141] reihten Hofbeamten und Leibwächter. Im unteren Register sind die Gestalten, im Sinne der schon am Missorium des Theodosius von 388 zu beobachtenden «Bedeutungsperspektive», kleiner gebildet. Hier [87]
erscheinen, in der Wertigkeit abgestuft, Beamte, Zuschauer, Tänzer und Musikanten, auf der einen Seite auch Tribute darbringende Barbaren.

Alle Gestalten weisen in ihrer zeremoniell gestaffelten Anordnung und Aufreihung, in der Bildung der Köpfe mit den hohen Haarkalotten und überlängten Gesichtern, in den flachen, fein gefälteten und durchscheinend wirkenden Gewändern den für einige Jahrzehnte maßgeblichen Hofstil der theodosianischen Epoche auf. Angesichts der hier erreichten, fast künstlich wirkenden Klassizität scheinen das höfische Zeremoniell, die Aufteilung der Gesellschaft in feste Rangklassen und der ritualisierte Verkehr untereinander überhaupt das vorherrschende Prinzip in der theodosianischen Kultur gewesen zu sein, das demzufolge auch das Menschenbild und den offiziellen Kunststil so nachhaltig prägte.

Zu den bedeutendsten Werken der höfischen Richtung innerhalb der Konstantinopler Plastik gehört ohne Zweifel das Christusrelief aus Sulu [143]
Monastir (Peribleptoskloster im Stadtteil Psamathia). Ursprüngliche Herkunft und Zweckbestimmung sind ungeklärt. In der architektonischen Gliederung mit gedrehten Säulenschäften, verkröpftem Gebälk und Mittelgiebel wird das Dekorationssystem der kleinasiatischen Säulensarkophage des 2. bis 3. Jahrhunderts wieder aufgenommen – auch hier ein weiterer Beweis für die bewußte schöpferische Anknüpfung der hauptstädtischen Steinmetzen an ältere Muster. Da der plastische Schmuck an der rechten Außenkante ein Stück umläuft (die linke ist beschnitten), müßte die Dreifigurenkomposition, sofern man an der herkömmlichen Deutung des Reliefs als Sarkophag festhält, dessen rechte Schmalseite geschmückt haben. Das ist wegen des bedeutsamen Christusprogramms jedoch recht auffällig, weshalb das Werk hinsichtlich seiner ursprünglichen Komposition und Zweckbestimmung (Scheinsarkophag?) weiterer Untersuchungen bedarf.

Den kaiserzeitlichen Vorbildern wurde auch der auf Christus übertragene Gewandfigurentypus entlehnt, der vormals Dichter, Redner und Philoso-

phen kennzeichnete, ebenso der heroisierte Jünglingskopf mit königlicher Stirnbinde und langem Lockenhaar. Erstmals in der oströmischen Plastik nachweisbar ist hier der Kreuznimbus. Christus erscheint als der königliche Lehrer, doch fehlen die ihn sonst kennzeichnenden Attribute, Rolle oder Kodex. Die männlichen Gewandfiguren in den seitlichen Interkolumnien, die sich ihm in klassisch anmutender Kompositionsweise zuwenden, halten Diptychen. Ihre Gesichter zeigen keinerlei individuelle Züge. Sie sind zwar Apostel, fungieren hier aber, wie die Chargen auf den theodosianischen Ba-
[141] sisreliefs des Obelisken, lediglich als Typen des himmlischen Hofstaates Christi, als Notare, die das Wort des Lehrers und Königs Christus aufzuzeichnen haben. In der Statuarik der drei Figuren und in den Kopfformen ist die subtile Überhöhung des höfischen Stils, wie er an den Basisreliefs begegnete, zugunsten einer größeren Verfestigung des plastischen Volumens gemildert. Dieser Eindruck wird durch das Nebeneinander negativer und scharfgratiger Falten sowie durch den malerischen «Tiefendunkel»-Kontrast der gegenüber den Vorbildern undeutlichen und mißverstandenen Architekturornamentik kaum beeinträchtigt.

Ähnlich unpersönliche Apostelgestalten findet man schon auf den Nebenseiten des sogenannten
[144] Prinzensarkophags von Sarigüzel (um 390–400), wo je zwei Apostel das Kreuz anbeten. Daß es in Konstantinopel gegen 400 auch christliche «Individual-
[145] porträts» gab, zeigt die Büste eines Evangelisten. Der Sarkophag ist ein Musterbeispiel für die Verschmelzung des theodosianischen Klassizismus, der seinem ganzen Wesen nach an imperiale und heidnische Themen gebunden war, mit christlichen Bildinhalten. Der pagane Geist, der allen erhaltenen Denkmälern der theodosianischen Zeit, wie
[87] dem Silbermissorium von 388, einer Statue Valentinianus II. (380–390) und einem Arcadiusporträt (390–400) in Istanbul oder den Basisreliefs des
[140] Obelisken, innewohnte, scheint noch den Sarkophag
[143] von Sarigüzel und das Berliner Christusrelief zu beherrschen. Auf der Frontseite tragen zwei schwe-
[144] bende geflügelte Gestalten das Christusmonogramm im Triumphkranz empor. Sie dürfen hier bereits im christlichen Sinne als Engel verstanden werden. Auf den 401–402 datierten Sockelreliefs der Arcadiussäule von Konstantinopel, dem frühesten bekannten, mit christlichen Symbolen ausgestatteten Staatsmonument der östlichen Hauptstadt, sind die geflügelten Gestalten mit dem Monogrammschild Christi jedoch eindeutig der römischen Triumphalikonographie entlehnte Viktorien. Die wenigen erhaltenen christlichen Marmorbildwerke der Konstantinopler Kunst des 5. Jahrhunderts lassen noch lange das Festhalten an dem paganen Charakter des theodosianischen Klassizismus erkennen. Dies ist um so auffälliger, als sich gerade in der valentinianisch-theodosianischen Gesetzgebung zwischen 380 und 392 der Schritt zur alleinigen Zulassung der christlichen Religion unter Ausschluß der noch immer recht starken heidnischen Kulttraditionen vollzog.

Wichtige Indizien für die Kenntnis der stilistischen Entwicklung in der Konstantinopler Skulptur des 5. und 6. Jahrhunderts liefert die Bauplastik. Vom Neubau der bei einem Brand 404 zerstörten älteren Hagia Sophia unter Theodosius II. (geweiht Seite
415) wurden zahlreiche Bauglieder der Vorhalle 297
mit figürlichem und ornamentalem Reliefschmuck wieder aufgefunden. Der Patrikios Studios ließ
453/454 als Teil eines von ihm gestifteten Klosters [146]
die Basilika des Johannes Prodromos (des «Vorläu- Seite
fers», des Täufers) erbauen, die 463 geweiht wurde, 292
wodurch ein Teil ihrer Bauplastik datiert ist. Die Kirche war eine dreischiffige Emporenbasilika mit außen polygonaler Apsis, mit Narthex und Atrium
im Westen. Ein Pfeilerkapitell von der Ausstat- [148]
tung des Atriums gelangte 1901 nach Berlin; ein 1902 ebenfalls für Berlin erworbenes Komposit-
kapitell gleicht denen im Narthex der Studiosbasi- [147]
lika so weitgehend, daß es entweder aus dieser Kirche selbst stammt oder zumindest aus einem gleichzeitigen Bauwerk, womit es den Seriencharakter dieses Kapitelltypus und seine weite Verbreitung in Konstantinopel erweist.

Auf den Serien- und Exportcharakter der Konstantinopler Plastik konnten wir bereits verschiedentlich hinweisen. Allerdings ist mit der Feststellung, daß ein Werk aus Konstantinopel stammt und dort entstanden ist, noch nichts gewonnen in bezug

auf die künstlerische Heimat der in der Hauptstadt tätigen, zunächst vor allem aus dem benachbarten Kleinasien, später auch aus Syrien zugewanderten Architekten, Bildhauer, Steinmetzen, Elfenbeinschnitzer, Silberschmiede und Buchmaler. Alle bedeutenden oströmischen Statuen- und Porträtfunde wurden in Nikomedia (Diokletiansporträt in Istanbul), dem karischen Aphrodisias (Statue des Valentinianus II. und Beamtenstatuen in Istanbul, Por-
[145] trät in Brüssel) und in Ephesus (Porträts in Wien)
[152] gemacht. Stellt man dem Apostelkopf in Istanbul die Porträtstatue eines älteren Beamten aus Aphrodisias oder das aus Ephesus stammende Porträt des Eutropios (drittes Viertel des 5. Jahrhunderts) gegenüber, so wird angesichts der subtilen Strenge und der hohen Vergeistigung der beiden kleinasiatischen Werke der eher trockene und kleinmeisterliche Charakter des hauptstädtischen Werkes des 5. Jahrhunderts deutlich.

Aus der Nähe von Sinope/Pontus gelangte das
[153] Fragment einer Schrankenplatte nach Berlin, das seiner künstlerischen Herkunft nach jedoch ein hauptstädtisches Werk des dritten Viertels des 5. Jahrhunderts sein dürfte. Das nur flüchtig ausgeführte Kreuz mit Stufenunterbau auf der Rückseite wurde erst in späterer Zeit (7. Jahrhundert) hinzugefügt. Es gehörte zu einer für Schranken- und Brüstungsplatten typischen Komposition, die je ein Kreuz zu seiten eines Mittelmedaillons mit Christusmonogramm, Rosetten- oder Flechtbandfüllungen aufweist. Die Reliefdarstellung der Vorderseite wäre folglich zu einer 2,30–2,40 Meter breiten Bildkomposition zu ergänzen. In dem Apostel rechts mit dem geschulterten Kreuz ist Petrus zu erkennen. Seine staunend erhobene Rechte weist auf ein sich vollziehendes Geschehen hin, also wohl eine Wundertat Christi oder ein anderes Theophanieereignis. Die Gestalt des nach links in gebückter Haltung schreitenden Mannes, dessen Arme vorgestreckt waren, reicht vielleicht aus, um die ursprüngliche Darstellung als Blindenheilung zu deuten. Die fast schon ein wenig klobige Bildung der

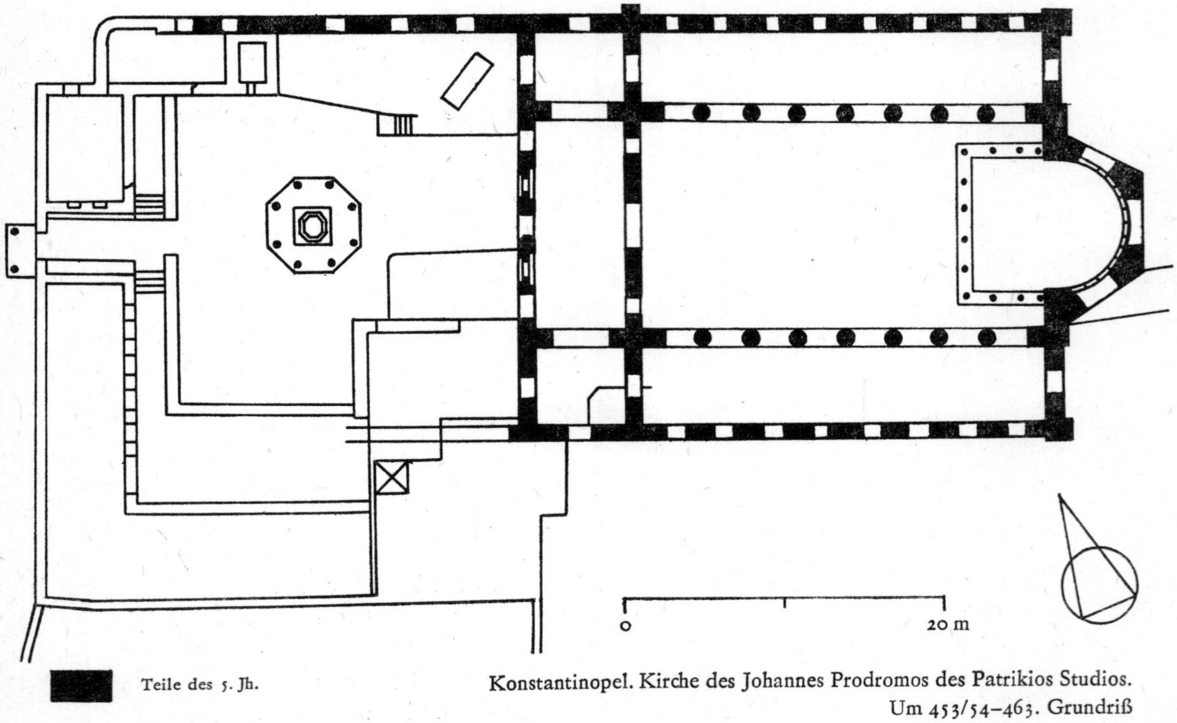

Konstantinopel. Kirche des Johannes Prodromos des Patrikios Studios. Um 453/54–463. Grundriß

Figuren mit ihren großen Köpfen, die teigigen und unbestimmten Faltenverläufe der Gewänder, die ausgebohrten Pupillen bezeichnen den künstlerischen Abstand zu den Werken des theodosianischen Klassizismus, aber auch zu den gleichzeitigen Ar- [152] beiten der kleinasiatischen Bildhauerschulen von Aphrodisias oder Ephesus.

Neben Marmorbildwerken, die auf Grund ihrer Thematik und ihres Stils der höfischen oder kirchlich-repräsentativen Kunst zuzurechnen sind, gab es in Konstantinopel eine ausgedehnte Reliefproduktion aus Kalkstein, deren Werke einen ausgesprochen «volkstümlichen» Charakter aufweisen. Erhalten geblieben sind Fronten von Scheinsarkophagen, Grabreliefs mit christlichem Bilddekor, in deren Stelenformen hellenistische Traditionen wieder auflebten, ferner Schranken- und Verkleidungsplatten, die vielleicht als private Stiftungen in die Ausstattungen einiger Kirchen gelangt waren.

In den Fronten der Scheinsarkophage von Taş- [150] kasap, die zur Verkleidung gemauerter Grabbehälter dienten, wirkten Elemente der stadtrömischen Säulensarkophage fort, wobei der große zeitliche Abstand von etwa 50 Jahren gegenüber den römischen Mustern auffällt. Es ist aber auch denkbar, daß Konstantinopler Marmorsarkophage des 5. Jahrhunderts mit Säulengliederung und entsprechenden Christus-Apostel-Darstellungen diesen Kalksteinfronten als Vorbilder gedient haben, obwohl solche kaum erhalten sind. Auf den Frontplatten findet man den stehenden oder thronenden Christus inmitten der Apostel, in den seitlichen Akroterien Apostelbüsten.

Aus der Studioskirche (453/454) stammen mehrere Kalksteinreliefs, die schon dem späten 5. Jahrhundert zuzurechnen sind. Das bekannteste zeigt den [149] Einzug Christi in Jerusalem in einer aus vier Figuren bestehenden Gruppe, die das Personal des Einzugs- Seite 180 bildes, wie es auf stadtrömischen Sarkophagen vorkam, nicht wesentlich erweiterte. Neu ist nur der Turm rechts, der zu einer Stadttoranlage gehörte, denn die Reliefplatte war, dem Kreuz im Triumphkranz auf der oberen Rahmenleiste zufolge, wesentlich breiter. Die Wiedergabe der Figuren ist, wie bei fast allen Kalksteinreliefs, recht provinziell.

Von dieser Machart unterscheidet sich jedoch ganz wesentlich das Grabrelief des Arztes Johan- [154] nes, dessen Name und Stand in der Inschrift auf dem Architrav angegeben sind. In die hochrechteckige Platte ist in sehr flachem Relief eine Ädikula mit der Berufung des Moses im Bildfeld, Pfauen zu seiten des Lebensbaumkreuzes im Giebel und Blattranken in den Zwickeln eingearbeitet. Die Darstellung des Moses, der am Berg Horeb-Sinai aus der Gotteshand die Rolle empfängt, besitzt einerseits große Ähnlichkeit mit der Mosesgestalt auf einem Silberreliquiar in Thessaloniki, andererseits wird die prinzipielle ikonographische Verwandtschaft mit der Berufungsszene auf der Holztür von Santa [100] Sabina deutlich. Die zweite, offenbar entweichende Gestalt links kann in Analogie zur Sabinatür und vor allem zu einem bedruckten Stoff (ehemals Berlin) des 5. Jahrhunderts ebenfalls als Moses gedeutet werden, womit das römische Darstellungsprinzip der kontinuierenden Szenenfolge auch im oströmischen Bereich belegt wird. Den Bildquellen in Form von Muster- und Skizzenbüchern, mittels derer solche Bildmotive verbreitet worden sind, mögen illustrierte Handschriften des Alten Testaments zugrunde gelegen haben. Alttestamentliche Bildzyklen werden in Konstantinopel, im Gegensatz zu Rom, allerdings erst in den mittelbyzantinischen Oktateuchen, wohl als Kopien nach Handschriften des 5.–6. Jahrhunderts, faßbar. Im Unterschied zum Petrusrelief und den meisten Kalksteinarbeiten [153] zeichnet sich das Mosesrelief durch die raffinierte [154] zeichnerische Feinheit der Gewänder aus, durch die große Eleganz in den fließenden Bewegungen der beiden auseinanderstrebenden und dennoch in einem gemeinsamen Bezugspunkt – der Gotteshand – zusammengefaßten Figuren.

Aus der Kirche Hagios Georgios in Thessaloniki, [184] der einstigen Galeriusrotunde, stammen die beiden monolithischen Treppenteile eines marmornen Ambo von außergewöhnlicher Form. Der reiche [155, ornamentale Schmuck offenbart die Vielfalt Kon- 156] stantinopler Architekturdekorationen der Zeit um 500. Die beiden halbkreisförmig angeordneten Treppenläufe mit Durchgang trugen die Kanzelbrüstungen. Front und Seitenwangen sind im unte-

ren Teil in jeweils vier Muschelnischen aufgegliedert und mit Figuren von kräftiger plastischer Bildung ausgefüllt. Auf der linken Wange erscheinen ein Hirte bei seiner Herde und der Aufbruch der drei Magier, auf der rechten die Ankunft der Magier und die thronende Gottesmutter. Die Säulen auf Postamenten, die die Blendnischen einrahmen, erinnern noch an die architektonische Gliederung
[143] des Berliner Christusreliefs. Adler mit ausgebreiteten Flügeln füllen die oberen Zwickel zwischen den Muschelarkaden. Die verschiedenen Ornamenttypen sind teils flach, teils unter Verwendung tiefer Bohrungen und Unterschneidungen gearbeitet, womit sie ganz in der virtuosen Tradition der Konstantinopler Bauornamentik stehen. Im Gegensatz
[149, dazu zeigen die Figuren in den Blendnischen den-
150 selben brüchigen und provinziell anmutenden Stil
154] der volkstümlicheren Kalksteinskulpturen.

Das Grundmuster eines gewöhnlichen Konstantinopler Ambo, wie es wohl in alle Gebiete des Imperiums exportiert wurde, läßt sich aus Teilen in Ravenna (Sant'Apollinare Nuovo), Istanbul oder Berlin (aus Nicäa) rekonstruieren. Zur Standard-
[151] ausstattung der Kirchen gehörten außer dem Ambo
[147, auch Schrankenplatten, Baluster, Basen, Gesimse,
148] Säulenpostamente, Kämpfer, Kapitelle, Türumrahmungen und Altäre. Als ein typisches Serienprodukt der Konstantinopler Marmorwerkstätten auf der Prokonnesos darf eine Brüstungsplatte in Berlin angesehen werden, die aus einer Kirche des [151]
Hebdomonpalastes stammt. Die in stärkerem Relief gearbeitete Vorderseite zeigt rechts fast genau dieselbe Rhombendekoration wie der Ambo in Sant'Apollinare Nuovo und links eine aus Profilwülsten zusammengesetzte, geometrische Komposition. Im Zentrum der nur ganz flach angelegten Rückseite erscheint das Kreuz inmitten einer Sphaira. Reliefs dieser Art sind als Emporenbrüstungen in der Hagia Sophia (532–537) in großer Zahl erhalten und von den prokonnesischen Werkstätten aus in alle Teile des Imperiums verschickt worden.

Tatsächlich scheint sich das Schwergewicht der Konstantinopler Reliefkunst seit dem Ende des 5. Jahrhunderts fast gänzlich auf das Gebiet des ornamentalen Baudekors verlagert zu haben. Wir wissen aus Schriftquellen, daß mit Anastasius I. (491–518) eine rege Bautätigkeit einsetzte und daß besonders die Kirchen reiche plastische Innenausstattungen erhielten. Anschauliche Beispiele hierfür liefern die erst vor wenigen Jahren aufgefundenen Bauglieder der 524–527 errichteten Polyeuktoskir-

Rekonstruktion des Ambo von S. Apollinare Nuovo zu Ravenna. Erste Hälfte des 6. Jh.

che, zu deren Ausstattung auch die nach Venedig verschleppten und vor der Südseite der Markus-
[162] kirche aufgestellten «Pilastri Acritani» als zugehörig erkannt worden sind. Die wenigen erhaltenen figürlichen Reliefs der Zeit um und nach 500 zeugen hingegen, im Unterschied zu dem jetzt aufblühenden justinianischen Dekorationsstil, kaum noch von nennenswerten schöpferischen Kräften bei der Bewältigung szenischer Darstellungen.

Eines der originellsten Werke der Konstantinopler Reliefplastik überhaupt ist das aus dem Hippo-
[157 bis 160] drom stammende «Kugelspiel». Auf seiner serpentinenförmigen Bahn ließ man vermutlich Kugeln abrollen – entweder nur zur Unterhaltung der Besucher des Hippodroms oder zur Auslosung der Reihenfolge der Wagenlenker, gemäß den vier Faktionen des Zirkus, den Blauen, Weißen, Roten und Grünen. Die in mehreren Registern angeordneten Szenen lassen sich mit Hilfe römischer Zirkusdar-
[140] stellungen, der Basisreliefs des Theodosiusobelisken und der etwa gleichzeitigen Ehrenbasen des Wa-
[161] genlenkers Porphyrios identifizieren. Die Rückseite mit dem großen, tief ausgehöhlten Torbogen, den seitlichen Treppen, Bögen und angedeuteten Rängen spiegelt einen Teil des Kathismas mit den dort aufgestellten Ehrenstatuen und Standbildern (links oben ein Pferd) wider. Auf der links anschließenden Wange sind oben Musikanten und Tänzer mit Tüchern, in der Mitte ein Mann am Losgerät, aus dem gerade eine Kugel herausgefallen ist, sowie ein Antreiber dargestellt. In der unteren Zone sehen wir den letzten von vier Rennwagen, von einem zweiten Antreiber mit Peitsche angefeuert; auf der Vorderseite, ebenfalls von Treibern unterstützt, kämpfen zwei Wagen um den zweiten Platz, und auf der rechten Wange durchfährt der Sieger das Ziel, von einem Rennbeamten mit dem goldenen Palmzweig begrüßt. In der Bildebene darüber sieht man den Ehrenumritt des Siegers, dem eine Frau aus einem Fenster zuschaut. In der oberen Reihe erscheinen wieder Musikanten und Tänzer. Die an den Ecken des Reliefblocks angebrachten Metae stehen eigentlich an den Enden der Spina und markieren die Rennbahn.

Die Ehrenbasen des Porphyrios trugen einst Statuen dieses erfolgreichen Rennfahrers und standen auf der Spina des Hippodroms. Die griechischen Epigramme und Reliefdarstellungen verherrlichen seine Siege. Die Stirnseite der etwas jüngeren der beiden gegen 500 entstandenen Ehrenbasen zeigt [161]
im unteren Teil die Ränge des Hippodroms mit akklamierenden, dem Sieger zujubelnden Gestalten und darüber, von je einem Epigramm oben und unten eingerahmt, die Darstellung des siegreichen Wagenlenkers in einem frontal wiedergegebenen Viergespann, begleitet von einer Tyche und von zwei Viktorien, die hier die obere Inschrifttafel tragen. Die drei Zirkusmonumente machen deutlich, daß die von den Kirchenvätern wegen ihrer Grausamkeit abgelehnten Zirkusspiele und Wagenrennen keineswegs zu den verpönten Freuden der Byzantiner gehört haben. Im Gegenteil beweisen archäologische Denkmäler und Schriftquellen, daß gerade im 5. und 6. Jahrhundert das Zirkuswesen besonders blühte und sich in den Faktionen die unterschiedlichen politischen Parteien von Konstantinopel organisiert hatten – ein Umstand, den die Kaiser immer wieder zu spüren bekamen. So hatten sich die Parteien der Blauen und Grünen gegen Justinian erhoben, dessen restaurative Politik der Bevölkerung ungeheure Lasten aufbürdete. Der Hippodrom wurde 532 Schauplatz der blutigen Niederwerfung des Nika-Aufstandes. Im Verlauf dieser Volkserhebung war Konstantinopel in Flammen aufgegangen und sind zahlreiche Gebäude, unter ihnen auch die theodosianische Hagia Sophia, vernichtet worden.

Justinianische Kirchenbauten

Der Kaiser und seine ebenso fromme wie ehrgeizige Gattin ließen sich den Wiederaufbau der Stadt besonders angelegen sein. Die Hagia Sophia, die [164]
megale ekklesia, die «Große Kirche», wurde durch die beiden nach Konstantinopel berufenen Architekten Anthemios von Tralles und Isidoros von Milet von 532–537 in einer Weise neu errichtet, die alle bisherigen Leistungen auf dem Gebiet des Kirchenbaus zwar nicht an Größe, wohl aber an Kühnheit der Konstruktion und Pracht der plasti-

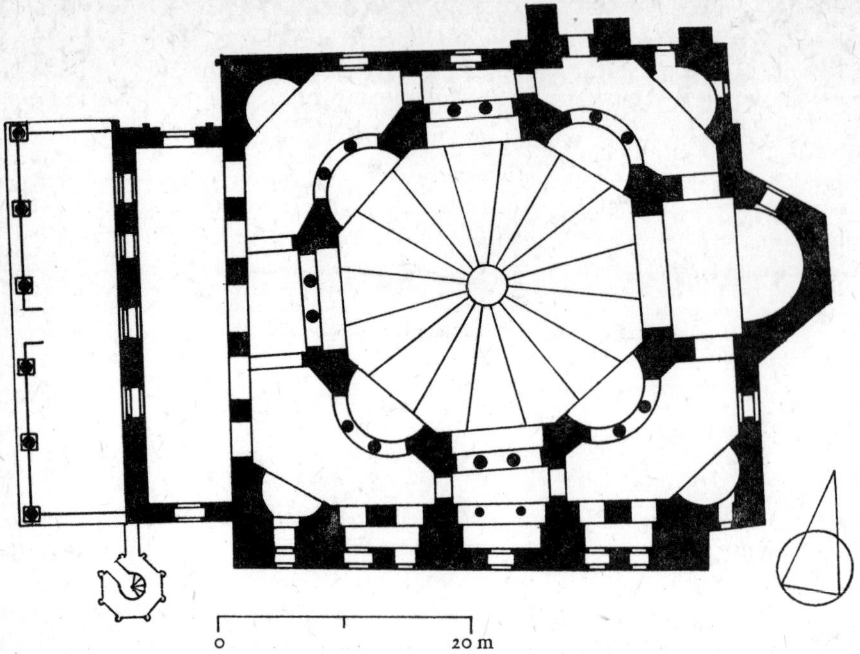

Konstantinopel.
Kirche der Hll. Sergios
und Bakchos.
Um 531–536. Grundriß

[165] schen Ausstattung bei weitem übertraf. Mit der Ha-
gia Sophia, die der personifizierten Weisheit Gottes
gestiftet war, beginnt die byzantinische Phase der
oströmischen Architekturgeschichte.

Eine wesentliche Eigenschaft der Hagia Sophia,
die Verschmelzung von überkuppeltem Zentralbau
und Längsbau, war bereits in der kurz zuvor (531
bis 536) von unbekannten Architekten errichteten
[163] Kirche der Heiligen Sergios und Bakchos vorgebil-
det. Das Atrium teilte diese Kirche mit der 519 ge-
weihten Apostelkirche Justinians. Im Unterschied
zu Zentralbauten, die man gern mit der Sergios-
und-Bakchos-Kirche in eine Entwicklungsreihe
stellt, ist in dieser ein System oktogonal angeord-
neter Pfeiler mit zwischengeschalteten, abwechselnd
halbkreisförmigen (Exedren) und geraden «Stütz-
nischen» außen von einer rechteckigen Umfassungs-
mauer umgeben worden. Der wie schon in San
[40] Lorenzo zu Mailand zweigeschossig ausgebildete
Stütznischenkranz unterteilt das Innere in einen
[163] oktogonalen Zentralraum und einen äußeren Um-
gang mit überwölbtem Emporengeschoß. Über dem
Zentralraum erhebt sich eine Segmentkuppel, die
ohne Pendentifs ansetzt. Die Einbindung des Stütz-
nischenkranzes mittels Bögen in die Außenmauern
ermöglichte die gleichmäßige Lastabtragung des
Kuppelschubs. Auf dem Architrav des Unter-
geschosses ist eine umlaufende Weihinschrift Justi-
nians und Theodoras angebracht. In den Baufor-
men, besonders den à jour, das heißt durchbrochen,
gearbeiteten Faltkapitellen, Karniesprofilen und
Konsolgesimsen, ist der typische justinianische Or-
namentstil bereits vollkommen ausgebildet, wie er
auch an den Konstantinopler Exportkapitellen in [123]
San Vitale zu Ravenna anzutreffen war. Die nach
Osten hervortretende Apsis ist dreiseitig umman-

Konstantinopel. Hagia Sophia. 532–563. Grundriß

1 Reste der theodosianischen Hagia Sophia
2 Atrium
3 Äußere Vorhalle (Exonarthex)
4 Innere Vorhalle (Esonarthex)
5 Kaisertür
6 Hauptpfeiler
7 Östliche und westliche Halbkuppel
8 Längspfeiler
9 Stütznischen (Exedren)
10 Strebepfeiler
11 Apsis
12 Baptisterium
13 Skeuophylakion (Schatzkammer für liturgische Geräte und Gewänder)

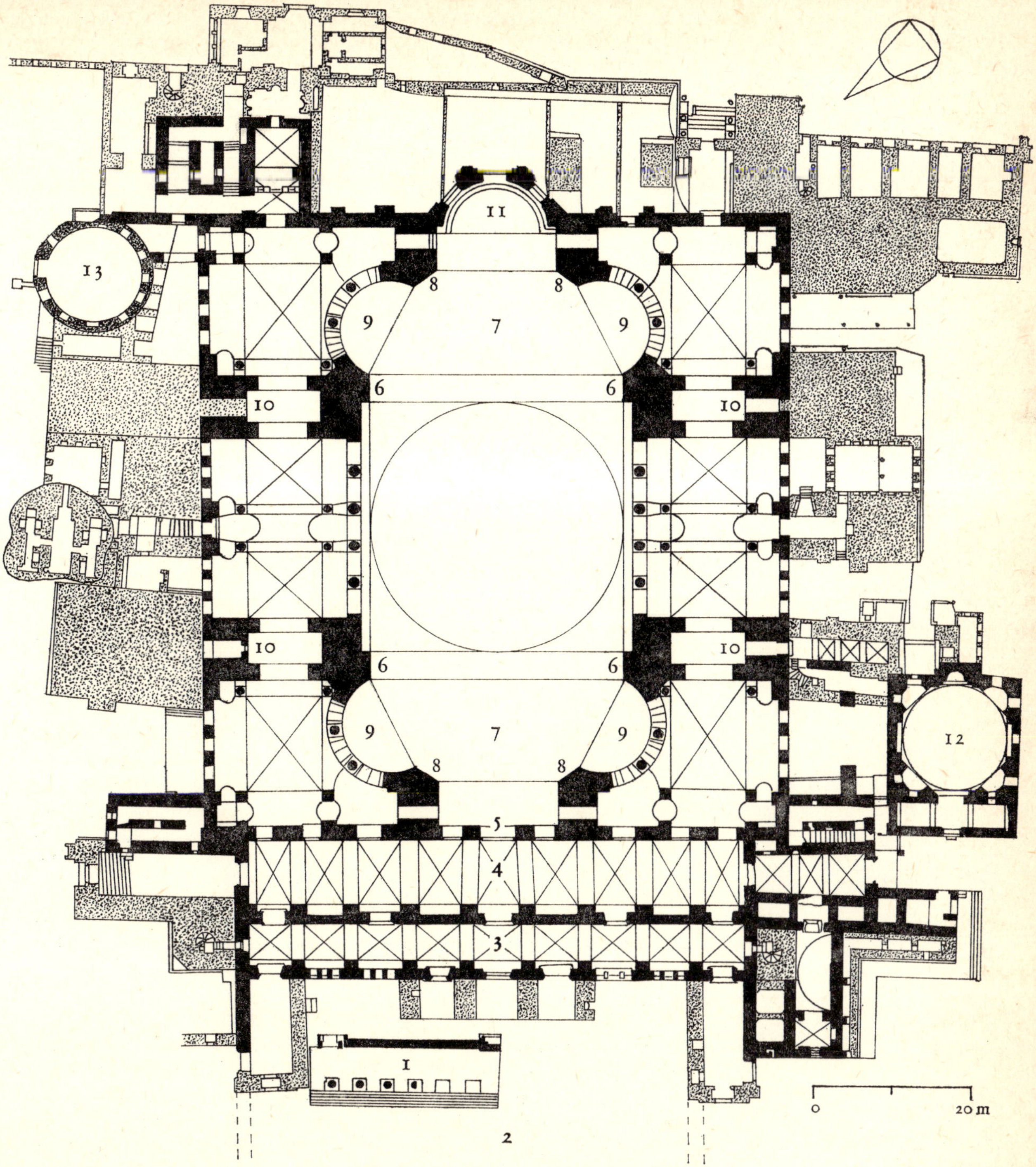

1
2
3
4
5
6
7
8
9
10
11
12
13
0
20 m

Längs- und Querschnitt durch die Hagia Sophia

telt. Die Verbindung von basilikaler Hülle und eingeschriebenem Zentralraum wird außen, trotz der nur flach gewölbten Kuppel, deutlich ablesbar.

Die geniale Konstruktion der Hagia Sophia, ins-
[164, besondere das hierfür gefundene System der Last-
165] abtragung der Kuppel, erschließt sich am besten
Seite aus der Zusammenschau von Grundriß, Schnitten
297 bis und Ansichten.
299 Die dem kleinasiatisch-griechischen Raum entstammenden Architekten waren gleichwohl mit allen technisch-konstruktiven Errungenschaften des römischen Wölbungsbaus bestens vertraut. Die nach einem Erdbeben 558 eingestürzte, vom jüngeren Isidoros erneuerte und dabei etwas steiler aufgeführte Ringkuppel (Scheitelhöhe über dem Fußboden 55,6 Meter) ruht, durch Pendentifs vermittelt, auf vier mächtigen, von Bögen überspannten Pfeilern von längsrechteckigem Querschnitt. Der Schub der Segmentkuppel (Durchmesser etwa 33 Meter) wird im Osten und Westen durch apsidenartige Halbkuppeln abgefangen. Diese gehen ihrerseits von mächtigen, längsgerichteten, in die Außenwände eingebundenen und mit einer Quertonne überwölbten Pfeilern aus und lehnen sich, vermittelt durch die exedrenartigen Stütznischen in den Diagonalen, an die Hauptpfeiler an. An der Nord- und Südseite nehmen hingegen zwei nur am Außenbau sichtbare, die Seitenschiffe weit überragende Strebepfeiler aus doppelten Mauerschalen den Kuppelschub auf. Diese der römischen Saalarchitektur (Thermen) entlehnte Lösung der seitlichen Lastabtragung mittels nach außen verlagerter, im Innenraum jedoch nicht sichtbarer Strebepfeiler erlaubte es, die seitlichen Schildbogenwände als relativ dünne, mit zwei Reihen großer Fenster durchlichtete, lünettenartige Gaden auszubilden.

Im Innern entsteht so aus der Summe des von [165]
seitlichen Arkaden und Emporengeschossen gebildeten Mittelteils, der Halbkuppeln im Osten und Westen und der im Osten ausgeschiedenen Apsis der Eindruck eines zentral überwölbten und zugleich eindeutig längsgerichteten Raumes. Die Belichtung erfolgt im oberen Teil durch einen Kranz

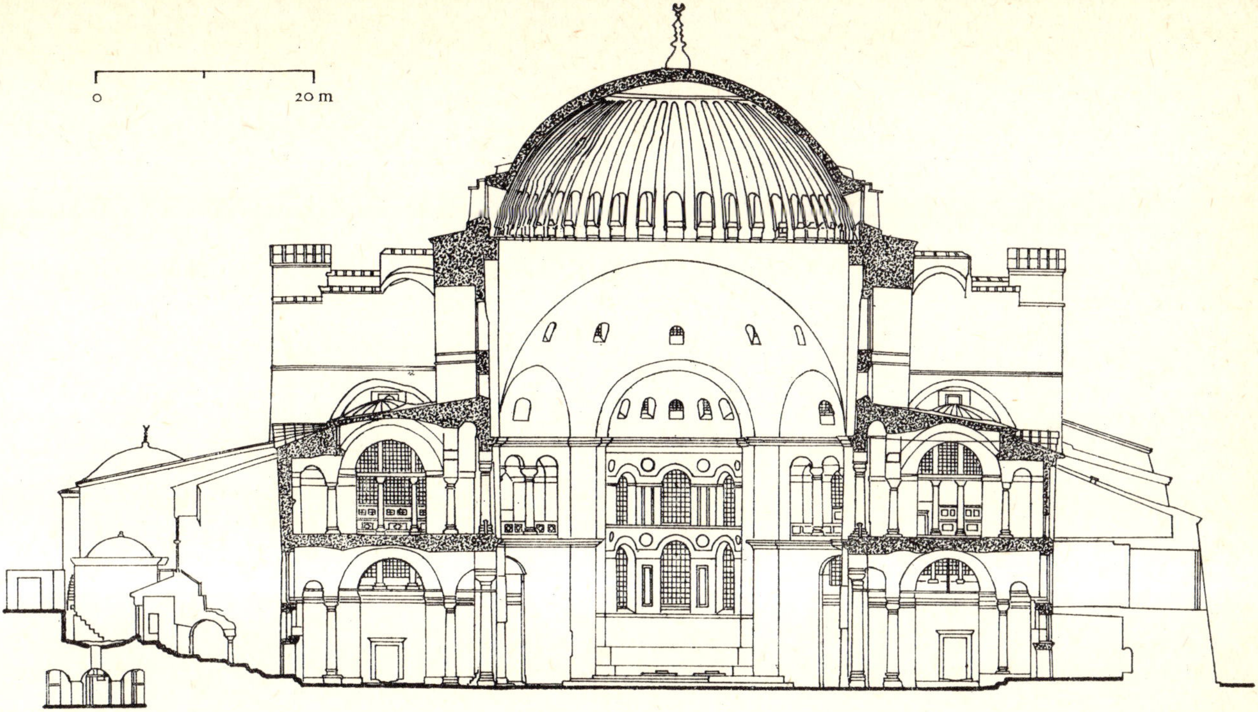

von 40 engstehenden Fenstern in der Kuppel, durch die (nachträglich veränderten) acht Fenster der Schildbogenmauern und die Fensteröffnungen in den Halbkuppeln sowie durch das große Rundbo-
[164] genfenster an der Westseite oberhalb des inneren, zweigeschossigen Narthex. Die Seitenschiffe und ihr Emporengeschoß erhalten reichlich Licht aus Rundbogenfenstern, die im Mittelteil des Emporengeschosses sehr groß ausgebildet sind, so daß der innere Raum allseitig von einer diffusen Lichthülle umgeben erscheint.

Die Wirkung der Hagia Sophia und besonders ihres Innenraumes muß schon für die Zeitgenossen überwältigend gewesen sein, wie aus der Beschreibung des Prokopios (Bauten I 1, entstanden um 550 bis 555) und aus der «Ekphrasis» des Paulos Silentiarios (entstanden 562) hervorgeht. Die Kuppel «scheint nicht auf dem festen Bau zu ruhen, sondern als goldene Kugel am Himmel zu hängen und so den ganzen Raum zu bedecken. Alle die Bauglieder, die sich da – es ist kaum zu glauben – hoch droben ineinandergefügt gegenseitig in Schwebe halten und nur auf ihre nächste Umgebung stützen, leihen dem Werk eine einzigartige, ganz ausgezeichnete Harmonie» (Prokopios, Bauten I 1, 45 ff.).

Die Beschreibungen des Paulos Silentiarios (Ekphrasis 354 ff.) sind, wo man sie am Bauwerk selbst noch nachprüfen kann, zutreffend und außerordentlich präzise, weshalb sich das ursprüngliche Aussehen des Kircheninneren, besonders der liturgischen Ausstattung, in vielem danach rekonstruieren läßt. In der Apsis waren halbkreisförmig umlaufende Stufen errichtet, deren oberster Rang die silbernen Sitze der Priester trug (362 ff., 420 f.). Für die Rekonstruktion der Presbyteriumsschranken (Templon), des Altars und Altarziboriums sowie des Ambo mit der Sängerbühne sind wir gänzlich auf Paulos Silentiarios angewiesen. Die zwölf Säulen des Templons und die dazwischengesetzten Schranken, die das Presbyterium abgrenzten, waren mit reliefgetriebenem Silberblech verkleidet (685 ff.). Über den Säulen, wohl am Templongebälk, waren Medaillonschilde mit Darstellungen Christi, der Engel, Propheten, Apostel und der Gottesmutter angebracht. Im Zentrum der Schranken erschienen kreuzförmige Monogramme Justinians und Theodoras. Über dem Gebälk erhoben sich Kandelaber gleich Lichterbäumen (871 ff.) und das Kreuz. Über dem goldenen Altartisch ragte das Ziborium empor, das von vier silbernen Säulen und vier Bögen gebildet wurde (720 ff.). Die Spitze des achtseitigen Zeltdachs krönte das Kreuz auf einer Kugel über einem Blätterkelch, umgeben von silbernen Bechern mit verdeckten Kerzen, die das Kreuz wie von selbst erstrahlen ließen. Die gewebten Seidenvorhänge zwischen den Säulen des Altarziboriums trugen Darstellungen Christi, der Gottesmutter, der Apostel Petrus und Paulus sowie neutestamentliche Wunderszenen, die Bilder des Kaiserpaars, aber auch Darstellungen von Krankenhäusern und Kirchen (755 ff.). Ausführlich schildert Paulos schließlich das gesamte Beleuchtungssystem der Hagia Sophia (806 ff.).

In einem gesondert vorgetragenen Gedicht wird sodann der erst später fertiggestellte Ambo mit der ihn umgebenden Sängerbühne beschrieben. Der bereits erwähnte, in einer Rekonstruktion wieder-
Seite 294 gegebene Ambo aus Sant'Apollinare Nuovo zu Ravenna folgte in wesentlichen Zügen dem Typus des Ambo der Sophienkirche, doch war dieser aus kostbarsten Materialien gearbeitet. Ein Tabernakel auf ovalem Grundriß, das die Sängerbühne mit dem Ambo umschloß, war mittels eines von Schranken eingefaßten Gangs mit dem Templon des Presbyteriums verbunden.

Aus allen Teilen des Imperiums hatte Justinian verschiedenfarbige Gesteinsarten und Spoliensäulen zusammentragen lassen. So waren in den Exedren der östlichen und westlichen Konchen Säulen aus rotem ägyptischem Porphyr wiederverwendet worden (376 ff.). Die Emporen öffneten sich zum Mittelschiff mit Säulen aus grünlichem thessalischem Marmor (387 ff.), der auch für die Säulen der Seitenschiffe verwendet worden war (550 ff.). Alle inneren Wandflächen sind mit Platten aus erlesenen Buntsteinsorten verkleidet, die zu großartigen polychromen Kompositionen verbunden worden waren. Prokopios (Bauten I 1, 59) vergleicht die Wirkung der Wände mit einer Blumenwiese zur Frühlingszeit, und auch Paulos Silentiarios spricht von «dichtgedrängten Marmorwiesen» (Ekphrasis 618). Die Archivolten und Arkaden überziehen feinste Gespinste à jour gearbeiteter und teilweise vergoldeter Ornamentkompositionen. Unübertroffene Spitzenleistungen der prokonnesischen Marmorwerkstätten sind aber die Kapitelle («Kesselkapitelle») mit den Monogrammen Justinians und Theodoras, die wohl nur für die Hagia Sophia gefertigt worden waren. Die Elemente des spätantiken Kompositkapitells, die Akanthusblattreihen der [147]
korinthischen und die Voluten der ionischen Kapitelle sind hier zu Formen von geradezu kristalliner Struktur fortgebildet worden. Die große Dichtigkeit beruht auf dem harten Licht-Schatten-Kontrast der abstrahierten, vom Kern abgelösten, filigranhaften Blätter, die zudem vergoldet waren und daher wie toreutische Arbeiten gewirkt haben müssen.

Im Gegensatz zu dem reichen architekturplastischen Dekor scheint die ursprüngliche Ausstattung der Kirche mit Mosaiken recht bescheiden gewesen zu sein. Die Kuppel aus der Zeit Justinians enthielt zunächst wohl nur ein Kreuz (Paulos Silentiarios 506 ff.), doch war die «Decke» mit goldenen Mosaiksteinchen überzogen (668 f.). Unter seinem Nachfolger könnten, worauf Andeutungen im Lobgedicht des Flavius Corippus auf Justin II. (565 bis 578) hinzuweisen scheinen, in der Apsis die thronende Gottesmutter zwischen Engeln und im Kuppelzentrum das Bild des Christus Pantokrator angebracht worden sein. Aus jener Zeit stammen wohl auch die ornamentalen Gewölbemosaiken im Narthex, in den Seitenschiffen und in den Emporengeschossen. Daß auch andere Kirchen von Konstantinopel (Apostelkirche) und in den östlichen Kunstprovinzen (Palästina) wenigstens teilweise mit Mosaiken ausgestattet waren, wird durch schriftliche Nachrichten, bildliche Reflexe in der Kleinkunst und vor allem durch das noch erhaltene Apsismosaik in der Theotokoskirche des Sinaiklosters erwiesen (nach 548). Auch die gemalten Bildprogramme in den koptischen Klöstern von Saqqara

Bawit. Apollonkloster.
Apsisfresko der Kapelle VI. Christus in der Mandorla und Gottesmutter zwischen Heiligen. 7. Jh.

und Bawit dürften unter dem Einfluß Konstantinopler und palästinensischer Vorbilder entstanden sein.

Für etliche Kirchen, die gleichzeitig mit der Hagia Sophia oder in ihrer Nachfolge entstanden (Hagia Eirene, 532; Apostelkirche, 536–550; Johanneskirche von Ephesus, vor 548–565) wurde die Seite 302 Verbindung von Längsbau und überkuppeltem Zentralraum bestimmend. Die Johanneskirche, die der justinianischen Apostelkirche von Konstantinopel aufs Haar geglichen haben soll (Prokopios, Bauten V 1, 6), besaß sechs Kuppeln – vier über dem Hauptschiff und zwei über den Querhausflügeln. Noch die Markuskirche in Venedig (nach 1063) ist eine späte Kopie dieser großartigen Kombination.

Bildnis und Ikone

Konstantinopel war nicht nur ein Zentrum der monumentalen Künste, sondern ebenso der verschiedenen kunsthandwerklichen Gattungen. Die der östlichen Hauptstadt sicher zuweisbaren Produkte

Ephesus.
Justinianische Johanneskirche.
Grundriß- und
Schnittrekonstruktion

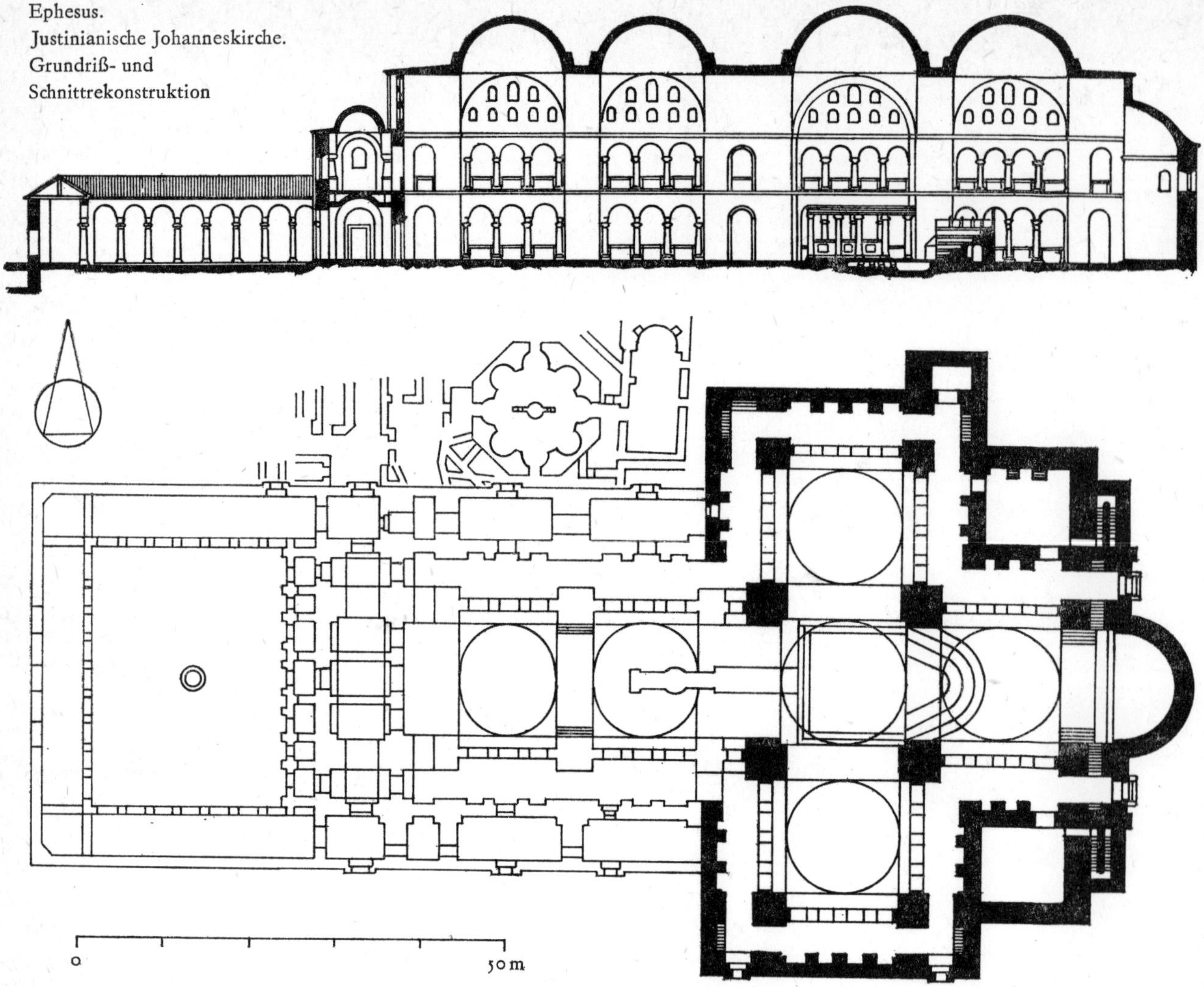

gehören allerdings meist erst dem 6. bis 7. Jahrhundert an. Die hier gefertigten Consulardiptychen,
[166] wie diejenigen des Anastasius, *consul ordinarius* von 517, unterscheiden sich im Stil beträchtlich von ihren stadtrömischen Mustern, obwohl sie den Consul in traditioneller Weise bei der Eröffnung der Zirkusspiele darstellen. Die Anastasiusserie, zwei vollständige Diptychen (Berlin–London; Paris) und zwei Versotafeln (Verona; Leningrad), verdeutlicht zusammen mit dem Diptychon des Anthemius von 515, daß eine bestimmte Vorlage von verschiedenen Schnitzern mit nur leichten Abwandlungen wiederholt wurde. Der Consul in der üblichen Prunktoga thront vor dem Tribunal auf einem mit Viktorien und Medaillonbüsten des Pompeius und der Stadtgöttinnen Roma und Konstantinoupolis verzierten Amtssessel *(sella curulis).* Sein Zepter trägt über dem Adlerkranz die Büsten des Anastasius, Pompeius und Hypatius. Auf dem Giebel sind Bildnisschilde des Pompeius, des Kaisers Anasta-

sius und der Kaiserin Ariadne (491–515 in zweiter Ehe dessen Gattin) angebracht. Das untere Bildfeld ist mit einer der üblichen Zirkusszenen gefüllt.

Mit Hilfe der Anastasiusserie gelang es, ein [167] Kaiserinnenporträt im Konservatorenpalast mit hoher Wahrscheinlichkeit als Bildnis der Ariadne zu bestimmen. Neben einem Theodoraporträt in Mailand ist es eines der wenigen erhaltenen oströmischen Herrscherinnenbildnisse des 6. Jahrhunderts. Die Identifizierung ergibt sich weniger aus deutlich ablesbaren individuellen Gesichtszügen als vielmehr aus dem übereinstimmenden Zeitstil. Dieser spricht sich an beiden Denkmälern in der weich abgerundeten Bildung der Gesichter, in der Verwendung derselben Augenformel und in der insignienhaften Betonung der Kronhaube aus.

Die starre Formelhaftigkeit verliert sich im zweiten Viertel des 6. Jahrhunderts und weicht einem geradezu überraschenden Realismus in der Wiedergabe persönlicher, individuell gemeinter Gesichtszüge. Das Theodoraporträt bietet hierfür ebenso die Indizien wie die Darstellung des Erzbischofs Maximianus auf dem Justiniansmosaik in San Vitale [128] zu Ravenna oder wie das in Konstantinopel entstandene Elfenbeindiptychon mit Christus und [168, 169] Maria, das auf Grund seiner Verwandtschaft mit der Elfenbeinkathedra des Maximianus gegen 550 [138] datiert werden kann. Christus, hier als der «Alte der Tage» dargestellt, findet in der rauhen Strenge des Antlitzes seinesgleichen nur auf einem Räucher- [175] gefäß aus Zypern, in der vom Sinai stammenden Ikone Johannes' des Täufers oder in dessen Darstellung auf der Kathedrafront.

Der Tafelmalerei, bis dahin vor allem den Amtsbildnissen der staatlichen Würdenträger und der Bischöfe sowie den Privatporträts (Mumienbildnisse) vorbehalten, wächst seit dem 6. Jahrhundert eine gänzlich neue Funktion zu: Es entwickelt sich die Ikone im Sinne eines Verehrungsbildes, dessen Betrachtung jedoch der geistigen Vergegenwärtigung der dargestellten göttlichen oder heiligen Personen zu dienen hatte. Diese Eigenschaft war

Silberreliquiar aus Cherson. Medaillons mit Büsten der Gottesmutter und der Engel. Um 527–565

freilich in der «Stellvertreterfunktion» der Amtsbildnisse prinzipiell angelegt. Die ältesten bekannten christlichen Tafelbilder sind durch Zufall im Katharinenkloster auf dem Sinai und in Ägypten erhalten geblieben. Neben dem schon erwähnten Tafelbild Johannes' des Täufers wären als frühe Beispiele der justinianischen und nachjustinianischen Zeit die Ikone der Gottesmutter zwischen den Heiligen Theodoros und Georgios im Sinaikloster und die von dort schon im 19. Jahrhundert nach Kiew gelangte Tafel mit den beiden Soldatenheili-
[171] gen Sergios und Bakchos zu nennen. Aus Ägypten
[IV] stammt das Bildnis des Apa Abraham, Bischof von Hermonthis (um 590–600). Wie schon in der Apsis
[125] von San Vitale wird deutlich, daß seit justinianischer Zeit insbesondere die Heiligen das neutrale Gewand des Philosophen gegen das modische «Dienstkostüm» des byzantinischen Hofes vertauscht hatten. Die Entfaltung eines ungeheuren Seidenluxus, von dem besonders die Kaisermosai-
[128, ken in San Vitale zeugen, wurde möglich, seit man
129] die «vielfarbigen Fäden, die ein fremdländischer Wurm erzeugte» (Paulos Silentiarios), in Konstantinopel selbst herstellen und zu kostbarsten Geweben verarbeiten konnte. Schon um 410 waren Prachtgewänder, wie sie beispielsweise in der consulari-
[108, schen Trabea auf den Diptychen überliefert sind,
166] mit ornamentalen oder bildlichen Darstellungen, ja sogar mit Szenen aus dem Neuen Testament verziert, worüber sich bereits der Bischof Asterius von Amaseia entrüstete. Tatsächlich findet man auf den wenigen erhaltenen Fragmenten von kostbaren Seidengeweben des 6. bis 7. Jahrhunderts neben mythologischen Darstellungen auch christliche Szenen.

Buchmalerei

Neben der Tafelmalerei muß in den höfischen Ateliers von Konstantinopel die profane, literarische und wissenschaftliche sowie die kirchliche Buchkunst in höchster Blüte gestanden haben, obwohl auch davon nur spärliche Reste auf uns gekommen sind. So schenkten die Bürger des Konstantinopler Stadtteils Honoratai der Prinzessin Juliana Anicia zum Dank für die Stiftung einer Kirche das unter dem Namen «Wiener Dioskurides» berühmte Herbarium. Die 491 Blatt umfassende, mit über 400 ganzseitigen Miniaturen ausgestattete griechische Handschrift, die außer dem Traktat «De materia medica» des kilikischen Arztes Dioscurides (erste Hälfte des 1. Jahrhunderts n. Chr.) auch andere medizinische, pharmakologische und naturkundliche Schriften enthält, entstand gegen 512 in Konstan-
tinopel. Die Widmungsminiatur auf Blatt 6 verso, [170]
die älteste bekannte ihrer Art überhaupt, zeigt die Prinzessin thronend zwischen den beiden weiblichen Personifikationen der Tugenden Megalopsychia (Großherzigkeit) und Phronesis (Weisheit). Ihr zu Füßen kniet die «Dankbarkeit der Künste», ein Putto überreicht ihr ein Buch. In die purpurn ausgemalten Ecken des achtzackigen, aus einem kunstvoll verschlungenen Flechtband gebildeten Sterns sind die Goldbuchstaben ihres Namens Juliana eingefügt. Während die Pflanzenbilder teils nach älteren Vorlagen, teils nach der Natur geschaffen sind, ist die Julianaminiatur in ihrer höfisch-eleganten Gestaltungsweise eine zeitgemäße Schöpfung des Konstantinopler Skriptoriums, das diese Handschrift fertigte.

Aus dem 6. Jahrhundert sind vier mit silbernen und goldenen Buchstaben auf kostbarem Purpurpergament geschriebene und illustrierte Handschriften des Alten und Neuen Testaments erhalten: die
«Cotton-Genesis», die «Wiener Genesis», das Evan- [V]
geliar im Domschatz von Rossano und das aus Si-
nope stammende Evangeliarfragment in Paris. Die [VI]
durch einen Brand fast vollständig vernichtete, nur in kümmerlichen Fragmenten erhaltene «Cotton-Genesis» wird nach Ägypten, die drei anderen Purpurkodizes werden auf Grund ihres Stils und mancher ikonographischer Eigentümlichkeiten ihrer Miniaturen zumeist nach Syrien lokalisiert, doch können sie ebensogut von zugewanderten syrischen Buchmalern in einem Skriptorium von Konstantinopel entstanden sein, zumal die Verwendung des

[V]
«Wiener Genesis». Jakob segnet die Söhne Josephs.
Konstantinopel oder Syrien, 6. Jh.

ΡΥΟΜΕΝΟΣ ΜΕ ΕΚ ΠΑΝΤΩΝ ΤΩΝ ΚΑΚΩΝ ΕΥΛΟΓΗΣΑΙ
ΤΑ ΠΑΙΔΙΑ ΤΑΥΤΑ ΚΑΙ ΕΠΙΚΛΗΘΗΣΕΤΑΙ ΕΝ ΑΥΤΟΙΣ ΤΟ
ΟΝΟΜΑ [illegible] ΤΩΝ ΠΡΩΝ ΑΒΡΑΑΜ ΚΑΙ ΙΣΑΑΚ ΚΑΙ ΠΛΗΘΥ
ΝΘΕΙΗΣΑΝ ΕΙΣ ΠΛΗΘΟΣ ΠΟΛΥ ΕΠΙ ΤΗΣ ΓΗΣ. ΙΔ
[illegible] ΙΩΣΗΦ ΟΤΙ ΕΠΕΒΑΛΕΝ Ο ΠΗΡ ΑΥΤΟΥ ΤΗΝ
ΧΕΙΡΑ ΤΗΝ ΔΕΞΙΑΝ ΑΥΤΟΥ ΕΠΙ ΤΗΝ ΚΕΦΑΛΗΝ ΕΦΡΑΙΜ
[illegible] ΑΥΤΩ ΚΑΤΕΦΑΝΗ ΚΑΙ ΑΝΤΕΛΑΒΕΤΟ ΙΩΣΗΦ ΤΗΣ ΧΕΙ
ΡΟΣ ΤΟΥ ΠΡΣ ΑΥΤΟΥ ΑΦΕΛΕΣΘΑΙ ΑΥΤΗΝ ΑΠΟ ΤΗΣ ΚΕΦΑΛΗΣ
ΕΦΡΑΙΜ ΕΠΙ ΤΗΝ ΚΕΦΑΛΗΝ ΜΑΝΑΣΣΗ. ΕΙΠΕΝ ΔΕ
ΙΩΣΗΦ ΤΩ ΠΡΙ ΑΥΤΟΥ ΟΥΧ ΟΥΤΩΣ ΠΕΡ ΟΥΤΟΣ ΓΑΡ Ο
ΠΡΩΤΟΤΟΚΟΣ ΕΠΙΘΕΣ ΤΗΝ ΧΕΙΡΑΝ ΤΗΝ ΔΕΞΙΑΝ ΣΟΥ
ΕΠΙ ΤΗΝ ΚΕΦΑΛΗΝ ΑΥΤΟΥ. ΚΑΙ ΟΥΚ ΗΘΕΛΗΣΕΝ ΑΛΛ
[illegible] ΤΕΚΝΟΝ [illegible] ΚΑΙ ΟΥΤΟΣ ΕΣΤΑΙ ΕΙΣ ΛΑΟΝ
ΚΑΙ ΟΥΤΟΣ [illegible] Ο ΑΔΕΛΦΟΣ ΑΥ
[illegible] ΜΕΙΖΩΝ ΑΥΤΟΥ ΕΣΤΑΙ ΚΑΙ ΤΟ ΣΠΕΡΜΑ ΑΥ
ΤΟΥ

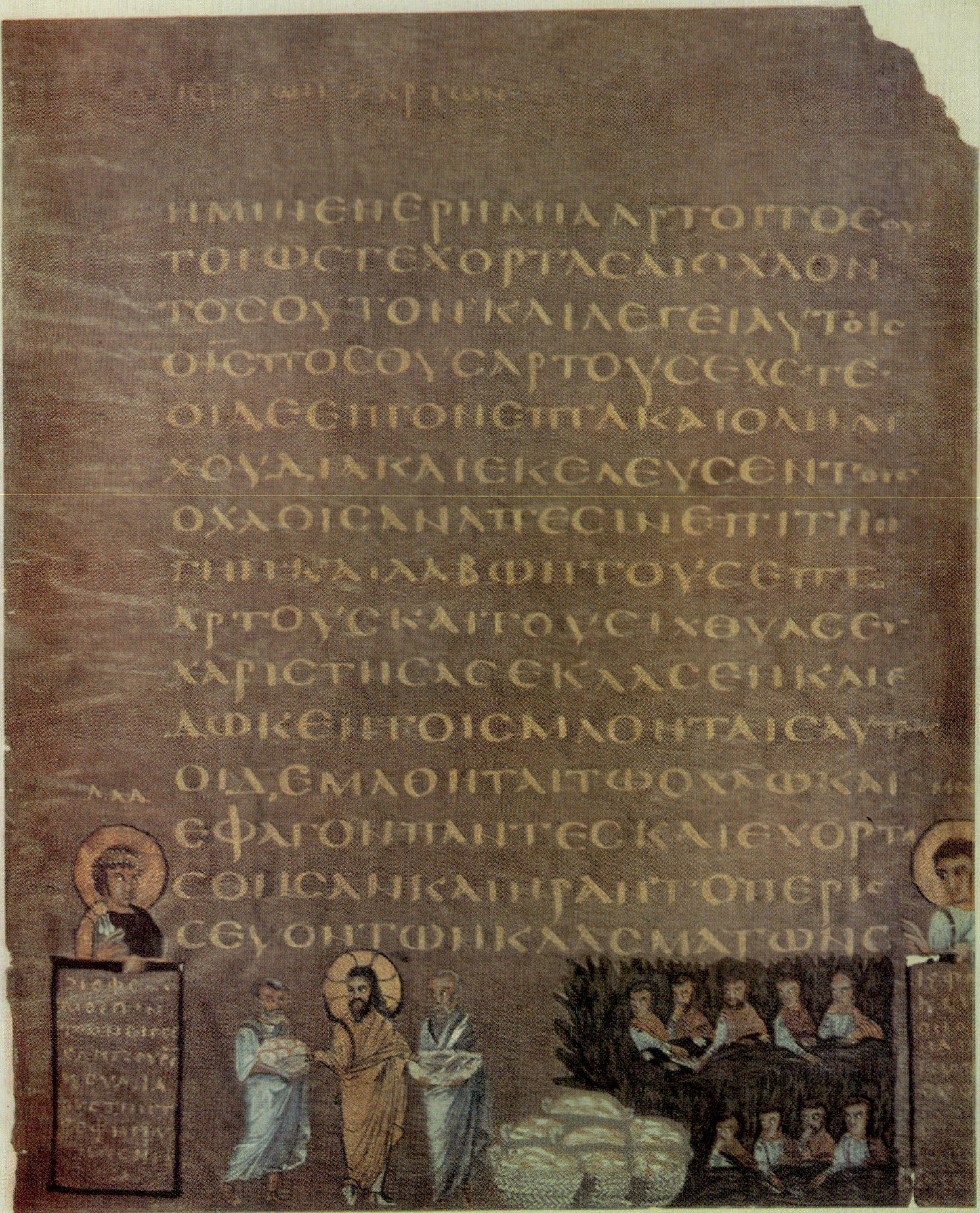

ΗΜΙΝΕΝΕΡΗΜΙΑΑΡΤΟΙΤΟΣΟΥ
ΤΟΙΩΣΤΕΧΟΡΤΑΣΑΙΟΧΛΟΝ
ΤΟΣΟΥΤΟΝΚΑΙΛΕΓΕΙΑΥΤΟΙΣ
ΟΙΣΠΟΣΟΥΣΑΡΤΟΥΣΕΧΕΤΕ·
ΟΙΔΕΕΙΠΟΝΕΠΤΑΚΑΙΟΛΙΓΑΙ
ΧΘΥΔΙΑΚΑΙΕΚΕΛΕΥΣΕΝΤΟΙΣ
ΟΧΛΟΙΣΑΝΑΠΕΣΕΙΝΕΠΙΤΗΝ
ΓΗΝΚΑΙΛΑΒΩΝΤΟΥΣΕΠΤΑ
ΑΡΤΟΥΣΚΑΙΤΟΥΣΙΧΘΥΑΣΕΥ
ΧΑΡΙΣΤΗΣΑΣΕΚΛΑΣΕΝΚΑΙΕ
ΔΩΚΕΝΤΟΙΣΜΑΘΗΤΑΙΣΑΥΤΟΥ
ΟΙΔΕΜΑΘΗΤΑΙΤΩΟΧΛΩΚΑΙ
ΕΦΑΓΟΝΠΑΝΤΕΣΚΑΙΕΧΟΡΤΑ
ΣΘΗΣΑΝΚΑΙΗΡΑΝΤΟΠΕΡΙΣ
ΣΕΥΟΝΤΩΝΚΛΑΣΜΑΤΩΝ

Purpurs kaiserliche Besitzer oder doch Stifter nahezulegen scheint.

Die «Wiener Genesis» umfaßte ursprünglich 96 Blatt; davon sind 24 mit 48 Miniaturen erhalten. Der in Silberunziale geschriebene Genesistext ist jedoch zugunsten der im unteren Teil angeordneten Miniaturen, die oft zwei bis drei Episoden verbinden, gekürzt. Die Handschrift diente so kaum liturgischen Zwecken, sondern dürfte eher von einem vornehmen Besitzer zur persönlichen Lektüre und Anschauung benutzt worden sein. Pictura 45 zeigt
[V] die Segnung der Söhne Josephs durch Jakob (1. Mose 48, 8 ff.). Der blinde Patriarch, vor dem Joseph seine Söhne gemäß ihrem Alter aufgestellt hat – also Manasse vor seiner rechten und Ephraim vor seiner linken Hand –, segnet die Knaben jedoch mit gekreuzten Armen, so daß seine Rechte auf das Haupt des jüngeren Ephraim zu liegen kommt. Joseph versucht, die Rechte Jakobs auf das Haupt Manasses zu legen, da dieser der Erstgeborene ist. Die Genesisminiaturen sind reich an außerkanonischen, der jüdischen Legendenliteratur entlehnten Motiven, die kaum der Vertrautheit der Maler mit dieser Überlieferung als vielmehr schon den wiederverwendeten Vorlagen zuzuschreiben sind. So ist die Frau hinter Joseph wohl dessen ägyptische Gattin Asenath, deren Name im Genesistext aber nicht genannt wird. Der Miniator versetzte die Segnungsszene mitten in eine Landschaft, deren Charakter seine Vertrautheit mit den hellenistischen malerischen Traditionen verrät.

Das Evangeliar von Sinope war für die Lesung im Gottesdienst bestimmt. Erhalten geblieben sind
[VI] auf 43 Blatt Teile des Matthäusevangeliums. Wie bei der «Wiener Genesis» sind die Bilder im unteren Teil der Seiten angeordnet, jedoch wesentlich kleiner. Die Szenen sind jeweils von Propheten mit Schriftrollen flankiert, deren Texte auf die neutestamentlichen Ereignisse Bezug nehmen. Blatt 15 zeigt die Speisung der viertausend. Sehr schön läßt sich hier die Verbindung von Text und Bild studieren. Der Text unter der Überschrift, die der leichteren Auffindung der Stelle diente, lautet (Matthäus 15, 33–38): «‹Woher sollen wir in dieser Einöde so viele Brote nehmen, um solch eine Menge zu sättigen?› Und es fragte sie Jesus: ‹Wie viele Brote habt ihr?› Sie aber antworteten: ‹Sieben und einige Fischlein.› Und er gebot den Versammelten, sich auf der Erde zu lagern, nahm die sieben Brote und die Fischlein, sagte Dank, teilte und gab seinen Jüngern, die Jünger aber den Versammelten, und sie aßen alles und sammelten den Rest, und es erhielten von dem Überfluß des Geteilten (viertausend).» Die Miniatur zeigt links Christus zwischen Paulus und Petrus mit den Fischen und Broten, in der Mitte sieben Körbe mit den eingesammelten Speisen sowie die rechts inmitten einer Wiese gelagerten und essenden Männer.

Sicher in Syrien, nämlich im nordmesopotamischen Kloster von Zagba, entstand 586 die vom Mönch Rabbula geschriebene Evangelienhandschrift, die außergewöhnlich reich mit Vollminiaturen ausgestattet ist. Schon der Folge der Kanontafeln sind alt- und neutestamentliche Ereignisse und Gestalten einschließlich der Propheten und Evangelisten als Randvignetten beigefügt. Die Seite
Vollminiaturen zeigen durchweg bedeutende Kom- 188
positionen von ausgesprochener Monumentalität, die so nicht für eine Handschrift entworfen sein können. Viele Forscher haben daher vermutet, daß die Miniaturen des Rabbulakodex von Apsiskompositionen in den Kirchen bei den *loca sancta* abhängig seien. In Jerusalem hergestellte Pilgerampullen, die wir später betrachten, sowie zahlreiche [176]
andere Denkmäler der Kleinkunst zitieren ebenfalls die Ikonographie monumentaler Bildschöpfungen des Heiligen Landes.

Die Kreuzigungsminiatur (Blatt 13 recto) zeigt im unteren, streifenförmigen Teil die Abfolge der [182]
Ereignisse am Ostermorgen unter getreuer Beachtung des Evangelientextes (Matthäus 28, 1 ff.): die Ankunft der beiden Marien am Grab Christi und die Begegnung mit dem Engel, der hier auf dem leeren Sarkophag sitzt, das Erdbeben, das die Wächter vor der aufgesprungenen Tür des Grabes

[VI]
Griechisches Evangeliar von Sinope.
Vermehrung der Brote
und Fische. Konstantinopel oder Syrien, 6. Jh.

schreckerfüllt zu Boden niederfallen läßt, schließlich das Zusammentreffen mit dem Auferstandenen. Die narrative (erzählende) Bildabfolge verschmilzt drei Szenen, die auch als Einzelbilder vorkommen, zu einer einheitlichen Komposition, wobei der landschaftliche Hintergrund mit dem Grabbau in der Mitte zugleich eine das Ganze zusammenschließende Folie darstellt.

Silbergefäße und Goldschmiedearbeiten

Unter Anastasius I. begann in den kaiserlichen Werkstätten von Konstantinopel offenbar in großem Stil und zugleich unter strenger staatlicher Aufsicht die Herstellung profaner und liturgischer Silberwaren. Die Rohformen der Gefäße und Gegenstände wurden vor der toreutischen Ausarbeitung ihrer Reliefdarstellungen von bestimmten Beamten gestempelt, die in einer festen Rangfolge standen. Durch diese Stempelung wurde der Feingehalt des verarbeiteten Silbers garantiert und blieben zugleich die fiskalischen Belange des Staates geschützt. Wie bei den Elfenbeindiptychen aus den Namen der Consuln, so ergeben sich aus den Gefäßstempeln, aus den Bildnissen und Namen der Kaiser, den Namen der stempelnden Beamten und den Monogrammen der Finanzminister des byzantinischen Staates, der *comites sacrarum largitionum,* wichtige Hinweise auf die Entstehungszeit der Gefäße und damit ihres Themen- und Stilwandels.

Das Konstantinopler Stempelsystem läßt sich anhand einer überraschenden Anzahl von Denkmälern, die in Schatzfunden besonders auf dem Gebiet der Sowjetunion zutage traten, bis um die Mitte des 7. Jahrhunderts nachweisen. Das ungewöhnliche Vorherrschen antiker mythologischer Bildthemen noch auf den spätesten Silbergefäßen von Konstantinopel zeigt deutlich, daß einzelne Kunstgattungen in ihrer Entwicklung durchaus eigene Wege gehen konnten. Sie waren an eine Auftraggeberschicht gebunden, die trotz der alle Bereiche des öffentlichen Lebens beherrschenden Christianitas das traditionelle Bildungsgut und das künstlerische Erbe der Antike weiterhin pflegte und die trotz oder gerade wegen der ständigen Bedrohung des täglichen Daseins ihren Reichtum in kostbarem Prunkgeschirr, Schmuck, teueren Seidenstoffen und allen anderen Formen privater Repräsentation entfaltete.

Aus einer reichen Fürstenbestattung bei Poltawa, wohl des Bulgaren-Kagan Kuvrat (gestorben um 650), stammt eine Weihbrotschale (Diskos), die [172] ihren Stempeln zufolge unter Anastasius I. und dem Comes sacrarum largitionum von 498, Johannes dem Paphlagonier, entstand. Letzterer hatte maßgeblichen Anteil an der durchgreifenden Finanzreform des Anastasius, als deren Bestandteil wohl auch die Einführung des regulären Stempelsystems zu gelten hat. Der Diskos bestand gemäß der gepunzten Inschrift auf der Unterseite «Aus reinem Silber 20 Pfund, 8 Unzen, 16 Gramm; und aus reinem Gold 2 Unzen, 20 Gramm; und aus gemischtem Gold 2 Nomismata», hatte also ursprünglich ein Gesamtgewicht von etwa 6560 Gramm. Das große, den Boden gänzlich ausfüllende und vergoldete Christusmonogramm mit den Buchstaben Alpha und Omega ist nicht, wie später so oft auf byzantinischen Diskoi, mit den Einsetzungsworten des Abendmahls umgeben, sondern mit einer gravierten Inschrift auf dem vergoldeten Grund: «+Aus Altem ist dieses Gefäß neu gemacht von Paternus, unserem verehrungswürdigen Bischof, Amen.» Paternus war vielleicht Bischof von Tomis, wo ein solcher für 519 bezeugt ist. Den Rand schmückt eine Wellenranke mit Vögeln, Tieren und Körben. Die Fassungen für Schmelzeinlagen sind allerdings erst später aufgesetzt worden und haben nichts mit der Erneuerung unter Paternus zu tun.

Zu den schönsten Arbeiten der Konstantinopler Toreutik justinianischer Zeit gehört die Silberplatte [174] mit einem Hirten inmitten seiner Herde. In Stil und Ikonographie, besonders aber in der eigentümlichen geistigen Stimmung, die dieses Denkmal beherrscht, scheint es ganz eine weströmische Arbeit zu sein, vergleichbar dem Diptychon mit Dichter [137] und Muse in Monza. Der Stempelbefund weist jedoch eindeutig nach Konstantinopel und legt eine Entstehung der Schale in den dreißiger Jahren des 6. Jahrhunderts nahe. In dem sitzenden Hirten wollten manche Forscher den Idyllendichter Theokrit (erste Hälfte des 3. Jahrhunderts v. Chr.) wiedererkennen, dessen Werke sich unter den Gebildeten nach wie vor großer Beliebtheit erfreuten. Doch ist es ebenso wahrscheinlich, daß sich der ursprüngliche Besitzer des Prunktellers darin porträtieren ließ. Wie auf dem Monzeser Diptychon wird auch hier – in den alten Bildformeln der bukolischen Idylle – der Versuch einer mythischen «Privatapotheose» gewagt. Die Darstellungsweise des Bildes scheint geprägt von dem restaurativen Geist des justinianischen Zeitalters. In einer Fülle technisch bestechender, in künstlerischer Hinsicht meisterhaft beherrschter Formen wird jedoch ein eher zwiespältiges Gefühl innerer Unrast und skeptischer Unsicherheit gegenüber den Werten einer überkommenen Ordnung vermittelt, die zu erneuern sich Justinian nochmals anschickte.

Die überraschende Wiedergewinnung von Individualität und seelischer Ergriffenheit läßt die Frage nach dem Menschenbild, das hier und in zahlreichen Werken des justinianischen Zeitalters zur Selbstdarstellung gelangte, als gerechtfertigt erscheinen. Angesichts der normierten und typisier-
[128, ten Gestalten der szenischen Repräsentation, die in
129] erster Linie einer durch Rangfolge, Funktion und Leitvorstellungen bestimmten geistigen Haltung Ausdruck zu verleihen hatten, bedeutet die Wiederentdeckung des Persönlichen und Einzigartigen der menschlichen Seele und des menschlichen Antlitzes für lange Zeit ein letztes Aufleuchten antiker Gesinnung. Die Zeitgenossen haben es mit Staunen vermerkt, daß Justinian bei der Nachricht vom Einsturz der Hagia Sophia allein und ohne die vom höfischen Zeremoniell vorgeschriebene Begleitung zur Kirche gestürzt war und betroffen vor den Trümmern stand, daß er aber auch mit ungewöhnlichem persönlichem Eifer den Wiederaufbau betrieben habe.

Dem Versuch, die alte Harmonie zwischen *vita activa* und *vita contemplativa* zu erneuern, war keine lange Lebensdauer beschieden. Die Silbergefäße, die das zähe Festhalten am antiken Bildgut zahlenmäßig am dichtesten dokumentieren, zeigen ebenso unmißverständlich, daß kein antiker Stoff mehr in der Lage war, die Künstler zu neuen und unmittelbaren Bilderfindungen anzuregen.

Bei vielen gestempelten Gefäßen ist schwer zu entscheiden, ob sie in Konstantinopel von einheimischen oder zugewanderten Meistern geschaffen oder, wie in mehreren Fällen zu vermuten ist, von hervorragenden Künstlern erst in Syrien vollendet worden sind. Von etlichen ungestempelten Gefäßen muß man annehmen, daß sie in Kleinasien oder Syrien entstanden. In Syrien wurde vielleicht der
«Kelch von Antiochia» hergestellt. Nach Kleinasien [173]
(Smyrna?) weist hingegen die Leningrader Schale mit der Darstellung des Streits zwischen Ajas und Odysseus um die Waffen des Achilleus.

Unter den erhaltenen Gefäßen des 6. und 7. Jahrhunderts dominieren die christlichen. Ein gestempeltes, sarkophagförmiges Kästchen (um 565) aus
Cherson ist mit Medaillonbüsten Christi, der Apo- Seite
stel, der Gottesmutter und der Engel geschmückt 303
und diente als Reliquienbehälter. Ein in London aufbewahrtes Räuchergefäß aus dem «ersten» Zy-
pernschatz trägt die Stempel der Zeit 602 bis 610, [175]
ist aber mit ähnlichen Medaillonbildern versehen, die, wie andere Gefäße zeigen, in stereotyper Weise immer wieder zu gleichartigen Bildprogrammen zusammengefügt wurden.

Die Gefäße für die Herrichtung der eucharistischen Opfergaben, Diskos und Kelch, mögen hier
durch den schon erwähnten Paternus-Diskos und [172]
den Antiochia-Kelch repräsentiert sein. Der kleine [173]
Diskos von Berezowo wurde vielleicht von nesto- [181]
rianischen Christen aus Syrien nach Mittelasien verbracht und gelangte von dort über die Perm-Kama-Region, einem Hauptfundgebiet byzantinischer und orientalischer Silbergefäße, nach Westsibirien. Die vergoldete Innenseite zeigt eine in Konstantinopel und im palästinensischen Raum beliebte Komposition. Zwei Engel mit den Zeremonienstäben kaiserlicher Silentiare stehen anbetend zu seiten eines Kreuzes, das mit Gemmen und an seinen geschweiften Enden mit tropfenförmigen Perlen geschmückt ist. Es steht auf einer sternenübersäten Himmelskugel und erhebt sich über den vier Paradiesesströmen. Die Kreuzform geht wohl auf monumentale Kreuze zurück, wie sie in Jerusalem und Konstan-

tinopel errichtet worden waren. Die Darstellung überträgt den irdischen Kreuzeskult, der besonders Seite 134 in der Grabeskirche von Jerusalem geübt wurde, auf die Erzengel selbst, die in immerwährender himmlischer Liturgie das «Zeichen des Menschensohns» anbeten.

Wie schon das Konfiskationsprotokoll von Cirta zeigte, gehörten zur Ausstattung der Kirchen silberne Gefäße verschiedenster Größe. Auch die kleinsten Kirchen hat man sich von privaten Stiftern mit liturgischen Gefäßen, silbernen oder bronzenen Hand- und Prozessionskreuzen, Kerzen- oder Lampenständern und Reliquiaren reich dotiert zu denken. Zur Aufbewahrung der heiligen Öle, die Pilger aus aller Welt an den *loca sancta* erhielten, dienten kleine reliefverzierte Ampullen aus Blei. Aus einer Schenkung Papst Gregors des Großen an die Langobardenkönigin Theodelinde sind 16 solcher Eulogien aus der Zeit um 600 im Domschatz von Monza erhalten. Die Umschrift der Vorderseite
[176] des hier ausgewählten Exemplars lautet: «+ Öl vom Holz des Lebens, von den heiligen Stätten Christi.» Auf dem medaillonförmigen Bildfeld erscheint oben das mit dem Christusbildnis bekrönte Kreuz zwischen den gekreuzigten Schächern und unten der Besuch der beiden Marien am Heiligen Grabe mit dem Engel. Die Rückseite mit der Himmelfahrt Christi umgibt eine weitere Inschrift: «+ Emmanuel. Gott mit uns.» In ihrer Gesamtheit überliefern die Monzeser Eulogien-Ampullen eine Fülle ikonographischer Details wohl von monumentalen Bildkompositionen an den heiligen Stätten Palästinas. Anläßlich der Kreuzprozession in der Grabeskirche «wird Öl in halbvollen Flaschen dargebracht, damit es gesegnet werde. Sobald das Holz des Kreuzes den Rand einer halbvollen Flasche berührt, wallt das Öl rasch auf», berichtet der Pilger von Piacenza, der um 570 das Heilige Grab besuchte.

Zur Aufbewahrung von Partikeln der Kreuzesreliquie dienten kreuzförmige Behältnisse, die als Enkolpien (Brustkreuze) getragen wurden. Die erst
[177 bis 180] vor wenigen Jahren gefundene goldene Staurothek von Pliska dürfte eines der ältesten und kostbarsten Werke dieser mit Niellodarstellungen verzierten Gruppe sein. Ihre Vergabe war ein Privileg der Kaiser und der höchsten geistlichen Würdenträger. Nachdem Heraclius die von den Persern geraubte Kreuzesreliquie zurückerobert hatte, ließ er sie wieder nach Jerusalem und schließlich bald darauf nach Konstantinopel überführen. Nach dem endgültigen Verlust Jerusalems an die Araber (638) scheinen viele syrische Goldschmiede in die Hauptstadt ausgewandert zu sein. Das erklärt das Überwiegen der östlichen, syro-palästinensischen Ikonographie auf Denkmälern der Kunst von Konstantinopel wie der [177, 178]
Staurothek von Pliska. Das äußere Brustkreuz besitzt oben ein Scharnier zum Aufklappen der beiden Hälften und ein Glied für die Halskette, an der es getragen wurde. Im Innern ist die eigentliche Stau- [179, 180]
rothek zur Aufnahme der Kreuzesreliquie eingelassen. Beide Behältnisse sind auf ihren Vorder- und Rückseiten mit Niellodarstellungen geschmückt. Die Vorderseite des Brustkreuzes zeigt Verkündigung, Geburt Christi, Taufe, Darstellung im Tempel und Verklärung, die Rückseite verbindet die Himmelfahrt mit der Höllenfahrt, dem Bild der Auferstehung (Anastasis) in der östlichen Ikonographie. Das innere Behältnis schmückt auf der Vorderseite die Kreuzigung im syrischen Typus: Christus scheint vor dem Kreuz zu stehen. Er trägt den langen Rock, das Kolobion; die Augen sind geöffnet. Maria, Johannes, der Schädel Adams und die üblichen Beischriften umgeben die Gestalt des Gekreuzigten. Auf der Rückseite ist die frontal thronende Gottesmutter mit dem Emmanuel dargestellt, umgeben von Medaillonbildnissen der Kirchenväter Johannes Chrysostomos, Gregor von Nazianz, Nikolaus von Myra und Basilius dem Großen.

Kunstzentren in der Ökumene

Thessaloniki und Griechenland

Nach der Reichsteilung von 395 mußte bald auch die zwischen West- und Ostrom umstrittene Präfektur Illyricum erneut aufgeteilt werden. Die vorwiegend griechisch geprägten Diözesen Makedonien und Dakien wurden dem Ostreich unterstellt, die Diözese Pannonien verblieb hingegen unter weströmischer Verwaltung. Das allmähliche Auseinanderfallen des spätantiken Imperiums in einen lateinischen Westen und einen byzantinisch-griechischen Osten war durch diese Grenzziehung bereits wesentlich vorbereitet. Das politische und kirchliche Zentrum der neuorganisierten illyrischen Präfektur wurde seit dem 5. Jahrhundert Thessaloniki. Schon unter Galerius hatte sich die Stadt auf Grund ihrer strategisch und wirtschaftlich günstigen Lage als Verwaltungssitz bewährt, obwohl sie im 5. Jahrhundert die Rolle einer kaiserlichen Nebenresidenz nicht wieder erlangte.

Wie in Konstantinopel waren für die Befestigung Seite 287 [189] der Stadt auf Grund ihrer exponierten Lage im nördlichen Grenzgebiet erhebliche Aufwendungen nötig. Die gut erhaltene Stadtmauer wurde, einer aus Ziegel gebildeten Inschrift am «Hormisdas-Turm» zufolge, von einem nicht näher bezeichneten Manne mit dem verbreiteten persischen Namen Hormisdas erbaut. In Thessaloniki lassen sich zwischen dem Ende des 4. und dem Beginn des 6. Jahrhunderts drei Träger dieses Namens nachweisen. Bei dem Erbauer der Stadtbefestigung wird es sich wahrscheinlich um den 450–452 amtierenden Prätorianerpräfekten gehandelt haben. Die Datierung der Mauer ist insofern wichtig, als die Ziegelstempel der ältesten Teile mit denen der Acheiropoietoskirche und der Kirche des heiligen Demetrios übereinstimmen. [185, 186] Die Datierung dieser Kirchen hängt somit nicht unwesentlich von der Zeitbestimmung der Stadtmauer ab, obwohl die verwendete Bauplastik, die zum Teil wieder aus Konstantinopel importiert wurde, die eigentliche Baugeschichte viel deutlicher belegt.

Der Kirchenbau in Griechenland weicht in mancherlei Hinsicht von der Bauweise in anderen Zentren, besonders in Rom und Italien, ab und läßt ahnen, welche Konstantinopler Entwicklungen uns wegen des Verlustes der meisten hauptstädtischen Kirchen des 5. Jahrhunderts unbekannt bleiben müßten, besäßen wir nicht die griechischen Beispiele. Die Durchdringung von Längsbau und Zentralbau an einigen Konstantinopler Kirchen, die in der Nachfolge der Hagia Sophia stehen, wie zum Beispiel an der Hagia Eirene, findet man im Seite 297 bis 299

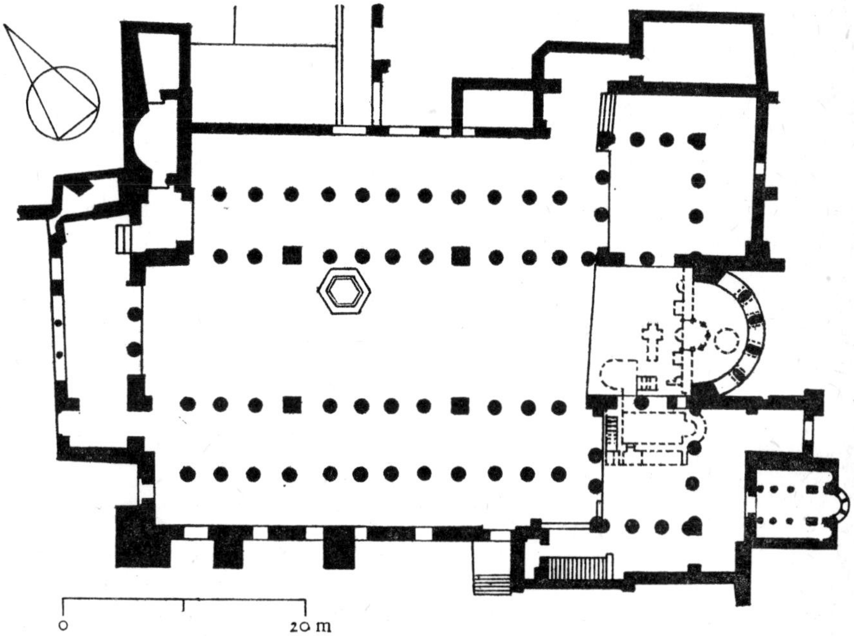

Thessaloniki.
Hagios Demetrios.
Ende des 5. und 7. Jh.
Grundriß

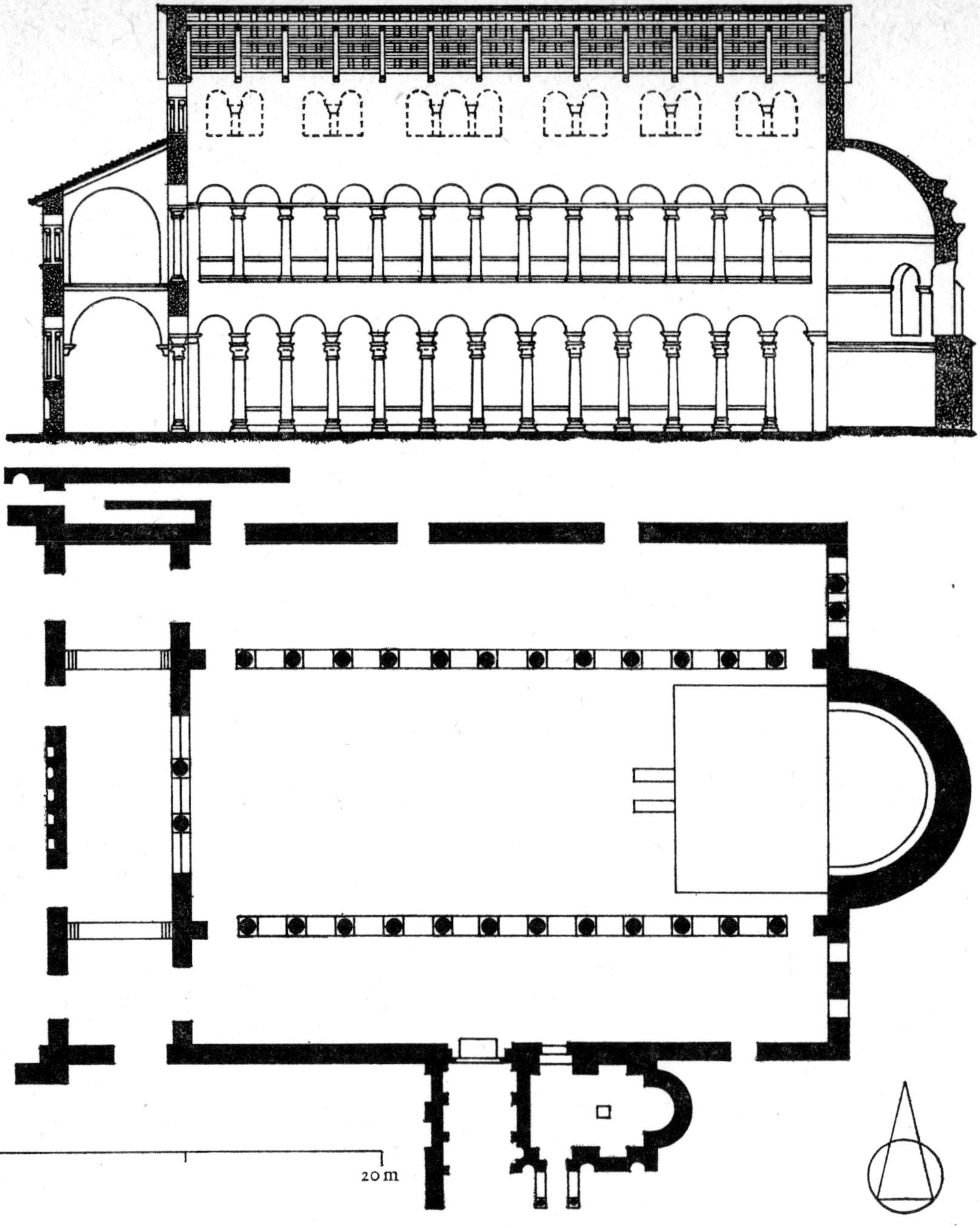

Thessaloniki. Kirche der Panhagia Acheiropoietos. 5. Jh. Grundriß und Schnitt

6. Jahrhundert auch in Griechenland. Die unmittelbare Nachahmung dieser Errungenschaften in der «Basilika B» von Philippi signalisiert jedenfalls die enge kunst- und baugeschichtliche Zusammengehörigkeit von Konstantinopel und dem griechischen Festland.

Während die erst seit dem 12. Jahrhundert so be-
Seite nannte Kirche der Panhagia Acheiropoietos («des
312 nicht von Menschenhand gemalten Bildes der aller-
[185] heiligsten Gottesmutter») noch eine dreischiffige
Emporenbasilika ohne Querschiff ist und in mancherlei Hinsicht, nicht zuletzt in der verwendeten
[146] Bauplastik, mit der Studioskirche von Konstanti-
Seite nopel verwandt scheint, begegnet in Hagios Deme-
292 trios als wesentliche Neuerung des östlichen Kir-
Seite 311 chenbaus das Querhaus (Transept). Zwar hatten
Seite schon die beiden römischen Märtyrerbasiliken Alt-
43, 133 Sankt Peter und Sankt Paul ein Querschiff und wa-
Seite ren auch für die Lateranbasilika Ansätze eines sol-
107 chen zu vermuten, doch werden mit den jetzt entwickelten Formen des Transepts gänzlich neue Raumwirkungen erreicht.

Die Demetriuskirche diente wegen des dort in [186]
seinem Ziborium und in der Krypta verehrten Heiligen vor allem dem Pilgerverkehr. Sie wurde angeblich unter dem Präfekten Leontius (412–413) gestiftet, kann den Bauformen zufolge im wesentlichen jedoch erst Ende des 5. Jahrhunderts fertig gewesen sein. Zwischen 629 und 634 brannte sie gänzlich nieder und wurde danach unter Verwendung der alten Bauglieder mit unwesentlichen Planänderungen wieder aufgebaut. Das heutige Aussehen der Kirche ist das Ergebnis einer umfangreichen Wiederherstellung nach dem Stadtbrand von 1917,
der das Bauwerk, insbesondere auch die Mosaiken, [188]
sehr stark beschädigt hatte.

Die Gegenüberstellung von Grundrißrekonstruk- Seite
tion und Ansicht macht deutlich, daß sich die kom- 311
plizierte innere Raumstruktur der fünfschiffigen Emporenbasilika (43 × 33 Meter) am Außenbau nicht in allen Teilen offenbarte. Vom heute fehlen-
den Narthex gelangt man durch ein Tribelon, eine [187]
für viele griechische Kirchen typische dreiteilige Türanlage, in das Mittelschiff. Die Mittelschiffs-

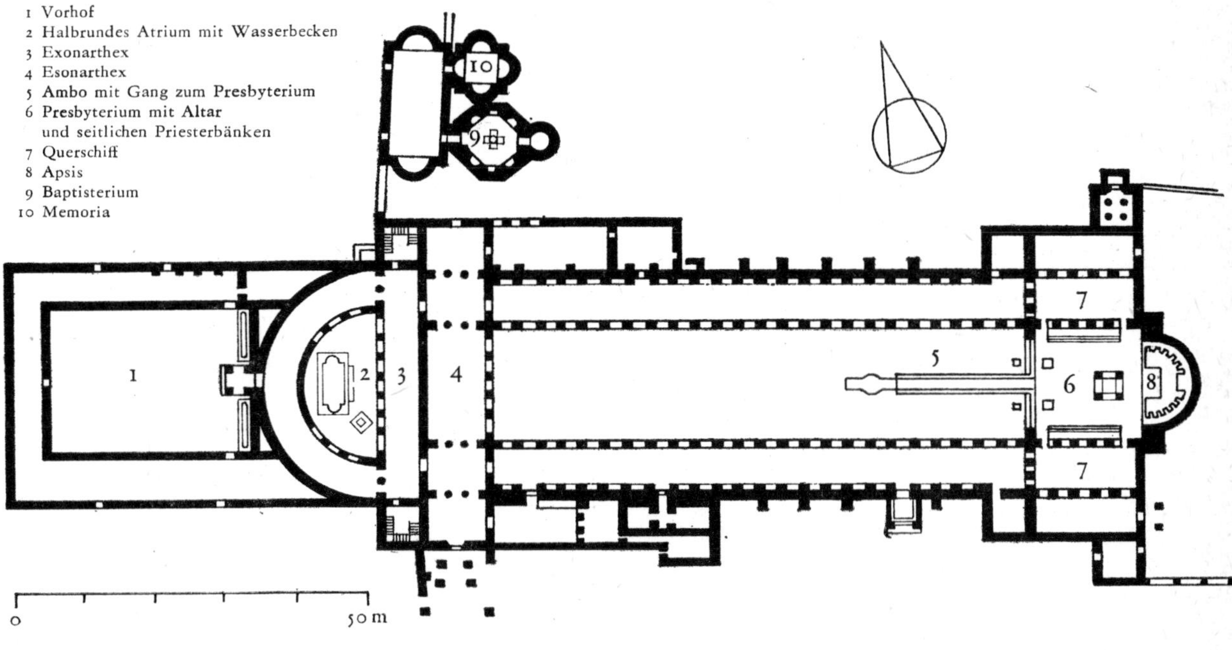

Korinth-Lechaion. Basilika des hl. Leonidas. Anfang des 6. Jh. Grundrißrekonstruktion

arkaden weisen erstmals in der Geschichte des europäischen Kirchenbaus den Wechsel von Säulen und Pfeilern auf. Die Seitenschiffe münden im Osten frontal und seitlich über Arkadenöffnungen in das Querhaus ein, das über die Flucht der Seitenmauern hinausragt. Das Querhaus zeigt eine weitere, dem inneren Kontur des Querhauses folgende Säulenstellung, das eigentliche Transept, durch das zwei rechteckige Räume beiderseits des Presbyteriums ausgeschieden und gleichzeitig ein im Untergeschoß um die Apsis herumführender Umgang abgeteilt werden. Eine verwandte Lösung
Seite 313 des Transepts finden wir in der Leonidasbasilika (6. Jahrhundert) vom Hafen Lechaion bei Korinth, die mit 186 Meter Länge die wohl größte erhaltene kirchliche Anlage darstellt.

Erst 1921 entdeckte man in der Kirche Hosios David, der einstigen Zachariaskirche des Latomosklosters, unter einer dicken Putzschicht islamischer
[VII] Zeit das Mosaik der Apsis wieder. Infolge der jahrhundertelangen Überdeckung blieb es außerordentlich gut erhalten. Das Bildprogramm, das wahrscheinlich erst in das frühe 6. Jahrhundert datiert werden kann, überliefert ikonographische Eigentümlichkeiten, die nur im östlichen Bereich nachweisbar sind und sich wohl aus bestimmten Anschauungen der byzantinischen Theologie erklären lassen. Der jugendliche Christus mit dem goldenen Kreuznimbus und den Purpurgewändern thront auf dem regenbogenfarbenen Himmelssegment inmitten einer kreisrunden, von Lichtstrahlen durchleuchteten Aureole. Die Rechte ist im Redegestus erhoben, die Linke hält eine geöffnete Rolle mit einer griechischen Aufschrift, die Jesaja 25,9–10 paraphrasiert: «Seht, das ist unser Gott, auf den wir gewartet haben: Laßt uns jauchzen ob unserer Errettung. Denn die Hand des Herrn wird auf diesem Haus ruhn.» Die Aureole umgeben unten und oben die sie emportragenden Vier Wesen, die Evangelienbücher halten und dadurch wie in der westlichen Ikonographie als Symbole der vier Evangelisten gedeutet werden können. Ihre Flügel sind mit Augen übersät.

Im unteren Teil breitet sich vor einem schmalen Uferstreifen ein aus den vier Quellen in der Bildmitte gespeister Fluß aus, in dem Fische schwimmen und links ein Flußgott erscheint. Am Ufer sitzen links und rechts außen zwei nimbierte Propheten, wohl Ezechiel und Jesaja. Der linke ist von einer Vision ergriffen, der rechte meditiert über ein inneres Gesicht. Sie sind Repräsentanten alttestamentlicher Prophetien, deren Schilderungen auch die Apokalypse des Johannes wesentliche Züge der endzeitlichen Gotteserscheinung entlehnt hat, so den Regenbogen um den Thron und das von dort ausgehende Licht (4, 3), die vier geflügelten und mit Augen übersäten Wesen, die Löwe, Stier, Mensch und Adler gleichen (4, 6–8). Im Gegensatz zu den westlichen Mosaiken, in deren Ikonographie vornehmlich höfisch-imperiale Bildelemente zur Kenn- [43,
zeichnung der himmlischen Maiestas verwendet 119,
wurden, folgt das Theophanieereignis in Hosios 125]
David den prophetischen Visionen des Alten Testaments und der Johannesapokalypse und bezieht von dorther die maßgeblichen Anregungen für die Darstellung der gegenwärtigen und endzeitlichen Herrlichkeit Christi.

Zu den in der Forschung noch umstrittenen Bauten von Thessaloniki gehört die Galeriusrotunde [183]
(Hagios Georgios). Wohl erst nach der Mitte des 5. Jahrhunderts wurde der einst zum Palastbezirk des Galerius gehörende, zwischen 298 und 306 errichtete Füllnischenbau, der vermutlich als Mausoleum bestimmt war, zur Kirche des heiligen Georg umgewandelt. Die acht gewölbten Nischen im Untergeschoß wurden nach außen aufgebrochen, so daß die Zwischenmauern die Funktion mächtiger Tragpfeiler erhielten. Dem Rundbau wurde außen ein niedriger Umgang hinzugefügt, der jedoch zerstört ist, weshalb man heute wieder den Kernbau der Galeriuszeit erblickt. Der östlichen, erweiterten Nische wurde ein Presbyterium mit halbrunder Apsis vorgelagert. Die Wölbungen der aufgebrochenen Nischen erhielten ornamentale Mosaiken. Das Mosaik der relativ flach gewölbten Kuppel (Durchmesser etwa 24,5 Meter) ist, wie das Kuppelmosaik im Baptisterium der Orthodoxen zu Ra- [116,
venna, in drei konzentrische Zonen aufgeteilt. Die 117]
Datierung, die lange Zeit um oder nach 400 angesetzt wurde, ist problematisch. Heute neigen viele

[VII]
Thessaloniki, Hosios David. Apsismosaik. Christus in der Glorie, Vier Wesen und Propheten. Um 500.

[VIII]
Thessaloniki, Galeriusrotunde (Hagios Georgios).
Kopf des hl. Onesiphoros aus der unteren Zone des Kuppelmosaiks. Erste Hälfte des 6. Jh.

[181]
Diskos von Berezowo. Die Erzengel verehren das Kreuz. Nordsyrien, Mitte des 6. Jh.

ΛΟΓΙΝΟϹ

[182]
Syrisches Evangeliar des Mönches Rabbula.
Kreuzigung Christi und Szenen am Ostermorgen.
Kloster Zagba/Nordsyrien, um 586.

[183]
Thessaloniki, Galeriusrotunde (Hagios Georgios).
Ausschnitt aus der unteren Zone des Kuppelmosaiks.
Erste Hälfte des 6. Jh.

[184]
Thessaloniki,
Galeriusrotunde
(Hagios Georgios)
von Süden.
Um 300 und
Anfang des 6. Jh.

[185]
Thessaloniki,
Kirche
der «Panhagia
Acheiropoietos»
von Südosten.
Zweite Hälfte
des 5. Jh.

[186]
Thessaloniki,
Kirche
des hl. Demetrios
(Hagios Demetrios)
von Südwesten.
Ende des 5. Jh.
und 7. Jh.

[187]
Thessaloniki, Hagios Demetrios.
Mittelschiff nach Westen.
Zustand vor dem Brand von 1917.

[188]
Pfeilermosaik in Hagios Demetrios.
Der hl. Demetrios zwischen dem Präfekten Leontios und dem Bischof Johannes.
Um 629–649.

[189]
Thessaloniki, Stadtmauer des Präfekten Hormisdas. Mitte des 5. Jh.

Forscher dazu, die Kuppelmosaiken, die im 5. Jahrhundert nicht ihresgleichen finden, aus stilistischen, ikonographischen und hagiographischen Gründen erst dem beginnenden 6. Jahrhundert, wenn nicht sogar der justinianischen Zeit zuzuweisen.

Im Zenit war, der erhaltenen Vorzeichnung zufolge, Christus mit geschultertem Stabkreuz dargestellt, eingeschlossen in ein Medaillon, das von vier teilweise noch erhaltenen Engeln (unter ihnen ein Phönix) emporgetragen wird. Die mittlere Ringzone enthielt eine Prozession von 24 nicht mehr identifizierbaren Gestalten (Apostel und Propheten? 24 Älteste?). Die untere Zone ist wie in Ravenna in acht Abschnitte unterteilt. Vor einem
[183] Goldhintergrund erscheinen hier phantastische, in illusionistischer Weise aufgelöste Architekturprospekte in der Art des vierten pompejanischen Stils, jedoch um eine Fülle christlich-imperialer Motive (Kreuze, Pfauen, Vögel, Kerzenständer, Pendilien) bereichert. Vor ihrer Mitte erheben sich Tabernakel, unter denen abwechselnd Throne mit einem Gemmenkreuz und Altäre mit einem Evangelienbuch angeordnet sind. Seitlich davon stehen zwei
[VIII] oder drei Heilige frontal in Orantenhaltung, denen der Name und das Datum ihres Festes beigeschrieben sind. Diese eigentümliche Art der Commemoration ist insofern auffällig, als die Heiligen hier dieselbe Zeugen- und Mittlerfunktion ausüben, wie der heilige Apollinaris im Mosaik von Sant'Apol-
[132] linare in Classe. Sie sind Teilnehmer der immerwährenden himmlischen Liturgie, die in der Verklärung des Christus Victor im Kuppelzenit gipfelt, und zugleich sind sie Teilhaber eines eigenen Gedächtnisses im liturgischen Festkalender dieser Kirche. In der hierarchisch geordneten Abfolge der himmlischen Ränge, in den beeindruckend persönlich und differenziert gebildeten Gesichtern der Heiligen und Engel, ferner in der Wiedergabe der kostbaren Gewänder atmet das Mosaik den Geist der
[124 bis 127] justinianischen Epoche und steht hierin den Presbyteriumsmosaiken von San Vitale weitaus näher als der Kuppel des Baptisteriums aus der Mitte des
[117] 5. Jahrhunderts.

Da sich in Konstantinopel nichts Vergleichbares erhalten hat, ist auch nicht zu entscheiden, ob in Hagios Georgios eine selbständige Werkstatt von Thessaloniki tätig war oder ob sich hierin der unmittelbare künstlerische Einfluß der östlichen Hauptstadt niedergeschlagen hatte. Ersteres anzunehmen liegt jedoch nahe, denn die Tätigkeit einer weiteren, wohl monastischen Werkstatt ließ sich bereits in Hosios David nachweisen, und eine dritte [VII]
Mosaikschule war noch im 7. Jahrhundert in Hagios Demetrios wirksam. Aus der Zeit nach dem Wiederaufbau der Basilika stammt eines der Pfeilermosai- [188]
ken. Es zeigt den heiligen Demetrios zwischen dem sagenhaften Gründer der Kirche, dem Stadtpräfekten Leontius und dem Bischof Johannes (gestorben 649), unter dem die Basilika nach dem Brand wiederaufgebaut worden war. Ein Vergleich mit den Kuppelmosaiken in Hagios Georgios oder mit der [183]
Gottesmutterikone vom Sinai macht deutlich, daß die Wandlungen, die man als Entwicklung des Zeitstils interpretieren würde, im Bereich der Malerei zwischen dem 6. und 7. Jahrhundert kaum noch ins Gewicht fallen. Da die Pfeilermosaiken hier selbst die Funktion von Ikonen, von Andachtsbildern besaßen, folgten sie im wesentlichen auch dem künstlerischen und ikonographischen Kanon, der sich seit dem 6. Jahrhundert für die Verehrungsbilder entwickelt hatte.

Nordafrikanische und syrische Pilgerheiligtümer

Mit der Entwicklung des Heiligenkultes entstanden seit dem 4. Jahrhundert überall im christlichen Imperium Pilgerheiligtümer von überragender lokaler und zugleich ökumenischer Bedeutung. Für Italien sei – neben den römischen Haupt- und Pilgerkirchen – vor allem an den Kultkomplex des Seite 239
heiligen Felix in Nola-Cimitile erinnert, für Ägypten wären das Menasheiligtum und die Menasstadt in der Mareotis westlich von Alexandria zu erwähnen. In den Pilgerheiligtümern verband sich der eucharistische Gottesdienst, der Christus galt, stets mit besonderen Gedächtnisfeiern für die dort verehrten Heiligen. Dies hatte sowohl Auswirkungen auf die Einrichtung des Kultes und die Gestaltung des liturgischen Festkalenders eines jeden Pilgerzentrums als auch auf deren architektonische und

praktische Entwicklung. Denn neben den eigentlichen Sakralbauten mußten reine Zweckbauten für die Unterbringung, Verköstigung und Betreuung der oft riesigen Pilgerscharen errichtet werden, woraus sich die gewaltigen Dimensionen vieler Pilgerheiligtümer erklären.

Ein solcher monumentaler Kultkomplex entstand seit etwa 400 in Tebessa/Algerien. Das Heiligtum entwickelte sich im 4. Jahrhundert aus einem heidnischen Friedhof mit dem dort verehrten Grab der Märtyrerin Crispina. Der Bezirk (200 × 100 Meter) war nach Art eines Temenos mit einer Wehrmauer umgeben. In die dreischiffige Pfeilerbasilika mit Emporen, deren Grund- und Aufrißformen einer nordafrikanischen Spielart der Basilika mit eingezogener Apsis folgen, gelangte man erst nach Passierung verschiedener aufeinander abgestimmter Bauten (Propylon, Prozessionsstraße, Tore, Treppenanlage, Atrium). Der Vorplatz war in vier große Wasserbecken aufgeteilt. Der Basilika, die sich über einem mächtigen Podium erhebt, war im Süden ein trikonchialer Bau angeschlossen, der dem eigentlichen Märtyrerkult diente. Wie schon
Seite 105 bei einigen imperialen und christlichen Komplexbauten (Trajansforum in Rom; Grabeskirche in Je-

Qal'at Sim'ān/Syrien.
Kloster und Heiligtum
des Symeon Stylites des Älteren. 5./6. Jh.
Rekonstruktion der Gesamtanlage

1 Prozessionsweg und Tor
2 Kloster und Baptisterium
3 Martyrion des hl. Symeon Stylites, zweite Hälfte des 5. Jh.
4 Kloster des 6. Jh.

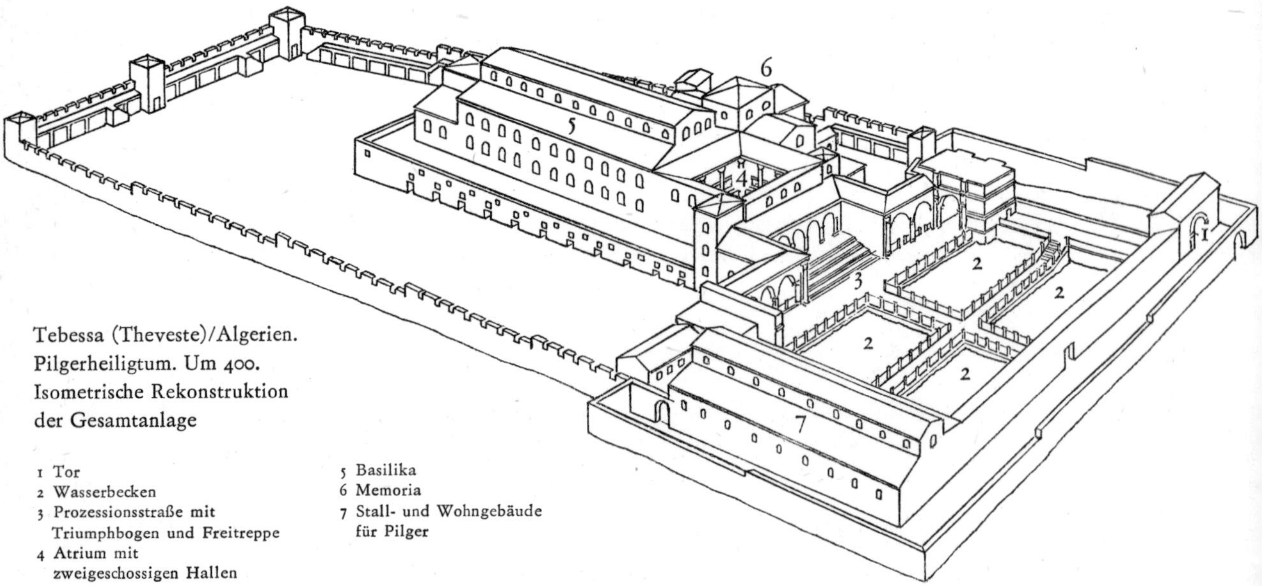

Tebessa (Theveste)/Algerien.
Pilgerheiligtum. Um 400.
Isometrische Rekonstruktion
der Gesamtanlage

1 Tor
2 Wasserbecken
3 Prozessionsstraße mit Triumphbogen und Freitreppe
4 Atrium mit zweigeschossigen Hallen
5 Basilika
6 Memoria
7 Stall- und Wohngebäude für Pilger

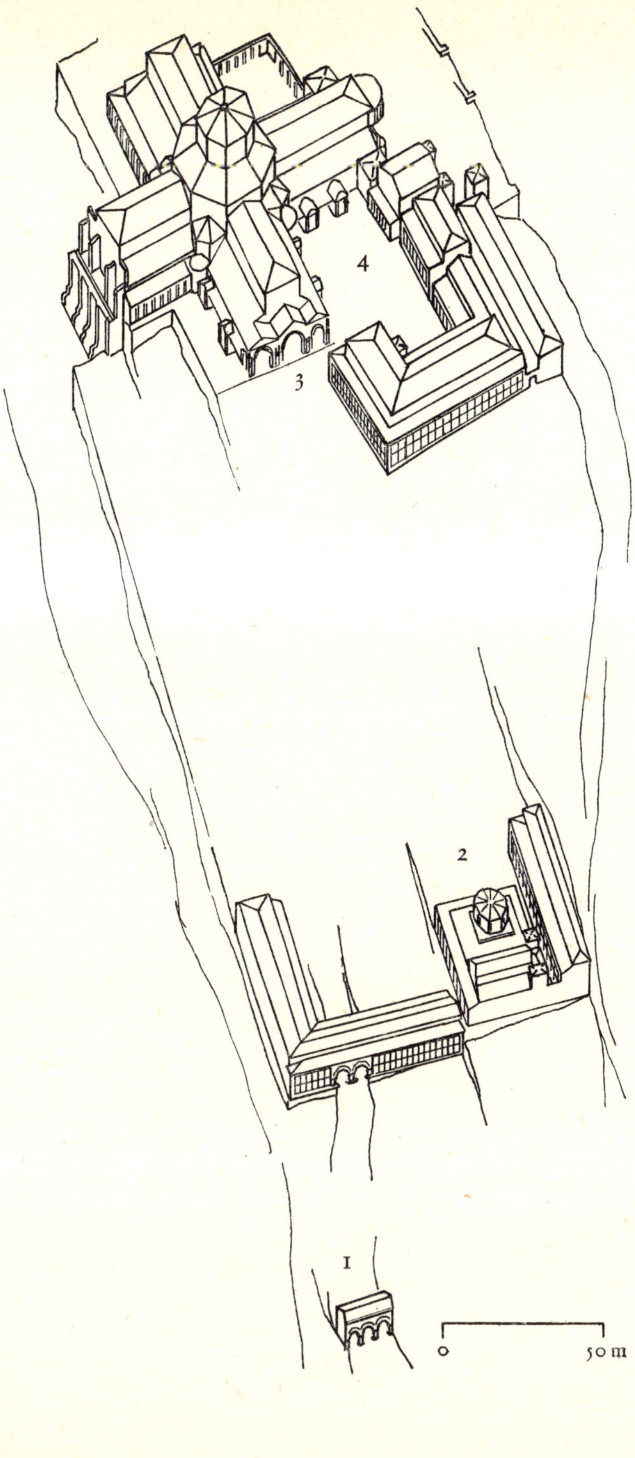

rusalem) sollten auch hier der Eintritt in den heiligen Bezirk und der Weg bis in das Allerheiligste als architektonisch-räumliche Steigerung erlebt werden. Seite 134

Die wohl großartigsten Pilgerheiligtümer entstanden in Syrien, vor allem veranlaßt und gefördert durch das in dieser Region überaus starke Mönchtum, das sich in der Folgezeit nicht nur gegenüber den byzantinischen Kaisern, sondern auch gegenüber der kirchlichen Hierarchie mehr und mehr als eigenständige geistliche und politische Macht erweisen sollte. In Qal'at Sim'ān/Nordsyrien entstand bald nach dem Tode des heiligen Symeon Stylites des Älteren (gestorben 459) ein Martyrion nebst einer ganzen Klosterstadt. Zentrum des Kultes war hier jedoch nicht das Grab des Heiligen, sondern die Säule, auf deren Spitze er Seite 328 31 Jahre gelebt hatte und wo er schon während seines Asketentums höchste Verehrung genoß. Unter den verschiedenen Formen des monastischen Lebens, wie sie sich seit dem 4. Jahrhundert besonders in den östlichen Reichsteilen (Syrien, Kleinasien, Ägypten) herauszubilden begannen, nimmt das syrische Stylitenwesen einen besonderen Platz ein. Der Ausbau des auf einem hohen Bergplateau gelegenen Heiligtums begann unter Kaiser Zenon (474 bis 491). Die Säule wurde mit einem Oktogon umgeben, an das vier dreischiffige Hallen angeschlossen waren, so daß die Gesamtanlage des Martyrion eine kreuzförmige Grundrißgestalt erhielt. Kreuzförmige Kirchen waren schon früher gelegentlich errichtet worden, so vielleicht die konstantinische Apostelkirche von Konstantinopel, sicher aber die von Ambrosius erbaute Apostelkirche von Mailand (San Nazaro), das um 381 entstandene Martyrion des heiligen Babylas von Antiochia-Qausiya oder die von Galla Placidia gestiftete Kirche des Seite 241 Heiligen Kreuzes von Ravenna mit dem ebenfalls kreuzförmigen Mausoleum.

Seite 328 Das Oktogon, in dessen Zentrum die etwa 20 Meter hohe Symeonssäule stand, blieb bis zur Scheitelhöhe der Arkaden erhalten; die Rekonstruktion des oberen Teils, der vielleicht eingewölbt war, ist jedoch hypothetisch. Die im Osten vorgelagerte Basilika schließt mit drei Apsiden ab. Sie diente dem eigentlichen Gottesdienst, während die drei übri-

Qal'at Sim'ān.
Martyrion des hl. Symeon Stylites des Älteren.
Zweite Hälfte des 5. Jh. Grundriß

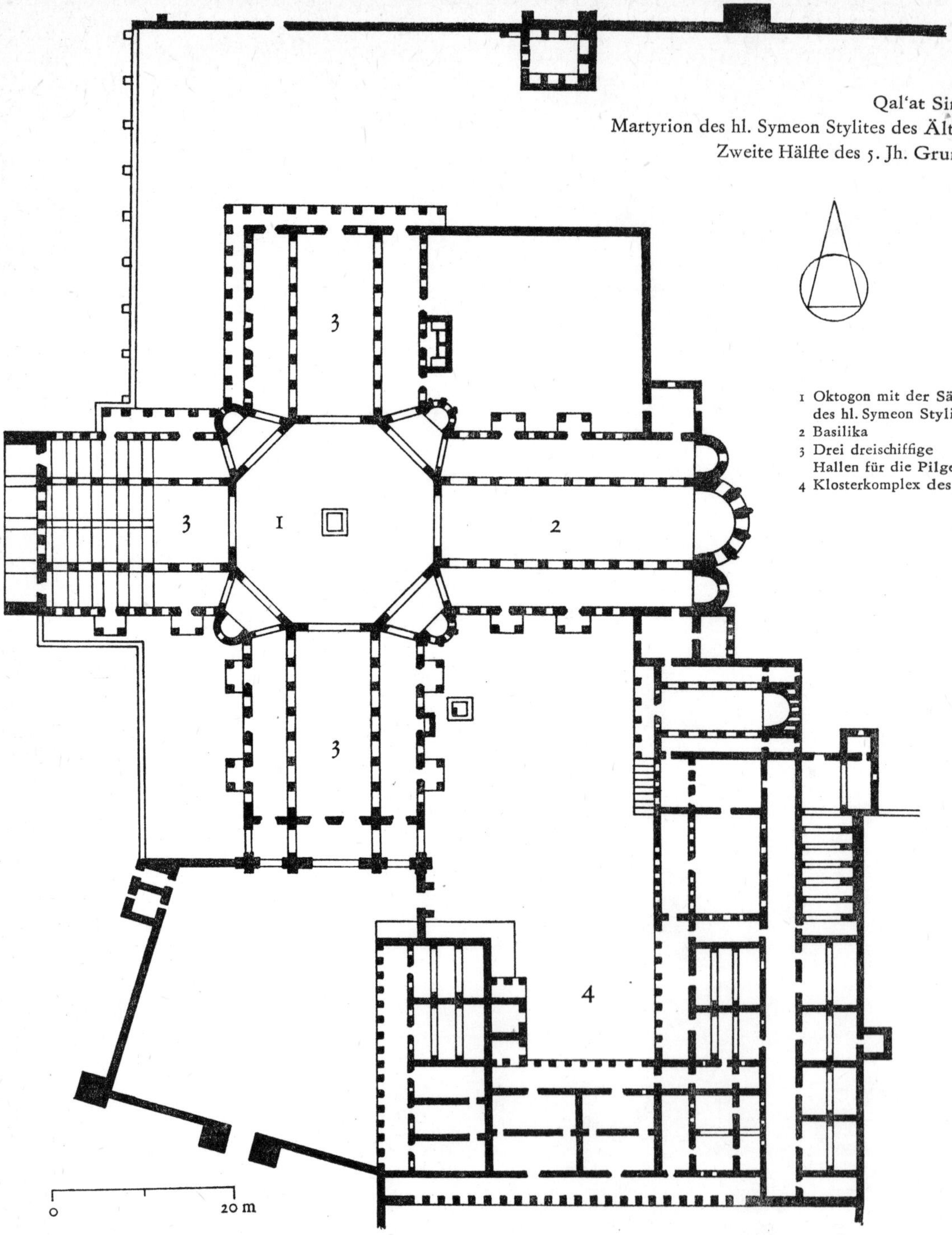

1 Oktogon mit der Säule des hl. Symeon Stylites
2 Basilika
3 Drei dreischiffige Hallen für die Pilger
4 Klosterkomplex des 6. Jh.

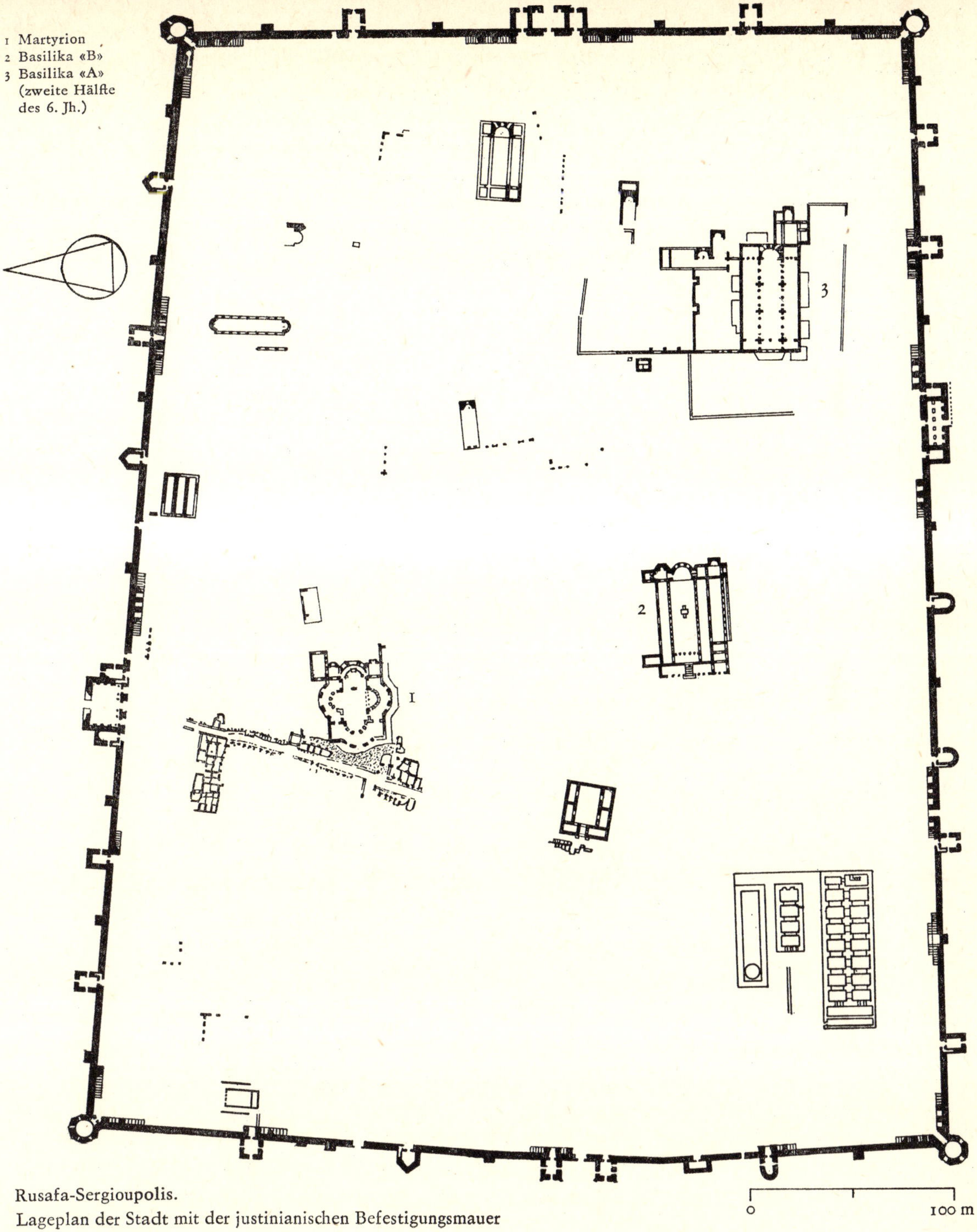

Rusafa-Sergioupolis.
Lageplan der Stadt mit der justinianischen Befestigungsmauer

gen dreischiffigen Hallen den Pilgerscharen vorbehalten waren, die sich hier zur Anbetung der Symeonssäule versammelten. In der Ebene unterhalb des Heiligtums befand sich die eigentliche Klosterstadt (Dair Sim'ān) mit ihren zahllosen Pilgerherbergen und mehreren, zum Teil noch erhaltenen Einzelklöstern. Von hier aus führte eine Prozes-
Seite 327 sionsstraße bergan. Die Pilger durchquerten ein Tor und einen Klosterkomplex mit einem Baptisterium. Das Martyrion selbst wurde im 6. Jahrhundert mit einem weiteren Klosterkomplex umgeben.

Alle Gebäude sind in der für die syrische Kirchenarchitektur typischen Mauertechnik aus sorgfältig behauenen Quadern errichtet, die den Eindruck monolithischer Strenge und blockhafter Geschlossenheit erzeugt. Typisch für den syrischen Kirchenbau ist ferner die Gliederung der Wandflächen mittels durchlaufender, die Fenster umrahmender Profilbänder, die nicht als selbständige Bauglieder gearbeitet und eingefügt sind, sondern aus den Blöcken des jeweiligen Schichtverbands herausgemeißelt wurden.

Das zweite bedeutende Wallfahrtszentrum Syriens entwickelte sich vornehmlich in der zweiten
Seite 329 Hälfte des 6. Jahrhunderts in der Wüstenstadt Sergioupolis (Rusafa), wo der Legende zufolge der heilige Sergios während der diokletianischen Christenverfolgungen hingerichtet und bestattet worden war. Wie schon die ihm und dem heiligen Bakchos,
Seite 292 einem anderen bedeutenden Soldatenheiligen, gestiftete Kirche in Konstantinopel und die ebenfalls
[171] beide darstellende Ikone vom Sinai zeigten, gehörte
[163] Sergios zu den bedeutendsten Heiligen der Ostkirche. Die Stadt Sergioupolis wurde unter Justinian mit einer starken Befestigungsmauer umgeben, die ein unregelmäßiges Rechteck bildet und ein Areal von etwa 550 × 350 Metern umgrenzt. Von den bisher erschlossenen Bauten im Stadtinnern sind außer einem Emporium hervorzuheben: die «Basilika B» vom Ende des 5. Jahrhunderts, ein Zentralbau (Martyrion) des frühen 6. Jahrhunderts, und vor allem die «Basilika A», die einer unlängst aufgefundenen Stifterinschrift zufolge im Jahre 559 durch den Bischof Abraham von Sergioupolis eingeweiht worden war.

Ausblick

Im Jahre 726 ließ der byzantinische Kaiser Leo III. das Christusbild am Chalke-Tor des Konstantinopler Palastes entfernen. Damit kam eine latente innenpolitische Krise zum Ausbruch, die über ein Jahrhundert andauerte (843) und die allgemein unter dem Namen «byzantinischer Bilderstreit» bekannt ist. Die Zerstörung zahlreicher christlicher Kunstwerke aller Gattungen, zu der es im Verlaufe des Bilderstreits zweifellos gekommen sein muß, ist in der Forschung allerdings gelegentlich überbewertet worden, indem die doch recht dürftige monumentale Überlieferung vorikonoklastischer Zeit, besonders aus den östlichen Regionen des spätantiken und frühbyzantinischen Reichs, gern als Folge des Bildersturms erklärt wurde. Man muß jedoch im Auge behalten, daß seit dem Zusammenbruch des justinianischen Restaurationswerks und der kraftvollen Erneuerungsbestrebungen des Heraclius, seit dem Verlust Italiens an die Langobarden (568) und der Besetzung großer Teile des Ostreichs (Syrien, Palästina, Ägypten) durch die Araber (seit 638) weite Gebiete des ehemaligen Imperiums als schöpferische Zentren gänzlich ausgefallen waren. Die künstlerische Produktivität dürfte im 7. Jahrhundert bis zum Ausbruch des byzantinischen Bilderstreits im wesentlichen auf die östliche Hauptstadt beschränkt gewesen sein. Der allgemeine ökonomische Verfall brachte die Herstellung luxuriöser Silberwaren bald nach 650 zum Erliegen, und die Abschneidung der Handelswege nach Indien und Afrika durch die Araber setzte dem Elfenbeinimport und damit der Elfenbeinschnitzerei ein vorläufiges Ende. Tatsächlich muß aber der Umfang der im 7. Jahrhundert produzierten oder aus älterer Zeit vorhandenen und unzerstört gebliebenen Werke erheblich gewesen sein. Denn als nach dem Ende des Bilderstreits und der Konsolidierung des byzantinischen Staates auch eine Erneuerung der byzantinischen Kunst einsetzte, war dies nur deshalb möglich, weil Mosaizisten, Buch- und Ikonenmaler, Elfenbeinschnitzer und Goldschmiede auf einen breiten Fundus vorhandener Muster aus vorikonoklastischer Zeit zurückgreifen konnten.

Anhang

Literaturhinweise

Verzeichnis der Siglen und der abgekürzt zitierten Literatur

AA = Archäologischer Anzeiger. Beiblatt zum JdI, Berlin

ActaArchArt = Acta ad archaeologiam et artium historiam pertinentiam. Institutum Romanum Norvegiae, Rom

Actes Ve CIAC (1957) = Actes du Ve Congrès International d'Archéologie Chrétienne, Aix-en-Provence 1954, Città del Vaticano 1957

Age of Spirituality (1979) = K. WEITZMANN (Hrsg.), Age of Spirituality. Late Antique and Early Christian Art, Third to Seventh Century (Catalogue of the Exhibition at The Metropolitan Museum of Art, November 19, 1977 through February 12, 1978), New York 1979

ALTANER/STUIBER, Patrologie (1980) = B. ALTANER, Patrologie. Leben, Schriften und Lehre der Kirchenväter, 9. Aufl., hrsg. von A. STUIBER, Freiburg/Basel/Wien 1980

Antiquités = Mélanges d'archéologie et d'histoire. École française de Rome. Antiquités, Paris

Atti IX CIAC (1978) = Atti del IX Congresso Internazionale di Archeologia Cristiana, Roma 1975, Città del Vaticano 1978

BKV, BKV² = Bibliothek der Kirchenväter, 1. Aufl. Kempten 1869–1888 (80 Bde.); 2. Aufl. 1. Reihe Kempten 1911–1930 (63 Bde.); 2. Reihe Kempten 1932–1939 (20 Bde.)

BRANDENBURG, Basiliken (1979) = H. BRANDENBURG, Roms frühchristliche Basiliken des 4. Jahrhunderts, München 1979

BRENK, Mosaiken (1975) = B. BRENK, Die frühchristlichen Mosaiken in S. Maria Maggiore zu Rom, Wiesbaden 1975

BRENK, Spätantike (1977) = B. BRENK (Hrsg.), Spätantike und frühes Christentum (Propyläen Kunstgeschichte, Suppl.-Bd. 1), Berlin (West) 1977

BSA = Papers of the British School at Athens, London

BSR = Papers of the British School at Rome, London

BullAC = Bullettino di archeologia cristiana, Rom

Byzantinische Kostbarkeiten (1977) = Staatliche Museen zu Berlin, Frühchristlich-byzantinische Sammlung. Byzantinische Kostbarkeiten aus Museen, Kirchenschätzen und Bibliotheken der DDR. Ausstellung im Bodemuseum 1977

BZ = Byzantinische Zeitschrift, München

CahArch = Cahiers archéologiques. Fin de l'antiquité et moyen âge, Paris

CALZA, Iconografia (1972) = RAISSA CALZA, Iconografia romana imperiale da Carausio a Giuliano (287–363 d. C.), Rom 1972

Corsi Ravenna = Corsi di cultura sull'arte ravennate e bizantina, Ravenna

DASSMANN, Sündenvergebung (1973) = E. DASSMANN, Sündenvergebung durch Taufe, Buße und Martyrerfürbitte in den Zeugnissen frühchristlicher Frömmigkeit und Kunst, Münster 1973

DEICHMANN, Kirchen (1948) = F. W. DEICHMANN, Frühchristliche Kirchen in Rom, Basel 1948

DEICHMANN, Ravenna (1969) = F. W. DEICHMANN, Ravenna, Hauptstadt des spätantiken Abendlandes, Bd. 1: Geschichte und Monumente, Wiesbaden 1969

DEICHMANN, Kommentar 1 (1974) = Bd. 2: Kommentar, Teil 1: Die Bauten bis zum Tode Theoderichs d. Gr., Wiesbaden 1974

DEICHMANN, Kommentar 2 (1976) = Bd. 2, Teil 2: Die Bauten des Iulianus argentarius. Übrige Bauten. Plananhang, Wiesbaden 1976

DEICHMANN, Ges. Studien (1982) = F. W. DEICHMANN, Rom, Ravenna, Konstantinopel, Naher Osten. Gesammelte Studien zur spätantiken Architektur, Kunst und Geschichte, Wiesbaden 1982

DEICHMANN, Einführung (1983) = F. W. DEICHMANN, Einführung in die christliche Archäologie, Darmstadt 1983

DELBRUECK, Porphyrwerke (1932) = R. DELBRUECK, Antike Porphyrwerke, Berlin/Leipzig 1932

DELBRUECK, Kaiserporträts (1933) = R. DELBRUECK, Spätantike Kaiserporträts von Constantinus Magnus bis zum Ende des Westreichs, Berlin/Leipzig 1933

DOP = Dumbarton Oaks Papers, Washington, D. C.

ELLIGER, Stellung (1930) = W. ELLIGER, Die Stellung der alten Christen zu den Bildern in den ersten vier Jahrhunderten, Leipzig 1930

ENGEMANN, Untersuchungen (1973) = J. ENGEMANN, Untersuchungen zur Sepulkralsymbolik der späteren römischen Kaiserzeit (JbAC, Erg.-Bd. 2), Münster 1973

ESPLORAZIONI (1951) = B. M. APOLLONJ GHETTI, A. FERRUA, E. JOSI, E. KIRSCHBAUM, Esplorazioni sotto la Confessione di San Pietro in Vaticano eseguite negli anni 1940–1949, Città del Vaticano 1951

FuB = Staatliche Museen zu Berlin. Forschungen und Berichte, Berlin

Himmelmann, Hirten-Genre (1980) = N. Himmelmann, Über Hirten-Genre in der antiken Kunst, Opladen 1980

Ihm, Programme (1960) = Christa Ihm, Die Programme der christlichen Apsismalerei vom vierten Jahrhundert bis zur Mitte des achten Jahrhunderts, Wiesbaden 1960

IstMitt = Istanbuler Mitteilungen (Deutsches Archäologisches Institut, Abteilung Istanbul), Istanbul

Jastrzebowska, Totenmahl (1981) = Elisabeth Jastrzebowska, Untersuchungen zum christlichen Totenmahl aufgrund der Monumente des 3. und 4. Jahrhunderts unter der Basilika des Hl. Sebastian in Rom, Diss. Freiburg, Frankfurt a. M./Bern/Cirencester 1981

JbAC = Jahrbuch für Antike und Christentum, Münster

JbÖB = Jahrbuch der Österreichischen Byzantinistik, Wien

JbRGZM = Jahrbuch des Römisch-Germanischen Zentralmuseums Mainz, Mainz

JdI = Jahrbuch des Deutschen Archäologischen Instituts, Berlin

Kirschbaum, Gräber (1974) = E. Kirschbaum, Die Gräber der Apostelfürsten St. Peter und St. Paul in Rom. Mit einem Nachtragskapitel von E. Dassmann, Leipzig 1974

Klauser, Studien 1 (1958) = Th. Klauser, Studien zur Entstehungsgeschichte der christlichen Kunst, in: JbAC 1, 1958, S. 21 ff.

Klauser, Erwägungen (1965) = Th. Klauser, Erwägungen zur Entstehung der altchristlichen Kunst, in: ZKG 76, 1965, S. 1 ff.

Klauser, Revision (1965) = Th. Klauser, Die Äußerungen der alten Kirche zur Kunst. Revision der Zeugnisse, Folgerungen für die archäologische Forschung, in: Atti del VI Congresso Internazionale di Archeologia Cristiana, Ravenna 1962, Città del Vaticano 1965, S. 224 ff.

Koch, Bilderfrage (1917) = H. Koch, Die altchristliche Bilderfrage nach den literarischen Quellen, Göttingen 1917

Koch/Sichtermann, Sarkophage (1982) = G. Koch, H. Sichtermann, Römische Sarkophage (Handbuch der Archäologie), München 1982

Kollwitz, Plastik (1941) = J. Kollwitz, Oströmische Plastik der theodosianischen Zeit, Berlin 1941

Kollwitz, Malerei (1969) = J. Kollwitz, Die Malerei der konstantinischen Zeit, in: Akten des VII. Internationalen Kongresses für Christliche Archäologie, Trier 1965, Bd. 1, Città del Vaticano/Berlin (West) 1969, S. 29 ff.

Kötzsche-Breitenbruch, Via Latina (1976) = Lieselotte Kötzsche-Breitenbruch, Die neue Katakombe an der Via Latina in Rom. Untersuchungen zur Ikonographie der alttestamentlichen Wandmalereien (JbAC, Erg.-Bd. 4), Münster 1976

Kraeling, Synagogue (1956) = C. H. Kraeling, The Synagogue. The Excavations at Dura Europos ... Final Report, Bd. 8, 1, New Haven 1956

Kraeling, Christian Building (1967) = C. H. Kraeling, The Christian Building. The Excavations at Dura Europos ... Final Report, Bd. 8, 2, New Haven 1967

Krautheimer, Architecture (1979) = R. Krautheimer, Early Christian and Byzantine Architecture, 3. Aufl., Harmondsworth 1979

LexMA = Lexikon des Mittelalters, Bd. 1 ff., München/Zürich 1978 ff.

L'Orange/v. Gerkan, Konstantinsbogen (1939) = H. P. L'Orange, A. v. Gerkan, Der spätantike Bildschmuck des Konstantinsbogens, 2 Bde., Berlin 1939

L'Orange (1984) = H. P. L'Orange (†), Das spätantike Herrscherbild von Diokletian bis zu den Konstantin-Söhnen 284 bis 361 n. Chr., Berlin (West) 1984

LThK = Lexikon für Theologie und Kirche, 2. Aufl., hrsg. von J. Höfer und K. Rahner, Bd. 1–10, Register, Freiburg 1957 bis 1967

Matthiae, Mosaici (1967) = G. Matthiae, Mosaici medioevali delle chiese di Roma, 2 Bde., Rom 1967

Metallkunst (1982) = A. Effenberger (Hrsg.), Metallkunst von der Spätantike bis zum ausgehenden Mittelalter (Staatliche Museen zu Berlin, Schriften der Frühchristlich-byzantinischen Sammlung, 1), Berlin 1982

Müller-Wiener, Bildlexikon (1977) = W. Müller-Wiener, Bildlexikon zur Topographie Istanbuls. Byzantion – Konstantinupolis – Istanbul bis zum Beginn des 17. Jahrhunderts, Tübingen 1977

Mullus (1964) = Mullus. Festschrift Theodor Klauser zum 70. Geburtstag (JbAC, Erg.-Bd. 1), Münster 1964

Nestori, Repertorio (1975) = A. Nestori, Repertorio topografico delle pitture delle catacombe romane, Città del Vaticano 1975

RAC = Reallexikon für Antike und Christentum, hrsg. von Th. Klauser, Bd. 1 ff., Stuttgart 1950 ff.

RBK = Reallexikon zur Byzantinischen Kunst, hrsg. von K. Wessel und M. Restle, Bd. 1 ff., Stuttgart 1966 ff.

RendPontAcc = Atti della Pontificia Accademia romana di archeologia. Rendiconti, Rom

Repertorium (1967) = Repertorium der christlich-antiken Sarkophage, hrsg. von F. W. Deichmann, bearb. von G. Bovini und H. Brandenburg, Bd. 1, Rom und Ostia, Wiesbaden 1967

RivAC = Rivista di archeologia cristiana, Rom

RM = Mitteilungen des Deutschen Archäologischen Instituts. Römische Abteilung, Heidelberg

De Rossi, RS 1 (1864), 2 (1867), 3 (1877) = G. B. de Rossi, La Roma sotterranea cristiana descritta ed illustrata, 3 Bde., Rom 1864–1877

RQS = Römische Quartalschrift für christliche Altertumskunde und Kirchengeschichte, Freiburg

Signum Crucis (1967) = E. DINKLER, Signum Crucis. Aufsätze zum Neuen Testament und zur Christlichen Archäologie, Tübingen 1967

Silbergefäße (1978) = A. EFFENBERGER u. a., Spätantike und frühbyzantinische Silbergefäße aus der Staatlichen Ermitage Leningrad (Staatliche Museen zu Berlin, Ausstellungskataloge der Frühchristlich-byzantinischen Sammlung, 2), Berlin 1978

Spätantike und frühes Christentum (1983) = Spätantike und frühes Christentum. Ausstellung im Liebighaus Museum alter Plastik, Frankfurt am Main, 16. Dez. 1983 bis 11. März 1984

STYGER, Katakomben (1933) = P. STYGER, Die römischen Katakomben. Archäologische Forschungen über den Ursprung und die Bedeutung der altchristlichen Grabstätten, Berlin 1933

STYGER, Märtyrergrüfte (1935) = P. STYGER, Römische Märtyrergrüfte, Berlin 1935

TESTINI, Catacombe (1966) = P. TESTINI, Le catacombe e gli antichi cimiteri cristiani in Roma, Bologna 1966

Tortulae (1966) = Tortulae. Studien zu altchristlichen und byzantinischen Monumenten. Festschrift für Johannes Kollwitz (RQS, 30. Supp.-Bd., hrsg. von W. N. SCHUMACHER), Rom/Freiburg/Wien 1966

VigChr = Vigiliae Christianae, Amsterdam

Vivarium (1984) = Vivarium. Festschrift THEODOR KLAUSER zum 90. Geburtstag (JbAC, Erg.-Bd. 11, 1984)

VOLBACH, Frühchristliche Kunst (1958) = W. F. VOLBACH, Frühchristliche Kunst. Die Kunst der Spätantike in West- und Ostrom, München 1958

VOLBACH, Elfenbeinarbeiten (1976) = W. F. VOLBACH, Elfenbeinarbeiten der Spätantike und des frühen Mittelalters, 3., völlig neu bearb. Aufl., Mainz 1976

WILPERT, Katakomben (1903) = J. WILPERT, Die Malereien der Katakomben Roms, Freiburg 1903

WILPERT, Mosaiken (1916) = J. WILPERT, Die römischen Mosaiken und Malereien der kirchlichen Bauten vom 4. bis 13. Jahrhundert, 4 Bde., Freiburg 1916

WILPERT, Sarcofagi 1 (1929), 2 (1932), 3 (1936) = G. WILPERT, I sarcofagi cristiani antichi, 2 Text-Bde., 3 Tafel-Bde., Rom 1929, 1932, 1936

WILPERT/SCHUMACHER, Mosaiken (1976) = J. WILPERT, W. N. SCHUMACHER, Die römischen Mosaiken der kirchlichen Bauten vom 4. bis 13. Jahrhundert, Freiburg/Basel/Wien 1976

WIRTH, Wandmalerei (1934) = F. WIRTH, Römische Wandmalerei vom Untergang Pompejis bis ans Ende des 3. Jahrhunderts, Berlin 1934 (Nachdruck: Darmstadt 1968)

WULFF, Bildwerke (1909), (1911) = O. WULFF, Altchristliche und mittelalterliche byzantinische und italienische Bildwerke (Beschreibung der Bildwerke der christlichen Epochen), 2. Aufl. Bd. 3, Teil I und II, Berlin 1909 und 1911

ZKG = Zs für Kirchengeschichte, Stuttgart

ZKTh = Zs für katholische Theologie, Innsbruck

ZNW = Zs für neutestamentliche Wissenschaft und die Kunde der älteren Kirche, Gießen/Berlin

Zs = Zeitschrift

Bibliographien

Archäologische Bibliographie (Deutsches Archäologisches Institut), Berlin (West). – BZ, III. Abteilung: Bibliographische Notizen und Mitteilungen. – Byzantinoslavica. Revue International des Études Byzantines, Prag. – Dumbarton Oaks Bibliography based on Byzantinische Zeitschrift, ed. by JELISAVETA STANOJEVICH ALLEN, Series 1: Literature on Byzantine Art 1892–1967, 3 Bde., Washington, D. C. 1973–1976

Nachschlagewerke, Lexika, Kartenwerke

H. AURENHAMMER, Lexikon der christlichen Ikonographie, 7 Bde., Wien 1968–1974. – Dictionnaire d'archéologie chrétienne et de liturgie, hrsg. von F. CABROL, H. LECLERCQ, H.-I. MARROU, 15 Bde., Paris 1908–1953. – H. JEDIN, K. S. LATOURETTE, J. MARTIN, Atlas zur Kirchengeschichte, Freiburg 1970. – Lexikon der christlichen Ikonographie, hrsg. von E. KIRSCHBAUM und W. BRAUNFELS, 8 Bde., Freiburg/Basel/Wien 1968–1976. – Lexikon der Kunst, 5 Bde., Leipzig 1968–1978. – LexMA – LThK – K. ONASCH, Liturgie und Kunst der Ostkirche in Stichworten unter Berücksichtigung der Alten Kirche, Leipzig 1981. – PAULYS Realenzyklopädie der klassischen Altertumswissenschaft, hrsg. von K. ZIEGLER und W. JOHN, 66 Halbbde., 13 Suppl.-Bde., Stuttgart 1893–1973. – RAC – RBK – HANNELORE SACHS, E. BADSTÜBNER, HELGA NEUMANN, Christliche Ikonographie in Stichworten, 2. Aufl. Leipzig 1980. – GERTRUD SCHILLER, Ikonographie der christlichen Kunst, 4 Bde., Gütersloh 1966–1980 – F. VAN DER MEER, CHRISTINE MOHRMANN, Bildatlas der frühchristlichen Welt, Gütersloh 1959.

Christliche Archäologie

Allgemeine Einführung in Begriff, Gegenstand und Methodik

C. ANDRESEN, Einführung in die Christliche Archäologie, Berlin 1971. – DEICHMANN, Einführung (1983). – U. HAUSMANN (Hrsg.), Allgemeine Grundlagen der Archäologie. Begriff und Methode, Geschichte, Problem der Form, Schriftzeugnisse (Handbuch der Archäologie), München 1969. – J. IRMSCHER, Einführung in die Byzantinistik, Berlin 1971. – H. G. NIEMEYER,

Einführung in die Archäologie, 2. Aufl. Darmstadt 1978. – G. RODENWALDT, Zur Begrenzung und Gliederung der Spätantike, in: JdI 59–60, 1944–1945 (1949), S. 81ff.

Forschungsgeschichte: Allgemeine Überblicksdarstellungen

G. BOVINI, Gli studi di archeologia cristiana dalle origini alla metà del secolo XIX, Bologna 1968. – C. CECCHELLI, Origini romane dell'archeologia cristiana, in: Roma 7, 1929, S. 105ff. – DEICHMANN, Einführung (1983), S. 1ff., 7ff., 30ff., 41ff. – G. FERRETTO, Note storico-bibliografiche di archeologia cristiana, Rom 1942. – P. FREMIOTTI, La riforma cattolica del secolo decimosesto e gli studi di archeologia cristiana, Rom 1929. – DE ROSSI, RS 1 (1864) Kap. 1–9. – W. WISCHMEYER, Die Entstehung der christlichen Archäologie im Rom der Gegenreformation, in: ZKG 89, 1978, S. 136ff.

Forschungsgeschichte: Einzelne Gelehrte, Werke und Ereignisse (16.–19. Jh.)

J. CHR. W. AUGUSTI, Denkwürdigkeiten aus der christlichen Archäologie, Leipzig 1817–1831. – P. M. BAUMGARTEN, Giovanni Battista de Rossi, der Begründer der christlich-archäologischen Wissenschaft, Köln 1892. – A. BAUMSTARK, Das Verzeichnis der römischen Coemiterien bei Andrea Fulvio, in: RQS 15, 1901, S. 2ff. – E. BECKER, Ein Katakombenbesuch aus dem Jahre 1767, in RQS 25, 1911, S. 105ff. (v. Manlich). – A. BOSIO, Roma sotterranea, opera postuma di Antonio Bosio romano ... compita ... dal P. Giov. Severano, Rom 1632. – CHR. C. J. v. BUNSEN, Die Basiliken des altchristlichen Roms nach ihrem Zusammenhange mit Idee und Geschichte der Kirchenkunst dargestellt, München 1842 (Textwerk zu: J. G. GUTENSOHN, J. M. KNAPP, Die Basiliken des christlichen Roms, München 1822–1830; 2. Aufl. 1843–1844) – C. CECCHELLI, Il cenacolo filippino e l'archeologia cristiana, Rom 1938. – G. C. CIAMPINUS, De sacris aedificiis a Costantino Magno constructis synopsis historica, Rom 1693. – G. C. CIAMPINUS, Vetera monimenta, 2 Bde., Rom 1693–1699. – E. DASSMANN, Joseph Wilpert und die Erforschung der römischen Katakomben, in: RQS, Suppl.-Bd. 35, Rom 1977, S. 160ff. – A. EFFENBERGER, Carl Otfried Müller und das Bild der Spätantike in seinem Handbuch der Archäologie der Kunst, in: Winckelmanns Wirkung auf seine Zeit. Lessing, Herder, Heyne. Schriften der Winckelmann-Gesellschaft 7, Stendal (im Druck). – R. FAUSTI, Il P. G. Marchi S. J. (1795–1860) e il rinnovamento dell'archeologia cristiana auspici Gregorio XVI e Pio IX, in: Miscellanea Historiae Pontificae 16, Rom 1943, S. 1ff. – A. FULVIO, Antiquitates Urbis, Rom 1527. – A. HASENCLEVER, Der altchristliche Gräberschmuck. Ein Beitrag zur christlichen Archäologie, Braunschweig 1886. – H. JEDIN, Kardinal Caesar Baronius. Der Anfang der katholischen Kirchengeschichtsschreibung im 16. Jahrhundert, Münster 1978. – M. JOUHANDEAU, Philipp Neri. Der heilige Narr, Leipzig 1977. – G. KINKEL, Geschichte der bildenden Künste bei den christlichen Völkern, Bd. 1: Die altchristliche Kunst, Bonn 1845. – E. KIRSCHBAUM, P. G. Marchi und Giovan B. De Rossi (1822 bis 1894), in: Gregorianum 21, 1940, S. 563ff. – TH. KLAUSER, Franz Joseph Dölger, 1879–1940. Sein Leben und Forschungsprogramm «Antike und Christentum» (JbAC, Erg.-Bd. 7), Münster 1980. – O. MARUCCHI, Giovanni Battista de Rossi, Rom 1903. – F. MÜNTER, Sinnbilder und Kunstvorstellungen der alten Christen, Altona 1825. – O. PANVINIO (Panvinius), De ritu sepeliendi mortuos apud veteres christianos et de eorundem coemeteriis, Köln 1568. – L. v. PASTOR, Geschichte der Päpste seit dem Ausgange des Mittelalters, 5.–7. Aufl., Bd. 9, Freiburg 1925, S. 117ff. (F. Neri); 191ff. (Katakombe Jordani, 1578). – D. A. PERINI, Onofrio Panvinio e le sue opere, Rom 1899. – F. PIPER, Mythologie und Symbolik der christlichen Kunst von der ältesten Zeit bis in's sechzehnte Jahrhundert, Bd. 1, Weimar 1847. – F. PIPER, Das christliche Museum der Universität zu Berlin 1849–1884, Berlin 1885. – F. PIPER, Einleitung in die monumentale Theologie, Gotha 1867 (Nachdruck: Mittenwald 1978). – E. PLATNER, C. BUNSEN, E. GERHARD, W. RÖSTELL, Beschreibung der Stadt Rom, Bd. 1, Stuttgart/Tübingen 1830, S. 355ff., 417ff. – W. PREGER, Matthias Flacius Illyricus und seine Zeit, 2 Bde., Erlangen 1859–1861 (Nachdruck: Hildesheim/Nieuwkoop 1964). – V. H. SAUERLAND, in: RQS 2, 1888, S. 209ff. (Auffindung der Katakombe Jordani, 1578). – H. SCHEIBLE, Die Entstehung der Magdeburger Zenturien. Ein Beitrag zur Geschichte der historiographischen Methode, Gütersloh 1966. – H. SCHEIBLE, Die Anfänge der reformatorischen Geschichtsschreibung, Gütersloh 1966. – E. WEIGAND, Die Orient-oder-Rom-Frage in der frühchristlichen Kunst, in: Zs für Neutestamentliche Forschung 22, 1923, S. 233ff. – J. WILPERT, Die Katakombengemälde und ihre alten Copien, Freiburg 1891, S. 4ff. (Bosio, Ciacconio, de Winghe). – J. WILPERT, Erlebnisse und Ergebnisse im Dienste der Christlichen Archäologie, Freiburg 1930. – WULFF, Bildwerke (1909), (1911).

Schriftquellen zur Geschichte, Kirchengeschichte, Kultur und Kunst

Allgemeines

B. ALTANER, Patrologie. Leben, Schriften und Lehre der Kirchenväter, 9. Aufl., hrsg. von A. STUIBER, Freiburg/Basel/Wien 1980. – A. HEILMANN, H. KRAFT, Texte der Kirchenväter. Eine Auswahl nach Themen geordnet, 5 Bde., München 1963ff. – J. KARAYANNOPULOS, G. WEISS, Quellenkunde zur Geschichte von Byzanz (324–1453), Wiesbaden 1982.

Bibel: Neues Testament (Kanon) und Apokryphen

H. v. CAMPENHAUSEN, Die Entstehung der christlichen Bibel, Berlin 1975. – E. DINKLER, Älteste christliche Denkmäler – Bestand und Chronologie, in: Signum Crucis (1967), S. 176ff. (Papyrus P 52). – E. FASCHER, Der erste Brief des Paulus an die Korinther, 2. Aufl. Berlin 1980, 1. Teil, S. 138ff. – E. HENNECKE, Neutestamentliche Apokryphen, 3., völlig neubearb. Aufl., hrsg. von W. SCHNEEMELCHER, 2 Bde., Tübingen 1959 bis 1964. – O. STEGMÜLLER, Überlieferungsgeschichte der Bibel, in: Die Textüberlieferung der antiken Literatur und der Bibel, München 1975, S. 165ff.

Agnellus von Ravenna

CLAUDIA NAUERTH, Agnellus von Ravenna. Untersuchungen zur archäologischen Methode des ravennatischen Chronisten, München 1974.

Ammianus Marcellinus

W. SEYFARTH, Ammianus Marcellinus. Römische Geschichte. Lateinisch und deutsch mit Kommentar, 4 Teile, Berlin 1968 bis 1971.

Aristides von Athen

ALTANER/STUIBER, Patrologie (1980), S. 64f. – J. GEFFCKEN, Zwei griechische Apologeten, Leipzig/Berlin 1907. – K. JULIUS, Aristides von Athen, in: BKV², Bd. 12 (1913), S. 45, 50.

Clemens von Alexandrien

ALTANER/STUIBER, Patrologie (1980), S. 190ff. – H.-D. ALTENDORF, Die Siegelbildvorschläge des Clemens von Alexandrien, in: ZNW 58, 1967, S. 129ff. – L. EIZENHÖFER, Die Siegelbildvorschläge des Clemens von Alexandrien, in: JbAC 3, 1960, S. 51ff. – L. EIZENHÖFER, Zum Satz des Clemens von Alexandrien über das Siegelbild des Fischers, in: JbAC 6, 1963, S. 173f. – ELLIGER, Stellung (1930), S. 38ff. – KLAUSER, Studien 1 (1958), S. 21ff. – KLAUSER, Erwägungen (1965), S. 1ff. – KLAUSER, Revision (1965), S. 225ff. – P. MASER, Die Siegelbildvorschläge des Clemens von Alexandrien und das spätantike rabbinische Judentum, in: Wiss. Zs der Martin-Luther-Universität Halle–Wittenberg 22, 2, 1973, S. 65ff. – O. STÄHLIN, Des Clemens von Alexandreia ausgewählte Schriften aus dem Griechischen übersetzt, Bd. 2: Der Erzieher II–III, in: BKV², Bd. 8 (1934).

Corippus (über die Hagia Sophia)

Corippus. In laudem Iustini Augusti Minoris libri IV. Ed. with Translation and Commentary by AVERIL CAMERON, London 1976, S. 204ff. – U. J. STACHE, Flavius Cresconius Corippus. In laudem Iustini Augusti minoris. Ein Kommentar, Berlin (West) 1976, S. 521ff., 539 (zu Buch IV, 264ff.).

Cyprian von Karthago (Briefe 67,6 und 80,1)

ALTANER/STUIBER, Patrologie (1980), S. 172ff., 176f. – B. KÖTTING, Grab, in: RAC 91. Lief. (1982), Sp. 386.

Damasus

ALTANER/STUIBER, Patrologie (1980), S. 355. – A. FERRUA, Epigrammata Damasiana, Città del Vaticano 1942, bes. S. 119ff. – E. SCHÄFER, Die Bedeutung der Epigramme des Papstes Damasus I. für die Geschichte der Heiligenverehrung, Wiesbaden 1960.

Eusebius von Cäsarea

ALTANER/STUIBER, Patrologie (1980), S. 217ff. – T. D. BARNES, Constantine and Eusebius, Cambridge, Mass./London 1981. – ELLIGER, Stellung (1930), S. 47ff. – Eusebius von Caesarea, Kirchengeschichte, deutsche Übersetzung hrsg. von H. KRAFT, München 1967. – Eusebius, Werke. Erster Bd., erster Teil: Über das Leben des Kaisers Konstantin. Hrsg. von F. WINKELMANN, Berlin 1976. – PH. HAEUSER, Des Eusebius Pamphili Bischofs von Cäsarea Kirchengeschichte, in: BKV², Bd. 1, 2 (1932). – H. KÄHLER, Die frühe Kirche, Berlin (West) 1972, S. 67ff. (Kirchweihrede von Tyrus).

Hippolytus und Callistus

ALTANER/STUIBER, Patrologie (1980), S. 82ff., 164ff. – B. BOTTE, Hippolyte de Rome. La Tradition Apostolique d'après les anciennes sources, Paris 1968. – H. GÜLZOW, Kallist von Rom. Ein Beitrag zur Soziologie der römischen Gemeinde, in: ZNW 58, 1967, S. 102ff. – Hippolytus von Rom, Werke Bd. 3. Refutatio omnium haeresium. Hrsg. von P. WENDLAND, Berlin 1916. – H. KOCH, Kallist und Tertullian, in: Sitzungsberichte der Heidelberger Akad. der Wiss., Heidelberg 1920. – B. POSCHMANN, Paenitentia secunda. Die kirchliche Buße im ältesten Christentum bis Cyprian und Origenes, Bonn 1940, S. 346ff., 348ff. – K. PREYSING, Des heiligen Hippolytus von Rom Widerlegung aller Häresien (Philosophumena), in: BKV², Bd. 40 (1922).

Irenäus von Lyon (Widerlegung der Häresien 1, 25, 6)

KOCH, Bilderfrage (1917), S. 13f. – ELLIGER, Stellung (1930), S. 24ff.

Josephus Flavius (Jüdische Altertümer 18, 3, 3 und 39, 9, 1)

W. TRILLING, Fragen zur Geschichtlichkeit Jesu, 3. Aufl., Leipzig 1969, S. 52ff.

Justin der Märtyrer

ALTANER/STUIBER, Patrologie (1980), S. 65ff. – Quellen. Ausgewählte Texte aus der Geschichte der christlichen Kirche, Heft 2–I: Die Apologeten. Ausgewählt und übersetzt von H. RISTOW, Berlin 1963, S. 5ff., 65ff.

Liber Pontificalis

Le Liber Pontificalis. Texte, introduction et commentaire par L. DUCHESNE et C. VOGEL, 3 Bde., Paris 1886, 1892, 1957.

Minucius Felix (Octavius 34, 10)

B. KÖTTING, in: RAC Lief. 91 (1982), Sp. 385. – C. SCHNEIDER, Asche, in: RAC 1 (1950), Sp. 729.

Neilos von Ankyra

H. G. THÜMMEL, Neilos von Ankyra über die Bilder, in: BZ 71, 1978, S. 10ff.

Origenes (Gegen Celsus 7, 53)

DASSMANN, Sündenvergebung (1973), S. 69, 277.

Paulinus von Nola

ALTANER/STUIBER, Patrologie (1980), S. 409 f. – ELLIGER, Stellung (1930), S. 82ff. – J. ENGEMANN, Zu den Apsis-Tituli des Paulinus von Nola, in: JbAC 17, 1974, S. 21ff. – R. C. GOLDSCHMIDT, Paulinus' Churches at Nola. Text, Translations and Commentary, Diss. Leiden (Amsterdam 1940). – P. KIRSCH, Die Natalicia des Paulinus von Nola als Mittel ideologischer Beeinflussung, in: Klio 65, 1983, S. 331ff. – A. WEIS, Die Verteilung der Bildzyklen des Paulinus von Nola in den Kirchen von Cimitile (Campanien), in: RQS 52, 1957, S. 129ff.

Paulos Silentiarios

Prokop, Bauten. Paulos Silentiarios, Beschreibung der Hagia Sophia. Griechisch-deutsch ed. OTTO VEH. Archäologischer Kommentar von W. PÜLHORN, München 1977.

Pilgerberichte

H. DONNER, Pilgerfahrt ins Heilige Land. Die ältesten Berichte christlicher Palästinapilger (4.–7. Jahrhundert), Stuttgart 1979. – J. WILKINSON, Jerusalem Pilgrims before the Crusades, Jerusalem 1977.

Polykarp von Smyrna

TH. BAUMEISTER, Die Anfänge der Theologie des Martyriums, Münster 1980, S. 291ff.

Prokopios

Prokop, Bauten (siehe unter Paulos Silentiarios).

Prudentius

RENATE PILLINGER, Die Tituli Historiarum oder das sogenannte Dittochaeon des Prudentius. Versuch eines philologisch-archäologischen Kommentars, Wien 1980.

Schriftquellen zu den Katakomben von Rom

Codice Topografico della città di Roma a cura di ROBERTO VALENTINI e GIUSEPPE ZUCCHETTI (Fonti per la storia d'Italia, 88) Bd. 2, Rom 1942, S. 1ff. (Kalender von 354); S. 29ff. (Papyrus von Monza); S. 49 ff. (ältestes Katakombenverzeichnis), S. 67ff. (Itinerare); S. 209ff. (Liber Pontificalis). – H. STERN, Le Calendrier de 354. Étude sur son texte et ses illustrations, Paris 1953.

Schriftquellen zur Kirchengeschichte

J. BECKMANN, Quellen zur Geschichte des christlichen Gottesdienstes, Gütersloh 1956. – H. GEERTMANN, More veterum. Il *Liber Pontificalis* e gli edifici ecclesiastici di Roma nella tarda antichità e nell'alto medioevo, Groningen 1975. – H. KARPP, Die Buße. Quellen zur Entstehung des altkirchlichen Bußwesens, Zürich 1969. – H. KARPP, Textbuch zur altkirchlichen Christologie, Neukirchen 1972. – Quellen. Ausgewählte Texte aus der Geschichte der christlichen Kirche, Heft 14: Die Kirche im römischen Reich (vor Konstantin). Ausgewählt und übersetzt von W. SCHULTZ, Berlin 1970. – A. RITTER, Alte Kirche (Kirchen- und Theologiegeschichte in Quellen, ein Arbeitsbuch, 1), Neukirchen-Vluyn 1977. – S. SEIFERT. Quellen und Dokumente zur Kirchengeschichte von ihren Anfängen bis zur Glaubensspaltung. 2. Aufl. Leipzig 1970, S. 34ff. (Briefwechsel Trajan – Plinius d. J.).

Schriftquellen zur Kunst und «Bilderfrage»

H. v. CAMPENHAUSEN, Die Bilderfrage als theologisches Problem der alten Kirche, in: Tradition und Leben, Tübingen 1960, S. 216ff. – ELLIGER, Stellung (1930). – KLAUSER, Studien 1 (1958), S. 21 ff. – KLAUSER, Erwägungen (1965), S. 1 ff. – KLAUSER, Revision (1965), S. 224ff. – A. KNOEPFLER, Der angebliche Kunsthaß der ersten Christen, in: Festschrift Georg von Hertling, Kempten/München 1913, S. 41ff. – KOCH, Bilderfrage (1917). – J. KOLLWITZ, Zur Frühgeschichte der Bilderverehrung, in: RQS 48, 1953, S. 9ff. – J. KOLLWITZ, Bild III, in: RAC 2 (1954), Sp. 318ff. – C. MANGO, The Art of the Byzantine Empire 312–1453. Sources and Documents, Englewood Cliffs, N. J. 1972. – J. P. RICHTER, Quellen der byzantinischen Kunstgeschichte (Quellenschriften für Kunstgeschichte und Kunsttechnik des Mittelalters und der Renaissance N. F. 8), Wien 1897. – H. G. THÜMMEL, Bilder IV. Alte Kirchen, in: Theologische Realenzyklopädie Bd. 6. Lief. 3/4 (1979), Sp. 525ff. – K. WESSEL, Bild, in: RBK 1 (1966), Sp. 616ff.

Synode von Elvira, 306 (36. Kanon)

ELLIGER, Stellung (1930), S. 34ff. – KLAUSER, Revision (1965), S. 228 f.

Tacitus (Annalen 15, 44)

H. FUCHS, Tacitus über die Christen, in: VigChr 4, 1950,

S. 65 ff. und: Museum Helveticum 20, 1963, S. 221 ff. – Beide Aufsätze in: V. Pöschl, Tacitus, Darmstadt 1969, S. 558 ff.

Tertullian von Karthago

Altaner/Stuiber, Patrologie (1980), S. 148 ff. – V. Buchheit, Tertullian und die Anfänge der christlichen Kunst, in: RQS 69, 1974, S. 133 ff. – Elliger, Stellung (1930), S. 24 ff. – K. A. H. Kellner, G. Esser, Tertullians ausgewählte Schriften, Bd. 1: Private und katechetische Schriften; Bd. 2: Apologetische, dogmatische und montanistische Schriften, in BKV² (1912, 1915). – Klauser, Studien 1 (1958), S. 24 ff. – Klauser, Erwägungen (1965), S. 1 ff. – Klauser, Revision (1965), S. 224 f. – Koch, Bilderfrage (1917), S. 3 ff. – J. C. M. van Winden, Idolum and Idololatria in Tertullian, in VigChr 36, 1982, S. 108 ff.

Geschichte (um 200–650)

A. Alföldi, Die monarchische Repräsentation im römischen Kaiserreich, Darmstadt 1970. – A. Bridge, Theodora, Aufstieg und Herrschaft einer byzantinischen Kaiserin, München 1980. – R. Browning, Justinian und Theodora. Glanz und Größe des byzantinischen Kaiserpaares, Bergisch Gladbach 1981. – J. B. Bury, History of the Late Roman Empire, 2 Bde., London 1923 (Nachdruck: New York 1958). – A. Cameron, Circus Factions. Blues and Greens at Rome and Byzantium, Oxford 1976. – A. Demandt, Der Fall Roms. Die Auflösung des römischen Reiches im Urteil der Nachwelt, München 1984. – H. Doerries, Konstantin der Große, 2. Aufl. Stuttgart 1967. – L. de Giovanni, Costantino e il mondo pagano. Studi di politica e legislazione, Neapel 1977. – R. Günther, Die Epoche der sozialen und politischen Revolution beim Übergang von der antiken Sklavereigesellschaft zum Feudalismus, in: Klio 60, 1978, S. 235 ff. – R. v. Haehling, Die Religionszugehörigkeit der hohen Amtsträger des Römischen Reiches seit Constantinus I. Alleinherrschaft bis zum Ende der Theodosianischen Dynastie, Bonn 1978. – R. v. Haehling, Heiden im griechischen Osten des 5. Jahrhunderts n. Chr., in: RQS 77, 1982, S. 52 ff. – W. Held, Die Vertiefung der allgemeinen Krise im Westen des römischen Reiches. Studien über die sozialökonomischen Verhältnisse am Ende des 3. und in der ersten Hälfte des 4. Jahrhunderts, Berlin 1974. – J. Irmscher, Zum Menschenbild der justinianischen Epoche, in: Acta Accademiae Scientiarum Hungariae 26, 1978, S. 71 ff. – J. Irmscher (Hrsg.), Der byzantinische Bilderstreit. Sozialökonomische Grundlagen – geschichtliche Wirkungen, Leipzig 1980. – J. Irmscher, Paganismus im Justinianischen Reiche, in: Klio 63, 1981, S. 683 ff. – K. P. Johne, Kaiserbiographie und Senatsaristokratie. Untersuchungen zur Datierung und sozialen Herkunft der Historia Augusta, Berlin 1976. – K. P. Johne, J. Köhn, V. Weber, Die Kolonen in Italien und den westlichen Provinzen des römischen Reiches, Berlin 1983. – A. H. M. Jones, The Later Roman Empire, 3 Bde., Oxford 1964. – P. Keresztes, Constantine. A Great Christian Monarch and Apostle, Amsterdam 1981. – R. Klein, Der Streit um den Victorienaltar. Die christliche Relatio des Symmachus und die Briefe 17, 18 und 57 des Mailänder Bischofs Ambrosius, Darmstadt 1972. – R. Klein, Constantius und die christliche Kirche, Darmstadt 1977. – R. Klein, Der Rombesuch des Kaisers Konstantius II. im Jahre 357, in: Athenaeum N. S. 57, 1979, S, 98 ff. – R. Klein, Die Kämpfe um die Nachfolge nach dem Tode Constantins des Großen, in: Byzantinische Forschungen 6, 1979, S. 101 ff. – H. Kraft, Kaiser Konstantins religiöse Entwicklung, Tübingen 1955. – H. Kraft (Hrsg.), Konstantin der Große, Darmstadt 1974. – A. Lippold, Theodosius der Große und seine Zeit, 2. Aufl. München 1980. – H.-I. Marrou, Augustinus und das Ende der antiken Bildung, Paderborn 1981. – G. Ostrogorsky, Geschichte des Byzantinischen Staates, 3. Aufl. München 1963. – E. M. Schtajerman, Die Krise der Sklavenhalterordnung im Westen des Römischen Reiches, Berlin 1964. – W. Seyfarth, Der Begriff «Epoche sozialer Revolutionen» und die Spätantike, in: Klio 49, 1967, S. 271 ff. – W. Seyfarth, Römische Geschichte. Kaiserzeit, 2 Bde., Berlin 1974. – W. Steidle, Die Leichenrede des Ambrosius für Kaiser Theodosius und die Helenalegende, in: VigChr 32, 1978, S. 94 ff. – D. Stein, Der Beginn des byzantinischen Bilderstreites und seine Entwicklung bis in die 40er Jahre des 8. Jahrhunderts, München 1980. – E. Stein, Geschichte des spätrömischen Reiches, Wien 1928. – U. Süssenbach, Christusbild und kaiserliche Baupolitik bei Konstantin. Die Anfänge der christlichen Verknüpfung kaiserlicher Repräsentation am Beispiel der Kirchenstiftungen Konstantins, Bonn 1977. – O. Treitinger, Die oströmische Kaiser- und Reichsidee nach ihrer Gestaltung im höfischen Zeremoniell, Jena 1938. – J. Vogt, Konstantin der Große und sein Jahrhundert, 2. Aufl. München 1960. – F. Winkelmann, Überlegungen zum Problem des frühbyzantinischen Menschenbildes, in: Klio 65, 1982, S. 441 ff.

Christentum: Kirchengeschichte, Theologie, Liturgie, kirchliche Ämter, Heiligenkult und Mönchtum, Pilgerwesen (siehe auch unter Schriftquellen und Grabwesen)

A. Adam, Lehrbuch der Dogmengeschichte, Bd. 1: Die Zeit der Alten Kirche, Berlin 1970. – K. Aland, Geschichte der Christenheit, Bd. 1: Von den Anfängen bis an die Schwelle der Reformation, Gütersloh 1980. – C. Andresen, Geschichte des Christentums, Bd. 1: Von den Anfängen bis zur Hochscholastik, Stuttgart 1975. – Th. Baumeister, Die Anfänge der Theologie des Martyriums, Münster 1980. – K. BAUS, Von der Urgemeinde zur frühchristlichen Großkirche, Freiburg 1965. – K. BAUS, H.-G. BECK, E. EWIG, H. J. VOGT, Die Reichskirche nach Konstantin dem Großen, Freiburg/Basel/Wien 1973–1975. – H. G. BLEISCH, Die Säule im Weltgeviert. Der Aufstieg Simeons des ersten Säulenheiligen, Trier 1978. – J. BRAUN, Die liturgische Gewandung in Occident und Orient nach Ursprung und Entwicklung, Verwendung und Symbolik, Freiburg 1907 (Nachdruck: Darmstadt 1964). – J. BRAUN, Die liturgischen Paramente in Gegenwart und Vergangenheit, 2. Aufl. Freiburg 1924. – J. BRAUN, Die Reliquiare des christlichen Kultes und ihre Entwicklung, Freiburg 1940. – H. v. CAMPENHAUSEN, Kirchliches Amt und geistliche Vollmacht in den ersten drei Jahrhunderten, 2. Aufl. Tübingen 1963. – H. DELEHAYE, Les origines du culte des martyrs, 2. Aufl. Brüssel 1933. – F. J. DÖLGER, Sol salutis. Gebet und Gesang im christlichen Altarraum. Mit besonderer Rücksicht auf die Ostung in Gebet und Liturgie, Münster 1920. – K. M. FISCHER, Das Urchristentum, Berlin 1985. – K. S. FRANK, Frühes Mönchtum im Abendland, 2 Bde., Zürich/München 1975. – K. GIRARDET, Kaisergericht und Bischofsgericht. Studien zu den Anfängen des Donatistenstreits (313 bis 315) und zum Prozeß des Athanasius von Alexandrien (328 bis 346), Bonn 1975. – R. M. GRANT, Christen als Bürger im Römischen Reich, Göttingen 1981. – A. GRILLMEIER, Jesus der Christus im Glauben der Kirche, Bd. 1: Von der Apostolischen Zeit bis zum Konzil von Chalkedon (451), Freiburg/Basel/Wien 1979. – G. HAENDLER, Von Tertullian bis zu Ambrosius. Die Kirche im Abendland vom Ende des 2. bis zum Ende des 4. Jahrhunderts, Berlin 1978. – G. HAENDLER, Die abendländische Kirche im Zeitalter der Völkerwanderung, Berlin 1980. – A. v. HARNACK, Die Mission und die Ausbreitung des Christentums in den ersten drei Jahrhunderten, 2 Bde., 4. Aufl. Leipzig 1924 (Nachdruck: Leipzig 1965). – ELISABETH HERRMANN, Ecclesia in Re Publica. Die Entwicklung der Kirche von pseudostaatlicher zu staatlich inkorporierter Existenz, Frankfurt 1980. – K. HEUSSI, Kompendium der Kirchengeschichte, 11. Aufl. Berlin 1965. – J. A. JUNGMANN, Missarum Sollemnia. Eine genetische Erklärung der römischen Messe, 2 Bde., 5. Aufl. Wien/Freiburg/Basel 1962. – J. A. JUNGMANN, Liturgie der christlichen Frühzeit bis auf Gregor den Großen, Freiburg 1967. – J. P. KIRSCH, Der stadtrömische christliche Festkalender im Altertum, Münster 1924. – TH. KLAUSER, Der Ursprung der bischöflichen Insignien und Ehrenrechte, in: Gesammelte Arbeiten (JbAC, Erg.-Bd. 3), Münster 1974, S. 195ff. – TH. KLAUSER, Kleine abendländische Liturgiegeschichte. Bericht und Besinnung, 5. Aufl. Bonn 1965. – B. KÖTTING, Peregrinatio religiosa. Wallfahrten in der Antike und das Pilgerwesen in der Alten Kirche, Münster 1950 (2. Aufl. Münster 1980). – B. KÖTTING, Christentum und heidnische Opposition in Rom am Ende des 4. Jahrhunderts, Münster 1961. – H. KRAFT, Die Entstehung des Christentums, Darmstadt 1981. – G. KRETSCHMAR, Die Geschichte des Taufgottesdienstes in der alten Kirche, in: Leiturgia 5, Kassel 1969, S. 1ff. – H. LIETZMANN, Messe und Herrenmahl. Eine Studie zur Geschichte der Liturgie. 3. Aufl. Berlin (West) 1955. – H. LIETZMANN, Geschichte der alten Kirche, 3. Aufl. Berlin 1961. – J. MOLDTHAGEN, Der römische Staat und die Christen, 2. Aufl. Göttingen 1975. – K. L. NOETHLICHS, Zur Einflußnahme des Staates auf die Entwicklung eines christlichen Klerikerstandes, in: JbAC 15, 1972, S. 136ff. – CH. PIETRI, Roma christiana. Recherches sur l'Eglise de Rome, son organisation, sa politique, son idéologie de Miltiade à Sixte III (311–440), 2 Bde., Rom 1976. – J. ROHDE, Urchristliche und frühkatholische Ämter, Berlin 1976. – W. RORDORF, Ursprung und Bedeutung der Sonntagsfeier im frühen Christentum, in: Liturgisches Jahrbuch 31, 1981, S. 145ff. – H.-J. SCHULZ, Die byzantinische Liturgie. Glaubenszeugnis und Symbolgehalt, 2. Aufl. Trier 1980. – Umwelt des Urchristentums, hrsg. von J. LEIPOLDT und W. GRUNDMANN, 2. Aufl. Berlin 1967. – F. WINKELMANN, Die östlichen Kirchen in der Epoche der christologischen Auseinandersetzungen (5.–7. Jahrhundert), Berlin 1980.

Grabwesen

Heidnisch-römische und christliche Bestattungsweise

G. BRUSIN, Nuovi monumenti sepolcrali di Aquileia, Venedig 1941. – ELENA CONDE GUERRI, Los «fossores» de Roma paleocristiana (Estudio iconográfico epigráfico y social), Città del Vaticano 1979. – G. CALZA, La necropoli del Porto di Roma nell'Isola Sacra, Rom 1940. – C. COLPE, B. KÖTTING, Genossenschaften, in: RAC 10 (1978), Sp. 102ff., 109ff., 146f. – G. KLINGENBERG, Grabrecht, in: RAC 92. Lief. (1983), Sp. 590ff. – KOCH/SICHTERMANN, Sarkophage (1982), S. 27ff. – L. KOEP, E. STOMMEL, J. KOLLWITZ, Bestattung, in: RAC 2 (1954), Sp. 194ff. – B. KÖTTING, Grab, in: RAC 91. Lief. (1982), Sp. 366ff. – GERDA KRÜGER, Die Rechtsstellung der vorkonstantinischen Kirchen, Stuttgart 1935, S. 194ff., 298ff. (Nachdruck: Amsterdam 1961). – H. U. v. SCHOENEBECK, Altchristliche Grabdenkmäler und antike Grabgebräuche, in: Archiv für Religionswissenschaft 34, 1937, S. 60ff. – K. STÄHLER, Grabbau, in: RAC 91. Lief. (1982), Sp. 412ff., 420. – E. STOMMEL, domus aeterna, in: RAC 4 (1959), Sp. 109ff. – JOCELYN M. C. TOYNBEE, Death and Burial in the Roman World, London 1971. – R. TURCAN, Origines et sens de l'inhumation à l'époque impériale, in: Revue des études anciennes 60, 1958, S. 323ff. – F. DE VISSCHER, Le droit des tombeaux romains, Mailand 1963.

Toten- und Märtyrerkult

Ph. Ariès, Bilder zu Geschichte des Todes, München usw. 1984. – P. Brown, The Cult of the Saints. Its Rise and Function in Latin Christianity, Chicago 1981. – H. Delehaye, Les origines du culte des martyrs, 2. Aufl. Brüssel 1939. – D.-A. Fevrier, Le culte des morts dans le communautés chrétiennes durant le IIIe siècle, in: Atti IX CIAC (1978), Bd. 1, S. 211 ff. – E. Freistedt, Altchristliche Totengedächtnistage und ihre Beziehungen zum Jenseitsglauben und Totenkult der Antike, Münster 1928. – A. Grabar, Martyrium. Recherches sur le culte des reliques et l'art chrétien antique, 3 Bde., Paris 1943–1946 (2. Aufl. London 1970). – J. Guyon, Culte des martyres et culte du morts dans la société chrétienne du IVe au VIIe siècles: un cas de continuité culturelle? L'exemple de la catacombe romaine «Inter duas lauros», in: Atti Centro ricerche e corrispondenza sull'antichità classica 9, 1977–1978, S. 201 ff. – Jastrzebowska, Totenmahl (1981). – J. P. Kirsch, Die Grabstätten der römischen Märtyrer und ihre Stellung im liturgischen Märtyrerkultus, in: RQS 38, 1930, S. 107 ff. – Th. Klauser, Die Kathedra im Totenkult, 2. Aufl. Münster 1971. – Th. Klauser, Christlicher Martyrerkult, heidnischer Heroenkult und spätjüdische Heiligenverehrung, Köln 1960. – B. Kötting, Peregrinatio religiosa. Wallfahrten in der Antike und das Pilgerwesen der alten Kirche, Münster 1950 (2. Aufl. Münster 1980). – E. Lucius, Die Anfänge des Heiligenkultes in der christlichen Kirche, Tübingen 1904. – L. Reekmans, L'implantation monumentale chrétienne dans la zone suburbaine de Rome du IVe au IXe siècle, in: RivAC 44, 1968, S. 173 ff. – R. Ruland, Geschichte der kirchlichen Leichenfeier, Regensburg 1901. – V. Saxer, Morts, martyrs, reliques en Afrique chrétienne aux premiers siècles. Les témoignages de Tertullian, Cyprian et Augustin à la lumière de l'archéologie africaine, Paris 1980. – A. M. Schneider, Mensa oleorum oder Totenspeisetische, in: RQS 35, 1927, S. 287 ff. – A. M. Schneider, Refrigerium. Nach literarischen Quellen und Inschriften, Theol. Diss. Freiburg 1928. – A. Stuiber, Refrigerium interim. Die Vorstellung vom Zwischenzustand und die frühchristliche Grabeskunst, Bonn 1957. – F. Van der Meer, Augustinus der Seelsorger. Leben und Wirken eines Kirchenvaters, Köln 1951, S. 571 ff. – H. Voss, Zur Bedeutung des Lichtes in der frühchristlichen privaten und kultischen Totenverehrung, Theol. Diss. Münster 1962.

Heidnische und christliche Grabsymbolik.
Sinndeutung, Fragen der Interpretation

H. Achelis, Altchristliche Kunst, in: ZNW 14, 1913, S. 324 ff.; 16, 1915, S. 1 ff.; 17, 1916, S. 81 ff. – H. Achelis, Der Entwicklungsgang der altchristlichen Kunst, Leipzig 1919. – B. Andreae, Studien zur römischen Grabkunst (RM, 9. Erg.-Heft), Heidelberg 1963. – F. Cumont, Le symbolisme funéraire chez les Romains, Paris 1942 (Nachdruck: Paris 1966). – Dassmann, Sündenvergebung (1973). – L. de Bruyne, Les «lois» de l'art paléochrétien comme instrument herméneutique, in: RivAC 35, 1959, S. 105 ff.; 39, 1963, S. 7 ff. – L. de Bruyne, La décoration des baptistères paléochrétiens, in: Actes Ve CIAC (1957), S. 341 ff. – Deichmann, Einführung (1983), S. 167 ff. – Engemann, Untersuchungen (1973). – J. Engemann, Altes und Neues zu Beispielen heidnischer und christlicher Katakombenbilder im spätantiken Rom, in: JbAC 26, 1983, S. 128 ff. – J. Fink, Bildfrömmigkeit und Bekenntnis. Das Alte Testament, Herakles und die Herrschaft Christi an der via Latina in Rom, Köln/Wien 1978. – F. Gerke, Ideengeschichte der älteren christlichen Kunst, in: ZKG 59, 1940, S. 1 ff. – J. P. Kirsch, Der Ideengehalt der ältesten sepulkralen Darstellungen in den römischen Katakomben in: RQS 36, 1928, S. 1 ff. – E. Le Blant, Étude sur les sarcophages chrétiens antiques de la ville d'Arles, Paris 1878. – H. Lother, Realismus und Symbolismus in der christlichen Kunst, Tübingen 1931. – A.-G. Martimort, L'iconographie des catacombes et la catéchèse antique, in: RivAC 25, 1949, S. 111 ff. – K. Michel, Gebet und Bild in frühchristlicher Zeit, Leipzig 1902. – J. Quasten, Die Grabinschrift des Beratius Nikatoras, in: RM 53, 1938, S. 57 ff. – V. Schultze, Prolegomena über die Symbolik des altchristlichen Bilderkreises, in: Archäologische Studien über altchristliche Monumente, Wien 1880, S. 1 ff. – J. Speigl, Das Bildprogramm des Jonasmotivs in den Malereien der römischen Katakomben, in: RQS 73, 1978, S. 1 ff. – P. Styger, Die altchristliche Grabeskunst. Ein Versuch der einheitlichen Auslegung, München 1927. – P. Styger, Die altchristliche Kunst. Grundlegende Erörterungen über die Methode der Datierung und Auslegung, in: ZKTh 53, 1929, S. 545 ff. – Styger, Katakomben (1933), S. 352 ff. – L. v. Sybel, Auferstehungshoffnung in der frühchristlichen Kunst?, in: ZNW 15, 1914, S. 254 ff. – H. G. Thümmel, Studien zur frühchristlichen Grabeskunst, Ungedr. Habil.-Schr. Greifswald 1966. – Jocelyn M. C. Toynbee, Life, Death and Afterlife in Roman-age Mosaics, in: Jenseitsvorstellungen in Antike und Christentum. Gedenkschrift für Alfred Stuiber (JbAC, Erg.-Bd. 9), Münster 1982, S. 210 ff. – R. Turcan, Les sarcophages romains et le problème du symbolisme funéraire, in: Aufstieg und Niedergang der römischen Welt II 16,2 Principat, Berlin (West) 1978, S. 1700 ff. – E. Weigand, Die spätantike Sarkophagskulptur im Lichte neuerer Forschungen, in: BZ 41, 1941, S. 104 ff., 406 ff. – J. Wilpert, Principienfragen der christlichen Archäologie, Freiburg 1889. – J. Wilpert, Nochmals Principienfragen, in: RQS 4, 1890, S. 44 ff. – J. Wilpert, Wahre und falsche Auslegung der altchristlichen Sarkophagskulpturen, in: ZKTh 46, 1922, S. 1 ff., 177 ff. – W. Wischmeyer, Das Beispiel Jonas. Zur kirchengeschichtlichen Bedeutung von Denkmälern frühchristlicher Grabeskunst zwischen Theologie und Frömmigkeit, in ZKG 92, 1981, S. 161 ff.

Katakomben von Rom.
Allgemeine Darstellungen, behandelte Katakomben

H. BRANDENBURG, Das Grab des Papstes Cornelius und die Lucinaregion der Calixtus-Katakombe, in: JbAC 11/12, 1968–1969, S. 42 ff. – H. BRANDENBURG, Überlegungen zu Ursprung und Entstehung der Katakomben, in: Vivarium (1984), S. 11 ff. – G. DE ANGELIS D'OSSAT, La geologia delle catacombe romane, 1, Città del Vaticano 1938. – R. EGGER, Catacumbas und andere Flurnamen in der Umgebung Roms, in: Anzeiger der Österr. Akad. d. Wiss. 87, 1950, Nr. 10, S. 173 ff. – U. M. FASOLA, Die Domitilla-Katakombe und die Basilika der Märtyrer Nereus und Achilleus, Vatikanstadt 1978. – U. M. FASOLA, P. TESTINI, I cimiteri cristiani, in: Atti IX CIAC (1978), Bd. 1, S. 103 ff. – U. M. FASOLA, Indagini nel sopraterra della catacomba di S. Callisto, in: RivAC 56, 1980, S. 221 ff. – A. FERRUA, Le pitture della nuova catacomba di via Latina, Città del Vaticano 1960. – J. FINK, Die römischen Katakomben, in: Antike Welt 9, 1978, Sondernummer. – L. HERTLING, E. KIRSCHBAUM, Die römischen Katakomben und ihre Martyrer, 2. Aufl. Wien 1955. – KÖTZSCHE-BREITENBRUCH, Via Latina (1976). – P. MARKTHALER, Die dekorativen Konstruktionen der Katakombendecken, in: RQS 35, 1927, S. 53 ff. – O. MARUCCHI, Monumenti del cimitero di Domitilla sulla via Ardeatina, Rom 1909–1914. – C. R. MOREY, Gli oggetti di avorio e di osso del Museo Sacro Vaticano, Città del Vaticano 1936 (Erkennungszeichen). – NESTORI, Repertorio (1975). – PH. PERGOLA, La région dite du Bon Pasteur dans le cimitière de Domitilla sur l'Ardeatina, in: RivAC 51, 1975, S. 65 ff. – LETIZIA PANI ERMINI, L'ipogeo detto dei Flavi in Domitilla, in: RivAC 45, 1969, S. 119 ff.; 48, 1972, S. 235 ff. – L. REEKMANS, Le tombe du pape Corneille et sa région céméteriale, Città del Vaticano 1964 (Lucinagruft). – L. REEKMANS, Les cryptes des martyrs romains. État de la recherche, in: Atti IX CIAC (1978), Bd. 1, S. 275 ff. – L. REEKMANS, Die Situation der Katakombenforschung in Rom, Opladen 1979. – L. REEKMANS, Zur Problematik der römischen Katakombenforschung, in: Boreas 7, 1984, S. 242 ff. – L. REEKMANS, Spätrömische Hypogäa, in: Festschrift F. W. Deichmann (im Druck). – DE ROSSI, RS 1 (1864) – 3 (1874). – CARLA SALVETTI, Il catalogo degli oggetti minuti conservati presso la Pontificia Commissione di Archeologia Sacra, in: RivAC 54, 1978, S. 103 ff. – P. STYGER, Katakumbas. Nach Ursprung und Sprachgebrauch, in: Schweizer Rundschau 21, 1921, S. 132 ff. – STYGER, Katakomben (1933). – STYGER, Märtyrergrüfte (1935). – TESTINI, Catacombe (1966). – P. TESTINI, Archeologia cristiana, 2. Aufl. Rom 1980. – F. TOLOTTI, Il cimitero di Priscilla. Studio di topografia e architettura, Città del Vaticano 1970. – F. TOLOTTI, Le cimitière de Priscille, Synthèse d'une recherche, in: Revue d'histoire ecclésiastique 73, 1978, S. 281 ff. – F. TOLOTTI, Influenza delle opere idrauliche sull'origine delle catacombe, in: RivAC 56, 1980, S. 7 ff. – J. WILPERT, Die Malereien der Sacramentskapellen in der Katakombe des hl. Callistus, Freiburg 1897. – WILPERT, Katakomben (1903). – J. WILPERT, Die Papstgräber und die Cäciliengruft in der Katakombe des heiligen Kallistus, Freiburg 1909.

Rom: Friedhof unter S. Sebastiano in Catacumbas und
Vatikanische Nekropole. Die «Petrus-Rom-Frage»

H. CHADWICK, St. Peter and St. Paul in Rome: The Problem of the Memoria Apostolorum ad Catacumbas, in: Journal of Theological Studies N. S. 8, 1957, S. 31 ff. – E. DINKLER, Die Petrus-Rom-Frage, in: Theologische Rundschau 25, 1959, S. 189 ff., 289 ff.; 27, 1961, S. 33 ff.; 31, 1966, S. 232 ff. – E. DINKLER, Petrus und Paulus in Rom. Die literarische und archäologische Frage nach den Tropaia Apostolon, in: Gymnasium 87, 1980, S. 1 ff. – ESPLORAZIONI (1951). – J. FINK, Das Petrusgrab – Glaube und Grabung, in: VigChr 32, 1978, S. 255 ff. – A. v. GERKAN, Die christlichen Anlagen unter San Sebastiano neu aufgenommen, in: H. LIETZMANN, Petrus und Paulus in Rom (siehe unten). – A. v. GERKAN, Kritische Studien zu den Ausgrabungen unter der Peterskirche in Rom, in: Trierer Zs 22, 1953, S. 26 ff. – A. v. GERKAN, Zu den Problemen des Petrusgrabes, in: JbAC 1, 1958, S. 79 ff. – A. v. GERKAN, Basso et Tusco consulibus, in: Bonner Jahrbücher 158, 1958, S. 89 ff. – A. v. GERKAN, Petrus in Vaticano et in Catacumbas, in: JbAC 5, 1962, S. 23 ff., 39 ff. – A. v. GERKAN, Weitere Überlegungen zum Petrusgrab. Zu den neuen Veröffentlichungen von A. PRANDI und M. GUARDUCCI, in: JbAC 7, 1964, S. 58 ff. – MARGHERITA GUARDUCCI, I graffiti sotto la confessione di San Pietro in Vaticano, 3 Bde., Città del Vaticano 1958. – MARGHERITA GUARDUCCI, Die Ausgrabungen unter St. Peter, in: Das frühe Christentum im römischen Staat, hrsg. von R. KLEIN, Darmstadt 1971, S. 364 ff. – MARGHERITA GUARDUCCI, Pietro in Vaticano, Rom 1983. – JASTRZEBOWSKA, Totenmahl (1981), S. 14 ff. – HELKE KAMMERER-GROTHAUS, Zu den antiken Gräberstraßen unter S. Sebastiano an der Via Appia Antica, in: RM 85, 1978, S. 113 ff. – J. P. KIRSCH, Der stadtrömische christliche Festkalender im Altertum, Münster 1924, S. 20 ff. – E. KIRSCHBAUM, Ein altchristliches Mausoleum unter der Peterskirche, in: Das Münster 2, 1948/49, S. 400 ff. – KIRSCHBAUM, Gräber (1974). – TH. KLAUSER, Die römische Petrustradition im Lichte der neuen Ausgrabungen unter der Peterskirche, Köln 1956. – H. LIETZMANN, Petrus und Paulus in Rom. Liturgische und archäologische Studien, 2., neubearb. Aufl., Berlin/Leipzig 1927. – G. MANCINI, Scavi sotto la basilica di S. Sebastiano sull'Appia Antica, in: Notizie degli scavi 20, 1923, S. 3 ff. –

A. A. de Marco, The Thomb of Saint Peter. A Representative and Annotated Bibliography of the Excavations, Leiden 1964 (vollständige Bibliographie bis 1964). – R. Marichal, La date des graffiti de la Triclia de Saint-Sébastien et leur place dans l'histore de l'écriture latine, in: Revue des sciences religieuses 36, 1962, S. 111 ff. – A.-G. Martimort, Vingt-cinq ans de travaux et recherches sur la mort de Saint Pierre et sur sa sépulture (1946–1971), in: Bulletin de littérature ecclésiastique 73, 1972, S. 73 ff. – O. Marucchi, (Berichte über die Grabungen unter S. Sebastiano), in: Nuovo Bullettino di archeologia cristiana 22, 1916, S. 5 ff.; 23, 1917, S. 47 ff., 129; 26, 1920, S. 5 ff.; 28, 1922, S. 3 ff. – O. Marucchi, Nota sulle memorie cristiane esplorate nello scavo di S. Sebastiano dalla Commissione di Archeologia Sacra, in: Notizie degli scavi 20, 1923, S. 80 ff. – D. W. O'Connor, Peter in Rome. The Literary, Liturgical and Archaeological Evidence, New York/London 1969. – O. Perler, Die Mosaiken der Juliergruft im Vatikan, Freiburg 1953. – A. Prandi, La Memoria Apostolorum in Catacumbas, Città del Vaticano 1936. – A. Prandi, Ipotesi e studi sulla memoria apostolorum ad catacumbas, Città del Vaticano 1943. – A. Prandi, La zona archeologica della Confessione Vaticana. I monumenti del II° secolo, Città del Vaticano 1957. – J. Ruysschaert, Réflexions sur les fouilles vaticanes, le rapport officiel et la critique, in: Revue d'histoire ecclésiastique 48, 1953, S. 573 ff.; 49, 1954, S. 5 ff. – J. Ruysschaert, Les documents littéraires de la double tradition romaine des tombes apostoliques, in: Ebd. 52, 1957, S. 791 ff. – J. Ruysschaert, Les premiers siècles de la tombe de Pierre, in: Revue des archéologues et historiens d'art de Louvain 8, 1975, S. 7 ff. – P. Styger, Il monumento apostolico della Via Appia, in: Dissertazioni della Pontificia Accademia di archeologia cristiana 13, 1918, S. 3 ff. – Styger, Märtyrergrüfte (1935), S. 15 ff., 47 ff., 67 ff. – H. G. Thümmel, Petrus und Paulus in Rom, in: Aufstieg und Niedergang der römischen Welt (im Druck). – F. Tolotti, Memoria degli apostoli in catacumbas, Rilievo critico della memoria e della basilica apostolorum al III miglio della via Appia, Città del Vaticano 1953. – F. Tolotti, Dov'era il terebinto del Vaticano?, in: Antiquités 91, 1979, S. 491 ff. – Jocelyn Toynbee, J. Ward Perkins, The Shrine of St. Peter and the Vatican Excavations, London/New York/Toronto 1956.

Außerrömische Katakomben und unterirdische Grabanlagen

H. Achelis, Die Katakomben von Neapel, 2 Bde., Leipzig 1935–1936. – E. Becker, Malta Sotterranea, Strassburg 1913. – A. Caterina, Bibliografia sulle catacombe neapolitane, Florenz 1954. – U. M. Fasola, Le catacombe di S. Gennaro a Capodimonte, Rom 1975. – N. Firatli, Notes sur quelques hypogées paléochrétiens de Constantinople, in: Tortulae (1966), S. 131 ff. – L. Foucher, Hadrumetum, Paris 1964. – J. Führer, V. Schultze, Die altchristlichen Grabstätten Siziliens (JdI, Erg.-Bd. 7), Berlin 1907. – F. Fülep, Sopianae. Die Stadt Pécs zur Römerzeit, Budapest 1975 (ungarisch). – O. Garana, Le catacombe siciliane e i loro martiri, Palermo 1961. – F. Gerke, Die Wandmalereien der Petrus-Paulus-Katakombe in Pécs (Südungarn), in: Neue Beiträge zur Kunstgeschichte des 1. Jahrtausends, 2. Halbbd., Baden-Baden 1954, S. 147 ff. – H. Riad, Tomb Painting from the Necropolis of Alexandria, in: Archaeology 17, 1964, S. 169 ff.

Kunstgeschichte

Allgemeine Überblicksdarstellungen, einzelne Perioden und Probleme

Age of Spirituality (1979). – D. V. Ajnalov, Ellenističeskie osnovy vizantijskogo iskusstva, in: Zapiski imperatorskago russkago archeologičeskago obščestva 12, 1901, S. 1 ff. – R. Bianchi Bandinelli, Die römische Kunst. Von den Anfängen bis zum Ende der Antike, Dresden 1983. – H. Brandenburg, Überlegungen zum Ursprung der frühchristlichen Bildkunst, in: Atti IX CIAC (1978), Bd. 1, S. 331 ff. – Brenk, Spätantike (1977). – B. Brenk, The Imperial Heritage of Early Christian Art, in: Age of Spirituality. A Symposium. Ed. by K. Weitzmann, New York 1980, S. 39 ff. – Deichmann, Einführung (1983). – E. Dinkler, Älteste christliche Denkmäler – Bestand und Chronologie, in: Signum Crucis (1967), S. 134 ff. – A. Grabar, Die Kunst des frühen Christentums. Von den ersten Zeugnissen christlicher Kunst bis zur Zeit Theodosius' I., München 1967. – A. Grabar, Die Kunst im Zeitalter Justinians. Vom Tod Theodosius' I. bis zum Vordringen des Islam, München 1967. – C. M. Kaufmann, Handbuch der christlichen Archäologie, 2. Aufl. Paderborn 1913. – E. Kitzinger, Byzantine Art in the Making. Main Lines of Stylistic Development in Mediterranean Art 3rd–7th Century, Cambridge, Mass. 1977. – E. Kitzinger, The Hellenistic Heritage in Byzantine Art Reconsidered, in: JbÖB 31/2, 1981, S. 657 ff. – Klauser, Studien 1 (1958). – Th. Klauser, Studien zur Entstehungsgeschichte der christlichen Kunst 2, in: JbAC 2, 1959, S. 115 ff. – 3, in: Ebd. 3, 1960, S. 112 ff. – 4, in: Ebd. 4, 1961, S. 128 ff. – 5, in: Ebd. 5, 1962, S. 113 ff. – 6, in: Ebd. 6, 1963, S. 71 ff. – 7, in: Ebd. 7, 1964, S. 67 ff. – 8, in: Ebd. 8–9, 1965–1966, S. 126 ff. – 9, in: Ebd. 10, 1967, S. 82 ff. – F. X. Kraus, Geschichte der christlichen Kunst, Bd. 1: Die hellenistisch-römische Kunst der alten Christen, Freiburg 1896. – O. Pelikán, Übergangs- und Krisenperioden in der antiken Kunst. Phänomen des sog. Manierismus, Brno 1977. – A. Riegl, Stilfragen. Grundlegung zu einer Geschichte der Ornamentik, Berlin 1893, S. 271 ff. (Begriff «Spätantike»). – A. Rumpf, Stilphasen der spätantiken Kunst.

Ein Versuch, Köln 1957. – F. SAXL, Frühes Christentum und spätes Heidentum in ihren künstlerischen Audrucksformen, in: Wiener Jahrbuch für Kunstgeschichte 2, 1923, S. 63 ff. – Spätantike und frühes Christentum (1983). – K. SCHUBERT, Das Problem der Entstehung einer jüdischen Kunst im Lichte der literarischen Quellen des Judentums, in: Kairos N. F. 16, 1974, S. 1 ff. – URSULA SCHUBERT, Spätantikes Judentum und frühchristliche Kunst, in: Studia Judaica 2, Wien 1974. – V. SCHULTZE, Grundriß der christlichen Archäologie, 2. Aufl. Gütersloh 1934. – B. SCHWEITZER, Die spätantiken Grundlagen der mittelalterlichen Kunst, Leipzig 1949. – R. STICHEL, Die Namen Noes, seines Bruders und seiner Frau. Ein Beitrag zum Nachleben jüdischer Überlieferung in der außerkanonischen und gnostischen Literatur und in Denkmälern der Kunst, Göttingen 1979. – H. STRAUSS, Jüdische Quellen frühchristlicher Kunst: Optische oder literarische Anregung?, in: ZNW 57, 1966, S. 114 ff. – H. STRAUSS, Die Kunst der Juden im Wandel der Zeit und Umwelt, Tübingen 1972. – H. STRAUSS, Jüdische Vorbilder frühchristlicher Kunst?, in: Atti IX CIAC (1978), Bd. 1, S. 69 ff. – J. STRZYGOWSKI, Orient oder Rom. Ein Beitrag zur Geschichte der spätantiken und frühchristlichen Kunst, Leipzig 1901. – J. STRZYGOWSKI, Kleinasien. Ein Neuland der Kunstgeschichte, Leipzig 1903. – L. v. SYBEL, Christliche Antike. Einführung in die altchristliche Kunst, 2 Bde., Marburg 1906–1909. – P. TESTINI, Archeologia cristiana, Rom 1958 (2. Aufl. Rom 1980). – VOLBACH, Frühchristliche Kunst (1958). – W. F. VOLBACH, JAQUELINE LAFONTAINE-DOSOGNE, Byzanz und der christliche Osten, Berlin (West) 1968. – K. WEITZMANN, Zur Frage des Einflusses jüdischer Bilderquellen auf die Illustration des Alten Testaments, in: Mullus (1964), S. 401 ff. – O. WULFF, Altchristliche und byzantinische Kunst, 2 Bde., Neubabelsberg 1914–1918; Bibliographisch-kritischer Nachtrag, Potsdam 1935.

Architektur: Allgemeine Probleme

SUZANNE S. ALEXANDER, Studies in Constantine Church Architecture, in: RivAC 47, 1971, S. 281 ff.; 49, 1973, S. 33 ff. – K. WESSEL, J. ENGEMANN, Basilika, in: LexMA 1, 8. Lieferung (1980), Sp. 1526 ff. – M. CAGIANO DE AZEVEDO, I palazzi tardoantichi e altomedioevali, in: Atti del XVI congresso di storia dell'architettura Atene 1969, Rom 1977, S. 27 ff. – J. G. DAVIES, The Origin and Development of Early Christian Church Architecture, London 1952. – F. W. DEICHMANN, Frühchristliche Kirchen in antiken Heiligtümern, in: JdI 54, 1939, S. 105 ff. – F. W. DEICHMANN, Säule und Ordnung in der frühchristlichen Architektur, in: RM 55, 1940, S. 114 ff. – F. W. DEICHMANN, Vom Tempel zur Kirche, in: Mullus (1964), S. 52 ff. – F. W. DEICHMANN, Wandsysteme, in: BZ 59, 1966, S. 334 ff. – F. W. DEICHMANN, Märtyrerbasilika, Martyrion, Memoria und Altargrab, in: RM 77, 1970, S. 144 ff. – F. W. DEICHMANN, Das Oktogon von Antiocheia. Heroon–Martyrion, Palastkirche oder Kathedrale, in: BZ 65, 1972, S. 40 ff. – DEICHMANN, Ges. Studien (1982), S. 27 ff., 56 ff., 159 ff., 187 ff., 375 ff., 783 (Wiederabdruck der zuvor angegebenen Aufsätze). – F. W. DEICHMANN, Die Spolien in der spätantiken Architektur, in: Sitzungberichte der Bayer. Akad. der Wiss., Phil.-Hist. Kl. 6, 1975, München 1976. – F. W. DEICHMANN (Hrsg.), Corpus der Kapitelle der Kirche von San Marco in Venedig. Unter Mitarbeit von J. KRAMER und U. PESCHLOW, Wiesbaden 1981. – DEICHMANN, Einführung (1983), S. 68 ff., 89 ff., 236 ff. – N. DUVAL, Les édifices de culte des origines à l'époque constantinienne, in: Atti IX CIAC (1978), Bd. 1., S. 513 ff. – H. HINZ, K. WESSEL, V. H. ELBERN, Ambo in: LexMA 1, 3. Lieferung (1978), Sp. 516 ff. – R. KAUTZSCH, Kapitellstudien. Beiträge zu einer Geschichte des spätantiken Kapitells im Osten vom vierten bis ins siebente Jahrhundert, Berlin 1936. – A. KHATCHATRIAN, Les baptistères paléochrétiens, Paris 1962. – ANETTE KLEINERT, Die Inkrustationssysteme der Hagia Sophia Zur Entwicklung der Inkrustationsschemata im römischen Kaiserreich, Phil. Diss. Münster 1979. – J. KRAMER, Skulpturen mit Adlerfiguren an Bauten des 5. Jh. n. Chr. in Konstantinopel, Köln 1968. – R. KRAUTHEIMER, Mensa – Coemeterium – Martyrium, in: CahArch 11, 1960, S. 15 ff. – R. KRAUTHEIMER, The Constantinian Basilica, in: DOP 21, 1967, S. 117 ff. – R. KRAUTHEIMER (Hrsg.), Corpus Basilicarum Christianarum Romae, Bd. 1–4, Rom 1937–1970. – KRAUTHEIMER, Architecture (1979). – E. LANGLOTZ, F. W. DEICHMANN, Basilika, in: RAC 1 (1950), Sp. 1225 ff. – E. LANGLOTZ, Der architektonische Ursprung der christlichen Basilika, Opladen 1972. – C. MANGO, Byzantinische Architektur, Stuttgart 1975. – S. PIUSSI, Le basiliche cruciforme nell'area adriatica, in: Aquileia e Ravenna (Antichità Altoadriatiche, 13) Udine 1978, S. 437 ff. – G. STANZL, Längsbau und Zentralbau als Grundthemen der frühchristlichen Architektur. Überlegungen zur Entstehung der Kuppelbasilika, Wien 1979. – CHRISTINE STRUBE, Die Kapitelle von Qasr Ibn Wardan. Antiochia und Konstantinopel im 6. Jahrhundert, in: JbAC 26, 1983, S. 59 ff. – F. TOLOTTI, Quesiti sulla copertura delle basiliche costantiniane di Roma, in: RivAC 48, 1972, S. 349 ff. – F. TOLOTTI, Le basiliche cimiteriali con deambulatorio sul suburbio romano: questione ancora aperta, in: RM 89, 1982, S. 153 ff. – L. VOELKL, Die konstantinischen Kirchenbauten nach Eusebius, in: RivAC 29, 1953, S. 49 ff., 187 ff. – L. VOELKL, Die konstantinischen Kirchenbauten nach den literarischen Quellen des Okzidents, in: RivAC 39, 1954, S. 99 ff. – L. VOELKL, Die Kirchenstiftungen des Kaisers Konstantin im Lichte des römischen Sakralrechts, Köln/Opladen 1964. – J. B. WARD-PERKINS, Roman Imperial Architecture, Harmondsworth 1981.

Architektur: Kirchenbau und Liturgie

J. Braun, Der christliche Altar in seiner geschichtlichen Entwicklung, 2 Bde., München 1924. – K. Gamber, Domus Ecclesiae. Die ältesten Kirchenbauten Aquileias sowie im Alpen- und Donaugebiet bis zum Beginn des 5. Jh. liturgiegeschichtlich untersucht, Regensburg 1968. – K. Gamber, Liturgie und Kirchenbau, Studien zur Geschichte der Meßfeier und des Gotteshauses in der Frühzeit, Regensburg 1976. – K. Gamber, Sancta Sanctorum. Studien zur liturgischen Ausstattung der Kirche, vor allem des Altarraumes, Regensburg 1981. – Th. F. Mathews, The Early Churches of Constantinople: Architecture and Liturgy, University Park, Pa./London 1971. – O. Nussbaum, Der Standort des Liturgen am christlichen Altar vor dem Jahre 1000. Eine archäologische und liturgiegeschichtliche Untersuchung, Bonn 1965. – R. Taft, The Liturgy of the Great Church, in: DOP 34–35, 1980–1981, S. 45ff. – F. Wieland, Mensa und Confessio. Studien über den Altar der christlichen Liturgie, Teil 1: Der Altar der vorkonstantinischen Kirche; Teil 2: Altar und Altargrab der christlichen Kirchen im 4. Jh., Leipzig 1906 bis 1912.

Architektur: Symbolik der kirchlichen Bauten

E. Baldwin-Smith, Architectural Symbolism of Imperial Rome and the Middle Ages, Princeton, N. J. 1956. – G. Bandmann, Mittelalterlicher Kirchenbau als Bedeutungsträger, Berlin 1951. – Deichmann, Einführung (1983), Kap. 7: «Die Architektur als Bedeutungsträger», S. 89ff. – L. Kitschelt, Die frühchristliche Basilika als Darstellung des himmlischen Jerusalem, Phil. Diss. München, München 1938. – R. Krautheimer, Introduction to an «Iconography of Mediaeval Architecture», in: Journal of the Warburg and Courtauld Institutes 5, 1942, S. 1ff. – K. Lehmann, The Dome of Heaven, in: The Art Bulletin 27, 1945, S. 1ff. – J. Sauer, Symbolik des Kirchengebäudes und seiner Ausstattung in der Auffassung des Mittelalters, 2. Aufl. Freiburg 1924. – E. Sauser, Symbolik des katholischen Kirchengebäudes, in: J. A. Jungmann, Symbolik der katholischen Kirche, Stuttgart 1960, Anhang S. 53ff. – H. Sedlmayr, Architektur als abbildende Kunst, in: Sitzungsberichte d. Österr. Akad. der Wiss., Phil.-Hist. Kl. 225, 3, Wien 1948. – A. Stange, Basiliken, Kuppelkirchen, Kathedralen. Das himmlische Jerusalem in der Sicht der Jahrhunderte, Regensburg 1964.

Plastik und Relief (siehe auch Kunsttopographie)

B. Andreae, Bibliographie zur Sarkophagforschung nach Rodenwaldt, 1945–1980, in: Aufstieg und Niedergang der römischen Welt II 12, 2 Künste, Berlin (West) 1981, S. 3ff. – F. Benoit, Sarcophages paléochrétiens d'Arles et de Marseille, Paris 1954. – Marianne Bergmann, Studien zum römischen Porträt des 3. Jahrhunderts n. Chr., Bonn 1977. – Marianne Bergmann, Zum römischen Porträt des 3. Jahrhunderts n. Chr., in: Spätantike und frühes Christentum (1983), S. 41ff. – G. Bovini, I sarcofagi paleocristiani, Rom 1949. – H. Brandenburg, Oströmische Skulptur vom 4. bis zum 6. Jahrhundert, in: Sitzungsberichte der Kunstgeschichtlichen Gesellschaft zu Berlin (West), N. F. Heft 21, 1972/73, S. 22ff. – H. Brandenburg, Rilievi scultorei costantinopolitani dal IV al VI secolo in: Corsi Ravenna 1979, S. 13ff. – H. Brandenburg, Stilprobleme der frühchristlichen Sarkophagkunst Roms im 4. Jahrhundert. Volkskunst, Klassizismus, spätantiker Stil, in: RM 86, 1979, S. 439ff. – H. Brandenburg, Ars humilis. Zur Frage eines christlichen Stils in der Kunst des 4. Jahrhunderts nach Christus, in: JbAC 24, 1981, S. 71ff. – Calza, Iconografia (1972). – H. v. Campenhausen, Die Passionssarkophage. Zur Geschichte eines altchristlichen Bilderkreises, in: Marburger Jahrbuch für Kunstwissenschaft 5, 1929, S. 39ff. – G. Daltrop, Anpassung eines Relieffragments an den Deckel des Junius Bassus Sarkophages, in: RendPontAcc 51–52, 1978/80 (1982), S. 157ff. – F. W. Deichmann, Th. Klauser, Frühchristliche Sarkophage in Bild und Wort (Antike Kunst, 3. Beiheft), Olten 1966. – F. W. Deichmann, Konstantinopler und ravennatische Sarkophag-Probleme, in: BZ 62, 1969, S. 291ff., vgl. auch Deichmann, Ges. Studien (1982), S. 449ff. – R. Delbrueck, Porträts byzantinischer Kaiserinnen, in: RM 28, 1913, S. 310ff. – Delbrueck, Porphyrwerke (1932). – Delbrueck, Kaiserporträts (1933). – K. Eichner, Die Werkstatt des sogen. Dogmatischen Sarkophags. Untersuchungen zur Technik der konstantinischen Sarkophagplastik in Rom, Diss. Heidelberg 1977. – K. Eichner, Die Produktionsmethoden der stadtrömischen Sarkophagfabrik in der Blütezeit unter Konstantin, in: JbAC 24, 1981, S. 85ff. – J. Engemann, Zu den Dreifaltigkeitsdarstellungen in der frühchristlichen Kunst: Gab es im 4. Jahrhundert anthropomorphe Trinitätsbilder?, in: JbAC 19, 1976, S. 157ff. – J. Engemann, Die religiöse Herrscherfunktion im Fünfsäulenmonument Diocletians in Rom und in den Herrschermosaiken Justinians in Ravenna, in: Frühmittelalterliche Studien 18, 1984, S. 336ff. – N. Firatli, Deux nouveaux reliefs funéraires d'Istanbul et le reliefs similaires, in: CahArch 11, 1960, S. 73ff. – F. Gerke, Studien zur Sarkophagplastik der theodosianischen Renaissance 1, in: RQS 42, 1934, S. 1ff. – F. Gerke, Die Zeitbestimmung der Passionssarkophage, in: Archaeologiai Ertesitö 52, 1940, S. 1ff. – F. Gerke, Die christlichen Sarkophage der vorkonstantinischen Zeit, Berlin 1940. – F. Gerke, Christus in der spätantiken Plastik, 3. Aufl. Mainz 1948. – A. Grabar, Sculptures byzantines de Constantinople, IVe–Xe siècle, Paris 1963. – N. Himmelmann, Typologische Untersuchungen an römischen Sarkophagreliefs des 3. und 4. Jhs. n. Chr., Mainz 1973. – Jale Inan, Elisabeth Rosenbaum, Roman and Early

Byzantine Portrait Sculpture in Asia Minor, London 1969. – JALE INAN, ELISABETH ALFÖLDI-ROSENBAUM, Römische und frühbyzantinische Porträtplastik aus der Türkei. Neue Funde, Mainz 1979. – H. KÄHLER, Dekorative Arbeiten aus der Werkstatt des Konstantinsbogens, in: JdI 51, 1936, S. 180ff. – H. KÄHLER, Konstantin 313, in: JdI 67, 1952, S. 1ff. – H. KÄHLER, Das Fünfsäulendenkmal für die Tetrarchen auf dem Forum Romanum, Köln 1964. – KOCH/SICHTERMANN, Sarkophage (1982). – KOLLWITZ, Plastik (1941). – J. KOLLWITZ (†), HELGA HERDEJÜRGEN, Die Sarkophage der westlichen Gebiete des Imperium Romanum, 2. Teil: Die ravennatischen Sarkophage, Berlin (West) 1979. – MARION LAWRENCE, City-Gate Sarcophagi, in: The Art Bulletin 10, 1927, S. 1ff. – MARION LAWRENCE, Columnar Sarcophagi in the Latin West. Ateliers, Chronology, Style, in: The Art Bulletin 14, 1932, S. 103ff. – E. LE BLANT, Les Sarcophages chrétiens de la Gaule, Paris 1886. – H. P. L'ORANGE, Studien zur Geschichte des spätantiken Portraits, Oslo 1933 (Nachdruck: Rom 1965). – H. P. L'ORANGE, Ein tetrarchisches Ehrendenkmal auf dem Forum Romanum, in: RM 53, 1938, S. 1ff. – L'ORANGE/v. GERKAN, Konstantinsbogen (1939). – L'ORANGE (1984). – REPERTORIUM (1967). – G. RODENWALDT, Römische Reliefs. Vorstufen zur Spätantike, in: JdI 55, 1940, S. 12ff. – SIRI SANDE, Zur Porträtplastik des 6. nachchristlichen Jahrhunderts, in: ActaArchArt 6, 1975, S. 65ff. – R. SANSONI, I sarcofagi paleocristiani a porta di città, Bologna 1969. – H. U. v. SCHOENEBECK, Der Mailänder Sarkophag und seine Nachfolge, Città del Vaticano/Freiburg 1935. – H. U. v. SCHOENEBECK, Die christliche Sarkophagplastik unter Konstantin, in: RM 51, 1936, S. 238ff. – H.-G. SEVERIN, Oströmische Plastik unter Valens und Theodosius I., in: Jahrbuch der Berliner Museen 12, Berlin (West) 1970, S. 211ff. – H.-G. SEVERIN, Zur Portraitplastik des 5. Jh. n. Chr., München 1972. – R. H. W. STICHEL, Die römische Kaiserstatue am Ausgang der Antike, Rom 1982. – E. STOMMEL, Beiträge zur Ikonographie der konstantinischen Sarkophagplastik, Bonn 1954. – DAGMAR STUTZINGER, Die frühchristlichen Sarkophagreliefs aus Rom. Untersuchungen zur Formveränderung im 4. Jahrhundert n. Chr. (Habelts Dissertationsdrucke, Reihe Klass. Archäologie, 16), Bonn 1982. – W. v. SYDOW, Zur Kunstgeschichte des spätantiken Porträts im 4. Jahrhundert n. Chr., Bonn 1969. – TH. ULBERT, Studien zur dekorativen Reliefplastik des östlichen Mittelmeerraumes (Schrankenplatten des 4.–10. Jhs.), München 1969. – H. WIEGARTZ, Kleinasiatische Säulensarkophage (Istanbuler Forschungen, 26), Berlin (West) 1965. – WILPERT, Sarcofagi 1 (1929) – 3 (1936). – W. WISCHMEYER. Die vorkonstantinische christliche Kunst in neuem Lichte. Die Cleveland-Statuetten, in: VigChr 35, 1981, S. 253ff. – W. D. WIXOM, Early Christian Sculptures at Cleveland, in: Bulletin of The Cleveland Museum of Art 54, 1967, S. 65ff. – H. WREDE, Der genius populi Romani und das Fünfsäulendenkmal der Tetrarchen auf dem Forum Romanum, in: Bonner Jahrbücher 181, 1981, S. 111ff.

Mosaik und Wandmalerei (siehe auch Grabwesen und Kunsttopographie)

M. VAN BERCHEM, E. CLOUZOT, Mosaïques chrétiennes du IVe au Xe siècle, Genf 1924. – M. BORDA La pittura romana, Mailand 1958. – W. DORIGO, Pittura tardo-romana, Mailand 1968. – J. G. DECKERS, Die Wandmalerei im Kaiserkultraum von Luxor, in: JdI 94, 1979, S. 600ff., vgl. auch in: Spätantike und frühes Christentum (1983), S. 267ff. – N. DUVAL, La mosaïque funéraire dans l'art paléochrétien, Ravenna 1976. – IHM, Programme (1960). – H. SCHLUNK, TH. HAUSSCHILD, Die Denkmäler der frühchristlichen und westgotischen Zeit (Hispania Antiqua), Mainz 1978, S. 15ff., 25ff., 119ff., Taf. 8–19 (Centcelles). – H. P. L'ORANGE, P. J. NORDHAGEN, Mosaik von der Antike bis zum Mittelalter, München 1960. – KOLLWITZ, Malerei (1969). – MATTHIAE, Mosaici (1967). – H. MIELSCH, Zur stadtrömischen Malerei des 4. Jahrhunderts n. Chr., in: RM 85, 1978, S. 151ff. – P. J. NORDHAGEN, The Technique of Italian Mosaics of the Fourth and Fifth Century A. D., in: Aquileia e Ravenna (Antichità Altoadriatiche, 13), Udine 1978, S. 259ff. – W. OAKESHOTT, Die Mosaiken von Rom vom dritten bis zum vierzehnten Jahrhundert, Leipzig 1968. – F. B. SEAR, Roman Wall and Vault Mosaics (RM, 23. Erg.-Heft), Heidelberg 1977. – WILPERT, Katakomben (1903). – WILPERT, Mosaiken (1916). – WILPERT/SCHUMACHER, Mosaiken (1976). – WIRTH, Wandmalerei (1934). – J. DE WIT, Spätrömische Bildnismalerei, Stilkritische Untersuchungen zur Wandmalerei der Katakomben und verwandter Monumente, Berlin 1938.

Buchmalerei

PAMELA C. BERGER, The Insignia of the Notitia Dignitatum. A Contribution to the Study of Late Antique Illustrates Manuscripts, New York/London 1981. – R. BIANCHI BANDINELLI, Virgilio Vaticano 3225 e Iliade Ambrosiana, in: R. BIANCHI BANDINELLI, Archeologia e cultura, Mailand/Neapel 1961, S. 328ff. – R. BIANCHI BANDINELLI, Hellenistic-Byzantine Miniatures of Iliad (Ilias Ambrosiana), Olten 1955. – HEIDE und H. BUSCHHAUSEN, Das Evangeliar Codex 697 der Mechitharisten-Congregation zu Wien, Berlin 1981, S. 9ff. (Entwicklung der eusebianischen Kanontafeln). – A. CALDERINI, A. M. CERINI, A. MAI, Ilias Ambrosiana, Faksimile, Bern/Olten 1953. – C. CECCHELLI, G. FURLANI, M. SALMI, The Rabbula Gospels, Faksimile, Olten/Lausanne 1959. – H. DEGERING, A. BOECKLER, Die Quedlinburger Italafragmente, 2 Bde., Berlin 1932. – CHR. EGGENBERGER, Die Miniaturen des Vergilius Romanus,

Codex Vat. Lat. 3867, in: BZ 70, 1977, S. 58ff. – H. GERSTINGER, Die Wiener Genesis, Faksimile, Wien 1931. – H. GERSTINGER, Dioscurides, Codex Vindobonensis Med. Gr. I der Österreichischen Nationalbibliothek (Codices selecti, Facsimile, 12), Graz 1970. – A. GRABAR, Les peintures de l'Evangéliaire de Sinope, Paris 1948. – J. LEROY, Les manuscrits syriaques à peintures, Paris 1964. – W. LOERKE, The Trials of Christ in the Rossano Gospels, in: The Art Bulletin 43, 1961, S. 171ff. – O. MAZAL, Kommentar zur Wiener Genesis. Faksimile-Ausgabe des Codex theol. gr. 31 der Österreichischen Nationalbibliothek in Wien, Frankfurt/M. 1980. – O. MAZAL, Bild und Text in der «Wiener Genesis», in: JbÖB 32, 4, 1982. S. 175ff. – C. NORDENFALK, Der Kalender vom Jahre 354 und die lateinische Buchmalerei des 4. Jahrhunderts, Göteborg 1936. – C. NORDENFALK, Die spätantiken Kanontafeln. Kunstgeschichtliche Studien über die eusebianische Evangelien-Konkordanz in den ersten vier Jahrhunderten ihrer Geschichte, Göteborg 1938. – C. NORDENFALK, The Beginning of Book Decoration, in: Beiträge für Georg Swarzenski, hrsg. von O. GOETZ, Berlin (West) 1951, S. 9ff. – C. NORDENFALK, Die spätantiken Zierbuchstaben, Stockholm 1970. – E. ROSENTHAL, The Illuminations of the Vergilius Romanus (Cod. Vat. Lat. 3867). A Stylistic and Iconographical Analysis, Zürich 1972. – H. STERN, Le calendrier de 354. Étude sur son texte et sur ses illustrations, Paris 1953. – H. STERN, Les calendriers romains illustrés, in: Aufstieg und Niedergang der römischen Welt II 12, 2 Künste, Berlin (West) 1981, S. 431ff. – H. G. THÜMMEL, Buchmalerei und Wandmalerei, in: Martin-Luther-Universität Halle-Wittenberg. Beiträge 1983/14 (H 3), Halle/S. 1983, S. 73ff. – E. WEBER, Tabula Peutingeriana. Cod. Vindobonensis 324, Faksimile, Graz 1976. – K. WEITZMANN, Greek Mythology in Byzantine Art, 2. Aufl. Princeton 1984. – K. WEITZMANN, Observations on the Cotton Genesis Fragments, in: Late Classical and Mediaeval Studies in Honor of A. M. Friend, Jr., Princeton 1955, S. 112ff. – K. WEITZMANN, Ancient Book Illumination, Cambridge, Mass. 1959. – K. WEITZMANN, Illustrations in Roll and Codex. A Study of the Origin and Method of Text Illustration, 2. Aufl. Princeton 1970. – K. WEITZMANN, The Illustration of the Septuagint, in: Studies in Classical and Byzantine Manuscript Illumination. Ed. by H. L. KESSLER, Chicago 1971. S. 45ff. – K. WEITZMANN, The Question of the Influence of Jewish Pictorial Sources on Old Testmant Illustration, in: Ebd. S. 76ff. – K. WEITZMANN, Book Illustration in the Fourth Century, in: Ebd. S. 96ff. – K. WEITZMANN, Spätantike und frühchristliche Buchmalerei, München 1977. – K. WEITZMANN, Byzantine Book Illumination and Ivories, London 1980. – J. DE WIT, Die Miniaturen des Vergilius Vaticanus, Amsterdam 1959. – D. WRIGHT, The Date and Arrangement of the Illustrations in the Rabbula Gospels, in: DOP 27, 1973, S. 199ff.

Frühe Ikonenmalerei

G. UND M. SOTIRIOU, Icônes du Mont Sinai, Bd. 1: Album, Bd. 2: Text, Athen 1956–1958. – K. WEITZMANN, M. CHATZIDAKIS, K. MIATEV, S. RADOJČIC, Frühe Ikonen, Wien/München 1965. – K. WEITZMANN, The Monastery of Saint Catherine at Mount Sinai. The Icons, Bd. 1: From the Sixth to the Tenth Century, Princeton 1976. – K. WEITZMANN, Ikonen aus dem Katharinenkloster auf dem Berge Sinai, Berlin 1980.

Kleinkunst: Gold- und Silberarbeiten, Elfenbeinschnitzerei, Glas, Textilien

MARIA R. ALFÖLDI, Die constantinische Goldprägung, Mainz 1963. – ALICE BANK, Byzantine Art in the Collections of Soviet Museums, Leningrad 1977. – D. BARAG, J. WILKINSON, The Monza Bobbio Flasks and the Holy-Sepulchre, in: Levant 6, 1974, S. 179ff. – H. BUSCHHAUSEN, Die spätrömischen Metallscrinia und frühchristlichen Reliquiare, Teil 1: Katalog, Wien 1971. – C. CECCHELLI, La cattedra di Massimiano ed altri avori romano-orientali, 7 Tle., Rom 1936–1944. – A. ST. CLAIR, The Iconography of the Great Berlin Pyxis, in: Jahrbuch der Berliner Museen 20, Berlin (West) 1978, S. 5ff. – P. C. CLAUSSEN, Das Reliquiar von Montier-en-Der, in: Pantheon 36, 1978, S. 308ff. (Diptychon der Symmachi-Nicomachi). – ERICA CRUIKSHANK DODD, Byzantine Silver Stamps, Washington, D. C. 1961; Suppl. I und II, in: DOP 18, 1964, S. 239ff. und 22, 1968, S. 143ff. – E. CRUIKSHANK DODD, Byzantine Silver Treasures, Bern 1973. – R. DELBRUECK, Die Consulardiptychen und verwandte Denkmäler, Berlin/Leipzig 1929. – R. DELBRUECK, Probleme der Lipsanothek in Brescia, Bonn 1952. – R. DELBRUECK, Zu spätrömischen Elfenbeinen des Westreiches, in: Bonner Jahrbücher 152, 1952, S. 165ff. – V. H. ELBERN, Der eucharistische Kelch im frühen Mittelalter, Berlin 1964. – V. H. ELBERN, Liturgisches Gerät des Frühmittelalters als Symbolträger, in: Settimane di studio del Centro italiano di studi sull'alto medioevo, Spoleto 1976, S. 349ff. – J. ENGEMANN, Anmerkungen zu spätantiken Geräten des Alltagslebens mit christlichen Bildern, Symbolen und Inschriften: in: JbAC 15, 1972, S. 154ff. – J. ENGEMANN, Palästinensische Pilgerampullen im F. J. Dölger Institut in Bonn, in: JbAC 16, 1973, S. 5ff. – O. v. FALKE, Kunstgeschichte der Seidenweberei, Bd. 1, Berlin 1913. – H. FUHRMANN, Studien zu den Consulardiptychen und verwandten Denkmälern, in: RM 54, 1934, S. 161ff. – H. GABELMANN, Der Tribunaltypus der Consulardiptychen und seine Vorstufen, in: Classica et Provincialia. Festschrift Erna Diez, Graz 1978, S. 51ff. – A. GRABAR, Les ampoules de Terre Sainte (Monza-Bobbio), Paris 1958. – J. P. C. KENT, K. S. PAINTER, Wealth of the Roman World AD 300–700, London 1977. – LIESELOTTE KÖTZSCHE-BREITENBRUCH, Pilgerandenken aus dem Heiligen Land, in: Vivarium (1984), S. 229ff. – E. KÜNZL, Zwei silberne Tetrarchenporträts im RGZM und die römischen Kaiserbildnisse aus Gold und Silber, in: JbRGZM 30, 1983, S. 381 ff. – L. MATZULEWITSCH, Byzantinische Antike. Studien auf Grund der Silbergefäße der Ermitage, Berlin/Leipzig 1929 (Nachdruck: Berlin [West] 1974). – Metallkunst (1982). – CH. R. MOREY, The Gold-Glass Collection of the Vatican Library (Catalogo del Museo Sacro della Biblioteca Apostolica Vaticana, 4), Città del Vaticano 1959. – RENATE PILLINGER, Studien zu römischen Zwischengoldgläsern, Teil 1. Geschichte der Technik und das Problem der Authentizität, Wien 1984. – S. POGLAYEN-NEUWALL, Über die ursprünglichen Besitzer des spätantiken Silberfundes vom Esquilin und seine Datierung, in: RM 45, 1930, S. 124 ff. – M. C. ROSS, Catalogue of the Byzantine and Early Mediaeval Antiquities in the Dumbarton Oaks Collection, 2 Bde., Washington, D. C. 1962–1965. – KATHLEEN B. SHELTON, The Esquiline Treasure, London 1981. – KATHLEEN B. SHELTON, The Diptych of the Young Office Holder, in: JbAC 25, 1982, S. 132 ff. – Silbergefäße (1978). – D. E. STRONG, Greek and Roman Gold and Silver Plate, London 1966. – H. G. THÜMMEL, Kaiserbild und Christusikone. Zur Bestimmung der fünfteiligen Elfenbeindiptychen, in: Byzantinoslavica 39, 1978, S. 196 ff. – W. F. VOLBACH, Metallarbeiten des christlichen Kultes in der Spätantike und im frühen Mittelalter, Mainz 1921. – W. F. VOLBACH, Early Decorative Textiles, New York/London 1969. – VOLBACH, Elfenbeinarbeiten (1976). – W. F. VOLBACH, Avori di scuola ravennate nel V a VI secolo, Ravenna 1977. – H. VOPEL, Die altchristlichen Goldgläser, Freiburg 1899. – FRANCA ZANCHI ROPPO, Vetri paleocristiani a figure d'oro conservati in Italia, Bologna 1969.

Kunsttopographie (siehe auch unter Kunstgeschichte)

Rom und Italien

AQUILEIA: Aquileia nel 4° secolo (Antichità Altoadriatiche, 22), Udine 1982 (Aufsatzsammlung). – G. BRUSIN, P. L. Zovatto, Monumenti paleocristiani di Aquileia e di Grado, Udine 1957. – C. CECCHELLI, Gli edifici ed i mosaici paleocristiani nella zona della Basilica di Aquileia, in: La Basilica di Aquileia, Bologna 1933, S. 107 ff. – H. KÄHLER, Die spätantiken Bauten unter dem Dom von Aquileia und ihre Stellung innerhalb der Geschichte des frühchristlichen Kirchenbaus, Saarbrücken 1957. – H. KÄHLER, Die Stiftermosaiken in der konstantinischen Südkirche von Aquileia, Köln 1962. – K. GRAF LANCKORONSKI, Der Dom zu Aquileia, sein Bau und seine Geschichte, Wien 1906. – G. C. MENIS, I mosaici cristiani di Aquileia, Udine 1965. – O. PERLER, Die Darstellung der Eucharistie auf dem Theodor-Mosaik in Aquileia, in: RivAC 47, 1964, S. 233 ff. – W. N. SCHUMACHER, Viktoria in Aquileia, in: Tortulae (1966), S. 250 ff. – W. N. SCHUMACHER, Hirt und «Guter Hirt». Studien zum Hirtenbild in der römischen Kunst vom zweiten bis zum Anfang des vierten Jahrhunderts unter besonderer Berücksichtigung der Mosaiken in der Südhalle von Aquileia (RQS, Suppl.-Bd. 34), Freiburg 1977, S. 233 ff.

MAILAND: G. BOVINI, Antichità cristiane di Milano, Bologna 1970. – A. CALDERINI, G. CHIERICI, C. CECCHELLI, La basilica di S. Lorenzo Maggiore, Mailand 1951. – A. DE CAPITANI D'AZARGO, La chiesa maggiore di Milano, Mailand 1952 (Santa Tecla). – D. KINNEY, «Capella Reginae»: S. Aquilino in Milan, in: Marsyas 15, 1970/71, S. 13 ff. – D. KINNEY, The Evidence for Dating of S. Lorenzo in Milan, in: Journal of the Society of Architectural Historians 31, 1972, S. 92 ff. – W. E. KLEINBAUER, *Aedita in turribus:* The Superstructure of the Early Christian Church of S. Lorenzo in Milan, in: Gesta 15, 1976, S. 1 ff. – KRAUTHEIMER, Architecture (1979), S. 82 ff. – S. LEWIS, San Lorenzo Revisited: A Theodosian Palace Church at Milan, in: Journal of the Society of Architectural Historians 32, 1973, S. 197 ff. – M. MIRABELLA ROBERTI, Milano romana e paleocristiana (Itinerario, 1), Mailand o. J. – M. MIRABELLA ROBERTI, Edilizia e architettura ambrosiana a Milano, in: Corsi Ravenna 1978, S. 191 ff. – P. J. NORDHAGEN, The Mosaics of the Capella di S. Aquilino in Milan. Evidence of Restoration, in: ActaArchArt N. S. 2, 1982, S. 77 ff. – G. TRAVERSI, Architettura paleocristiana milanese, Mailand 1964.

NEAPEL: L. DE BRUYNE, La décoration des baptistères paléochrétiens, in: Actes Ve CIAC (1957), S. 341 ff. – J. L. MAIER, Le baptistère de Naples et ses mosaïques, Freiburg 1964. – PAOLA PARISET, I mosaici del battistero di S. Giovanni in Fonte nello sviluppo della pittura paleocristiana a Napoli, in: CahArch 20, 1970, S. 1 ff.

NOLA-CIMITILE: G. BANDMANN, Ein Fassadenprogramm des 12. Jahrhunderts und seine Stellung in der christlichen Ikonographie, in: Das Münster 5, 1952, S. 4 ff. – G. CHIERICI, Cimitile, in: Palladio N. S. 7, 1957, S. 69 ff. – G. CHIERICI, Cimitile, in: RivAC 33, 1957, S. 105 ff. – J. ENGEMANN, Zu den Apsis-Tituli des Paulinus von Nola, in: JbAC 17, 1974, S. 21 ff. – IHM, Programme (1960), S. 179 ff. – E. KIRSTEN, Süditalienkunde, Bd. 1: Campanien und seine Nachbarlandschaften, Heidelberg 1975, S. 613 ff. – D. KOROL, Die frühchristlichen Wandmalereien aus zwei Grabbauten in Cimitile/Nola. Zur Entstehung und Ikonographie alttestamentlicher Darstellungen, Diss. Bonn 1983. – A. WEIS, Die Verteilung der Bildzyklen des Paulinus von Nola in den Kirchen von Cimitile (Campanien), in: RQS 52, 1957, S. 129 ff. – F. WICKHOFF, Das Apsismosaik in der Basilica des H. Felix zu Nola. Versuch einer Restauration, in: RQS 3, 1889, S. 158 ff.

PIAZZA ARMERINA: C. AMPOLO, A. CARANDINI, G. PUCCI, P. PENSABENE, La villa del casale a Piazza Armerina.

Problemi, saggi stratigrafici ed altre ricerche, in: Antiquités 83, 1971, S. 141ff. – H. Kähler, Die Villa des Maxentius bei Piazza Armerina, Berlin (West) 1973. – H.-I. Marrou, Sur deux mosaïques de la villa romaine de Piazza Armerina, in: Christiana Tempora, Rom 1978. S. 253ff. – S. Settis, Per l'interpretazione di Piazza Armerina, in: Antiquités 87, 1975, S. 873ff.

RAVENNA: G. Bovini (Hrsg.), Corpus della scultura paleocristiana, bizantina e altomedioevale di Ravenna, 3 Bde., Rom 1968–1969. – G. Cortesi, La chiesa di Santa Croce di Ravenna alla luce degli ultimi scavi e ricerche, in: Corsi Ravenna 1978, S. 47ff. – F. W. Deichmann, Frühchristliche Bauten und Mosaiken von Ravenna, Baden-Baden 1958 (Tafelband zu dem nachfolgend angezeigten Werk). – Deichmann, Ravenna (1969). – Deichmann, Kommentar 1 (1974). – Deichmann, Kommentar 2 (1976). – Deichmann, Ges. Studien (1982), Teil IV, S. 443ff. – E. Dinkler, Das Apsismosaik von S. Apollinare in Classe, Köln/Opladen 1964. – R. Heidenreich, H. Johannes (†), Das Grabmal Theoderichs zu Ravenna, Wiesbaden 1971. – S. K. Kostof, The Orthodox Baptistery of Ravenna, New Haven/London 1965. – Marion Lawrence, The Sarcophagi of Ravenna, New York 1942. – Claudia Müller, Das Apsismosaik von S. Apollinare in Classe. Eine Strukturanalyse, in: RQS 75, 1980, S. 11ff. – C. O. Nordström, Ravennastudien. Ideengeschichtliche und ikonographische Untersuchungen über die Mosaiken von Ravenna, Stockholm 1953. – Wilpert/Schumacher, Mosaiken (1976).

ROM; Allgemeines (siehe auch unter Grabwesen und Kunstgeschichte): Bianca Maria Apollonj Ghetti, Problemi relativi alle origini dell'architettura paleocristiana, in: Atti IX CIAC (1978), Bd. 1, S. 491ff. – Deichmann, Kirchen (1948). – J. P. Kirsch, Die römischen Titelkirchen im Altertum, Paderborn 1918. – F. Lanzoni, I titoli presbiteriali di Roma antica nella storia e nella leggenda, in: RivAC 22, 1925, S. 195ff. – G. Matthiae, Le chiese di Roma dal IV al X secolo, Bologna 1962. – E. Nash, Bildlexikon zur Topographie des antiken Rom, 2 Bde., Tübingen 1961–1962. – St. Waetzoldt, Die Kopien des 17. Jahrhunderts nach Mosaiken und Wandmalereien in Rom, Wien/München 1964, S. 55ff. (Kopien der Fresken von S. Paolo fuori le mura).

ROM; Einzelne Bauten und Monumente: B. Berenson, The Arch of Constantine or the Decline of Form, London 1954. – Brenk, Mosaiken (1975). – T. Buttrey, The Dates of the Arches of «Diocletian» and Constantine, in: Historia 32, 1983, S. 375ff. – C. Ceschi, S. Stefano Rotondo (Atti della Pontificia Accademia romana di archeologia. Memorie, 15), Rom 1982. – Y. Christe, A propos du décor absidiale de Saint Jean du Latran à Rome, in: CahArch 20, 1970, S. 197ff. – J. Christern, Der Aufriß von Alt-St.-Peter, in: RQS 62, 1967, S. 133ff. – J. Christern, Katharina Thiersch, Der Aufriß von Alt-St.-Peter 2. Teil (Ergänzungen zum Langhaus; Querschiffhöhe), in: RQS 64, 1969, S. 1ff. – A. M. Colini, Storia e topografia del Celio nell'antichità (Atti della Pontificia Accademia romana di archeologia. Memorie, 7), Rom 1944). – F. Darsy, Recherches archéologiques à Sainte Sabine sur l'Aventin, Rom 1968. – E. Dassmann, Das Apsismosaik von S. Pudentiana in Rom. Philosophische, imperiale und theologische Aspekte in einem Christusbild am Beginn des 5. Jahrhunderts, in: RQS 65, 1970, S. 67ff. – J. G. Deckers, Der alttestamentliche Zyklus von Santa Maria Maggiore in Rom. Studien zur Bildgeschichte, Diss. Freiburg, Bonn 1976. – F. W. Deichmann, Untersuchungen an spätrömischen Rundbauten in Rom und Latium, in: AA 1941, Sp. 733ff. – F. W. Deichmann, Die Lage der Constantinischen Basilika der Heiligen Agnes an der Via Nomentana, in: RivAC 22, 1946, S. 213ff. – Deichmann, Kirchen (1948). – F. W. Deichmann, A. Tschira, Das Mausoleum der Kaiserin Helena und die Basilika der Heiligen Marcellinus und Petrus an der Via Labicana vor Rom, in: JdI 72, 1957, S. 44ff., vgl. auch Deichmann, Ges. Studien (1982), S. 283ff., 305ff. – M. F. Fischer, «In pristinum». Brand und Wiederaufbau von S. Paolo fuori le mura in Rom 1823–1854, in: Deutsche Kunst und Denkmalpflege 38, 1980, S. 6ff. – Erminia Gentile Ortona, Santo Stefano Rotondo e il restauro del Rossellino, in: Bollettino d'Arte 14, 1982, S. 99ff. – A. Giuliano, Arco di Costantino, Mailand 1955. – H. Grisar, Die alte Peterskirche zu Rom und ihre frühesten Ansichten, in: RQS 9, 1895, S. 237ff. – V. Hoffmann, Die Fassade von San Giovanni in Laterano 313/14–1649, in: Römisches Jahrbuch für Kunstgeschichte 17, 1978, S. 1ff. – Gisela Jeremias, Die Holztür der Basilika S. Sabina in Rom, Tübingen 1980. – E. H. Kantorowicz, The «King's Advent» and the Enigmatic Panels in the Doors of Santa Sabina, in: The Art Bulletin 26, 1944, S. 207ff. – H. Karpp, Die frühchristlichen und mittelalterlichen Mosaiken in Santa Maria Maggiore zu Rom, Baden-Baden 1966. – H. Koethe, Zum Mausoleum der Weströmischen Dynastie bei Alt-St. Peter, in: RM 46, 1931, S. 9ff. – R. Krautheimer, W. Frankl, G. Gatti, Excavations at San Lorenzo fuori le mura in Rome, 1957, in: American Journal of Archeology 62, 1958, S. 379ff. – R. Krautheimer, Sp. Corbett, R. Malmstrom, R. Stapleford, La basilica costantiniana al Laterano. Un tentativo di ricostruzione, in: RivAC 43, 1967, S. 125ff. – R. Krautheimer, Success and Failure in Late Antique Church Planning, in: Age of Spirituality. A Symposium. Ed. by K. Weitzmann, New York 1980, S. 121ff. – W. Naumann. Der frühchristliche Innenraum: Die Kirche von Santa Sabina in Rom, in: Antike Welt 5, 1974, S. 27ff. – Ursula Nilgen, Das Fastigium der Basilica Constantiniana und die vier Bronzesäulen des Lateran, in RQS 72, 1977, S. 1ff. – G. Pelliccioni, Le nuove scoperte sulle origini del battistero lateranense (Atti della Pontificia Accademia romana di archeologia. Memorie, 12,1), Città del Vaticano 1973. – A. PETRIGNANI, La basilica di S. Pudenziana in Roma secondo gli scavi recentemente eseguiti, Città del Vaticano 1934. – J. RUYSSCHAERT, Essai d'interprétation synthétique de l'arc de Constantin, in: RendPontAcc 35, 1962/63, S. 79ff. – W. N. SCHUMACHER, Eine römische Apsiskomposition, in: RQS 54, 1959, S. 137ff. – M. STETTLER, Zur Rekonstruktion von S. Costanza, in: RM 58, 1934, S. 76ff. – H. STERN, Les mosaïques de l'église de Sainte-Constance à Rome, in: DOP 12, 1958, S. 157ff. – MARIA BARBARA v. STRITZKY, Zur Interpretation der «Darstellung im Tempel» im Triumphbogen von Santa Maria Maggiore, in: RQS 75, 1980, S. 133ff. – M. TEASDALE SMITH, The Lateran Fastigium, a Gift of Constantine the Great, in: RivAC 46, 1970, S. 149ff. – MARGHERITA TRINCI CECCHELLI, Osservazioni sul complesso della «domus» celimontana dei SS. Giovanni e Paolo, in: Atti IX CIAC (1978), Bd. 1, S. 551ff. – J. B. WARD PERKINS, The Shrine of St. Peter and its twelve Spiral Columns, in: Journal of Roman Studies 42, 1952, S. 21ff. – J. WIEGAND, Das frühchristliche Hauptportal an der Kirche der hl. Sabina, Trier 1900.

Konstantinopel (siehe auch unter Kunstgeschichte)

KONSTANTINOPEL; Allgemeines: H.-G. BECK (Hrsg.), Studien zur Frühgeschichte Konstantinopels, München 1973. – H.-G. BECK, Constantinople. The Rise of a New Capital in the East, in: Age of Spirituality. A Symposion. Ed. by K. WEITZMANN, New York 1980, S. 29ff. – C. DAGRON, Naissance d'une capitale. Constantinople et ses institutions de 330 à 451, Paris 1974. – F. W. DEICHMANN, Studien zur Architektur Konstantinopels im 5. und 6. Jh. n. Chr., Baden-Baden 1956. – F. W. DEICHMANN, Konstantinopel und Ravenna – eine Gegenüberstellung, in: DEICHMANN, Ges. Studien (1982), S. 479ff. – F. W. DEICHMANN, Die Expansion der Architektur Konstantinopels im fünften und sechsten Jahrhundert, in: DEICHMANN, Ges. Studien (1982), S. 620ff. – J. EBERSOLDT, A. THIERS, Les églises de Constantinople. Preface by G. DAGRON, London 1979 (Reprint der Ausgabe Paris 1913). – R. GUILLAND, Études de topographie de Constantinople byzantine, 2 Bde., Amsterdam/Berlin 1969. – R. JANIN, Constantinople byzantine. Développement urbain et répertoire topographique, 2. Aufl. Paris 1964. – TH. F. MATHEWS, The Early Churches of Constantinople. Architecture and Liturgy, University Park, Pa./London 1971. – TH. F. MATHEWS, The Byzantine Churches of Istanbul. A Photographic Survey, University Park, Pa. 1976. – G. MENDEL, Musées Impériaux Ottomans. Catalogue des Sculptures grecques, romaines et byzantines, Bd. 1–3, Constantinople 1912–1914. – A. VAN MILLINGEN, Byzantine Churches in Constantinople. Their History and Architecture, London 1912. – MÜLLER-WIENER, Bildlexikon (1977). – A. M. SCHNEIDER, Byzanz. Vorarbeiten zur Topographie und Archäologie der Stadt (Istanbuler Forschungen, 8), Berlin 1936. – CHRISTINE STRUBE, Die westlichen Eingangsseiten der Kirchen von Konstantinopel in justinianischer Zeit. Architektonische und quellengeschichtliche Untersuchungen, Wiesbaden 1973.

KONSTANTINOPEL; Einzelne Bauten und Monumente: J. CHR. BALTY, Hiérarchie d'Empire et image du monde. La face nord-ouest de la base de l'obélisque théodosien à Constantinople, in: Byzantion 52, 1982, S. 60ff. – G. BRUNS, Der Obelisk und seine Basis auf dem Hippodrom zu Konstantinopel (Istanbuler Forschungen, 7), Berlin 1935. – F. W. DEICHMANN, I pilastri acritani, in: RendPontAcc 50, 1977/78, S. 75ff., vgl. DEICHMANN, Ges. Studien (1982), S. 649ff. – J. EBERSOLT, Le Grand Palais de Constantinople et le Livre des Cérémonies, Paris 1910. – S. EYICE, Le baptistère de Sainte Sophie d'Istanbul, in: Atti IX CIAC (1978), Bd. 2, S. 257ff. – LUCIA FAEDO, Il complesso monumentale del Foro di Teodosio a Constantinopoli (Riassunto), in: Corsi Ravenna 1982, S. 159ff. – PH. FORCHHEIMER, J. STRZYGOWSKI, Die byzantinischen Wasserbehälter von Konstantinopel (Byzantinische Baudenkmäler, 2), Wien 1893. – R. M. HARRISON, Scavi della chiesa di S. Polieucto a Istanbul. in: Corsi Ravenna 1979, S. 157ff. – R. M. HARRISON, Scultura marmorea della chiesa di S. Polieucto a Istanbul, in: Ebd. 1979, S. 163ff. – R. M. HARRISON, Anicia Juliana's Church of St. Polyeuktos, in: JbÖB 32/4, 1982, S. 435ff. – H. KÄHLER, Die Hagia Sophia. Mit einem Beitrag von C. MANGO über die Mosaiken, Berlin (West) 1967. – H. KÄHLER, Der Sockel des Theodosiusobelisken in Konstantinopel als Denkmal der Spätantike, in: ActaArchArt 6, 1975, S. 45ff. – R. KRAUTHEIMER, Again Saints Sergius and Bacchus at Constantinople, in: JbÖB 23, 1974, S. 251ff. – F. KRISCHEN, B. MEYER-PLATH, A. M. SCHNEIDER, Die Landmauer von Konstantinopel, Teil 1–2 (Denkmäler antiker Architektur, 6), Berlin 1938–1943. – E. MAMBOURY, TH. WIEGAND, Die Kaiserpaläste von Konstantinopel zwischen Hippodrom und Marmara-Meer, Berlin/Leipzig 1934. – C. MANGO, The Date of the Studius Basilica at Istanbul, in: Byzantine and Modern Greek Studies 4, 1978, S. 115ff. – C. MANGO, The Church of Sts. Sergius and Bacchus once again, in: BZ 68, 1975, S. 385ff. – A. VAN MILLINGEN, Byzantine Constantinople. The Walls of the City and Adjoining Historical Sites, London 1889. – K. L. VAN NICE, Saint Sophie in Istanbul. An Architectural Survey, Bd. 1, Washington, D. C. 1965. – U. PESCHLOW, Die Irenenkirche in Istanbul. Untersuchungen zur Architektur, Tübingen 1977. – U. PESCHLOW, Die Johanneskirche des Studios in Istanbul. Bericht über die jüngsten Untersuchungsergebnisse, in: JbÖB 32/4, 1982, S. 429ff. – A. M. SCHNEIDER, Die Grabungen im Westhof der Sophienkirche zu Istanbul (Istanbuler Forschungen, 12),

Berlin 1941. – A. M. SCHNEIDER, Die Hagia Sophia zu Konstantinopel (Bilderhefte antiker Kunst, 6), 2. Aufl. Berlin 1942. – H. G. THÜMMEL, Hagia Sophia, in: Besonderheiten der byzantinischen Feudalentwicklung. Hrsg. von HELGA KÖPSTEIN, Berlin 1983, S. 119ff. – H. WREDE, Zur Errichtung des Theodosius-obelisken in Istanbul, in: IstMitt 16, 1966, S. 178ff.

Thessaloniki und Griechenland (siehe auch unter Kunstgeschichte)

Allgemeines: J. CHRISTERN, in: BRENK, Spätantike (1977), S. 172ff. – M. CAGIANO DE AZEVEDO, Il palazzo imperiale di Salonicco, in: Felix Ravenna 4. ser. 1, 1979, S. 7ff. – B. CROKE, Thessalonika's Early Byzantine Palaces, in: Byzantion 51, 1981, S. 475ff. – C. DIEHL, M. LE TOURNEAU, H. SALADIN, Les monuments chrétiens de Salonique, Paris 1918. – IHM, Programme (1960), S. 45ff., 182ff. – KRAUTHEIMER, Architecture (1979), S. 124ff. – P. LEMERLE, Philippes et la Macédoine orientale à l'époque chrétienne et byzantine, 2 Bde., Paris 1945. – P. LEMERLE, Les plus anciens recueils des miracles de Saint Démétrius et la pénétration des Slaves dans les Balkans, 2 Bde., Paris 1979–1981. – N. C. MUTSOPULOS, Contribution à l'étude du plan de ville de Thessalonique à l'époque romaine, in: Atti del XVI Congresso di storia dell'architettura Atene 1969, Rom 1977, S. 187ff. – D. PALLAS, Les monuments paléochrétiens de Grèce découverts de 1959 à 1973, Città del Vaticano 1977. – J. P. SODINI, Mosaïques paléochrétiens de Grèce, in: Bulletin de correspondance hellénique 94, 1970, S. 699ff. – M. VICKERS, Fifth-Century Brickstamps from Thessaloniki, in: BSA 68, 1973, S. 285ff. – I. E. VOLONAKIS, Die frühchristlichen Baptisterien Griechenlands, Athen 1976 (griechisch).

Einzelne Bauten und Monumente: C. BAKIRTZIS, Sur le donateur et la date des mosaïques d'Acheiropoietos à Thessalonique, in: Atti IX CIAC (1978), Bd. 2, S. 37ff. – DARIA DE BERNARDI FERRERO, La Panagia Acheiropoietos di Salonicco, in: Corsi Ravenna 1975, S. 157ff. – N. GKIOLES, Eine ikonographische Parallele zu den Kuppelmosaiken der Rotunde von Thessaloniki, in: Parusia 1, 1982, S. 123ff. (griechisch). – R. S. CORMACK, The Mosaic Decoration of S. Demetrios, Thessaloniki. A Re-Examination in the Light of the Drawings of W. S. George, in: BSA 64, 1969, S. 17ff. – B. CROKE, Hormisdas and the Late Roman Walls of Thessalonika, in: Greek, Roman and Byzantine Studies 19, 1978, S. 251ff. – A. GRABAR, Notes sur les mosaïques de Saint-Démétrios à Salonique, in: Byzantion 48, 1978, S. 64ff. – G. GUNARES, Die Mauer von Thessaloniki, Thessaloniki 1976 (griechisch). – K.-F. KINCH, L'arc de triomphe de Salonique, Paris 1890. – W. E. KLEINBAUER, The Original Name and Function of Hagios Georgios at Thessaloniki, in: CahArch 22, 1972, S. 55ff. – W. E. KLEINBAUER, The Iconography and the Date of the Mosaics of the Rotunda of Hagios Georgios, Thessaloniki, in: Viator 3, 1972, S. 27ff. – W. E. KLEINBAUER, The Orants in the Mosaic Decoration of the Rotunda at Thessaloniki: Martyr Saints or Donors?, in: CahArch 30, 1982, S. 25ff. – H. P. LAUBSCHER, Der Reliefschmuck des Galeriusbogens in Thessaloniki, Berlin (West) 1975. – P. LEMERLE, Saint-Démétrius de Thessalonique et les problèmes du martyrion et du transept, in: Bulletin de correspondance hellénique 77, 1953, S. 660ff. – H. MEYER, Die Frieszyklen am sogen. Triumphbogen des Galerius in Thessaloniki. Kriegschronik und Ankündigung der Zweiten Tetrarchie, in: JdI 95, 1980, S. 374ff. – G. UND M. SOTIRIOU, Die Basilika des heiligen Demetrios von Thessaloniki, 2 Bde., Athen 1952 (griechisch). – G. VELENIS, Architektonische Probleme des Galeriusbogens, in: AA 1979, S. 249ff.

Syrien und Heiliges Land (siehe auch unter Kunstgeschichte)

B. BAGATTI, Gli antichi edifici sacri di Betleme, Jerusalem 1952. – B. BAGATTI, E. TESTA, Il Golgotha e la Croce. Ricerche storico-archeologiche, Jerusalem 1978. – J. DE BRUYNE, La décoration des baptistères paléochrétiens, in: Actes Ve CIAC (1957), S. 341ff. – H. C. BUTLER, Early Churches in Syria. Fourth to Seventh Century. Ed. by E. B. SMITH, Princeton, N. J. 1929. – V. C. CORBO, Il Santo Sepolcro di Gerusalemme. Aspetti archeologici dalle origini al periodo crociato, 3 Bde., Jerusalem 1982. – CH. COÜASSNON, The Church of Holy Sepulchre in Jerusalem, London 1974. – F. W. DEICHMANN, Qalb Lōze und Qal'at Sem'ān. Die besondere Entwicklung der nordsyrisch-spätantiken Architektur (Bayer. Akad. d. Wiss., Phil.-Hist. Klasse, Sitzungsberichte 6, 1982), München 1982. – A. v. GERKAN, Zur Hauskirche von Dura-Europos, in: Mullus (1964), S. 143ff. – E. R. GOODENOUGH, Jewish Symbols in the Greco-Roman Period, Bd. 9–11; Symbolism in the Dura Synagogue, New York 1964. – J. GUTMANN (HRSG.), The Dura-Europos Synagogue: A Re-Evaluation (1932–1972), Missoula, Mont. 1973. – J. GUTMANN (Hrsg.), Ancient Synagogues. The State of Research, Chicago, CA. 1981. – A. HEISENBERG, Grabeskirche und Apostelkirche, zwei Basiliken Konstantins, Bd. 1: Die Grabeskirche in Jerusalem, Leipzig 1908. – W. KARNAPP, Die Stadtmauer von Resafa in Syrien (Denkmäler antiker Architektur, 11), Berlin (West) 1976. – W. KARNAPP, Der Khan der syrischen Ruinenstadt Resafa, in: AA 1978, S. 136ff. – J. KOLLWITZ, Die Grabungen in Resafa (1952ff.), in AA 1954, Sp. 121ff.; 1957, Sp. 64ff.; 1963, Sp. 328ff. – KRAELING, Synagogue (1956). – KRAELING, Christian Building (1967). – D. KRENCKER, Die Wallfahrtskirche des Symeon Stylites in Kal'at Sim'ân. Erster Bericht ... 1938 (Abhandlungen d. Akad. d. Wiss. Berlin, Phil.-Hist. Klasse 4, 1938), Berlin 1939. – G. KROLL, Auf den Spuren Jesu, 9. Aufl., Leipzig 1983. – J. LASSUS, Sanctuaires chrétiens de Syrie, Paris 1947. – A. OVA-

DIAH, Corpus of the Byzantine Churches in the Holy Land, Bonn 1970. – J. PRAWER, B. BRENK, Heiliges Land, 2. Aufl. Bern/Stuttgart 1979. – M. I. ROSTOVTZEFF, Dura-Europos and its Art, Oxford 1938. – K. UND URSULA SCHUBERT, Die Errettung des Moses aus dem Nil in der Kunst des spätantiken Judentums, in: Studien zum Pentateuch, W. Kornfeld zum 60. Geburtstag, Wien 1977, S. 59ff. – ELFRIEDE STORM, Rusafa in der syrischen Wüste – Stadt eines Heiligen und eines Kalifen, in: Karawane 22, 1981, S. 3ff., 91. – CHRISTINE STRUBE, Die Formgebung der Apsisdekoration in Qalbloze und Qalat Siman, in: JbAC 20, 1977, S. 181ff. – G. TCHALENKO, Villages antiques de la Syrie du Nord. Le massif du Bélus à l'époque romaine, 3 Bde., Paris 1953–1958. – G. TCHALENKO, Eglises de village de la Syrie du Nord. Planches. Hrsg. unter Mitarbeit von E. BACCACHE, Paris 1979. – TH. ULBERT, Resafa-Sergiopolis. Ergebnisse der Ausgrabungen 1976–1978, in: Landeskundliches Vierteljahrsblatt 25, 1979, S. 162ff. – L. H. VINCENT, F. M. ABEL, Bethléem. Le sanctuaire de la Nativité, Paris 1914.

Nordafrika, Ägypten

J. CHRISTERN, Das frühchristliche Pilgerheiligtum von Tebessa. Architektur und Ornamentik einer spätantiken Bauhütte in Nordafrika, Wiesbaden 1976. – A. EFFENBERGER, Koptische Kunst. Ägypten in spätantiker, byzantinischer und frühislamischer Zeit, Leipzig/Wien 1975. – W. GESSEL, Monumentale Spuren des Christentums im römischen Nordafrika, in: Antike Welt 12, 1981, Sondernummer. – H.-G. SEVERIN, in: Brenk, Spätantike (1977), S. 234ff.

Kleinasien (Ephesus)

O. FELD, in: BRENK, Spätantike (1977), S. 155ff., 163. – J. KEIL u. a., Die Johanneskirche (Forschungen in Ephesos, Bd. 4, Teil 3), Wien 1951. – V. M. STROCKA, Die Wandmalerei der Hanghäuser in Ephesos, mit einem Beitrag von H. Vetters (Forschungen in Ephesos, Bd. 8, Teil 1), Wien 1979. – J. STRZYGOWSKI, Kleinasien. Ein Neuland der Kunstgeschichte, Leipzig 1903.

Jugoslawien (Split/Spalato, Poreč/Parenzo)

G. BOVINI, L'antichità cristiane della faccia costiera istriana da Parenzo a Pola, Bologna 1974. – G. CUSCITO, LINA GALLI, Parenzo, Padua 1976. – R. FELLMANN, Der Diokletianspalast von Split im Rahmen der spätrömischen Militärarchitektur, in: Antike Welt 10, 1979, S. 47ff. – SHEILA MCNALLY, Der Diokletianspalast in Split, in: Ebd., S. 35ff. – T. MARASOVIC, Il palazzo di Diocleziano a Spalato alla luce delle recenti ricerche, in: Corsi Ravenna 1979, S. 197ff. – B. MOLAJOLI, La basilica Eufrasiana di Parenzo, Padua 1943. – G. NIEMANN, Der Palast Diokletians in Spalato, Wien 1910.

Verzeichnis der Abbildungen auf den Textseiten

combe (1966), S. 135, Abb. 26. – Nestori, Repertorio (1975), S. 124 Nr. 45.

39 Rom. S. Sebastiano in Catacumbas. Nekropole und Trikliabezirk unter der Basilica Apostolorum. 1.-4. Jh.
JASTRZEBOWSKA, Totenmahl (1981), S. 14ff., Abb. 1–11. – TOLOTTI, in: RM 89, 1982, S. 153ff., 171ff.

39 Rom. S. Sebastiano in Catacumbas. Ost-West-Schnitt durch die Nekropole und den Trikliabezirk unter der Basilica Apostolorum. 1.–4. Jh.
A. v. GERKAN, in: H. Lietzmann, Petrus und Paulus in Rom, 2. Aufl. Berlin/Leipzig 1927, Beilage 1, Taf. III.

40 Rom. Totenkultanlage unter S. Sebastiano in Catacumbas. Rekonstruktion der Triklia. Um 260–300.
STYGER, Märtyrergrüfte (1935), S. 33ff., Taf. 15ff.

42 Rom. Vatikanische Nekropole. Querschnitt mit den Fundamenten der konstantinischen Basilika und dem Mausoleum F der Caetennier.
ESPLORAZIONI (1951), S. 153, Abb. 106. – KIRSCHBAUM, Gräber (1974), S. 148ff., Abb. 37.

43 Rom. Umriß des heutigen Petersdoms mit eingezeichnetem Grundriß der konstantinischen Petrusbasilika und der Lage der vatikanischen Nekropole.
ESPLORAZIONI (1951), S. 24, Abb. 8. – KIRSCHBAUM, Gräber (1974), S. 20ff., Abb. 1.

44 Rom. Vatikanische Nekropole unter der Peterskirche. Lageplan der Mausoleen des 2./3. Jh. unter der konstantinischen Basilika.
JOCELYN TOYNBEE, J. WARD PERKINS, The Shrine of St. Peter and the Vatican Excavations, London usw. 1956, S. 24ff., Abb. 2–3. – KIRSCHBAUM, Gräber (1974), S. 20ff., Abb. 2.

45 Rom. Vatikanische Nekropole unter der Peterskirche. Hypothetische Rekonstruktion des Nischenmonuments («Tropaion des Gaius») über dem vermeintlichen Petrusgrab vor der «Roten Mauer» des Grabhofes P.
ESPLORAZIONI (1951), S. 139ff., Abb. 99ff., Taf. G. – KIRSCHBAUM, Gräber (1974), S. 48ff., 61ff., Taf. 26.

45 Rom. Vatikanische Nekropole unter der Peterskirche. Ost-West-Schnitt durch die «Rote Mauer» und die Grabungssituation am Nischenmonument im Bereich des vermeintlichen Petrusgrabes.
ESPLORAZIONI (1951), S. 122ff., Abb. 90. – KIRSCHBAUM, Gräber (1974), S. 61ff., Abb. 11–12.

46 Rom. Petrusbasilika (Alt-St. Peter). Rekonstruktion des Altarbaldachins mit der konstantinischen Verkleidung der Petrusmemoria.
ESPLORAZIONI (1951), S. 169ff., Abb. 121ff., Taf. H. – KIRSCHBAUM, Gräber (1974), Taf. 29.

48 Rom. Vatikanische Nekropole unter der Peterskirche. Wandmosaikreste im Mausoleum M der Julier. Meerwurf und Verschlingung des Jonas. Um 300.
ESPLORAZIONI (1951), S. 38ff., Taf. 12 b. – O. PERLER, Die Mosaiken der Juliergruft im Vatikan, Freiburg 1953. – KIRSCHBAUM, Gräber (1974), S. 31ff., Abb. 5.

52–53 Rom. Lucinagruft. Entwicklung der Hypogäen α und β sowie der Corneliusregion im Verlauf des 3. Jh.
L. REEKMANS, La tombe du Pape Corneille et sa région cémétériale, Città del Vaticano 1964, Taf. XI. – TESTINI, Catacombe (1966), S. 62ff., Abb. 8–10. – H. BRANDENBURG, in JbAC 11/12, 1968/69, S. 42ff., Abb. 1–3, Falttafel.

56 Rom. Via Appia. Lageplan der Callistuskatakombe und der Lucinagruft.
H. BRANDENBURG, in: JbAC 11/12, 1968/69, S. 42ff.

57 Rom. Callistuskatakombe. «Area I» mit Papstgruft und «Sakramentskapellen» zur Zeit des Papstes Damasius (366 bis 384).
STYGER, Katakomben (1933), S. 43ff., Abb. 10, 14–16. – H. BRANDENBURG, in: Vivarium (1984), S. 31f.

58 Fragmente von der Grabverschlußplatte des Bischofs Pontianus aus der Papstgruft der Callistuskatakombe.
J. WILPERT, Die Papstgräber und die Cäciliengruft in der Katakombe des heiligen Kallistus, Freiburg 1909, S. 1f., Abb. 1, Taf. 2, 2. – TESTINI, Catacombe (1966), S. 207f., Abb. 76.

60–61 Rom. Callistuskatakombe. «Sakramentskapelle» A 3, Schema der Wanddekoration und der Anordnung der biblischen und neutralen Bildmotive.
DE ROSSI, RS 2 (1867), tavola aggiunta D.

88 Dura-Europos. Hauskirche. Um 241–256. Grundriß und Schnitt.
A. v. GERKAN, in: Mullus (1964), S. 143ff. – KRAELING, Christian Building (1967), S. 3ff., 141, Plan V, VII. – J. LASSUS, in: BRENK, Spätantike (1977), S. 222, Fig. 52.

89 Münze von Apameia Kibotos. Noah und seine Frau in der Arche. Um 193–211.
KÖTZSCHE-BREITENBRUCH, Via Latina (1976), S. 54, Taf. 3c.

90 Dura-Europos. Synagoge. Um 245–256, Grundriß.
E. R. GOODENOUGH, Jewish Symbols in the Greco-Roman Period, New York 1964, Bd. 9, S. 14ff.; Bd. 11, Abb. 311 bis 316. – KRAUTHEIMER, Architecture (1979), S. 28. – L. I. LEVINE, in: Ancient Synagogues Revealed, Jerusalem 1981, S. 172ff.

91 Dura-Europos. Synagoge. Schema der Wanddekoration in der Versammlungshalle. Westwand mit Thoranische. Um 245–256.
GOODENOUGH, ebd., Abb. 319. – B. NARKIS, in: Age of Spirituality (1979), S. 372ff. Nr. 341.

95 Split (Spalato)/Jugoslawien. Palast Diokletians. Um 300. Grundriß.
J. und T. Marasovic, Diocletians Palace, Zagreb 1970. – T. Marasovic, in: Corsi Ravenna 1979, S. 197ff. – Sheila McNally, R. Fellmann, in: Antike Welt 10, 1979, S. 35ff., 47ff.

97 Villa von Piazza Armerina/Sizilien. Anfang des 4. Jh. Lageplan.
G. V. Gentili, La Villa Erculia di Piazza Armerina, Mailand 1959. – H. Kähler, Die Villa des Maxentius bei Piazza Armerina, Berlin (West) 1973. – H.-J. Marrou, in: Christiana Temporum, Rom 1978, S. 253ff. – Age of Spirituality (1979), S. 100 Nr. 91; S. 117 Nr. 105.

98 Qirqbiza/Syrien. Hauskirche. Anfang des 4. Jh. Grundriß.
J. Lassus, in: Brenk, Spätantike (1977), S. 223, Abb. 224, Fig. 53.

99 Rom. Reste römischer Wohnhäuser («Casa Celimontana») unter der Kirche SS. Giovanni e Paolo (titulus Byzantis et Pamachii) auf dem Mons Caelius. 2.–4. Jh.
Margherita Trinci Cecchelli, in: Atti IX CIAC (1978), Bd. 2., S. 551ff. – B. M. Apollonj Ghetti, in: Atti IX CIAC (1978), Bd. 2, S. 493ff. – Krautheimer, Architecture (1979), S. 29f.

100 Aquileia. «Doppelkathedrale» des Bischofs Theodorus. Um 319. Grundrißrekonstruktion.
H. Brandenburg, in: Brenk, Spätantike (1977), S. 119, Fig. 1. – Krautheimer, Architecture (1979), S. 43ff., Abb. 9.

101 Aquileia. «Doppelkathedrale». Inschrift des Bischofs Theodorus im Bodenmosaik des Südsaales. Um 319.
H. Kähler, Die frühe Kirche, Berlin (West) 1972, S. 46ff. – G. Cuscito, Die Basilika von Aquileia, Bologna 1978, S. 6, Abb. 3.

103 Aquileia. «Doppelkathedrale» des Bischofs Theodorus. Ausschnitt aus dem Bodenmosaik des Südsaales. Viktoria (Felicitas Temporum). Um 319.
W. N. Schumacher, Viktoria in Aquileia, in: Tortulae (1966), S. 250ff.

105 Rom. Forum des Kaisers Trajan. Um 107–112. Lageplan.
E. Nash, Bildlexikon zur Topographie des antiken Rom, Bd. 1, Tübingen 1961–62, S. 450ff. – P. Zanker, in: AA 1971, Sp. 449ff.

106 Rom. Forum Romanum. Basilica Nova des Maxentius. Um 306–312. Isometrische Rekonstruktion.
J. B. Ward Perkins, Roman Imperial Architecture, Harmondsworth 1981, S. 426f., Abb. 290.

107 Rom. Basilica Constantiniana (Lateranbasilika, S. Giovanni in Laterano). Um 320. Isometrische Rekonstruktion.
V. Hoffmann, in: Römisches Jahrbuch für Kunstgeschichte 17, 1978, S. 36ff., Abb. 35. – Brandenburg, Basiliken (1979), S. 27.

126 Rom. Baptisterium der Lateranbasilika (S. Giovanni in Fonte). Schnittrekonstruktion mit den Umbauten unter Sixtus III. Um 432–440.
Deichmann, Kirchen (1948), S. 40, Abb. 57–59.

128–129 Römische Märtyrerbasiliken vom «Umgangstypus»: S. Sebastiano in Catacumbas (Basilica Apostolorum), SS. Marcellino e Pietro mit dem Mausoleum der Helena (Tor' Pignattara), Alt-S. Agnese mit dem Mausoleum der Constantina (S. Costanza) und S. Lorenzo fuori le mura. Erste Hälfte des 4. Jh.
E. Josi, R. Krautheimer, in: RivAC 31, 1955, S. 52. – F. W. Deichmann, A. Tschira, in: JdI 72, 1957, S. 44ff. – F. W. Deichmann, in: RM 77, 1970, S. 144ff. – A. P. Frutaz, Il complesso monumentale di Sant'Agnese, 3. Aufl. Rom 1976. – Krautheimer, Architecture (1979), S. 53f. – F. Tolotti, in: RM 89, 1982, S. 153ff.

130–131 Rom. Mausoleum der Constantina (S. Costanza). Vor 354. Verschiedene Ansichten und Schnitte mit Rekonstruktionen (nach Stettler).

132 Rom. Mausoleum der Constantina (S. Costanza). Vor 354. Grundrißrekonstruktion.
M. Stettler, in: RM 58, 1943, S. 76ff., Taf. 4, Beilagen 1–3. – Deichmann, in: RivAC 22, 1946, S. 213ff. – Deichmann, Kirchen (1948), S. 25ff.

133 Rom. Konstantinische Petrusbasilika (Alt-St. Peter) am Vatikan. Isometrische Rekonstruktion des Zustandes um 400.
J. Christern, in: RQS 62, 1967, S. 133ff. – Ders. und Katharina Thiersch, in: RQS 64, 1969, S. 1ff. – Krautheimer, Architecture (1979), S. 55ff., 487f.

134 Jerusalem. Kirche des Hl. Grabes (Basilika und Grabesrotunde). Zustand am Ende des 4. Jh.
V. C. Corbo, Il Santo Sepolcro di Gerusalemme, Jerusalem 1982, Bd. 2, Taf. 3.

135 Bethlehem. Konstantinische Geburtskirche. Um 333. Isometrische Rekonstruktion mit dem Oktogon über der Geburtsgrotte.
Brenk, Spätantike (1977), S. 195, Abb. 144, Fig. 41. – Krautheimer, Architecture (1979), S. 60ff., 279f., Abb. 26, 227.

136 Rom. Kirche des Hl. Kreuzes (S. Croce in Gerusalemme). Isometrische Rekonstruktion des zur Kirche umgebauten Sessorianums im Palast der Helena. Um 350.
Deichmann, Kirchen (1948), S. 30. – Krautheimer, Architecture (1979), S. 51f., Abb. 16. – Brandenburg, Basiliken (1979), S. 160ff.

137 Mailand. Basilika der hl. Thekla (S. Tecla) mit dem Baptisterium des hl. Ambrosius. Ende des 4. Jh. Grundriß.
M. Mirabella Roberti, in: Atti del Congresso sul Duomo di Milano 1, Mailand 1969, S. 31 ff. – Krautheimer, Architecture (1979), S. 87 f., Abb. 41.

138 Mailand. Kirche des hl. Laurentius (S. Lorenzo Maggiore). Zweite Hälfte des 4. Jh. Grundriß mit dem rekonstruierten Atrium.
A. Calderini, G. Chierici, C. Cecchelli, La basilica di S. Lorenzo Maggiore, Mailand 1951. – G. Traversi, Architettura paleocristiana milanese, Mailand 1964, S. 63 ff. – Age of Spirituality (1979), S. 653 f. Nr. 584. – Krautheimer, Architecture (1979), S. 81 ff.

140 Luxor/Ägypten. Kaiserkultraum im römischen Legionslager. Dekoration der Apsiswand. Um 300. Rekonstruktion.
J. Deckers, in: JdI 94, 1979, S. 600 ff. – Ders., in: Spätantike und frühes Christentum (1983), S. 267 ff.

142 Nola-Cimitile. Rekonstruktion des Apsismosaiks in der Basilica Apostolorum nach dem Titulus des Paulinus von Nola.
F. Wickhoff, in: RQS 3, 1889, S. 4 ff. – Ihm, Programme (1960), S. 80 ff., Fig. 16; S. 179 ff. – Engemann, in: JbAC 17, 1974, S. 21 ff., Abb. 1.

144 Rom. Katakombe an der Via Latina (Via Dino Compagni). Zweites Drittel des 4. Jh. Gesamtplan des Hypogäums.
A. Ferrua, Le pitture della nuova catacomba di via Latina, Città del Vaticano 1960, Taf. 120. – Kötzsche-Breitenbruch, Via Latina (1976), Anhang 1.

145 Rom. Katakombe an der Via Latina. Cubiculum O. Schema der Dekoration.
Kötzsche-Breitenbruch, Via Latina (1976), Anhang 11.

146 Rom. Forum Romanum. Rekonstruktion des tetrarchischen Fünfsäulendenkmals hinter der Rostra. Um 303.
H. Kähler, Das Fünfsäulendenkmal für die Tetrarchen auf dem Forum Romanum, Köln 1964. – J. Engemann, in: Frühmittelalterliche Studien 18, 1984, S. 336 ff., Fig. 1.

148 Rom. Konstantinsbogen. Schema des Bildprogramms der Front- und Stirnseiten.

180 Einzug Christi in Jerusalem. Detail vom Sarkophag der Adelphia (vgl. Tafel 59)
E. Dinkler, Der Einzug in Jerusalem, Opladen 1970, S. 17 ff., Abb. 15.

186 Glasschale von Podgoritza mit Ritzdarstellungen. Opfer Abrahams, alttestamentliche Szenen und Auferweckung des Lazarus. Ende des 4. Jh. Leningrad, Staatliche Ermitage, Orientalische Abteilung.
Alice Bank, Byzantine Art in the Collections of Soviet Museums, Leningrad 1977, S. 276, Abb. 26–29.

188 Syrisches Evangeliar des Mönches Rabbula. Kanontafel mit Teil der Evangelienkonkordanz des Eusebius. Die Evangelisten Matthäus und Johannes. Kloster Zagba/Nordsyrien, um 586. Florenz, Biblioteca Laurenziana, Cod. Plut. I 56, Blatt 9 verso.
J. Leroy, Les manuscrits syriaques à peintures, Paris 1964, S. 139 ff. – K. Weitzmann, in: DOP 28, 1974, S. 31 ff.

189 Römischer Kalender von 354. Kaiser Constantius II. als Consul bei der Geldspende. Nachzeichnung des 17. Jh. nach einer karolingischen Kopie. Rom, Biblioteca Vaticana Barb. lat. 2154 Blatt 13.
J. Strzygowski, Die Calenderbilder des Chronographen vom Jahre 354, Berlin 1888, Taf. 2. – Age of Spirituality (1979), S. 78 f. Nr. 67. – H. Stern, in: Aufstieg und Niedergang der römischen Welt II 12.2, Berlin (West) 1981, S. 431 ff.

192 Silberreliquiar für Apostelreliquien aus der Basilica Apostolorum (S. Nazaro) zu Mailand. Nach 382. Nebenseite mit Darstellung des Urteils Salomons. Mailand, Domschatz.
H. Buschhausen, Die spätrömischen Metallscrinia und frühchristlichen Reliquiare 1, Wien 1971, S. 223 ff. Nr. B 11, Taf. B 42.

230 Rom. Kirche der hl. Sabina (S. Sabina) auf dem Aventin. Um 422–432. Grundriß.
R. Krautheimer u. a., Corpus Basilicarum Christianarum 4, Città del Vaticano 1970, S. 72 ff. – H. Brandenburg, in: Brenk, Spätantike (1977), S. 123, Abb. 4, Fig. 7.

235–236 Rom. S. Stefano Rotondo. Um 468–483. Grundriß und isometrische Rekonstruktion.
H. Brandenburg, in: Brenk, Spätantike (1979), S. 125, Abb. 10, Fig. 11. – Age of Spirituality (1979), S. 660 f. Nr. 589. – R. Krautheimer, in: Age of Spirituality. A Symposion. Ed. by K. Weitzmann, in: New York 1980, S. 121 ff.

238 Neapel. Baptisterium (S. Giovanni in Fonte). Mosaikdekoration der Kuppel. Um 400.
J. L. Maier, Le baptistère de Naples et ses mosaïques, Freiburg i. Br. 1964. – Paola Pariset, in: CahArch 20, 1970, S. 1 ff. – Wilpert/Schumacher Mosaiken (1976), S. 31 ff., 303, Taf. 8–18.

239 Nola-Cimitile. Heiligtum des hl. Felix mit der Basilica Apostolorum des Paulinus von Nola. Um 400. Grundrißrekonstruktion.
E. Kirsten, Süditalienkunde 1: Campanien und seine Nachbarlandschaften, Heidelberg 1975, S. 613 ff. – H. Brandenburg, in: Brenk, Spätantike (1977), S. 125, Fig. 12. – Krautheimer, Architecture (1979), S. 122 ff., 207 f., Abb. 159.

241 Ravenna. Kirche des Evangelisten Johannes (S. Giovanni Evangelista). Nach 426. Grundrißrekonstruktion.
DEICHMANN, Kommentar 1 (1974), S. 98 ff., Plananhang (1976), S. VI, Plan 7.

241 Ravenna. Teil vom Narthex der Kirche des Hl. Kreuzes (S. Croce) mit dem «Mausoleum der Galla Placidia». Um 450. Grundrißrekonstruktion.
DEICHMANN, Kommentar 1 (1974), S. 49 ff., 61 ff., Plananhang (1976) S. VI, Plan 8.

242 Ravenna. Baptisterium des Neon (Baptisterium des Domes bzw. «Baptisterium der Orthodoxen»). Um 450–460. Grundrißrekonstruktion.
DEICHMANN, Kommentar 1 (1976), S. 18 ff., Plananhang (1976) S. V, Plan 4.

243 Ravenna. Baptisterium des Neon. Schnittrekonstruktion mit dem Dekorationssystem des Innern. Zustand um 450 bis 460.
DEICHMANN, Plananhang (1976) S. V, Plan 6.

245 Ravenna. Kirche des hl. Vitalis (S. Vitale). Um 540–547. Grundrißrekonstruktion.
DEICHMANN, Kommentar 2 (1976), S. 69 ff., Plananhang (1976) S. X, Plan 37.

250 Ravenna-Classe. Kirche des hl. Apollinaris (S. Apollinare in Classe). Um 535–549. Grundrißrekonstruktion mit dem hypothetischen Atrium.
DEICHMANN, Kommentar 1 (1974), S. 130 ff., Plananhang (1976) S. VI, Plan 10.

251 Elfenbeinrelief. Frauen am Grabe und Auferstehung Christi. Um 400. München, Bayerische Nationalbibliothek.
VOLBACH, Elfenbeinarbeiten (1976), S. 79 f., Nr. 110, Taf. 59.

286 Konstantinopel. Rekonstruktion des Stadtplanes des 4. bis 7. Jh.
MÜLLER-WIENER, Bildlexikon (1977), S. 19 ff., Abb. 2.

287 Konstantinopel. Schema der Landmauer und der Befestigungswerke. Erstes Viertel des 5. Jh.
MÜLLER-WIENER, Bildlexikon (1977), S. 286 ff., Abb. 326.

288 Konstantinopel. Yerebatan-Zisterne. Um 532–542. Grundriß.
MÜLLER-WIENER, Bildlexikon (1977), S. 283 ff., Abb. 323.

289 Konstantinopel (Istanbul). Philoxenos-(Binbirdirek-)Zisterne. 5./6. Jh. Rekonstruktion des Innern.
K. WULZINGER, in: BZ 22, 1913, S. 460. – MÜLLER-WIENER, Bildlexikon (1977), S. 280, Abb. 317.

292 Konstantinopel. Johanneskirche des Patrikios Studios. Um 453–463. Grundriß.
MÜLLER-WIENER, Bildlexikon (1977), S. 147 ff., Abb. 138.

294 Rekonstruktion des Ambo von S. Apollinare Nuovo zu Ravenna. Erste Hälfte des 6. Jh.
DEICHMANN, Kommentar 1 (1974), S. 136, Abb. 109 bis 110.

296 Konstantinopel. Kirche der Hll. Sergios und Bakchos. Um 531–536. Grundriß.
MÜLLER-WIENER, Bildlexikon (1977), S. 177 ff., Abb. 188. – KRAUTHEIMER, Architecture (1979), S. 233 ff., Abb. 180.

297 Konstantinopel. Hagia Sophia. 532–563. Grundriß.
MÜLLER-WIENER, Bildlexikon (1977), S. 84 ff., Abb. 75.

298–299 Längs- und Querschnitt durch die Hagia Sophia.
H. KÄHLER, Die Hagia Sophia, Berlin (West) 1967, Abb. 97.

301 Bawit/Ägypten. Apollonkloster. Apsisfresko in der Kapelle VI. Christus in der Mandorla und Gottesmutter zwischen Heiligen. 7. Jh. Kairo, Koptisches Museum.
A. EFFENBERGER, Koptische Kunst, Leipzig 1975, S. 213.

302 Ephesus. Johanneskirche. Um 540–560. Grundriß- und Schnittrekonstruktion des justinianischen Baus.
O. FELD, in: BRENK, Spätantike (1977), S. 163, Abb. 122, Fig. 26 a/b.

303 Silberreliquiar aus Cherson. Medaillons mit Bildnissen der Gottesmutter und Erzengel. Um 527–565. Leningrad, Staatliche Ermitage, Orientalische Abteilung.
A. EFFENBERGER, in: Silbergefäße (1978), S. 144 ff. Dok.-Nr. 8, Abb. 54–62.

311 Thessaloniki. Kirche des hl. Demetrios (Hagios Demetrios). Ende des 5. Jh. Grundriß.
G. UND M. SOTIRIOU, Die Basilika des heiligen Demetrios von Thessaloniki (griechisch), Athen 1952, Bd. 1, Taf. 1. – KRAUTHEIMER, Architecture (1979), S. 79 ff., Abb. 79.

312 Thessaloniki. Kirche der «Panhagia Acheiropoietos». Zweite Hälfte des 5. Jh. Grundriß- und Schnittrekonstruktion.
A. XYNGOPOULOS, in: Makedonika 2, 1941–1952, S. 472 ff. – D. DE BERNARDI FERRERO, in: Corsi Ravenna 1975, S. 157 ff. – KRAUTHEIMER, Architecture (1979), S. 104 ff., 496, Abb. 50.

313 Korinth-Lechaion. Basilika des hl. Leonidas. Anfang des 6. Jh. Grundrißrekonstruktion.
J. CHRISTERN, in: BRENK, Spätantike (1977), S. 188 f., Fig. 38. – KRAUTHEIMER, Architecture (1979), S. 138 ff., Abb. 88.

326 Tebessa (Theveste)/Algerien. Pilgerheiligtum. Um 400. Isometrische Rekonstruktion der Gesamtanlage.
J. CHRISTERN, Das frühchristliche Pilgerheiligtum von Tebessa, Wiesbaden 1976. – DERS., in: BRENK, Spätantike (1977), S. 265 ff., Fig. 77 b.

327 Qal'at Sim'ān/Syrien. Kloster und Heiligtum des Symeon Stylites d. Ä. 5./6. Jh. Rekonstruktion der Gesamtanlage.
J. LASSUS, in: BRENK, Spätantike (1977), S. 226, Fig. 57.

328 Qal'at Sim'an. Martyrion des hl. Symeon Stylites d. Ä. Zweite Hälfte des 5. Jh. Grundrißrekonstruktion.
D. KRENCKER, R. NAUMANN, Die Wallfahrtskirche des Simeon Stylites in Kal'at Sim'ân (Abh. d. Preußischen Akad. d. Wiss., Phil.-hist. Klasse 1938). – KRAUTHEIMER, Architecture (1979), S. 152ff., Abb. 101.

329 Rusafa-Sergioupolis/Syrien. Lageplan der Stadt mit der justinianischen Befestigungsmauer und den ausgegrabenen Kirchen. 5./6. Jh.
W. KARNAPP, Die Stadtmauer von Resafa in Syrien, Berlin (West) 1976. – J. LASSUS, in: BRENK, Spätantike (1977), S. 227f., Fig. 59. – TH. ULBERT, in: Landeskundliches Vierteljahrsblatt 25, 1979, S. 162. – ELFRIEDE STORM, in: Karawane 22, 1981, S. 3ff.

Faltkarte: Karte des spätantiken Imperium Romanum

Faltkarte, Rückseite: Rom. Schnitt durch den Petersdom mit der eingezeichneten Lage der heidnischen Nekropole am Vatikan und der konstantinischen Petrusbasilika.
U. M. FASOLA, Petrus und Paulus in Rom, Città del Vaticano 1981, S. 121–122.

Verzeichnis der Farbabbildungen

I Lateinische Handschrift («Quedlinburger Itala»). Szenen aus dem Buch Samuel. Rom, um 400. Berlin, Deutsche Staatsbibliothek, Handschriftenabteilung, Ms. Theol. Lat. fol. 485, Blatt 2 recto. – S. 232.
H. DEGERING, A. BOECKLER, Die Quedlinburger Italafragmente, Faksimile, Berlin 1932. – BRENK, Mosaiken (1975), S. 126ff., 146ff., 167f., 178ff. – H. L. KESSLER, in: Age of Spirituality (1979), S. 473f. Nr. 424. – H. LÜLFING, H. TEITGE, Handschriften und alte Drucke, Leipzig 1981, S. 52f.

II Rom. Kirche des hl. Stephanus (S. Stefano Rotondo). Um 468–483. Ansicht von Südwesten. – S. 235, 236.
KRAUTHEIMER, Architecture (1979), S. 94ff., 495.

III Ravenna. S. Apollinare Nuovo. Verrat des Judas aus dem «christologischen Zyklus» (Südseite). Um 520. – S. 245f.
DEICHMANN, Ravenna (1969), S. 184f. – DEICHMANN, Kommentar 1 (1974), S. 154ff., 174f. Nr. 3.

IV Ikone des Bischofs Apa Abraham von Hermonthis (?). Ägypten, um 600. Berlin, Staatliche Museen, Frühchristlich-byzantinische Sammlung. – S. 304.
M. KRAUSE, in: Zeitschrift für ägyptische Sprache 97, 1971, S. 106ff. – A. EFFENBERGER, Koptische Kunst, Leipzig 1975, S. 109, 211f., Taf. I.

V Griechische Handschrift des Buches Genesis («Wiener Genesis»). Jakob segnet die Söhne Josephs. Konstantinopel oder Syrien, 6. Jh. Wien, Österreichische Nationalbibliothek, Cod. theol. graec. 31, pict. 45. – S. 304, 307.
H. GERSTINGER, Die Wiener Genesis, Wien 1931. – K. WEITZMANN, Spätantike und frühchristliche Buchmalerei, München 1977, S. 87, Taf. 28. – H. L. KESSLER, in: Age of Spirituality (1979), S. 458f. Nr. 410. – O. MAZAL, Wiener Genesis. Vollständige Faksimile, Frankfurt a. M. 1980.

VI Griechisches Evangeliar von Sinope. Vermehrung der Brote und Fische (Speisung der viertausend). Konstantinopel oder Syrien, 6. Jh. Paris, Bibliothèque Nationale, Suppl. gr. 1286, Blatt 15. – S. 304, 307.
A. GRABAR, Les peintures de l'Evangéliaire de Sinope, Paris 1948, S. 13, Taf. III. – H. L. KESSLER, in: Age of Spirituality (1979), S. 491f. Nr. 442.

VII Thessaloniki. Hosios David. Mosaik der Apsis. Christus in der Glorie. Vier Wesen und Propheten. Um 500. – S. 314, 325.
VOLBACH, Frühchristliche Kunst (1958), S. 70, Abb. 133 bis 135. – IHM, Programme (1960), S. 182ff.

VIII Thessaloniki. Hagios Georgios. Ausschnitt des Kuppelmosaiks. Kopf des hl. Onesiphoros. Erste Hälfte des 6. Jh. – S. 325.
W. E. KLEINBAUER, in: CahArch 30, 1982, S. 25ff. – N. GKIOLES, in: Parusia 1, 1982, S. 123ff.

Verzeichnis der Abbildungen auf Tafeln

1 Fossor bei der Arbeit. Rom. Fresko in der Katakombe der Hll. Marcellinus und Petrus. 4. Jh. – S. 31, 56.
A. FERRUA, in: RivAC 46, 1970, S. 54. – NESTORI, Repertorio (1975), S. 60 Nr. 71. – ELENA CONDE GUERRI, Los «fossores» de Roma paleocristiana, Città del Vaticano 1979, S. 66ff., 87ff., Abb. 26 auf Taf. 17.

2 Rom. Pamphiluskatakombe. Gang mit intakten Loculusgräbern. 3./4. Jh. – S. 30, 31, 33.
E. JOSI, in: RivAC 1, 1924, S. 15ff., 19ff., 54ff. und RivAC 3, 1926, S. 51ff. – STYGER, Katakomben (1933), S. 228ff. – REEKMANS, in: Atti IX CIAC (1978), Bd. 1, S. 279.

3 Goldglasboden mit jüdischen Kultsymbolen. Aus Rom, jüdische Katakombe der Vigna Randanini. 4. Jh. Berlin, Staatliche Museen, Frühchristlich-byzantinische Sammlung. – S. 21, 31, 186.
TH.-M. SCHMIDT, in: FuB 20/21, 1980, S. 273ff., Abb. 1.

4 Tonlampe mit Schafträger, Herde, Ausspeiung und Ruhe des Jonas, Noah in der Arche, Gestirngottheiten. Rom, Florentinus-Werkstatt, 3. Jh. Berlin, Staatliche Museen, Frühchristlich-byzantinische Sammlung. – S. 20, 31, 92.

WULFF, Bildwerke (1909), S. 244 Nr. 1224, Taf. 59. – HIMMELMANN, Hirten-Genre (1980), S. 147, Taf. 54 c.

5 Grabverschlußplatte des Eutropos. Sarkophagbildhauer bei der Arbeit, der Verstorbene mit Becher, Taube mit Ölzweig. Um 300. Urbino, Palazzo Ducale. – S. 29, 32, 34, 48, 63.
KOCH/SICHTERMANN, Sarkophage (1982), S. 85, 121, Abb. 66–67.

6 Rom. Callistuskatakombe. Doppelcubiculum des Diakons Severus. Transenne mit Stifterinschrift. Um 296–304. – S. 34, 48.
A. FERRUA, Inscriptiones christianae Urbis Romae septimo saeculo antiquiores N. S. 4, Città del Vaticano 1965, Nr. 10183. – TESTINI, Catacombe (1966), S. 201, Abb. 71.

7 Rom. Heidnische Nekropole unter S. Sebastiano in Catacumbas. Die «Piazzuola» mit den drei Mausoleen X, Y und Z. Rechts das Mausoleum des M. Clodius Hermes. 2./3. Jh. – S. 26, 38, 40, 41.
G. MANCINI, Scavi sotto la basilica di S. Sebastiano sull'Appia antica, in: Notizie degli scavi 20, 1923, S. 3 ff. – STYGER, Märtyrergrüfte (1935), S. 41 ff., Taf. 30. – JASTRZEBOWSKA, Totenmahl (1981), S. 50 ff.

8 Rom. Heidnische Nekropole unter S. Sebastiano in Catacumbas. Wanddekoration im Mausoleum X des M. Clodius Hermes. Ende des 2. Jh. – S. 26, 33, 38, 49.
WIRTH, Wandmalerei (1934), S. 143, 190 ff., Taf. 24, 34. – JASTRZEBOWSKA, Totenmahl (1981), S. 51 f.

9 Rom. Heidnische Nekropole unter S. Sebastiano in Catacumbas. Malereien an der Attika des Mausoleums X des M. Clodius Hermes. Schafträger mit Herde und Totenbankette. Frühes 3. Jh. – S. 20, 26, 27, 38, 60, 92.
WIRTH, Wandmalerei (1934), S. 190 ff., Abb. 101. – U. M. FASOLA, in: RivAC 54, 1978, S. 7 ff., Abb. 1–3. – JASTRZEBOWSKA, Totenmahl (1981), S. 52 ff.

10 Rom. Totenkultanlagen unter S. Sebastiano in Catacumbas. Kritzelinschriften an der Trikliamauer mit Anrufungen des Petrus und Paulus. Zweite Hälfte des 3. Jh. – S. 38, 41, 42, 47.
STYGER, Märtyrergrüfte (1935), S. 32 ff., Taf. 18. – TESTINI, Catacombe (1966), S. 111 f., Abb. 16.

11 Rom. Heidnische Nekropole am Vatikan. Ansicht der Mausoleen unter der Peterskirche. 2./3. Jh. – S. 26, 42.
ESPLORAZIONI (1951), Taf. 1 b. – KIRSCHBAUM, Gräber (1974), S. 20 ff., Taf. 3.

12 Rom. Heidnische Nekropole am Vatikan. Gewölbemosaik im Mausoleum M der Julier. Christus-Sol Invictus im Viergespann, Weinlaub. Um 300. – S. 42, 47, 49.
ESPLORAZIONI (1951), Taf. 11. – KIRSCHBAUM, Gräber (1974), S. 31 ff., Taf. III. – J. N. CARDER, in: Age of Spirituality (1979), S. 522 f. Nr. 467.

13 Rom. Domitillakatakombe. Cubiculum des «Guten Hirten». System der Deckenmalerei. Erstes Viertel des 3. Jh. – S. 33, 35, 49, 54, 62.
L. DE BRUYNE, in: RivAC 44, 1968, S. 104 ff., Abb. 15, 16, 19, 20. – NESTORI, Repertorio (1975), S. 121 Nr. 23. – PH. PERGOLA, in: RivAC 51, 1975, S. 65 ff. – H. BRANDENBURG, in: BRENK, Spätantike (1977), S. 133 f., Abb. 45.

14 Rom. Lucinagruft. Doppelcubiculum XY, Schema der Decke der Kammer Y. Im Zentrum Daniel zwischen den Löwen. Erstes Viertel des 3. Jh. – S. 49 f., 52, 54 f., 59, 61, 62, 140.
WILPERT, Katakomben (1903), Taf. 25. – L. DE BRUYNE, in: RivAC 49, 1968, S. 99, Abb. 13. – NESTORI, Repertorio (1975), S. 99 Nr. 3. – H. BRANDENBURG, in: BRENK, Spätantike (1977), S. 133, Abb. 44.

15 Rom. Callistuskatakombe. «Area I». Zustand der Papstgruft nach der Auffindung durch G. B. DE ROSSI, 1854. – S. 23, 36, 55, 57, 59, 140.
DE ROSSI, RS 2 (1867), Taf. 1. – J. WILPERT, Die Papstgräber und die Cäciliengruft in der Katakombe des heiligen Kallistus, Freiburg i. Br. 1909. – STYGER, Katakomben (1933), S. 44 ff.

16 Rom. Callistuskatakombe. «Area I». «Sakramentskapelle» A 3. Detail der Rückwand mit Seligenmahl. Um 230 bis 240. – S. 23, 27, 50, 59, 140.
WILPERT, Katakomben (1903), Taf. 41, 2. – KOLLWITZ, Malerei (1969), S. 36 f. – NESTORI, Repertorio (1975), S. 102 Nr. 22.

17 Rom. Callistuskatakombe. «Area I». «Sakramentskapelle» A 3. Detail der linken Wand. Fischer und Taufe. Um 230 bis 240. – S. 22 f., 50, 59, 140.
WILPERT, Katakomben (1903), Taf. 27, 3. – NESTORI, Repertorio (1975), S. 102 Nr. 22.

18 Rom. Callistuskatakombe. Eusebiusregion. Cubiculum der «Cinque Santi». Dekoration der Rückwand mit Arkosol. Um 286–304. S. 23, 31, 33, 49, 60, 62, 64, 99.
WILPERT, Katakomben (1903), Taf. 111 (Ausschnitt). – KOLLWITZ, Malerei (1969), S. 42 ff., Abb. 6. – NESTORI, Repertorio (1975), S. 106 Nr. 44.

19 Rom. Priscillakatakombe. Cubiculum der «Velatio». Lünette der Rückwand mit der Verstorbenen als Orans, Braut und Mutter. Um 280–290. – S. 49, 50, 62, 64.
WILPERT, Katakomben (1903), S. 206 (Deutung), Taf. 79 bis 81. – NESTORI, Repertorio (1975), S. 23 Nr. 7. – H. BRANDENBURG, in: BRENK, Spätantike (1977), S. 134, Abb. 46 a.

20 Rom. Priscillakatakombe. Cubiculum der «Velatio». Decke mit Schafträger, Pfauen und Vögeln. Um 280–290. – S. 20, 49, 54, 62.

WILPERT, Katakomben (1903), Taf. 66, 1. – KOLLWITZ, Malerei (1969), S. 40f., Abb. 4. – NESTORI, Repertorio (1975), S. 23 Nr. 7.

21 Rom. Priscillakatakombe. Cubiculum der «Velatio». Ausspeiung des Jonas am Türbogen. Um 280–290. – S. 49, 50, 55, 62.
WILPERT, Katakomben (1903), Taf. 82, 2.

22 Rom. Priscillakatakombe. Cubiculum der «Velatio». Lünette der rechten Seitenwand. Die Drei Jünglinge im Feuerofen – S. 49, 50, 62.
WILPERT, Katakomben (1903), Taf. 78, 1. – NESTORI, Repertorio (1975), S. 23 Nr. 7. – ERIKA DINKLER-V. SCHUBERT, in: Age of Spirituality (1979), S. 425 f. Nr. 383.

23 Rom. Priscillakatakombe. Cubiculum der «Velatio». Lünette der linken Seitenwand. Opfer Abrahams. – S. 49, 50, 62.
WILPERT, Katakomben (1903), Taf. 78, 2. – NESTORI, Repertorio (1975), S. 23 Nr. 7. – H. BRANDENBURG, in: BRENK, Spätantike (1977), S. 134, Abb. 46 b.

24 Sarkophag von der Via Salaria in Rom. Schafträger und Orans, die Verstorbenen im philosophischen Gespräch. Drittes Viertel des 3. Jh. Rom, Vatikan, Museo Pio Christiano (ehem. Lateran 181). – S. 63, 85, 178.
REPERTORIUM (1967), S. 62f. Nr. 66, Taf. 21. – J. N. CARDNER, in: Age of Sprituality (1979), S. 518 f. Nr. 462.

25 Sarkophag in S. Maria Antiqua. Schafträger, die Verstorbene als Orans und lesender Verstorbener, Jonasruhe und Taufe Christi. Drittes Viertel des 3. Jh. Rom, S. Maria Antiqua al Foro Romano. – S. 50, 55, 64, 85, 178.
REPERTORIUM (1967), S. 306f. Nr. 747, Taf. 117. – BRANDENBURG, in: BRENK, Spätantike (1977), S. 136, Abb. 68 a.

26 Sarkophag aus Rom. Hirtenszenen und Jonasruhe. Drittes Viertel des 3. Jh. Berlin, Staatliche Museen, Frühchristlich-byzantinische Sammlung. – S. 50, 54, 55, 85, 178.
WULFF, Bildwerke (1909), S. 3f. Nr. 5. – ENGEMANN, Untersuchungen (1973), S. 71 ff., Taf. 33 c.

27 Dura-Europos. Synagoge. Bildfeld der Westwand des Versammlungsraumes. Aussetzung und Auffindung des Mosesknäbleins. Um 245–256. Original: Damaskus, Nationalmuseum. – S. 89.
KRAELING, Synagogue (1956), S. 169ff., Taf. 67–68. – E. R. GOODENOUGH, Jewish Symbols in the Greco-Roman Period, New York 1964, Bd. 9, S. 197ff.; Bd. 11, Taf. IX. B. NARKISS, in: Age of Spirituality (1979), S. 369.

28 Dura-Europos. Taufraum der Hauskirche (Rekonstruktion). Um 241–256. New Haven, Yale University Art Gallery. – S. 18, 51, 85, 86, 87, 237.
KRAELING, Christian Building (1967) S. 40ff., Taf. 24 – J. LASSUS, in: BRENK, Spätantike (1977), S. 222, Abb. 222.

29 Dura-Europos. Taufraum der Hauskirche. Heilung des Gichtbrüchigen. Um 241–256. New Haven, Yale University Art Gallery. – S. 51, 85, 86, 87, 237.
KRAELING, Christian Building (1967), S. 57ff., 208f., Taf. 18, 34–35.

30 Split (Spalato)/Jugoslawien. Palast des Kaisers Diokletian. Blick in den Peristylhof mit der Fassade des Vestibüls und dem Mausoleum ganz links. Um 300. S. 96, 191.
G. NIEMANN, Der Diokletianspalast in Spalato, Wien 1910. – J. UND T. MARASOVIC, Diocletians Palace, Zagreb 1970. – SHEILA MCNALLY, in: Antike Welt 10, 1979, S. 35 ff.

31 Rom. Haus unter SS. Giovanni e Paolo. Aula dell'Orante. Wand- und Deckenmalereien des 4. Jh. – S. 99.
H. MIELSCH, in: RM 85, 1978, S. 158ff., Taf. 82–83.

32 Rom. Katakombe an der Via Latina (Via Dino Compagni). Cubiculum O, linke Wandnische. Auferweckung des Lazarus (?) und Berufung des Moses. Zweites Drittel des 4. Jh. – S. 145.
KÖTZSCHE-BREITENBRUCH, Via Latina (1976), S. 79ff., Taf. 18 c.

33 Rom. Domitillakatakombe. Cubiculum der Veneranda. Die hl. Petronella führt Veneranda in das Paradies ein. Nach 356. – S. 143.
WILPERT, Katakomben (1903), Taf. 213. – ADELGUNDIS JAEGERSCHMIDT, in: Tortulae (1966), S. 169ff. – NESTORI, Repertorio (1975), S. 120 Nr. 15.

34 Aquileia. Doppelkathedrale des Bischofs Theodorus. Bodenmosaik des Südsaales. Um 319. Gesamtplan. – S. 101, 102, 137.
C. CECCHELLI, in: La Basilica di Aquileia, Bologna 1933, S. 107ff.

35 Aquileia. Doppelkathedrale des Bischofs Theodorus. Aussschnitt des Bodenmosaiks des Südsaales. Meerlandschaft, fischende Eroten, Meerwurf und Verschlingung des Jonas. Um 319. – S. 102, 137, 139.
H. BRANDENBURG, in: BRENK, Spätantike (1977), S. 133, Abb. 39 a/b.

36 Rom. Inneres der Lateranbasilika vor dem Umbau durch Borromini. Fresko von F. Gagliardi in S. Martino ai Monti (um 1650). – S. 107, 134.
V. HOFFMANN, in: Römisches Jahrbuch für Kunstgeschichte 17, 1978, S. 37. – KRAUTHEIMER, Architecture (1979), S. 46f., Abb. 14.

37 Rom. Forum Romanum. Basilica Nova (Maxentiusbasilika). Um 306–312. Ansicht von Süden. – S. 96, 106.
T. BUDDENSIEG, in: Münchener Jahrbuch der bildenden Kunst 13, 1962, S. 37ff. – G. STANZL, Längsbau und Zentralbau als Grundthemen frühchristlicher Architektur, Wien 1979, S. 19.

38 Rom. Umgangsbasilika der hl. Agnes mit dem Mausoleum der Constantina (S. Costanza) von Nordwesten. Erste Hälfte des 4. Jh. – S. 127, 132.
F. W. Deichmann, A. Tschira, in: JdI 72, 1957, S. 44ff. – F. Tolotti, in: RM 89, 1982, S. 153ff.

39 Mailand. S. Lorenzo Maggiore mit der Kapelle S. Aquilino (links). Letztes Drittel des 4. Jh. Ansicht von Südosten. – S. 136, 137.
G. Traversi, Architettura paleocristiana milanese, Mailand 1964, S. 63ff. – Krautheimer, Architecture (1979), S. 81ff. – W. E. Kleinbauer, in: Age of Spirituality (1979), S. 653ff. Nr. 584.

40 Mailand. S. Lorenzo Maggiore. Blick in den Zentralraum. Letztes Drittel des 4. Jh. – S. 136, 137, 296.
H. Brandenburg, in: Brenk, Spätantike (1977), S. 125, Abb. 8. – Krautheimer, Architecture (1979), S. 81ff.

41, 42 Rom. Mausoleum der Constantina (S. Costanza). Zwei Felder von den Gewölbemosaiken des Umgangs. Um 354. – S. 138.
Matthiae, Mosaici (1967), S. 3ff., 400. – Wilpert/Schumacher, Mosaiken (1976), S. 46ff., 299ff., Taf. 3–4.

43 Rom. Kirche der hl. Pudentiana (S. Pudenziana). Mosaik der Apsis. Lehrender Christus und himmlische Apostelversammlung. Um 384–399. – S. 138, 139, 142, 182, 183, 187, 190, 229, 314.
Matthiae, Mosaici (1967), S. 55ff., 106ff., Abb. 36, 38 bis 48. – Wilpert/Schumacher, Mosaiken (1976), S. 40, 306f., Taf. 19–23.

44 Rom. Domitillakatakombe. «Arkosol der Apostel». Lehrender Christus und Apostelkollegium. Zweites Viertel des 4. Jh. – S. 143, 182.
Wilpert, Katakomben (1903), Taf. 148, 2. – Nestori, Repertorio (1975), S. 124 Nr. 47.

45 Mailand. S. Lorenzo Maggiore. Narthex der Kapelle S. Aquilino. Mosaik der westlichen Apsis. Lehrender Christus und Apostelversammlung. Um 380. – S. 137f., 143, 187.
Wilpert/Schumacher, Mosaiken (1976), S. 302f., Taf. 6 (Ausschnitt). – P. J. Nordhagen, in: ActaArchArt N. S. 2, 1982, S. 77ff.

46 Thessaloniki. Triumphbogen des Kaisers Galerius. Um 298–304. Ansicht von Südosten. – S. 146.
H. P. Laubscher, Der Reliefschmuck des Galeriusbogens in Thessaloniki, Berlin (West) 1975. – H. Meyer, in: JdI 95, 1980, S. 374ff. – L'Orange (1984), S. 5 passim, Taf. 1 und 20.

47 Rom. Forum Romanum. Decennalienbasis des Constantius Chlorus vom Fünfsäulenmonument der Tetrarchen. Um 303. – S. 146.
H. P. L'Orange, in: RM 53, 1938, S. 1ff. – H. Kähler, Das Fünfsäulendenkmal für die Tetrarchen auf dem Forum Romanum, Köln 1964. – H. Wrede, in: Bonner Jahrbücher 181, 1981, S. 111ff. – J. Engemann, in: Frühmittelalterliche Studien 18, 1984, S. 336ff.

48 Porphyrgruppen der vier Kaiser der ersten Tetrarchie. Linke Gruppe. Der Augustus Diocletianus Iovius und der Caesar Galerius. Um 296–305. Venedig, Südwestecke des Tesoro von S. Marco. – S. 147, 183.
R. Naumann, in: IstMitt 16, 1966, S. 209ff. – Müller-Wiener, Bildlexikon (1977), S. 266f. – A. Effenberger, in: F. Möbius (Hrsg.), Stil und Gesellschaft, Dresden 1984, S. 123ff., Abb. 124–125. – L'Orange (1984), S. 6ff., 103, Taf. 4 und 6.

49 Porträt von der Kolossalstatue des Kaisers Konstantin aus der Basilica Nova. Um 312–315. Rom, Hof des Konservatorenpalastes. – S. 107, 147.
Delbrueck, Kaiserporträts (1933), S. 121ff., Taf. 37–44. – T. Buddensieg, in: Münchener Jahrbuch der bildenden Kunst 13, 1962, S. 37ff. – J. D. Breckenridge, in: Age of Spirituality (1979), S. 18f., Nr. 11. – L'Orange (1984), S. 70ff., 125, Taf. 50–54.

50 Rom. Forum Romanum. Triumphbogen des Kaisers Konstantin. Um 312–315. Ansicht der Nordseite. – S. 147, 177, 180.
L'Orange/v. Gerkan, Konstantinsbogen (1939). – A. Giuliani, Arco di Costantino, Mailand 1955. – R. Brilliant, in: Age of Spirituality (1977), S. 67ff. Nr. 58. – T. Buttrey, in: Historia 32, 1983, S. 375. – L'Orange (1984), S. 40ff.

51, 52 Rom. Forum Romanum. Triumphbogen des Kaisers Konstantin. Fries der Nordseite. Ausschnitte aus der Ansprache (Oratio) des Kaisers auf der Rostra. Um 312 bis 315. – S. 146, 177, 178, 180,
L'Orange/v. Gerkan, Konstantinsbogen (1939), S. 80ff., Taf. 5 a, 14, 15, 20 c–d, 21.

53, 54 Rom. Forum Romanum. Triumphbogen des Kaisers Konstantin. Fries der Nordseite. Ausschnitte aus der Freigebigkeit (Liberalitas) des Kaisers. Um 312–315. – S. 177, 178, 180, 182, 187.
L'Orange/v. Gerkan, Konstantinsbogen (1939), S. 89ff., Taf. 5 b, 16, 17, 22.

55 Einzoniger Friessarkophag des Sabinus. Neutestamentliche Wunderszenen; auf dem Deckel Porträt und Jagdszenen. Erstes Viertel des 4. Jh. Rom, Vatikan, Museo Pio Cristiano (ehem. Lateran 161). – S. 178.
Repertorium (1967), S. 6f. Nr. 6, Taf. 2. – E. Dinkler, in: Age of Spirituality (1979), S. 416ff. Nr. 374. – Helga Kaiser-Minn, in: Spätantike und frühes Christentum (1983), S. 322f., Abb. 139.

56 Kasten eines zweizonigen Friessarkophags. Imago clipeata mit unvollendeten Gattenporträts, alt- und neutestamentliche Szenen. Erstes Drittel des 4. Jh. Rom, Vatikan, Museo Pio Cristiano (ehem. Lateran 184). – S. 178, 231.
REPERTORIUM (1967), S. 33 f. Nr. 39, Taf. 12.

57 Zweizoniger Friessarkophag («Dogmatischer» Sarkophag). Imago clipeata mit unvollendeten Gattenporträts, alt- und neutestamentliche Szenen. Zweites Viertel des 4. Jh. Rom, Vatikan, Museo Pio Cristiano (ehem. Lateran 104). – S. 179, 231.
REPERTORIUM (1967), S. 39ff. Nr. 43, Taf. 14. – J. ENGEMANN, in: JbAC 19, 1976, S. 157ff., Taf. 16. – DEBORAH MARKOW, in: The Art Bulletin 63, 1981, S. 650ff. – HELGA KAISER-MINN, Die Erschaffung des Menschen auf den spätantiken Monumenten des 3. und 4. Jahrhunderts (JbAC, Erg.-Bd. 6), Münster 1981, S. 10ff., Taf. 6.

58 Kasten eines Säulensarkophags («Passionssarkophag»). Tropaion Christi und Passionsszenen. Mitte des 4. Jh. Rom, Vatikan, Museo Pio Cristiano (ehem. Lateran 171). – S. 181, 185.
REPERTORIUM (1967), S. 48 f. Nr. 49, Taf. 16. – E. DINKLER, in: Signum Crucis (1967), S. 58 ff., Taf. 3, 7. – HELGA KAISER-MINN, in: Spätantike und frühes Christentum (1983), S. 327, Abb. 145.

59 Zweizoniger Friessarkophag der Adelphia und des Comes Valerius. Bildnismuschel mit ausgeführten Gattenporträts; alt- und neutestamentliche sowie apokryphe Szenen. Um 340–350 Syrakus, Museo archeologico. – S. 180, 231.
S. L. AGNELLO, Il sarcofago di Adelfia, Rom 1956. – H. BRANDENBURG, in: BRENK, Spätantike (1977), S. 138, Abb. 75 b.

60 Kasten eines zweizonigen Friessarkophags («Brüdersarkophag»). Bildnismuschel mit ausgeführten Männerporträts; alt- und neutestamentliche sowie apokryphe Szenen. Um 340–350. Rom, Vatikan, Museo Pio Cristiano (ehem. Lateran 55). – S. 180, 181, 231.
REPERTORIUM (1967), S. 43 ff. Nr. 45, Taf. 15. – H. BRANDENBURG, in: BRENK, Spätantike (1977), S. 139, Abb. 77. – HELGA KAISER-MINN, in: Spätantike und frühes Christentum (1983), S. 327, Abb. 145.

61 Kasten eines Säulensarkophags. Christus mit Petrus und Paulus («Traditio legis») und weiteren Aposteln, Christus vor Pilatus und Opfer Abrahams. Drittes Viertel des 4. Jh. Rom, Vatikan, Museum der Peterskirche (ehem. Lateran Inv. 174). – S. 181, 182, 183, 191.
O. MARUCCHI, in: RivAC 2, 1925, S. 84ff. – REPERTORIUM (1967), S. 274ff. Nr. 677, Taf. 106.

62 Linke Schmalseite des Säulensarkophags Taf. 61. Stadtkulisse mit Christus, Petrus und Hahnszene. – S. 182.

63 Zweizoniger Säulensarkophag des Stadtpräfekten Iunius Bassus (gestorben 359). Alt- und neutestamentliche Szenen, Passion und himmlische Herrschaft Christi, Martyrium des Petrus und Paulus. Um 350–360. Rom, Vatikan, Schatz der Peterskirche. – S. 180, 182, 190, 191.
F. GERKE, Der Sarkophag des Junius Bassus, Berlin 1936. – REPERTORIUM (1967), S. 279ff. Nr. 680, Taf. 104. – H. BRANDENBURG, in: BRENK, Spätantike (1977), S. 138 Abb. 76. – G. DALTROP, in: RendPontAcc 51–52, 1978 bis 1980 (1982), S. 157ff.

64 Porphyrsarkophag der Constantina und ihrer Schwester Helena. Aus dem Mausoleum der Constantina (S. Costanza). Stirnseite mit kelternden Eroten. Zweites Viertel des 4. Jh. Rom, Vatikan, Museo Pio Clementino (Sala della Croce Greca). – S. 133, 138, 183, 184.
DELBRUECK, Porphyrwerke (1932), S. 219ff., Taf. 104. – REPERTORIUM (1967), S. 108 ff. Nr. 174, Taf. 41.

65 Porphyrtorso einer Kaiserstatue. Aus Alexandria, erste Hälfte des 4. Jh. Berlin, Staatliche Museen, Frühchristlich-byzantinische Sammlung. – S. 184.
DELBRUECK, Porphyrwerke (1932), S. 84ff., Taf. 31–34. – A. EFFENBERGER, in: F. MÖBIUS (HRSG.), Stil und Gesellschaft, Dresden 1984, S. 129f., Abb. S. 130. – Zs. KISS, in: FuB 24, 1984, S. 107ff., Taf. 23. – L'ORANGE (1984), S. 67f., 129f., Taf. 46c.

66 «Mailänder Stadttorsarkophag». Vorderfront. Thronender Christus inmitten des Apostelkollegiums und Anbetung des Lamms durch die Sarkophaginhaber; auf dem Deckel Imago clipeata mit Gattenporträts, Drei Jünglinge (Verweigerung der Anbetung des Nebukadnezarbildes) und Magieranbetung. Ende des 4. Jh. Mailand, S. Ambrogio (Fotos nach Gipsabguß im Museo di S. Ambrogio). – S. 184, 231.
H. U. v. SCHOENEBECK, Der Mailänder Stadttorsarkophag und seine Nachfolge, Città del Vaticano/Freiburg 1935. – R. SANSONI, I sarcofagi paleocristiani a porta di città, Bologna 1969, S. 3 ff. – H. BRANDENBURG, in: BRENK, Spätantike (1977), S. 140, Abb. 83. – HELGA KAISER-MINN, in: Spätantike und frühes Christentum (1983), S. 331, Abb. 151.

67 Rückfront des «Mailänder Stadttorsarkophags». Stehender Christus inmitten des Apostelkollegiums («Traditio legis»), Lämmerprozession und Anbetung des Lamms. – S. 140, 184f., 191, 231.

68 Rechte Schmalseite des «Mailänder Stadttorsarkophags». Himmelfahrt des Elias, Noah in der Arche und Berufung des Moses; am Deckel Krippe und Eckmaske. – S. 184.

69 Kasten eines Säulensarkophags («Probussarkophag»). Christus Victor auf dem Vierstromberg, akklamierende Apo-

stel unter Muschelbaldachinen. Ende des 4. Jh. Rom, Vatikan, Museum der Peterskirche. – S. 185, 190.
REPERTORIUM (1967), S. 227f. Nr. 678, Taf. 107.

70 Fragment eines Säulensarkophags («Passionssarkophag»). Christus Victor, Martyrium des Petrus und Paulus. Ende des 4. Jh. Rom, Vatikan, Museo Pio Cristiano (ehem. Lateran 106). – S. 185.
REPERTORIUM (1967), S. 54f. Nr. 57, Taf. 18. – E. DINKLER, in: Signum Crucis (1967), S. 60, Taf. 3, 9. – J. OSTROVSKI, in: RendPontAcc 44, 1971–1972, S. 204, Abb. 2.

71 Seite aus einer griechischen Handschrift des Alten Testaments («Codex Sinaiticus»). Alexandria (?), Mitte des 4. Jh. Leipzig, Universitätsbibliothek Cod. gr. 1, Blatt 13 verso. – S. 187.
T. S. PATTIE, Manuscripts of the Bible. Greek Bibles in the British Library, London 1979. – H. LÜLFING, H.-E. TEITGE, Handschriften und alte Drucke, Leipzig 1981, S. 54.

72 Rom. Lateranbaptisterium (S. Giovanni in Fonte). 5. Jh. Ansicht von Norden. – S. 125.
VOLBACH, Frühchristliche Kunst (1958), S. 51, Abb. 26 bis 27. – G. PELLICCIONI, Le nuove scoperte sulle origini del battistero lateranense, Città del Vaticano 1973. – KRAUTHEIMER, Architecture (1979), S. 44, 495.

73 Rom. Mausoleum der Constantina (S. Costanza). Linke, südliche Apsis. Christus übergibt Petrus das Gesetz («Traditio legis»). Mitte des 4. Jh. – S. 133, 138, 139, 140, 191.
W. N. SCHUMACHER, in: RQS 54, 1959, S. 1ff., 137ff. – IHM, Programme (1969), S. 127ff. Nr. 1, Taf. 5,1. – MATTHIAE, Mosaici (1967), S. 36ff., Abb. 27. – WILPERT/SCHUMACHER, Mosaiken (1976), S. 46ff., 299ff., Taf. 1.

74 Rom. Mausoleum der Constantina (S. Costanza). Rechte, nördliche Apsis. Christus übergibt Petrus die Schlüssel. – S. 133, 138, 139, 191, 249.
IHM, Programme (1969), S. 127ff., Taf. 5, 2. – MATTHIAE, Mosaici (1967), S. 39f., Abb. 28. – WILPERT/SCHUMACHER, Mosaiken (1976), S. 46ff., 299ff., Taf. 2.

75, 76 Goldmedaillon zu 4 Aurei (20,78 g). Constantius I. Chlorus (293–306). Vorderseite: Brustbild des Kaisers. Rückseite: Maximianus Herculius übergibt Constantius I. Chlorus die Weltherrschaft. Berlin, Staatliche Museen, Münzkabinett. – S. 190, 193.
SABINE SCHULTZ, in: Byzantinische Kostbarkeiten (1977), S. 42f. Nr. 27 und 34, Taf. 14.

77, 78 Solidus (4,47 g). Konstantin der Große (306–337). Vorderseite: Porträt des Kaisers. Rückseite: Viktoria mit Palmzweig und Tropaion. Berlin, Staatliche Museen, Münzkabinett. – S. 190, 193.
SABINE SCHULTZ, in: Byzantinische Kostbarkeiten (1977), S. 42f. Nr. 29 und 37, Taf. 14 und 15.

79, 80 Goldmedaillon zu 9 Solidi (40,30 g). Constantius II. (337–361). Vorderseite: Brustbild des Kaisers. Rückseite: Der Kaiser im Sechsgespann *(processus consularis)*. Berlin, Staatliche Museen, Münzkabinett. – S. 190, 193.
SABINE SCHULTZ, in: Byzantinische Kostbarkeiten (1977), S. 42f. Nr. 31 und 36, Taf. 14 und 15.

81 Silbermedaillon (12,94 g) des Constans (337–350). Rückseite: Der Kaiser mit dem Labarum. Berlin, Staatliche Museen, Münzkabinett. – S. 190, 191, 193.
SABINE SCHULTZ, in: Byzantinische Kostbarkeiten (1977), S. 43 Nr. 39, Taf. 15.

82 Silbermedaillon (12,85 g) des Constans (337–350). Rückseite: Die drei gemeinsam regierenden Söhne Konstantins. Berlin, Staatliche Museen, Münzkabinett. – S. 190, 193.
SABINE SCHULTZ, in: Byzantinische Kostbarkeiten (1977), S. 45 Nr. 48, Taf. 16.

83 Goldmedaillon zu 1½ Solidi (6,60 g) des Valens (364 bis 378). Rückseite: Der Kaiser zu Pferde *(adventus Augusti)*. Berlin, Staatliche Museen, Münzkabinett. – S. 190, 191, 193.
SABINE SCHULTZ, in: Byzantinische Kostbarkeiten (1977), S. 44 Nr. 43, Taf. 15.

84 Silbervergoldete Largitionsschale des Kaisers Constantius II. Um 350–360. Leningrad. Staatliche Ermitage, Abteilung der vorgeschichtlichen Kulturen. – S. 190, 193.
J. ZASSECKAJA, in: Silbergefäße (1978), S. 78ff. Kat.-Nr. 1, Taf. 1; Abb. 1.

85 Silberschrein («Hochzeitskasten der Proiecta») aus dem Schatz vom Esquilin. Toilette der Braut und Venus in der Muschel. Drittes Viertel des 4. Jh. London, Britisches Museum (Trustees of the British Museum). – S. 191.
S. POGLAYEN-NEUWALL, in: RM 45, 1930, S. 124ff. – KATHLEEN B. SHELTON, The Esquilin Treasure, London 1981, S. 72ff., Taf. 1–11.

86 Silbervergoldete Amphora aus dem Schatz von Conceşti. Kampf der Griechen und Amazonen, Meerthiasos und Jagdszenen. Um 400. Leningrad, Staatliche Ermitage, Abteilung der vorgeschichtlichen Kulturen. – S. 192.
I. ZASSECKAJA, in: Silbergefäße (1978), S. 87ff., Taf. 4; Abb. 6–9.

87 Silberne Largitionsplatte (Missorium). Kaiser Theodosius I. mit seinen Söhnen Arcadius und Valentinianus anläßlich der Decennalien, 388. Madrid, Academia de la Historia (Foto nach der Kopie in Mainz). – S. 191, 193, 290, 291.
VOLBACH, Frühchristliche Kunst (1958), S. 55f., Abb. 53. – J. ARCE, in: Archivo español de arquelogia 49, 1976,

S. 119 ff. – P. Arias, in: Felix Ravenna 4. ser. 1, 1978, S. 9 ff. – Dagmar Stutzinger, in: Spätantike und frühes Christentum (1983), S. 645 ff. Nr. 228.

88 Versilberte Bronzebüste von einer Insignie. Kaiser Valentinianus II. (?). Letztes Viertel des 4. Jh. Budapest, Ungarisches Nationalmuseum. – S. 192, 193, 196.
Edit B. Thomas, in: Metallkunst (1982), S. 67 ff. Abb. 16. – E. Künzl, in: JbRGZM 30, 1983, S. 387, Taf. 75, 3–4. – Helga v. Heintze, in: Vivarium (1984), S. 156 f., 165.

89 Bronzene Pferdestirnplatte mit siegreichem Rennfahrer und Zirkusszenen. Zweite Hälfte des 4. Jh. Berlin, Staatliche Museen, Antikensammlung. – S. 193.
G. Heres, in: Byzantinische Kostbarkeiten (1977), S. 50 Nr. 92, Taf. 24.

90 Elfenbeindiptychon des römischen Stadtvikars Probianus. Letztes Viertel des 4. Jh. Berlin (West), Staatsbibliothek, Handschriftenabteilung. – S. 193 f., 229, 240.
Volbach, Elfenbeinarbeiten (1976), S. 54 f. Nr. 62, Taf. 34 – J. C. Anderson, in: Age of Spirituality (1977), S. 54 f. Nr. 53.

91 Elfenbeindiptychon des Stilicho und der Serena. Um 400. Monza, Schatz der Kathedrale. – S. 193, 239.
Volbach, Elfenbeinarbeiten (1976), S. 55 f. Nr. 63, Taf. 35. – Kathleen B. Shelton, in: JbAC 25, 1982, S. 132 ff.

92 Elfenbeinpyxis. Lehrender Christus und Apostelkollegium. Zweite Hälfte des 4. Jh. Berlin, Staatliche Museen, Frühchristlich-byzantinische Sammlung. – S. 194.
Volbach, Elfenbeinarbeiten (1976), S. 140 f. Nr. 161, Taf. 82. – Archer St. Clair, in: Jahrbuch der Berliner Museen 20, Berlin (West) 1978, S. 5 ff.

93 Elfenbeinkasten («Staurothek von Brescia»). Alt- und neutestamentliche Szenen auf der rechten Nebenseite. Zweite Hälfte des 4. Jh. Brescia, Museo civico dell'età cristiana. – S. 194, 232.
J. Kollwitz, Die Lipsanothek von Brescia, Berlin/Leipzig 1933. – R. Delbrueck, Probleme der Lipsanothek in Brescia, Bonn 1952. – Volbach, Elfenbeinarbeiten (1976), S. 77 f. Nr. 107, Taf. 57.

94 Marmorporträt eines byzantinischen Kaisers (Arcadius ?). Rom, um 400. Berlin, Staatliche Museen, Antikensammlung. – S. 196, 240.
Elisabeth Rohde, in: Byzantinische Kostbarkeiten (1977), S. 29 Nr. 3, Taf. 2. – Dagmar Stutzinger, in: Spätantike und frühes Christentum (1983), S. 447 ff. Nr. 57.

95 Rom. Kirche der hl. Sabina (S. Sabina) auf dem Aventin. Um 422–432. Ansicht von Südosten. – S. 196, 229, 230.
Krautheimer, Architecture (1979), S. 181 ff.

96 Rom. S. Sabina. Mosaik der Eingangswand mit Stifterinschrift und den Personifikationen der beiden Kirchen. Um 422–432. – S. 139, 196, 229.
Matthiae, Mosaici (1967), S. 77 ff. – Wilpert/Schumacher, Mosaiken (1976), S. 307, Taf. 24.

97 Rom. S. Sabina. Wandinkrustationen *(opus sectile)* der Arkaden. Um 422–432. – S. 196, 229.
Krautheimer, Architecture (1979), S. 181 ff.

98 Rom. S. Sabina. Inneres nach Osten. – S. 196, 229.
W. Naumann, Der frühchristliche Innenraum. Die Kirche von Santa Sabina in Rom, in: Antike Welt 5, 1974, S. 27 ff.

99 Rom. S. Sabina. Holztür des Hauptportals. Alt- und neutestamentliche Bilderzyklen. Um 430. – S. 141, 196, 229, 232, 285.
Gisela Jeremias, Die Holztür der Basilika S. Sabina in Rom, Tübingen 1980.

100 Rom. S. Sabina. Ausschnitt des linken Türflügels mit Mosesszenen und Akklamation. Um 430. – S. 196, 229 ff., 240, 293.
Jeremias, ebd., S. 20 ff., Taf. 20–25 (Moses-Paneel); S. 88 ff., Taf. 70 (Akklamation).

101 Rom. Kirche der Gottesmutter (S. Maria Maggiore). Um 432–440. Inneres der Basilika mit Blick zum Triumphbogen im Westen. – S. 229 f., 232.
Deichmann, Kirchen (1948), S. 62 ff. – Krautheimer, Architecture (1979), S. 92 ff., 495.

102, 103 Rom. S. Maria Maggiore. Mosaik des Triumphbogens. Hetoimasia mit Petrus und Paulus und den Vier Wesen; Szenen aus dem Marienleben und der Kindheit Jesu. Um 432–440. – S. 138, 229, 231, 237, 252.
H. Karpp, Die frühchristlichen und mittelalterlichen Mosaiken in Santa Maria Maggiore zu Rom, Baden-Baden 1966, Taf. 1–28, 210. – Brenk, Mosaiken (1975), S. 9 ff. – Wilpert/Schumacher, Mosaiken (1976), S. 75 ff., 308 ff., 316 ff. (J. Deckers), Taf. 51–72.

104 Rom. S. Maria Maggiore. Feld der südlichen Hochwandmosaiken. Philoxenie Abrahams. Um 432–440. – S. 138, 141, 230, 232.
Brenk, Mosaiken (1975), S. 56 ff. – J. G. Deckers, Der alttestamentliche Zyklus von Santa Maria Maggiore in Rom, Phil. Diss. Freiburg i. Br., Bonn 1976, 43 ff. – Wilpert/Schumacher, Mosaiken (1976), S. 310, Taf. 29 (J. Deckers).

105 Lateinische Handschrift der Dichtungen Vergils («Vergilius Romanus»). Äneas und Dido beim Gastmahl. Italien, Ende des 5. Jh. Rom, Vatikan, Biblioteca Vaticana, Cod. lat. 3867, Blatt 100 verso. – S. 187, 232.
E. Rosenthal, The Illustrations of the Vergilius Romanus (Cod. Vat. lat. 3867). A Stylistic and Iconographical Ana-

lysis, Zürich 1972, S. 54ff., Taf. 9. – Chr. Eggenberger, in: BZ 70, 1977, S. 58ff. – M. Bell, in: Age of Spirituality (1979), S. 227f. Nr. 204.

106 Rom. Kirche des hl. Stephanus (S. Stefano Rotondo). Um 468–483. Blick vom inneren Umgang in den Zentralraum. – S. 236.
R. Krautheimer, in: Age of Spirituality. A Symposion, New York 1980, S. 121ff. – C. Ceschi, S. Stefano Rotondo, Rom 1982. – Erminia Gentile Ortona, in: Bollettino d'Arte 14, 1982, S. 99ff.

107 Rom. Kirche der Ärzteheiligen Cosmas und Damianus (SS. Cosma e Damiano). Mosaik der Apsis. Einführung der Heiligen und des Stifterpapstes beim himmlischen Christus. Um 526–530. – S. 236, 246.
Ihm, Programme (1960), S. 137ff., Taf. 12,2. – Matthiae, Mosaici (1967), S. 135ff., Abb. 78, 80–85. – Wilpert/Schumacher, Mosaiken (1976). S. 102ff., 328ff., Taf. 101–106.

108 Elfenbeindiptychon des Constantius. Rectotafel: Constantius (III.) als Consul, kaiserliche Familie und Unterworfene. Um 417. Halberstadt. Domschatz. – S. 196, 240, 304.
Volbach, Elfenbeinarbeiten (1976), S. 42f. Nr. 35, Taf. 15. – A. Effenberger, in: Byzantinische Kostbarkeiten (1977), S. 31f. Nr. 8, Taf. 5.

109 Ravenna. Kirche des Evangelisten Johannes (S. Giovanni Evangelista). Nach 426. Ansicht von Nordosten. – S. 240.
Deichmann, Ravenna (1969), S. 152ff. – Deichmann, Kommentar 1 (1974), S. 91ff.

110 Ravenna. Mausoleum der Galla Placidia. Erste Hälfte des 5. Jh. Ansicht von Südwesten. – S. 240.
Deichmann, Ravenna (1969), S. 158ff. – Deichmann, Kommentar 1 (1974), S. 49ff. (S. Croce); S. 61ff.

111 Ravenna. Mausoleum der Galla Placidia. Inneres mit Blick nach Süden. Erste Hälfte des 5. Jh. – S. 237, 240, 242, 244.
Deichmann, Ravenna (1969), S. 158ff. – Deichmann, Kommentar 1 (1974), S. 63ff., 75ff. (Laurentius-Mosaik). – Wilpert/Schumacher, Mosaiken (1976), S. 318ff.

112 Ravenna. Mausoleum der Galla Placidia. Mosaik des nördlichen Kreuzarms. Christus als Guter Hirte. Erste Hälfte des 5. Jh. – S. 237, 240, 242, 244.
Deichmann, Ravenna (1969), S. 161f. – Deichmann, Kommentar 1 (1974), S. 70ff. – Wilpert/Schumacher, Mosaiken (1976), S. 319, Taf. 73.

113 Ravenna. Mausoleum der Galla Placidia. Mosaik der Wölbung. Kreuz im Sternenhimmel, Vier Wesen. Erste Hälfte des 5. Jh. – S. 237, 240, 244.
Deichmann, Ravenna (1969), S. 162ff. – Deichmann, Kommentar 1 (1974), S. 84ff.

114 Sarkophag («Rinaldussarkophag»). Thronender Christus, Petrus und Paulus, Kränze darbringend. Anfang des 5. Jh. Ravenna, Kathedrale. – S. 242, 244.
Deichmann, Ravenna (1969), S. 83, Abb. 158. – J. Kollwitz, Helga Herdejürgen, Die Sarkophage der westlichen Gebiete des Imperium Romanum, 2. Teil. Die ravennatischen Sarkophage, Berlin (West) 1979, S. 41 Nr. 8, Taf. 22.

115 Ravenna. Baptisterium des Bischofs Neon («Baptisterium der Orthodoxen»). Um 450–460. Ansicht von Westen. – S. 240, 242.
Deichmann, Ravenna (1969), S. 130ff. – Deichmann, Kommentar 1 (1974), S. 17ff.

116 Ravenna. Baptisterium des Bischofs Neon. Inneres mit Blick nach Osten. Um 450–460. – S. 242, 314.
Deichmann, Kommentar 1 (1974), S. 20ff. (Architektur); S. 27ff. (Dekorationen). – Wilpert/Schumacher, Mosaiken (1976), S. 323ff., Taf. 87–91.

117 Ravenna. Baptisterium des Bischofs Neon. Mosaiken der Kuppel. Taufe Christi im Jordan, Kranzdarbringung der zwölf Apostel, Throne und Altäre. Um 450–460. – S. 237, 242, 244, 314, 325.
Deichmann, Ravenna (1969), S. 134ff. – Deichmann, Kommentar 1 (1974), S. 31ff.

118 Ravenna. Ehemalige Hofkirche Theoderichs (S. Apollinare Nuovo). Blick ins Innere mit den Mosaikdekorationen der Hochwände. Um 520 und Agnelluszeit (nach 561). – S. 237, 244, 245.
Deichmann, Ravenna (1969), S. 171ff. – Deichmann, Kommentar 1 (1974), S. 127ff., 139ff. – Wilpert/Schumacher, Mosaiken (1976), S. 326ff., Taf. 97–99.

119 Ravenna. S. Apollinare Nuovo. Mosaik der südlichen Hochwand (Ausschnitt). Thronender Christus zwischen vier Engeln. Um 520. – S. 237, 244, 245, 314.
Deichmann, Ravenna (1969), S. 175f. – Deichmann, Kommentar 1 (1974), S. 146ff.

120 Ravenna. S. Apollinare Nuovo. Mosaik der südlichen Hochwand (Ausschnitt). Zug der Märtyrer. Nach 561. – S. 237, 244, 245, 246.
Deichmann, Ravenna (1969), S. 199ff. – Deichmann, Kommentar 1 (1974), S. 149ff.

121 Ravenna. Mausoleum des Ostgotenkönigs Theoderich. Vor 526. Ansicht von Südwesten. – S. 246.
R. Heidenreich, H. Johannes, Das Grabmal Theoderichs zu Ravenna, Wiesbaden 1971. – Deichmann, Kommentar 1 (1974), S. 209ff.

122 Ravenna. Kirche des hl. Vitalis (S. Vitale). Um 540–547. Ansicht von Südosten. – S. 246.
Deichmann, Ravenna (1969), S. 226ff., 231ff. – Deichmann, Kommentar 2 (1976), S. 48ff., 69ff.

123 Ravenna. S. Vitale. Kapitell mit Monogramm des Bischofs Victor (um 537–545) am Kämpfer. – S. 246, 296.
Deichmann, Kommentar 2 (1976), S. 4 Nr. 5 c; S. 99.

124 Ravenna. S. Vitale. Mosaikdekoration des Presbyteriums und der Apsis. Um 540–547. – S. 246, 325.
Deichmann, Ravenna (1969), S. 234ff. – Deichmann, Kommentar 2 (1976), S. 141ff.

125 Ravenna. S. Vitale. Mosaik der Apsis. Erzengel führen den hl. Vitalis und den Gründerbischof Ecclesius beim himmlischen Christus ein. Um 540–547. – S. 246, 249, 304, 314, 325.
Deichmann, Ravenna (1969), S. 241. – Deichmann, Kommentar 2 (1976), S. 165ff., 178ff.

126 Ravenna. S. Vitale. Mosaikdekoration der nördlichen Presbyteriumswand. Unten: Philoxenie und Opfer Abrahams, Moses empfängt das Gesetz, wartende Israeliten, der Prophet Jeremias, Engel tragen die Imago crucis empor. – Oben: Die Evangelisten Johannes und Lukas bei der Arbeit. Um 540–547. – S. 246, 325.
Deichmann, Ravenna (1969), S. 234ff. – Deichmann, Kommentar 2 (1976), S. 143ff., 151ff., 159ff., 166ff.

127 Ravenna. S. Vitale. Mosaikdekoration der südlichen Presbyteriumswand. Unten: Opfer Abels und Melchisedeks, Moses, Schafe hütend und Sandalen lösend, der Prophet Isaias, Engel tragen die Imago crucis empor. – Oben: Die Evangelisten Matthäus und Markus bei der Arbeit. Um 540–547. – S. 246, 325.
Deichmann, Ravenna (1969), S. 234ff. – Deichmann, Kommentar 2 (1976), S. 143ff., 148ff., 159ff., 166ff.

128, 129 Ravenna. S. Vitale. Mosaiken der unteren Apsiszone. Kaiser Justinian und Erzbischof Maximianus mit Gefolge. Kaiserin Theodora und Hofdamen. Um 547. – S. 249, 303ff.
Deichmann, Ravenna (1969), S. 241ff. – Deichmann, Kommentar 2 (1976), S. 180ff. – Wilpert/Schumacher, Mosaiken (1976), S. 330f., Taf. 108–109.

130 Ravenna-Classe (Classis). Kirche des hl. Apollinaris (S. Apollinare in Classe). Um 549. Ansicht von Nordwesten. – S. 249.
Deichmann, Ravenna (1969), S. 257ff. – Deichmann, Kommentar 2 (1976), 234ff.

131 Ravenna. S. Apollinare in Classe. Um 549. Inneres mit Blick zur Apsis. – S. 249.
Deichmann, Ravenna (1969), S. 260. – Deichmann, Kommentar 2 (1976), S. 238ff.

132 Ravenna. S. Apollinare in Classe. Mosaik der Apsis. Verklärung Christi und der hl. Apollinaris zwischen Lämmern. Um 549. – S. 249, 325.
Deichmann, Ravenna (1969), S. 261ff. – Deichmann, Kommentar 2 (1976), S. 245ff., 264ff. – Claudia Müller, in: RQS 75, 1980, S. 11ff.

133 Poreč (Parenzo)/Jugoslawien. Kirche der hl. Eufemia des Bischofs Eufrasius. Mosaik der Apsis und der Stirnwand. Thronende Gottesmutter zwischen Engeln, Heiligen und Stiftern; Christus auf der Weltkugel, zwölf Apostel. Um 550. – S. 250.
Ihm, Programme (1960), S. 56f., 167ff., Taf. 15, 2. – N. Cambi, in: Brenk, Spätantike (1977), S. 306f., Abb. 373 und 375.

134 Elfenbeinrelief. Frauen am Grabe Christi. Erstes Viertel des 5. Jh. London, Britisches Museum (The Trustees of the British Museum, M & LA 56,6–23,6). – S. 229, 285.
Volbach, Elfenbeinarbeiten (1976), S. 82f. Nr. 116, Taf. 61. – Dagmar Stutzinger, in: Spätantike und frühes Christentum (1983), S. 690f. Nr. 267.

135 Fragment einer fünfteiligen Elfenbeintafel. Neutestamentliche Szenen. Anfang des 5. Jh. Berlin, Staatliche Museen, Frühchristlich-byzantinische Sammlung. – S. 252.
Volbach, Elfenbeinarbeiten (1976), S. 80f. Nr. 112, Taf. 60. – Lieselotte Kötzsche, in: Age of Spirituality (1979), S. 446ff. Nr. 406.

136 Tafel (Vorderseite) eines fünfteiligen Elfenbeindiptychons. Kreuz, Evangelistensymbole und neutestamentliche Szenen. Um 450. Mailand. Domschatz. – S. 252.
Volbach, Elfenbeinarbeiten (1976), S. 119f. Nr. 119, Taf. 63.

137 Elfenbeindiptychon mit Dichter und Muse. Um 500. Monza, Schatz der Kathedrale. – S. 285, 308.
Volbach, Elfenbeinarbeiten (1976), S. 57f. Nr. 68, Taf. 39.

138 Elfenbeinkathedra des Erzbischofs Maximianus von Ravenna. Johannes der Täufer und Evangelisten, Szenen aus der Josephslegende, Marienleben und Kindheit Jesu. Mitte des 6. Jh. Ravenna. Erzbischöfliches Museum. – S. 285, 303.
C. Cecchelli, La cattedra di Massimiano ed altri avori romano-orientali, Rom 1936–1944. – Volbach, Elfenbeinarbeiten (1976), S. 93f. Nr. 140, Taf. 72–74.

139 Detail von der Elfenbeinkathedra des Erzbischofs Maximianus von Ravenna. Joseph und seine Brüder. Mitte des 6. Jh. – S. 285.

140 Konstantinopel (Istanbul). Hippodrom. Basis und Sockel des Theodosius-Obelisken. Um 390. – S. 290f., 295.
G. Bruns, Der Obelisk und seine Basis auf dem Hippodrom zu Konstantinopel, Istanbul 1935. – H. Kähler, in: ActaArchArt 6, 1975, S. 44ff. – Müller-Wiener, Bildlexikon (1977), S. 65f.

141 Nordwestseite vom Sockel des Theodosius-Obelisken. Der Kaiser und seine Söhne in der Loge des Hippodroms. – S. 290, 291.

J. Chr. Balty, in: Byzantion 52, 1982, S. 60ff.

142 Basisplatte des Theodosius-Obelisken. Aufrichtung des ägyptischen Obelisken auf der Spina des Hippodroms. – S. 290.
Müller-Wiener, Bildlexikon (1977), S. 65f.

143 Teil eines Scheinsarkophags (?). Christus und zwei Apostel unter einer Ädikula. Konstantinopel, erstes Viertel des 5. Jh. Berlin, Staatliche Museen, Frühchristlich-byzantinische Sammlung. – S. 290, 291, 294.
Wulff, Bildwerke (1909), S. 14f. Nr. 26. – H. Wiegartz, Kleinasiatische Säulensarkophage, Berlin 1965, S. 31f., 50, 83, 86f. – H. Brandenburg, in: Corsi Ravenna 1979, S. 24, Abb. 6.

144 «Prinzensarkophag» von Sarigüzel. Engel tragen das Christusmonogramm im Kranz empor. Um 400. Istanbul, Archäologisches Museum. – S. 291.
Volbach, Frühchristliche Kunst (1958), S. 59 Abb. 75. – W. Müller-Wiener, in: Brenk, Spätantike (1977), S. 154, Abb. 112 a.

145 Medaillonbüste eines Apostels. Konstantinopel, erstes Viertel des 5. Jh. Istanbul, Archäologisches Museum. – S. 291, 292.
Volbach, Frühchristliche Kunst (1958), S. 59, Abb. 74. – W. Müller-Wiener, in: Brenk, Spätantike (1977), S. 155, Abb. 117.

146 Konstantinopel (Istanbul). Kirche Johannes' des Täufers (Basilika des Studiosklosters). Um 453/454–463. Inneres mit den Resten der Apsis und der nördlichen Säulenstellung. – S. 291, 292, 293, 313.
Müller-Wiener, Bildlexikon (1977), S. 147ff. – C. Mango, in: Byzantine and Modern Greek Studies 4, 1978, S. 115ff. – U. Peschlow, in: JbÖB 32, 4, 1982, S. 429ff.

147 Kompositkapitell. Konstantinopel, Mitte des 5. Jh. Berlin, Staatliche Museen, Frühchristlich-byzantinische Sammlung. – S. 291, 294, 300.
Wulff, Bildwerke (1909), S. 53f. Nr. 160. – R. Kautzsch, Kapitellstudien, Berlin 1936, S. 136 Nr. 437.

148 Pfeilerkapitell aus der Studiosbasilika. Konstantinopel, Mitte des 5. Jh. Berlin, Staatliche Museen, Frühchristlich-byzantinische Sammlung. – S. 291, 294.
Wulff, Bildwerke (1909), S. 54f. Nr. 162. – Christine Strube, in: JbAC 26, 1983, S. 89ff., Taf. 20 b.

149 Kalksteinrelief aus der Studiosbasilika. Einzug Christi in Jerusalem. Konstantinopel, zweite Hälfte des 5. Jh. Istanbul, Archäologisches Museum. – S. 293, 294.
Volbach, Frühchristliche Kunst (1958), S. 60, Abb. 81. – A. Grabar, Sculptures byzantines de Constantinople, IVe–Xe siècle, Paris 1963, S. 50f., Taf. 14,3. – H.-G. Severin, in: Bulletin du Musée Hongrois des Beaux-Arts 36, 1971, S. 41f.

150 Front eines Scheinsarkophags. Christus und Apostel. Konstantinopel, erste Hälfte des 5. Jh. Istanbul, Archäologisches Museum. – S. 293, 294.
N. Firatli, in: CahArch 11, 1960, S. 73ff. – A. Grabar, Sculptures byzantines de Constantinople, IVe–Xe siècle, Paris 1963, S. 36ff. – Müller-Wiener, in: Brenk, Spätantike (1977), S. 154, Abb. 113.

151 Schrankenplatte mit geometrischem Dekor auf der Vorderseite und einem Kreuz auf der Rückseite. Konstantinopel, erste Hälfte des 6. Jh. Berlin, Staatliche Museen, Frühchristlich-byzantinische Sammlung. – S. 294.
Wulff, Bildwerke (1909), S. 62 Nr. 182. – Th. Ulbert, Studien zur dekorativen Reliefplastik des östlichen Mittelmeerraumes, München 1969, S. 6 Nr. 10; S. 35, Taf. 21.

152 Porträtstatue eines älteren Beamten. Aus den Thermen von Aphrodisias/Karien, erste Hälfte des 5. Jh. Istanbul, Archäologisches Museum. – S. 292, 293.
Kollwitz, Plastik (1941), S. 96f., 122f., Taf. 17. – Volbach, Frühchristliche Kunst (1958), S. 58, Abb. 66–67. – O. Feld, in: Brenk, Spätantike (1977), S. 171, Abb. 144 b.

153 Fragment einer Marmorschranke. Vorderseite: Petrus in einer Wunderszene. Konstantinopel, drittes Viertel des 5. Jh. Berlin, Staatliche Museen, Frühchristlich-byzantinische Sammlung. – S. 292f.
Wulff, Bildwerke (1909), S. 18 Nr. 29. – Kollwitz, Plastik (1941), S. 141, 159, – A. Effenberger, in: FuB 26, 1986 (im Druck).

154 Kalksteingrabrelief des Arztes Johannes. Berufung des Moses. Konstantinopel, erste Hälfte des 5. Jh. Berlin, Staatliche Museen, Frühchristlich-byzantinische Sammlung Inv. 1796. – S. 293, 294.
Wulff, Bildwerke (1909), S. 19f. Nr. 32. – N. Firatli, in: CahArch 11, 1960, S. 80. – A. Effenberger, Pamjatniki vizantijskoj skul'ptury, Leningrad 1982, S. 25ff. Nr. 6.

155 Ambo von Thessaloniki. Konstantinopel (?), Ende des 5. Jh. Ansicht der Front. Links Ankunft der Magier, rechts thronende Gottesmutter, Istanbul, Archäologisches Museum. – S. 293.
Volbach, Frühchristliche Kunst (1958), S. 59, Abb. 78 bis 79. – H. Brandenburg, in: RM 79, 1972, S. 125f. – J.-P. Sodini, in: Bulletin de correspondance hellénique 100, 1976, S. 493ff.

156 Ambo von Thessaloniki. Ansicht der linken Treppenwange und der rechten Treppenbasis. Hirt mit Herde und Aufbruch der Magier. – S. 293.

157–160 «Kugelspiel» aus dem Hippodrom von Konstantinopel. Szenen aus dem Zirkus (Wagenrennen). Konstantinopel. Um 500. Berlin, Staatliche Museen, Frühchristlich-byzantinische Sammlung. – S. 295.

A. CAMERON, Porphyrius the Charioteer, Oxford 1973, S. 32ff., 42, 48, 52ff., 58ff., 62f. Abb. 15–18. – A. EFFENBERGER, Pamjatniki vizantijskoj skul'ptury, Leningrad 1982, S. 15ff. Nr. 2.

161 Basis vom jüngeren Siegesdenkmal des Wagenlenkers Porphyrios aus dem Hippodrom von Konstantinopel. Akklamation des siegreichen Wagenlenkers, Fortuna, Viktorien und Epigramme. Konstantinopel, Anfang des 6. Jh. Istanbul, Archäologisches Museum. – S. 295.

A. CAMERON, Porphyrius the Charioteer, Oxford 1973. – MÜLLER-WIENER, Bildlexikon (1977), S. 65, 71.

162 Oberteil eines reich dekorierten Pilasters aus der Polyeuktoskirche von Konstantinopel. Um 524–527. Venedig, Piazzetta vor S. Marco. – S. 295.

MÜLLER-WIENER, Bildlexikon (1977), S. 190ff. – F. W. DEICHMANN, in: RendPontAcc 50, 1977–1978, S. 75ff. – KRAUTHEIMER, Architecture (1979), S. 230ff.

163 Konstantinopel (Istanbul). Kirche der Hll. Sergios und Bakchos. Blick ins Innere des Zentralraums zur Apsis im Osten. Um 531–536. – S. 296, 330.

C. MANGO, in: BZ 68, 1975, S. 385ff. – MÜLLER-WIENER, Bildlexikon (1977), S. 177ff. – KRAUTHEIMER, Architecture (1979), S. 233ff.

164 Konstantinopel (Istanbul). Die Hagia Sophia. Um 532 bis 537. Ansicht von Südwesten. – S. 295, 298f.

A. M. SCHNEIDER, Die Hagia Sophia zu Konstantinopel, Berlin 1939. – H. KÄHLER, Die Hagia Sophia, Berlin (West) 1967. – TH. F. MATHEWS, The Early Churches of Constantinople, London 1971, S. 11ff., 88f. – MÜLLER-WIENER, Bildlexikon (1977), S. 84ff., 94ff. (Bibl.). – KRAUTHEIMER, Architecture (1979), S. 215ff.

165 Konstantinopel (Istanbul). Inneres der Hagia Sophia mit Blick nach Osten. Um 532–537, Kuppel um 558. – S. 296ff.

166 Elfenbeindiptychon des Consuls Anastasius (Versotafel). Der Consul eröffnet die Zirkusspiele. Konstantinopel, 517. Berlin, Staatliche Museen, Antikensammlung. – S. 302, 304.

VOLBACH, Elfenbeinarbeiten (1976), S. 35f. Nr. 17, Taf. 8. – S. R. ZWIRN, in: Age of Spirituality (1979), S. 97f. Nr. 88.

167 Marmorporträt der Kaiserin Ariadne (491–515). Konstantinopel, frühes 6. Jh. Rom, Konservatorenpalast. – S. 303.

R. DELBRUECK, in: RM 28, 1913, S. 323ff., Taf. 14–15. – SIRI SANDE, in: ActaArchArt 6, 1975, S. 67ff. – DAGMAR STUTZINGER, in: Spätantike und frühes Christentum (1983), S. 469f. Nr. 73.

168, 169 Elfenbeindiptychon. Christus mit den Aposteln Petrus und Paulus, Gottesmutter zwischen zwei Erzengeln. Konstantinopel, Mitte des 6. Jh. Berlin, Staatliche Museen, Frühchristlich-byzantinische Sammlung. – S. 285, 303.

VOLBACH, Elfenbeinarbeiten (1976), S. 91f. Nr. 137, Taf. 71. – SUSAN A. BOYD, in: Age of Spirituality (1979), S. 528ff. Nr. 474. – LIESELOTTE KÖTZSCHE, in: Christus und Maria. Menschensohn und Gottesmutter, Berlin (West) 1980, S. 61 Nr. 1.

170 Griechische Handschrift mit naturwissenschaftlichen Traktaten («Wiener Dioskurides»). Widmungsminiatur für die Prinzessin Juliana Anicia. Konstantinopel, um 512. Wien, Österreichische Nationalbibliothek, Cod. med. gr. 1, Blatt 6 verso. – S. 304.

H. GERSTINGER, Dioscurides, Codex Vindobonensis med. gr. 1. der Österreichischen Nationalbibliothek (Facsimile 12), Graz 1970. – K. WEITZMANN, Spätantike und frühchristliche Buchmalerei, München 1977, S. 61.

171 Ikone der Hll. Sergios und Bakchos aus dem Katharinenkloster des Sinai. Konstantinopel oder Syrien, um 600. Kiew, Museum. – S. 304, 330.

K. WEITZMANN, The Monastery of Saint Catherine at Mount Sinai: The Icons 1, Princeton 1976, S. 28ff., Taf. 12, 52–53. – ALICE BANK, Byzantine Art in the Collections of Soviet Museums, Leningrad 1977, S. 291f., Taf. 112 bis 113. – NANCY P. ŠEVČENKO, in: Age of Spirituality (1979), S. 548 Nr. 492.

172 Patene (Diskos) des Bischofs Paternus. Konstantinopel, um 491–518. Leningrad, Staatliche Ermitage, Orientalische Abteilung. – S. 308, 309.

A. EFFENBERGER, in: Silbergefäße (1978), S. 138ff. Dok.-Nr. 6, Abb. 46–50. – J. WERNER, Der Grabfund von Malaja Pereščepina und Kuvrat, Kagan der Bulgaren, München 1984.

173 Kelch von Antiochia. Weinlaubdekor mit lehrendem Christus und zwei Aposteln. Syrien (?), um 500. New York, The Metropolitan Museum of Art, The Cloisters. – S. 309.

J. P. C. KENT, K. J. PAINTER, Wealth of the Roman World, London 1977, S. 86f. Nr. 147. – MARGARET E. FRAZER, in: Age of Spirituality (1979), S. 606ff. Nr. 542. – J. LASSUS, in: BRENK, Spätantike (1977), S. 234, Abb. 260.

174 Silberplatte mit Hirt und Herde. Konstantinopel, um 526 bis 563. Leningrad, Staatliche Ermitage, Orientalische Abteilung. – S. 308.

VERA ZALESSKAJA, in: Silbergefäße (1978), S. 97ff. Kat.-Nr. 7, Taf. 6; Abb. 13–15.

175 Silbernes Weihrauchgefäß aus dem ersten Zypernschatz. Medaillonbüsten Christi und der Apostel. Konstantinopel, um 602–610. London, Britisches Museum (The Trustees of the British Museum 99,4–25,3). – S. 303, 309.

J. P. C. KENT, K. J. PAINTER, Wealth of the Roman World,

London 1977, S. 103 Nr. 176. – LIESELOTTE KÖTZSCHE, in: Age of Spirituality (1979), S. 625 f. Nr. 562.

176 Bleiampulle (Eulogia). Vorderseite: Die Frauen am Grabe Christi, Kreuz Christi zwischen den gekreuzigten Schächern. – Rückseite: Himmelfahrt Christi. Palästina, um 600. Monza, Schatz der Kathedrale. – S. 135, 307, 310.
A. GRABAR, Ampoules de Terre Sainte (Monza-Bobbio), Paris 1958, S. 26 Nr. 10, Taf. 16–17. – K. WEITZMANN, in: DOP 28, 1974, S. 31 ff.

177–180 Goldene Staurothek von Pliska/Bulgarien. Konstantinopel, um 600. Sofia, Archäologisches Nationalmuseum. – S. 310.
Vorderseite des Enkolpions: Verkündigung, Geburt, Darstellung im Tempel, Taufe und Verklärung Christi.
Rückseite des Enkolpions: Anastasis (Höllenfahrt) und Himmelfahrt.
Vorderseite des Reliquienbehälters: Kreuzigung mit Maria und Johannes.
Rückseite des Reliquienbehälters: Gottesmutter und vier Kirchenväter.
A. TSCHILINGIROV, in: Metallkunst (1982), S. 76 ff.

181 Silberschale (Diskos von Berezowo). Zwei Erzengel zu seiten des Kreuzes. Nordsyrien, Mitte des 6. Jh. Leningrad, Staatliche Ermitage, Orientalische Abteilung. – S. 309.
VERA ZALESSKAJA, in: Silbergefäße (1978), S. 117 ff. Kat.-Nr. 13, Taf. 12; Abb. 31. – VERA ZALESSKAJA, in: Metallkunst (1982), S. 111, Taf. 5.

182 Syrisches Evangeliar des Mönches Rabbula. Oben: Kreuzigung Christi. – Unten: Die Frauen am leeren Grab Christi, Christus begegnet den beiden Marien. Kloster Zagba/Nordsyrien, um 586. Florenz, Biblioteca Laurenziana, Cod. Plut. I 56, Blatt 13 recto. – S. 307.
J. LEROY, Les manuscrits syriaques à peintures, Paris 1964, S. 139 ff. – K. WEITZMANN, in: DOP 28, 1974, S. 31 ff.

183 Thessaloniki. Hagios Georgios. Ausschnitt aus der unteren Zone des Kuppelmosaiks. Die Heiligen Onesiphoros und Porphyrios vor Architekturprospekten. Erste Hälfte des 6. Jh. – S. 314, 325.
W. E. KLEINBAUER, in: Viator 3, 1972, S. 27 ff. – A. PH. LAGOPULOS, A. JOANNIDES, in: Semiotica 21, 1977, S. 75 ff. – W. E. KLEINBAUER, in: CahArch 30, 1982, S. 25 ff. – N. GKIOLES, in: Parusia 1, 1982, S. 123 ff.

184 Thessaloniki. Galeriusrotunde (Hagios Georgios). Um 300 und Anfang des 6. Jh. Ansicht von Süden. – S. 146, 293, 314.
W. E. KLEINBAUER, in: CahArch 22, 1972, S. 55 ff. – M. VICKERS, in: BSA 68, 1973, S. 285 ff. – G. VELENIS, in: AA 1979, Sp. 249 ff.

185 Thessaloniki. Kirche der «Panhagia Acheiropoietos». Zweite Hälfte des 5. Jh. Ansicht von Südosten. – S. 313.
KRAUTHEIMER, Architecture (1979), S. 104 ff., 496.

186 Thessaloniki. Kirche des hl. Demetrios (Hagios Demetrios). Ende des 5. und 7. Jh. Heutige Ansicht von Südwesten. – S. 311, 313.
G. UND M. SOTIRIOU, Die Basilika des heiligen Demetrios von Thessaloniki (griechisch), Athen 1952. – VOLBACH, Frühchristliche Kunst (1958), S. 86 f., Abb. 213–217. – KRAUTHEIMER, Architecture (1979), S. 131 ff.

187 Thessaloniki. Hagios Demetrios. Mittelschiff nach Westen. Ansicht vor dem Brand von 1917. – S. 313.
O. WULFF, Bibliographisch-kritischer Nachtrag zu Altchristliche und byzantinische Kunst, Potsdam 1935, S. 29 f.

188 Thessaloniki. Hagios Demetrios. Pfeilermosaik. Der hl. Demetrios zwischen dem Präfekten Leontios und dem Bischof Johannes. Um 629–649. – S. 313, 325.
VOLBACH, Frühchristliche Kunst (1958), S. 86 f., Abb. 217. – R. CORMACK, in: BSA 64, 1969, S. 17 ff. – A. GRABAR, in: Byzantion 48, 1978, S. 64 ff. – R. CORMACK, Writing in Gold. Byzantine Society and its Icons, London 1985, S. 50 ff., Abb. 14.

189 Thessaloniki. Stadtmauer des Präfekten Hormisdas. Mitte des 5. Jh. – S. 281, 288, 311.
G. GUNARES, Die Stadtmauern von Thessaloniki (griechisch), Thessaloniki 1976. – B. CROKE, in: Greek, Roman and Byzantine Studies 19, 1978, S. 251 ff.

Bildnachweise

Abbildungen auf den Textseiten

Abb. S. 99 nach A. M. Colini, Storia e topografia del Celio nell'antichità. – Abb. S. 243 Reproduktion aus Deichmann, Plananhang (1976). – Abb. S. 95 nach H. Kähler, Die Villa des Maxentius bei Piazza Armerina. – Abb. S. 297 nach H. Kähler, Die Hagia Sophia. – Abb. S. 32 unten nach Foto der Pontificia Commissione di Archeologia Sacra. – Abb. S. 105 und S. 148 nach Roma e dintorni. – Abb. S. 186 und S. 303 nach Foto der Staatlichen Ermitage Leningrad. – Abb. S. 32 oben nach Foto der Frühchristlich-byzantinischen Sammlung. – Abb. S. 33 nach Styger, Märtyrergrüfte (1935). – Abb. S. 192 nach W. F. Volbach, Frühchristliche Kunst. – Abb. S. 188 nach K. Weitzmann, Spätantike und frühchristliche Buchmalerei. – Abb. S. 238 Reproduktion nach Wilpert, Mosaiken (1916). – Alle übrigen Zeichnungen wurden nach Angaben des Verfassers angefertigt. Als Vorlagen dienten die Abbildungen in den Publikationen, die im «Verzeichnis der Abbildungen auf den Textseiten» (S. 350–355) angegeben sind.

Abbildungen auf Tafeln

Fratelli Alinari, Florenz: 133. – Foto Anderson, Rom: 43, 106, 107. – Archäologisches Museum Split: 30. – Klaus G. Beyer, Weimar: III, 108, 172, 181. – Biblioteca Hertziana, Rom: 176. – Laskarina Bouras, Athen: 183. – Deutsche Fotothek Dresden: 59, 100, 105, 130. – Deutsches Archäologisches Institut, Abteilung Istanbul: 140–142, 144, 164; W. Schiele: 145, 146, 149, 150, 155, 156, 161; P. Steyer: 152. – Deutsches Archäologisches Institut, Rom: 5, 25, 38, 48, 63, 66–68, 96, 99, 101, 111–113, 116–119, 124–127, 162. – Edition Leipzig, Verlagsarchiv: I. – Arne Effenberger, Berlin: II, 12, 31, 35, 39, 41, 42, 47, 50, 72–74, 95, 97, 98, 102–104, 109, 110, 115, 121, 128, 129, 131. – Fototeca Unione, Accademia Americana, Rom: 37. – Hirmer Fotoarchiv, München: 40, 45. – Institut für Denkmalpflege, Berlin, Meßbildarchiv: 165. – Koehler & Amelang, Verlagsarchiv: 93, 173, 182. – Musei Capitolini, Palazzo dei Conservatori, Rom: 49, 167. – Musei e Gallerie Vaticane, Città del Vaticano: 24, 55–58, 61, 62, 64, 69, 70. – Österreichische Nationalbibliothek, Handschriftensammlung, Wien: V, 170. – Pontificia Commissione di Archeologia Sacra, Rom: 1, 2, 6–9, 13, 14, 16–23, 32, 36, 44. – Römisch-Germanisches Zentralmuseum, Mainz: 87. – Staatliche Ermitage, Leningrad: 171. – Staatliche Museen zu Berlin, Antikensammlung: 89, 94; Frühchristlich-byzantinische Sammlung: IV, 3, 4, 26, 51–54, 65, 92, 135, 143, 147, 148, 151, 153, 154, 157–160, 166, 168, 169; Archiv der Frühchristlich-byzantinischen Sammlung: 60, 84, 86, 90, 91, 114, 120, 122, 123, 132, 136–139, 163, 174, 175, 187; Münzkabinett: 75–83. – Trustees of the British Museum, London: 85, 134. – Assen Tschilingirov, Berlin: VII, VIII, 46, 177–180, 184–186, 189. – Ungarisches Nationalmuseum Budapest: 88. – Universitätsbibliothek, Leipzig: 71. – Reproduktionen nach C. Cecchelli, La Basilica di Aquileia: 34. – Dura Europos, Preliminary Report: 28, 29. – Esplorazioni (1951): 11. – E. Goodenough, Jewish Symbols: 27. – A. Grabar, Les peintures de l'Evangéliaire de Sinope: VI. – A. Grabar, La Peinture Byzantine: 188. – De Rossi, RS 1 (1864): 15. – Styger, Märtyrergrüfte (1935): 10. – Wilpert, Katakomben (1903): 33.

Register

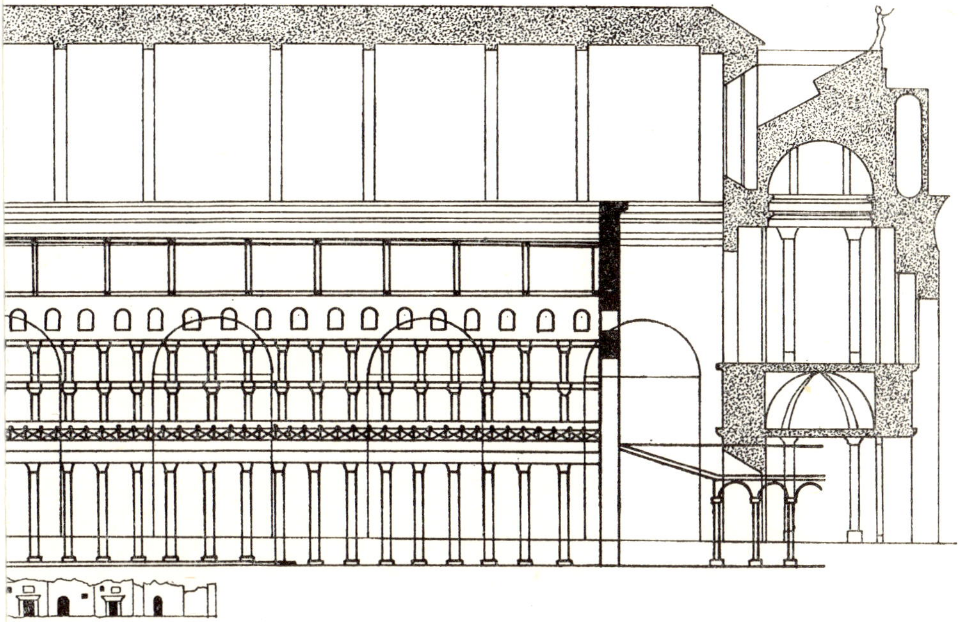

2